# 千禾学人

## 讲演录

**（第一辑）**

Qianhe
Lectures | **Vol. 1**

中山大学社会学与人类学学院
广东省千禾社区公益基金会 编

社会科学文献出版社
SOCIAL SCIENCES ACADEMIC PRESS (CHINA)

# 目　录

# 社会建设与中国经验<sup>*</sup>

## 李培林

**嘉宾简介：李培林**　中国社会科学院社会学研究所所长、研究员、博士生导师，社会学研究所学术委员会主任，中国社会学会会长，《社会学研究》主编。1987 年毕业于法国巴黎第一大学（索邦大学），获博士学位。

主要研究领域：发展社会学、组织社会学、工业社会学。

---

\*　本文系李培林教授 2009 年 11 月 11 日在中山大学千禾学术论坛上发表的讲演。

"社会建设"在中国社会学的学术语言里，并不是一个新概念。在20世纪30~40年代，"社会建设"曾经是一个热门话题。当时倡导社会建设最积极的是社会学家孙本文，他在1933年还创办了一本由他任主编的杂志，刊名就是《社会建设》。"社会建设"现在是一个通俗易懂的词，但它与过去社会学里的"社会建设"概念，并没有一种历史上的话语延续。过去我们常说"社会主义建设"、"现代化建设"、"国家建设"或"经济建设"，但很少提到"社会建设"。在过去论述社会主义建设的任务时，常常提到在经济、政治、文化领域的任务，但通常不把"社会"作为一个单独的领域来部署任务。现在我们关于"社会建设"的概念和思想，是从构建社会主义和谐社会重大战略思想中引申出来的。如果要对我们现在说的"社会建设"的概念下一个定义的话，可以说社会建设就是按照社会的发展规律和运行机制，通过发展社会事业、完善社会治理、改进社会管理、维护社会秩序等工作来推动社会的发展和进步。

对社会的研究有几种不同的分析框架。

一是二元的"国家与社会"的分析框架，如洛克政治思想传统的"社会先于国家"框架，还有孟德斯鸠、托克维尔社会思想传统的"社会制衡国家"框架，黑格尔哲学思想传统的"国家高于社会"框架。马克思把黑格尔的框架颠倒过来，认为基础（市民社会）决定国家上层建筑（国家机器和意识形态），并进而发展为"经济基础决定上层建筑"的理论。在现代，哈贝马斯从市民社会的理论中进一步引申出"公共领域"的概念。

二是三元的"政治、经济和社会"的分析框架，如现代化理论中一般认为民主政治、市场经济、公民社会是三位一体的现代基础制度。这个分析框架在公共选择理论的社会治理的应用方面得到深入发展，比如最近得到诺贝尔经济学奖的奥斯特罗姆（Elinor Ostrom），她一般被认为是政治学家，是公共选择学派的创始人之一，她得诺贝尔经济学奖出乎人们意料。她认为，传统的分析公共事务的理论模型主要有三个，即哈丁（Garrett Hardin）的"公地悲剧"（"The Tragedy of the Commons"，1968）、戴维斯（Robyn Dawes）等人的囚徒困境（"Prisoner's Dilemma"，1973，1975）以及奥尔森（Mancur Olson）的集体行动逻辑（"Logic of Collective Action"，1965），但是他们提出的解决方案不是市场的就是政府的，奥斯特罗姆另辟蹊径，提出通过社会自治管理公共物品的新途径，认为运用什么办法应因地制宜，关键在于管理的效果、效益和公平。

三是出于"中国经验"四位一体或五位一体的分析框架，即经济建设、政治建设、文化建设、社会建设全面推进，以经济建设为基础，当前把和谐社会建设摆在更加重要的位置。这个框架是一个工作布局框架，同时也是一个理论分析框架。文化建设的加入，为"软实力"的研究和认识留下广阔空间，当然加上现在提出的"生态建设"，就是五位一体了。

关于"中国经验"的概念，相近的概念还有"中国道路"、"中国模式"、"中国奇迹"等。"中国经验"可以说是对"中国道路"的一种学术表述，它应当有这样几个规定性：第一，所谓"中国经验"不同于"中国模式"、"中国奇迹"等概念，它不是仅仅指"成就"，它也包括"教训"，包括走过的发展路程中的一切特殊经历；第二，"中国经验"特别指一些因为中国特定的人口规模、社会结构、文化积淀而产生的新的发展规则，一些对深化关于现代化道路的认识有探索意义的东西；第三，"中国经验"是开放的、包容的、实践中的、没有定型并在不断变化和发展中的经验，它尊重其他的经验选择，它不是作为"西方经验"的对立面而建构，它也不强调自己的普世性，它是对世界发展经验的新贡献。研究"中国经验"无论在理论上还是实践上都有重要意义。

我这次结合我们近期的研究，从社会建设的角度，谈谈"中国经验"问题。首先讲一讲中国当前发展阶段的一些新特点。从总体上来看，我国已经进入了工业化、城市化中期和破除城乡二元结构的新阶段，现在大量的工作，实际上都是在围绕着如何实现城乡一体化发展这个新的要求。虽然我国仍处于并将长期处于社会主义初级阶段的基本国情没有变，人民日益增长的物质文化需要同落后的社会生产之间的矛盾这一社会主要矛盾没有变，但我国发展呈现出了一系列新的阶段性特征，遇到很多新情况、新问题。这些新特征和新问题，不仅不同于改革开放以前，而且与改革开放初期相比也发生了很深刻的变化。我粗略地总结了这么几条：

**一是两个转变同步，社会结构转型反推体制变革。**中国这 30 年的巨变基本是由两大转变构成的：一是经济体制的转轨，就是从计划经济到社会主义市场经济；二是社会结构的转型，也就是工业化、城市化过程。这两个转变同时进行，应当说是过去现代化历史上很少见的。改革开放初期这两个转变之间的关系主要表现为为经济体制改革提供了强大动力，推动了社会结构的转型。但是发展到今天，改革进入了关键时期，每一步改革都要触及深层利益格局的调整，遇到很多困难，但与此同时，工业化、城市化这样一个社会结构转型并没有停顿下来，还在加速进行。这样一个巨大的社会结构变迁，反过来对改革产生了巨大压力，要求改革也不能停顿下来，后退是没有出路的，只能往前走，不仅要求经济体制继续作出适应这种结构变迁的改革，而且要求政治体制、社会体制和文化体制也要进行全面的改革，这个特点和过去有了很大差异。

**二是发展的不平衡造成了三个阶段并存。**改革开放初期，我们希望有一个梯度发展的格局，沿海地区先发展，带动中西部，逐步达到全国共同发展。但是在实际发展过程中，出现了区域之间巨大的发展不平衡。现在就全国来讲，已经进入工业化中期的产业升级阶段，但有一部分地区至今还没有完成工业化初期的资本积累阶段，而大都市和发达地区实际上已经进入了工业化后期阶段，不同地区发展要求有很大差异。所以现在中央发布一个文件，出台一套政策，在不同地区的解读差别很大。

**三是发展的焦点问题出现了根本性变化。**特别是在两个焦点问题上表现比较明显：一是从平均主义到收入差距过大。改革开放初期，我们提出平均主义是主要的体制障碍，改革就是要打破"大锅饭"，引进竞争机制，提高资源配置效率，这是改革的主要方向。但是20世纪90年代中后期以后，这个问题逐渐发生了变化，焦点逐步从平均主义转变到收入差距过大，当我们提出要逐步扭转城乡区域之间差距扩大趋势的时候，这个差距已经变得很难控制了。二是从商品短缺到公共服务供给不足。改革开放初期是短缺经济，各种商品都短缺，什么都要票。90年代中期以后也发生变化，我们进入了买方市场，主要产品基本是供求平衡的，一部分产品还出现了生产过剩。而与此同时，新的短缺产生了，逐步集中到公共产品和公共服务领域，包括教育、医疗、社会保障、低租金住房、环境保护等。我们今天所说的民生问题，已经不是改革开放初期所说的温饱问题，而是主要集中在公共产品和公共服务领域，所以现在我们提出要转变政府职能，建立服务型政府，重点解决公共产品和公共服务供给不足的问题。

**四是全球化造成了相互依存和危机的传递，社会风险加大。**这次金融危机就是一个很好的例子，本来是在美国发生的一个次贷危机，结果演变成全球的金融危机，进而演变成全球的经济危机。似乎和中国本来无关的问题，现在中国也是难以独善其身，对我们的经济社会都产生了非常深刻的影响。

**五是三种机制现在逐步形成。**三种机制指的是：政府干预、市场配置和社会利益协调。在计划经济时代，我们用管理行政的办法管理经济和社会；当我们引进了市场经济以后，我们逐步认识到市场是一种最有效最基础的资源配置方式，所以在经济生活当中，我们更多的是采用市场的办法管理经济。但是现在随着市场经济的深入发展，社会发生了非常深刻的变化，社会分化成不同的阶层、不同的利益群体以及不同利益诉求的个人，我们是不是也可以考虑像管理经济那样，建立一种社会运行机制，用一种间接的购买服务的办法管理这个社会？如果说改革初期主要是要处理好政府和市场的关系，现在则有了更高的要求，需要处理好政府、市场和社会这三者之间的关系。

现在我们强调要加快推进以改善民生为重点的社会建设，围绕民生问题的社会建设主要包括教育、就业、收入分配、社会保障、医疗健康、社会管理等几个方面。教育问题你们比我更熟悉，今天就不重点讲了。

# 一　就业与经济社会发展

为应对这次国际金融危机的影响，中央提出了保增长、保民生、保稳定的方针。在民生问题方面，我觉得现在最大的问题是就业，如果保住就业，基本就保住了社会稳定。这次出现的就业紧张，是我们自 2003 年以来，所面临的最严峻的一次就业局面，而且这次就业问题涉及的社会群体也发生了很大变化，主要集中在农民工和大学生身上。

**就业和经济增长波动关系密切。**我们知道经济增长有一个就业增长弹性，GDP 每增长 1 个百分点，可以带动的就业人数是既定的，当经济增长率大幅下滑时，对就业肯定会产生非常大的影响。但实行什么样的经济振兴计划与就业关系也非常密切，这就涉及投资的方向，投资以什么为目标。从中国发展的经验看，改革开放 30 多年来中国经济的持续高速增长，数以亿计的农民工作出了巨大贡献。中国在未来的 30 年要继续保持经济高速增长的态势，农民工仍然是一个主要的推动力量。这个国情没有变，投资和刺激经济增长要把就业作为主要目标。

**失业率统计需要进一步改进**。对就业问题带来的影响，首先是怎么判断失业的问题。改革开放已经 30 年，但是我们对这个指标仍然没有建立起一套比较科学的办法。现在国家统计局公布的失业率叫做城镇登记失业率，主要集中在非农业户口，而且是参加了失业保险的群体，这个统计口径和国际上其他发达国家所公布的失业率不是一个口径。这个失业率最大的缺点是什么呢？就是对就业市场反应不灵敏，常年维持在 4% 左右，1997 年到 2003 年我们失业很严重的时候，这个失业率就没有太大的变化，这次失业形势又发生大的变化的时候，它还没有太大的变化。所以现在究竟有多少人因为这次金融危机失业，应该说还不是一个很确定的数。

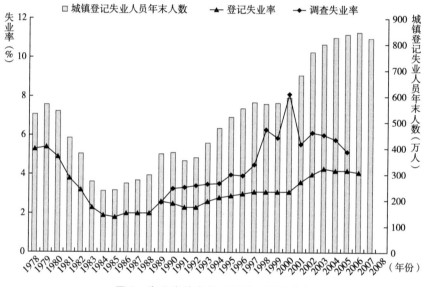

**图 1　失业率的变化（1978～2008 年）**

图 1 里的▲线是我们 30 多年来公布的城镇登记失业率变化曲线。但是这个曲线不太能够灵敏地反映我们就业市场的变化。在就业出现大的波动的时候，这个指标不是很灵敏。所以学者们现在使用另一个指标——"城镇调查失业率"。调查失业率是按照国际口径来统计的。很多发达国家一般是每个月要公布失业率，每个季度要公布调整过的数据。失业率往往是一个国家调整利率和财政税收政策的很重要的依据。现在我们国家还没有建立起这方面的统计制度，国家统计局还在进行这方面的调查统计探索。

图 1 中上面的一条◆线是学者们根据历次人口普查、人口抽样调查以及一些相关专项调查数据建立的。这个曲线历年数据之间不具有很强的可比性，但是它比较灵敏地反映了市场就业形势的变化。比如说 1996 年到 2003 年是就业形势比较紧张的一个时期，这是国有企业改革实行减员增效政策之后出现的，在 5 年之内大概先后有 2300 多万人下岗失业。

关于当前就业形势，中央已经做出一个判断，就是现在就业形势十分严峻，但是城镇登记失业率并没有反映这种形势。实际上，这次就业困难主要集中在农民工和大学生的身上。

**失业农民工就业情况比预想的要好**。本来我们觉得农民工失业的问题很严重，但是我们通过到农民工输出大省重庆、四川、安徽、河南、湖南等地进行调查，比较意外地发现，问题没有我们想象的那么严重。第一，春节之前返乡的农民工，90% 以上都已经重新出来寻找工作，真正留在农村的很少，现在年青一代农民工大多没有什么农耕经验，已经不再适应长期在农村的生活，所以他们没有滞留在农村，没有给农村的稳定带来问题。第二，我们担心这些农民工重新返城以后，在城市里面形成大量无业农民工的集聚，给城市生活带来不稳定，但是现在这个局面也没有出现，这些农民工回来以后多多少少也找到了工作。我们当时也很奇怪，为什么出现这样的局面？经过讨论，我们认为这些农民工和当年国有企业下岗职工观念不一样。下岗职工当时失去工作以后，要找一个他认为是比较稳定的工作，才认为是就业了，但是农民工是和市场经济一起诞生的，只要是找到一个有收入的工作，他就认为是就业了，而且他就业的要求和市场联系很紧密，会随着市场的变化，自己做很多的调整。所以现在就整体而言，农民工的情况比我们预想的好很多。

**大学生就业成为当前就业难点问题**。现在问题反过来集中在大学生身上，虽然大学生找不到工作的人数比农民工少很多，但是这个群体不太一样，总的来说，他们就业的领域还是相对有限的。一般来讲，大学生和农民工就业是两个完全不同的分割的市场，用通俗的话讲，农民工就业主要是蓝领市场，大学生就业主要是白领市场，你再要求大学生转变观念，也难以要求他什么工作都接受。围绕这个问题，现在对我们的教育政策和人才市场政策，都出现了很大的争论。比如说最近有一种说法，认为国家应当大量减少大学招生，认为我们就业市场现在跟不上发展的需求，国家花钱培养这么多的大学生，成了高智商的失业者，容易引起社会的不稳定。我不认同这种说法，2001 年我们毕业 114 万大学生，2009 年毕业 611 万，大学教育的毛入学率到 2009 年可以达到 24%。但是 24% 是个什么概念呢？大概也就是刚刚达到低收入国家的平均水平，现在一般中等收入国家毛入学率是 40%，发达国家都在 60% 以上，台湾的大学毛入学率已经达到 90% 以上。我们说要从人口大国变成人力资源大国，还要变成人才强国，不发展大学教育怎么办？而且现在群众生活水平已经达到了这么一个层次，城市里面多数是独生子女家庭，上大学是一个基本需求，堵也堵不住。减少大学招生就会使教育消费流向海外。

　　现在还有一个大的问题是，学生的初职工资正在和农民工工资靠近。农民工现在月平均工资 1000 多块钱，我们调查后发现，大学生初职的平均收入也在 1600 块钱了。教育得不到合理的回报，一些地方产生了新的"读书无用论"。一个大学生上 4 年大学差不多得花十几万块钱，如果再上 3 年研究生又是十几万块钱。所以，试想这个大学生毕业后一个月挣 2000 多块钱的话，他积攒多少才能赚回人力资本的投入？所以这种情况对我们发展高等教育是很不利的。国家现在采取了各种措施来渡过这个难关，最重要的措施就是要组织 100 万个大学生进行见习。这个不算是正式聘用，就像学生有一个实习期一样，但是可以积累工作经验，在这个时期，先有一个稳定的生活，这也是我们非常时期的一个非常举措。管理就业，我们要有一些新的思路，要认识到我们这个就业市场的特点变化。但我们不可能像计划经济时期由政府全部提供岗位，也不可能像当年"上山下乡"那样号召所有的青年到农村去。所以必须要有一些新的思路来解决这个问题。

## 二　收入分配与社会和谐

　　收入分配对我们国家来说，现在既是一个政治问题，也是一个社会问题，同时本身就是一个经济问题。这次金融危机以后，大家普遍达成了共识，中国的经济增长不能再像以前那样长期大量依赖于投资和出口，我们的外贸依存度在这次金融危机之前达到了 60% 甚至 70%，一旦国际市场发生波动，对我们的影响太大。大家也共同认识到，我们必须扩大内需，使我们的经济增长更多依赖内需的支撑，这样才能保证中国经济的长期增长。但是现在来看，扩大内需、动员内需不是一个很简单的事情，尽管我们采取了一系列措施，但效果还不是很明显。

**收入差距过大成为收入分配的主要矛盾。**从收入分配来看，改革开放以后，我们一个基本的趋势就是收入差距不断扩大。衡量这个收入差距的大小，国际上有一个通行指标叫基尼系数，基尼系数在 0.2 时表示绝对平均，0.4 到 0.5 就收入差距过大了，0.5 以上就是比较悬殊了，太小了表示这个社会没有激励机制，太大了会造成贫富悬殊，成为引发很多社会问题的诱因。我们国家的基尼系数在改革开放初期，基本上处于绝对平均状态，所以当时主要的目标是打破"大锅饭"，让一部分人一部分地区先富起来，正是在这个政策的推动下，中国才获得了巨大的发展活力。但是与此同时，特别是 90 年代中后期以后，这个差距越来越大。当时大家抱着一个比较乐观的情绪，相信中国当时还是工业起飞阶段，到一定阶段以后，就会朝着缩小的方向发展。但是现在人均 GDP 几乎达到 3000 美元以后，这个差距不但没有缩小，还在朝着继续扩大的方向发展。这个问题如果不控制好，可能会在各个方面带来问题。收入差距扩大带来分配上的一些问题，不光是市场调节的工资，也包括我们一些国家定价的工资制度，出现了"碎片化"现象，就是在企业、公务员领域都出现了不同的区域、不同的部门工资差异很大的局面。

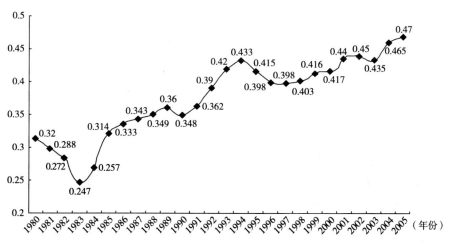

图 2　中国城乡居民收入基尼系数不断上升

**收入分配差距过大容易引发群众不满情绪**。这个差异带来的首要问题是什么呢？就是大家对工资制度的不满，首先是对公务员工资制度不满意。公务员工资制度在计划经济时代是全国一盘棋，一个级别的干部不管什么地方，是一样的工资水平，困难地区、高原地区还有补贴。1994年我们实行分税制以后，公务员的工资水平基本就随财政走了，由于各个地方的发展水平不一样，财政收入有差异，所以工资制度变得碎片化。就是一个地方，虽然你的档案工资是一样的，但是实际工资水平就有差距了，多种多样了，所以造成了很大差距。这个对公务员系统带来的影响很大，造成大家心理失衡。

　　**收入分配差距过大直接影响到国内消费的扩大**。我们国家十几年来消费率一直在下降，而且不同收入水平的家庭，消费率有很大差异，家庭的消费率随着收入的增长而递减。总体上看，收入差距的扩大，影响了消费的扩大。从2008年我们进行的全国抽样调查的数据来看，家庭的消费率（家庭消费总支出除以家庭总收入）在随着收入的增加而递减。

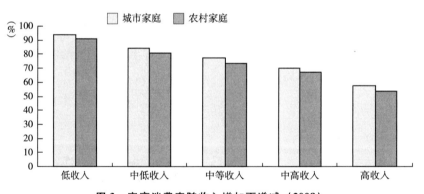

图3　家庭消费率随收入增加而递减（2008）

　　低收入群体的消费率可以达到90%以上，但是高收入的消费率却只能达到50%～60%。也就是说，低收入家庭每增加100块钱的收入，他90%都花掉了，如果给了高收入群体可能只有一半能花掉。因为他的消费基本上已经饱和了。我们国家的情况是，近十几年来整个国家的消费率在不断地下降。所以中央现在提出，关键要调整国民收入分配格局，"逐步提高居民收入在国民收入分配中的比重，提高劳动报酬在初次分配中的比重"。也就是说，只有调整收入分配的结构才能真正地刺激消费。

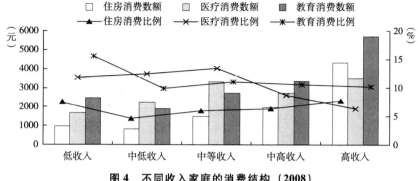

**图4　不同收入家庭的消费结构（2008）**

现在消费得不到有效刺激的另一个原因，是家庭，特别是低收入家庭的收入预期不稳定。从图4可以看到，教育消费的比例过高影响了低收入家庭其他的消费，比高收入家庭的消费的支出比例要高很多。包括医疗，中低收入的家庭也比高收入家庭高很多。所以在我们国家出现了一个比较奇怪的现象。按照国际上对消费的研究，恩格尔系数（就是食品消费在家庭消费总支出中的比重）越低的家庭，生活水平越高。可以按照恩格尔系数划分出贫困、富裕家庭和最富裕家庭等不同的等级来。但是在我们国家，用任何数据把这样划分出来的家庭和用收入划分出来的家庭对照的时候，你会发现根本对照不起来，并不是食品消费比例低的家庭收入就高。这说明什么问题呢？说明相当一部分家庭的恩格尔系数低是因为省吃俭用，就是为了上学、看病、养老不得不缩减基本消费支出。

收入差距过大不仅对扩大消费是个抑制，而且它也是很多社会问题的新诱因。2008年，在全国10个省、市的调查发现，有60%～80%的民众认为现在的收入分配不太公平甚至很不公平。

社会建设在管理上怎么来调整这个收入分配？邓小平同志在晚年的时候很重视这个问题。《邓小平年谱》记载，在1993年的时候，邓小平同志和他的弟弟邓肯有一段很长的谈话。他说，我们讲要防止两极分化，实际上两极分化自然出现。分配的问题，大得很！解决这个问题比解决发展起来的问题还困难。

**调整收入分配不能只关注调整分配结果。**收入差距过大的问题出现以后，怎么来解决？现在我们一般的思路就是要调节结果，就是通过转移支付，用社会保障、财政、税收各种政策来调整这个结果。但是现在来看，

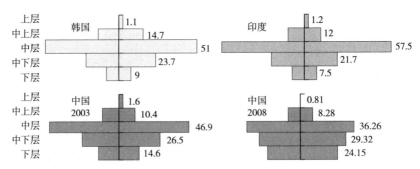

图5　经济社会认同结构比较

单单调整这个结果也不行。社会公平问题涉及起点公平、机会公平、过程公平和结果的公平，只从结果一个方面来控制，是无法消除群众普遍的不满的。比如说，现在衡量这个问题，我们社会学上有一个叫做经济社会地位认同的办法。这个办法是把这个社会分成五层，调查的时候让被调查者选择"你自己属于哪一个层？"各国调查的结果和我们常识的判断不太一样的是，人们主观认为自己是哪一个层和客观上是哪一个层并不完全一致。也就是说，客观的收入分配制度平等不平等，和主观的认同之间没有直接的因果关系。比如说美国比法国收入差距大。日本在所有发达国家当中收入差距最小，而巴西是发展中国家当中高度不平均的国家，是贫富比较悬殊的一个国家。但是你会看到在这几个国家当中，在调查主观认同的时候，民众认为自己是中层的都达到了60%左右，甚至印度也达到了近60%。但是在我们国家，你会看到这个图形一下子就变了。我们现在只有不到40%认为自己是中层，认为自己属于中层和中下层加起来是65.58%了。我们把这种现象叫做"经济社会认同普遍偏下"。难以理解的是，和印度相比，我们都是人口大国、发展中的大国，但是我们国家现在人均GDP已经是印度的两倍以上了，印度现在连条高速公路都没有，农村还遗留着种姓制度。到过孟买、新德里的同志都会看到，在城市中心绵延一两公里的地方都是用塑料棚布和烂纸壳搭起来的贫民窟。它的贫富对照更比我们鲜明得多，但是很奇怪的是，印度还有近60%的人认为自己是中层。我们有一次和印度学者交流时提出过这个疑问：你们怎么会有这么多人认为自己是中层？他们说了很多因素，宗教的、语言文化的，等等。在他们的调查样本里边，有的住在贫民窟的人还觉得自己是中层，还觉得他们的生活比非常贫困的农村已经好很多了，因为这其中很多人都是从很贫困的农村来的。但是在我们国家，随着收入分配制度快速变革，总体的和平均的生活水平也在提高，但是相当一部分人反而更不满意了。

**调整收入分配结构重在设计好收入分配制度。**邓小平同志在 1992 年的时候说过，再过 20 年，我们这些制度才能逐步定型化。现在应该说我们的收入分配制度还在变动，还没有定型，但是现在就要设想，这个制度最后还是要逐步定型，不能老是变动，老是处于一个不稳定的状态。现在有一种情况值得警惕，就是对于自身社会经济地位的认同普遍偏低，说明在社会快速变迁过程中，由于分配秩序问题，不仅低收入群体不满意，一些中层和中上层收入群体也不满意。发展是好事，但是越发展他越不满意怎么办？所以说调整收入分配不能仅仅把眼光放在结果上，关键是要建立起一个大家信服的公平合理的保证机会公平的制度。

## 三　社会保障与消费预期

现在中央已经采取了一系列措施，扩大社会保障的覆盖面，并且提出建设覆盖城乡的社会保障体系。这个社会保障当然和消费预期有关系。现在民众之所以不敢消费，很多情况下是自我规避生活风险的行为。也就是说，他为了养老、医疗、孩子的上学而少消费、多储蓄。而国家为了刺激经济增长要做大量投资，投资哪里来钱呢？就要发行国债，也就是向老百姓借钱。国家进行投资，但它不是最终消费。也就是说有些投资好的可以带动消费，也有可能投资没有效率的，把活钱变成死钱。建设一条高速公路，但是半小时只跑一辆车，这就和消费没有太大关系。建设一个好的社会保障制度能够稳定群众的消费预期，也是提高居民消费的一个很重要的措施。

**制度碎片化与全国统筹的矛盾。**理论上讲，一个国家公民的权利是一样的，大家都有权利享受社会保障，但是在现实当中你又不得不承认，我们现在的社会保障制度越来越碎片化。什么是碎片化呢？就是一个国家当中，不同的人有不同类型的社会保障。其原因就是，一方面我们要扩展保障的覆盖面，另一方面又要和我们的发展程度相适应，所以就不得不为不同的人设立不同的社会保障制度。比如我们现在推行最快的是医疗保障，医疗保障是继最低生活保障制度以后在全国建立起来覆盖城乡的保障制度，包括城市职工基本医疗保险、城市居民医疗保险以及新型农村合作医疗。但是这样一来，你会发现碎片化了，干部是一个制度，企业职工是一个制度，城镇居民是一个制度，农民是一个制度，不同制度报销比例差距很大，职工现在可以平均报销70%左右，居民可以平均报销50%左右，新型农村合作医疗平均报销30%左右，有些地方农村还缺钱，一般门诊还不报，只报大病统筹。这个制度现在还在进一步碎片化，比如有些地方提出为农民工专门设计一个医疗保险制度。碎片化会在以后给我们带来一系列的问题。但为了快速建立起覆盖城乡的社会保障制度，这又是一个必经的阶段，是我们在过渡阶段不得已的一个做法。

**经济周期性波动与福利刚性增长的矛盾。**这次国际金融危机还进一步提醒我们，社会保障制度的建立虽然是群众呼声很高的一个民生工程，也是我们建立社会主义和谐社会很基本的一个制度，但是在这个问题上，也要循序渐进，要与发展水平相适应，不能操之过急。因为经济周期性波动的规律和福利刚性增长的规律是不一致的：经济总是有增长、有繁荣、有萧条，是波动起伏的，而福利增长的规律是刚性向上的。就是说即便在经济下滑、收益下降的情况下，福利也还会增长。要是想把福利的增长降下来，那么政府在政治上就会遇到严峻的挑战。很多国家的政府受到挑战都是因为这个问题。本来养老体制是一种现收现付制度，是把在职人员缴纳的养老金给已经退休的人付退休金。但是现在入不敷出，怎么办呢？就要政府财政补贴。前几年财政收入每年以20%、30%速度增长，但是现在财政一下成了负增长，而职工养老方面的财政补贴不但不减少还要继续增加，政府马上就感到了财政的巨大压力。所以福利的扩张，也要低水平、全覆盖、逐步地推进。

**养老和就业的矛盾。**当养老金大量出现缺口的时候，很多国家采取的对策是延长退休年龄，增加缴费时间，减少退休以后享受养老金的时间，但是这又与就业形成了矛盾——这么多年轻人还在等着岗位呢，现在我们规定的退休年龄还不能严格执行，很多单位都实行提前退休、内退、内病退。在这个问题的管理上，我们国家各种矛盾还是很突出的。而与此同时，我们整个的人口结构已经发生了非常大的变化，使得社会保障未来的压力很大。

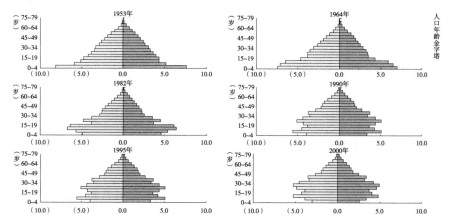

图6　人口结构的巨大变化

　　20世纪50年代，我们的人口结构还是一个金字塔图形，年轻人很多；70年代以后实行计划生育政策，年轻人减少，后来这个形状已经是陀螺形状了。到2000年的时候，我们发现一个非常大的变化，在1990年时比例最大的一块人口是20～25岁的，现在已经是40岁左右了。随着人口结构的变化，家庭结构也在发生同样的变化。现在养老保险制度的覆盖面还是有限的，多数家庭还是依靠家庭养老、代际养老。现在独生子女第一代人已经进入婚龄了，他们已经组成家庭、生育孩子，他们现在上面是四个爸爸妈妈，等到他们的孩子再到20多岁的时候，那这四个爸爸妈妈上面就出现了一群爷爷奶奶，到那个时候这种代际养老的链条就基本不能维持了。改革开放这些年，我们正好碰上了一个人口红利时代，就是整个社会抚养比一直下降，但是这样一个黄金时代很快要结束了，大概2012年以后就要发生变化，整个社会抚养比要进入一个逐步增加的阶段。我们要在剩下

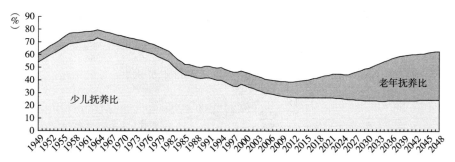

图7　我国人口红利时代即将结束

不长的时间内，迅速建立起社会保障体系框架，如果过了这个阶段以后，再要建立这个框架就更加困难。

## 四 "看病难"与事业单位改革

我们过去的改革，主要是经济体制改革，现在改革也逐步扩展到社会领域。所谓深化改革，我理解也包括改革向社会领域的扩展，也就是社会改革。事业单位改革就是一项重要的社会改革，而目前事业单位改革中的一个非常重要的方面，就是医疗体制改革。这个改革能不能成功，客观地说多数人心里都没底，这方面的改革之所以压力这么大，恰恰说明我们现在事业单位运行机制出了一些问题。

**看病难、看病贵问题最受群众关注**。我们在最近两年的调查中，对于存在的各种社会问题，让老百姓排序，很意外地发现，大家把看病难、看病贵排在第一位，这是我们过去历次调查中从来没有出现的，别的国家也是没有的。为什么会出现这个现象？首先我们看到造成这种现象的一个原因，就是医疗费用在家庭消费中所占的比例迅速提高。根据我们社科院进行的全国抽样调查数据，医疗费用在城乡居民家庭消费支出中的比例达到11%，仅次于食品和教育；而且医疗和教育还不一样，教育

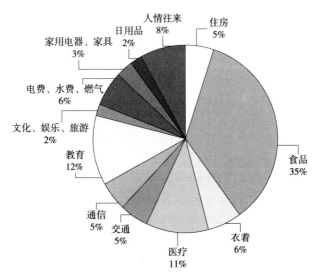

**图8　城乡居民家庭消费支出结构（2008）**

消费几乎是家家有的，医疗消费不是每个人都有，说明有病人的家庭这个消费比例更高，这样一来医疗支出的快速增长就给群众的生活带来很大的压力。

这两年来，由于国家快速地推进农村合作医疗，可以说整个社会居民的医疗保障情况还是有了很大的改善。比如从2006年到2008年，医疗费"完全自理"的人从60%多降到20%，已经大大地下降，能报销一点的在增加，报销一半和报销70%的都在较大幅度地增加。但是总体来看，多数还是只能报销一点或完全自理的。现在职工的基本医疗保险平均报销70%左右，城镇居民医疗保险平均报销50%左右，农村合作医疗平均报销30%左右。而且很多农村地方说是覆盖了，但是实际只报销大病，不报销门诊。现在出现医疗费用过高情况，或者说药品价格和治疗价格提高得过快，和整个的医院体制有关系。

**看病难、看病贵问题源于体制性障碍。**像医院这种单位在我们国家属于事业单位，这是我们特有的概念。在现代社会，组织一般可以分为三种类型：第一类是政府组织，就是公务员系统，在每一个国家都是完全依赖财政的。第二类是企业，是自负盈亏，完全以营利为目的的。第三类比较复杂，就是非营利机构。它不同于企业，是以公益性为目标，也不同于政府，不完全靠政府财政支撑。我们之前是把事业单位和公务员绑在一起的，工资标准也是一样，都是国家完全出资的。改革开放以后我们首先改革企业，把企业改造成自负盈亏的单位，事业单位也改革，但是改革的总体方向不够明确，不过有一条是明确的，就是引进竞争机制。怎么引进竞争机制？我们当时发明了一个概念，大家很熟悉，就是"创收"，允许事业单位通过"创收"获得预算外收入，弥补预算内收入的不足。这样一来，事业单位就分成了四种：全额拨款、差额拨款、自收自支、事业单位企业化管理。医院、学校是差额拨款单位，医院的差额拨款缺口比较大，我们公立医院的收入来源40%多依靠药品出售，40%来自医疗服务，百分之十几来自政府拨款。这样一种结构，就带来了医院经营行为的一些变化。因为很多医院迫于经费的压力，就要把创收的任务层层分解给每一个大夫。那么大夫看病就有可能不是按照病情的需要而是按照药品的提成比例，这样就出现了经营行为的扭曲。不仅医院出现了扭曲，整个事业单位都因此出现了类似问题，即出现公益目标和挣钱目标的矛盾，很多情况下是后者压倒前者，导致群众不满意，政府不满意，业内人士也不满意。

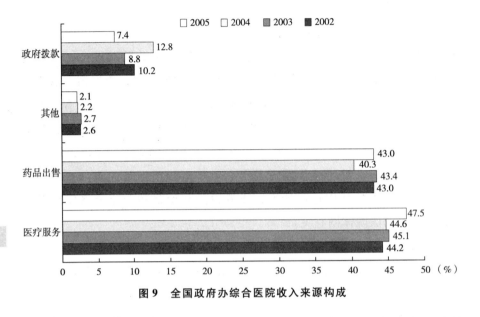

图9 全国政府办综合医院收入来源构成

**事业单位改革任重道远。**像事业单位这样的机构到底怎么改，当然必须要加大政府的公共投入，问题是再加大投入我们也不可能回到计划经济，由政府整个都包下来。这么多的医院、大学，已经是非常大的盘子，政府不可能背上这么大的负担。这比国有企业改革复杂多了，国有企业改革就是市场化，非常明确。那么这种事业单位的怎么改？它的要求更多了。首先要坚持公益性目标，除了国家拨款之外，还要靠自己的经营能够运行，还要保证这个行业职工有比较合理的收入，还要给群众提供廉价、高效、便捷的服务。建立一种什么样的机制才能实现这些要求？现在整个事业单位改革基本思路就是要分类进行。一是经营类，二是管理类，三是公益类。但是说起来容易做起来难，事业单位改革已经谈了十几年了，到现在还很难推进，牵一发而动全身。但是有一条必须明确，就是事业单位改革和企业改革不一样，必须坚持公益性的目标，不能使它们完全以营利为目的，导致整个社会风气的不良变化，这还需要花很大的力气、很长的时间，在管理、税收、财务等方面做出很多细致的规定，走出一条新路。

千禾学人讲演录（第一辑）

## 五　社会管理与社区建设

在我们国家，管理这个社会，特别是保持社会稳定，在过去计划经济体制下，是以"单位组织"为基础的。"单位组织"是我国特有的一种组织，它不同于一般的工作组织，它不仅仅管你的工作，还要管很多的生活、社会事务。比如像我们现在的国家机关和事业单位，退休以后你还是归单位管，不是归社会管。有很多的社会事务，如征兵、献血、计划生育、卫生防疫，甚至社会捐助、种树这种社会事务，过去我们都是靠发红头文件发到所有单位，组织单位来落实。而且这是一种很重要的贯彻、动员方式。我们通过单位制度、档案制度、户籍制度，把每一个人控制在一个位置，不允许随便流动。这种制度应当说在当时发挥了很重要的作用，能够把矛盾解决在基层，不允许单位把内部问题随便推向社会。但是这种体制有一个很大的缺陷，就是组织效率低，企业里面办社会，单位什么都要管。所以改革开放以后，我们一个思路就是要扭转这种机制。

**非单位体制给社会管理带来新问题。**改革开放以后，随着国有企业的改革和单位体制的改革，实行了人员聘用制、住房商品化、社会保障社会化、后勤服务市场化、主辅分离等一系列改革。但是这样一来，随着社会流动加强，原有的单位组织的社会管理功能开始弱化，同时也减弱了它解决问题的能力。虽然这种单位体制原来也有弊病，但它也是一种能够把问题解决在基层的机制。单位领导有责任在单位内部化解问题，不能随便推到社会上去。但现在却不大一样了：原有的单位组织发生了深刻变化，同时大量新生的就业组织都是按照非单位体制来建立的。现在城市里，60%以上的从业人员都是在新的非单位体制里面用工，是无上级主管的部门。这和我们原来的单位有很大差异，原来单位管的不仅仅是工作，各种社会事务也是通过单位完成的，一发文件一下子动员到每一个基层组织，现在红头文件覆盖的范围越来越小，很多地方都动员不到了。这样一来，出现了两个问题。一是当群众有困难的时候，过去能够提供这种组织化、制度化支持的部门主要是单位，当单位弱化了以后，现在没有一个新的东西替代，社会的支持网络向个人转移。我们有一个调查，当你生活困难的时候，谁向你提供帮助？最多的答案是家庭、家族和私人关系网。结果是大家不相信组织化渠道，一遇到什么难事，比如孩子上学、找工作，甚至看病，第一个念头是找朋友，这样才能把事办成，而且办得快。二是很多问题不能在基层解决。比如上访，上访是近些年来大家越来越熟悉的概念，在过去不是没有问题，但是当时没有上访的概念，也没有成为一种普遍的社会现象。为什么呢？就是因为当时有单位，所有的问题首先依靠单位解决，一般不可能反映到上面。但是现在不一样了，这些问题在基层解决不了，就找政府，这级政府不管，就找上级政府，甚至法院判了，也不相信司法，还找政府告，这样告来告去，弄得上访成了一个社会大事。信访工作在当前很重要，因为这毕竟是留给群众反映利益诉求的一条重要渠道。但是从我们学者的角度来看，这不是一个可以替代以前把问题解决在基层的机制，不可能依靠上访把问题全部解决，所以必须在基层建立起一种新的机制。

**加强社区建设推进社会管理**。通过调查，我们发现，现在唯一有可能替代原来单位组织的就是社区组织，社区现在被群众认为是最重要的社会支持力量，甚至超过了单位，这是我们过去没有想到的。所以我们从学者的角度建议，应该考虑如何重建社区，改造社区的运行机制，发挥社区在未来促进社会和谐、维持社会稳定中的重要作用。过去城市社区是依靠离退休人员，国家给一些补贴，现在社区已经完全变化了，不同于以前了。现在的社区工作已经比过去复杂很多。各个政府部门都看到社区是一种新的基层工作平台，所以包括劳动保障部门、民政部门、计划生育部门、税收部门、卫生防疫部门都在社区里建立了自己的工作平台。这样一来，社区工作就成了"上边千条线，下边一根针"，所以没有一定的文化知识和专业技能是不可能完成这个工作的。另外，社区的规模在扩大。全国村委会已经从 1992 年的 100 多万个减少到 2007 年的 60 多万个，与此同时全国的居委会也从 10 万多个减少到 8 万多个。社区管理的地域和人口规模都大大增加了。为了吸引有才能的人从事社区工作，就要改善社区工作人员的待遇，现在不少地方社区工作人员的工资水平可以达到两三千块钱，这样就可以吸引一批有才能的人。同时也要给社区工作人员一个社会升迁的道路，今后的干部选拔，我们也希望能够两条腿走路，除了公务员考试，还要从基层有经验的优秀工作人员中选拔，特别是从社区干部中直接提拔。十六届六中全会关于构建社会主义和谐社会若干重大问题的决定中，提出了一个很重要的任务，就是建设宏大的社会工作人才队伍。所以现在从理论到实践，大家都在探索，社会领域当中我们到底采取一些什么样的办法搞好建设。当然我们也不能走老路，过去政府重视什么就把它行政化。比如社区，最简单的办法，当然是把社区工作人员变成公务员。但是社区工作人员全部转成公务员以后，公务员队伍不知道庞大多少，这样行政费用会增加很多。所以我们要寻找一个成本更低的办法，可以考虑采用政府购买服务的办法建立一个社会管理系统，以后逐步走向以社区为基础的新的社会管理体系，使社区成为一种新的把问题解决在基层的机制。

## 六 社会心态与社会管理

在就业、收入分配、社会保障等民生领域，出现了一系列新的社会管理问题，这些社会管理问题有时与人们的社会心态的变化又产生了密切的联系。过去我们在社会管理方面不太注意思想领域、观念领域和社会心态的问题，认为这些与社会管理没有什么关系。

对近30年发生的空前巨变，我们用"四个深刻"来表示，即经济体制深刻变革、社会结构深刻变动、利益格局深刻调整、思想观念深刻变化。经济体制变革、社会结构变动、利益格局调整，这都是容易理解的，也有很多的数据来证明这种变化。但是思想观念发生了什么样的深刻变化，不是很容易说明白的，也不是增加"多样性"、"差异性"、"选择性"这样一些描述就能够概括的。

**社会心态变化需要确立新的核心价值体系**。现在很多人认为新时期思想政治工作没有什么用处，实际上恰恰相反。当前这个时期，恰恰是需要加强思想政治工作和群众工作的时期。不过我们的工作方法、工作语言，也要适应快速变化的社会，不断有所改进。我们社科院开座谈会，有的老专家说："咱们这个社会到底发生了什么变化？我们整天忙着社会调查，分析社会发展大势，觉得自己很与时俱进了，但是回到家里，孩子动不动就说，'这些不跟你们说，说了你们也不懂'。"这确实说明社会在快速的变迁过程中，知识、信息各方面都在发生快速的变化。但是这个变化对我们的挑战是什么呢？我觉得，最大的挑战是核心价值上认识的差异。也就是说，在一些基本的价值方面，不同的阶层、不同的年龄段、不同的区域、不同的工作岗位，看法差异很大。我也不讳言，比如社会公平、政治民主问题等，在我接触的较高级别的干部中，看法差异也很大。为了统一思想、凝聚人心，我们现在提出了"社会主义核心价值体系"。这是一个很重要的问题，必须搞清楚什么是社会主义核心价值。一个民族在一个迅速巨变的时期，如果没有一个共同核心价值作为精神支撑来统一认识、达成共识，将在处理具体问题的时候遇到很多分歧而难以决断。

**社会心态变化具有独特规律。**特别要注意的是，人的思想观念的变化，心态的变化，是有自己独特的规律的，不是和客观指标显示的完全一样的。比如说，"2000～2008年中国城乡居民总体生活满意度的变化"的调查结果很有意思。从图10里看到，这个总体生活满意度的曲线是波动起伏的，但是困扰我们的是，我们找不到一个合理的理由来解释这个波动。为什么老百姓今天的满意度下降了？明天又提高了？2000～2007年我们所有的客观指标，比如说GDP的增长、收入的增长、消费的增长都是斜线往上的。在这么好的经济形势下，群众满意度不但不是直线上升，它还波动，有的时候还下降。

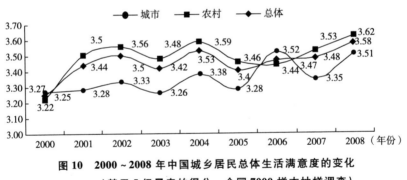

**图10　2000～2008年中国城乡居民总体生活满意度的变化**
**（基于5级量表的得分，全国7000样本抽样调查）**

现在加强民生建设，构建和谐社会，很多地方把满意度、幸福感作为政府考核的指标，我说关注这个是对的，但是这个作为政绩是要注意的。比如说幸福感，幸福感的基本测量公式就是人们追求幸福的欲望除以实现幸福的能力。政府所做的工作可能只是提高了人们实现幸福的能力，但是人的欲望随着生活水平的提高、教育水平的提高、社会的开放以及比较体系的扩大，也是不断提高的，这个分子的提高如果超过了能力这个分母的提高，幸福感可能不但不升高反而会降低。在一些客观数据方面，很多是用平均数来反映的，但平均数有时会掩盖一个大多数，要注意"平均数陷阱"。比如我们计算人均 GDP、人均收入、人均消费、人均储蓄都是把所有的钱合在一起然后除以人口数以后取一个平均值。但是这样一个结果，有时也会出现平均数掩盖大多数问题。比如在收入分配差距扩大的状况下，可能 60% 甚至 70% 的人都在这个平均线以下。但是当你调查满意度、幸福感的时候，变成一人一票了。这个要引起我们很大警惕，当认为各项工作做得很好的时候，仍然要注意，群众可能会出现不满意，要加强了解社情民意。去年（2008 年）全国出现了十几起群体性事件，我们发现是有规律的，这些地方多数是很多问题长期解决不了，群众积怨较深，很多事件是无直接利益冲突的，参与事件的人和发生的这个事件本身没有什么关系，完全是一种泄愤行为。所以，社会和谐不仅仅在于客观层面，我们的思想价值体系、思想政治工作和群众工作也都是非常重要的。在市场经济条件下，当社会发生深刻变化的时候，政府怎么管理这个社会，怎么处理好政府、市场和社会三者之间的关系，只有把这个问题解决了，才能建立起一个长效的从制度上解决社会长期和谐问题的办法和机制。

这次金融危机对我们也是一个很好的考验，中国已经实现了政治上的稳定，实现了经济上的快速增长，如果我们能够把社会建设真正地搞好，在安然度过这次国际金融危机之后，中国特色社会主义道路就会在国际上有更高的声望，而且我国在整个世界经济格局中的位置也将会有极大的改善。

# 认识中国的不平等<sup>*</sup>

## 谢 宇

**嘉宾简介：谢宇** 美国科学院院士，美国艺术与科学院院士，美国社会学会《社会学方法》主编，密歇根大学教授，"中央研究院"（台湾）院士，"中央研究院"（台湾）社会学研究所学术咨询委员、评鉴委员会召集人，"中央研究院"（台湾）蔡元培人文社会科学研究中心顾问委员，国际社会学学会社会分层研究委员会理事会理事，《美国社会学评论》执行编辑，《美国统计学刊》副主编，北京大学长江讲座教授。谢宇教授研究范围包括社会分层、统计方法、人口学、科学社会学和中国研究。谢宇教授是当代社会学方法研究领域的权威，他的研究和成果都属于国际社会学核心领域的前沿。其《社会学方法与定量研究》一书，已成为对社会科学方法研究有专长或有兴趣的学者和学生必备的参考书。

---

* 本文基于谢宇教授 2009 年 4 月 10 日在华中科技大学以及 2010 年 3 月 7 日在中山大学千禾学术论坛的讲演。帮助稿件整理的有胡楠、于嘉、赖庆、穆峥、巫锡炜、宋曦、董慕达。

# 序言

首先解释一下我的标题，"认识中国的不平等"。这里的"认识"有什么特别的意思呢？我是指以理解为最终目的的知识，完全是为了知识而寻求知识。在这里想表达的是，我不对中国的不平等做价值判断，也无意为中国政府或社会解决不平等问题出谋献策。我想做的就是作为一个学者，摆脱政治因素的干扰，试图理解中国的不平等。

中国现在正经历着一场划时代的社会变迁，其程度和意义堪与世界历史上其他最重大的变迁——如早期欧洲的文艺复兴、英国的工业革命——相提并论。事实上，中国的这场变迁涉及之广、规模之大、人口之众、速度之快、影响之深，是人类历史上从未有过的。并且，这个改变也是根本性的、不可逆的。作为当代社会科学工作者，我们是幸运的，因为我们有机会观察、记录、研究、理解中国正在发生的这些变化。

那么中国的巨大变化具体反映在哪些方面呢？总结一下，大致有如下几点。第一，当然是经济的发展。我国的经济发展是十分迅速的；从制度上而言，它经历着从计划经济向市场经济的转型。第二，很多社会主义的特征，比如城市居民由国家和单位安排住房和工作，已经面目全非了。第三，人口变化也是一个很重要的特征，尽管有些社会科学工作者还不够重视人口的变化。实际上近几十年来中国人口的变化是经济发展的一个重要的原因。死亡率从 50 年代开始迅速下降，生育率也从 70 年代、80 年代开始迅速下降，这两点变化对中国影响深远。第四，文化的变化，这包括西方文化的侵蚀和传统文化的淡薄。文化并不是一成不变的，中国现在一方面受到西方文化的影响，另一方面它自身固有的传统也在发生改变。需要注意的一点是，不同群体的中国人具有不同的文化，不能简单地一概而论。上述这些变化都在影响着当今中国人的生活和工作，同时它们也影响着中国社会的不平等——这也是中国近年来巨大变化的一个方面。

这里，我想用数据来阐述中国近年来经济发展和不平等的趋势。首先就是中国经济的产出，它在 20 世纪 80 年代以后，是迅速上升的，实际平均增长率约为每年 8%（见图 1，中国统计年鉴 2000～2004）。这样大规模、持续、快速的经济发展是世界上前所未有的，它远远超过了美国 1860

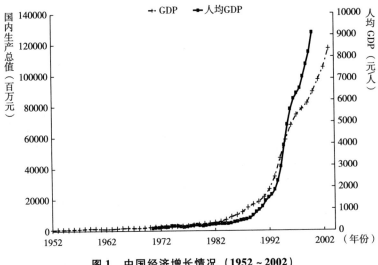

**图 1 中国经济增长情况（1952～2002）**

年到 1930 年经济迅速发展的时代——当时美国经济产出的实际平均增长率约为每年 4%（数据来自于 Measuring Worth，2009）。可见，中国现在的发展要比美国当时快得多，且不论中国目前的经济规模也比美国当时要更大。在经济发展的同时，社会的不平等也在中国增加了。当然，衡量中国不平等程度的数据在学术上是存有争议的，如数据是否可信，是否具有可比性，是否有质量问题，等等。尽管我们知道基尼系数有缺点，我们通常

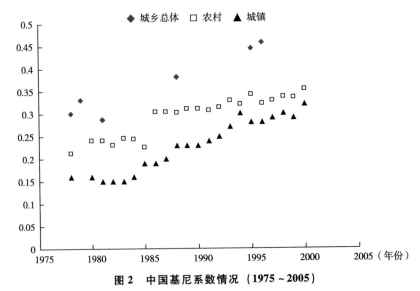

**图 2 中国基尼系数情况（1975～2005）**

还是用基尼系数来衡量不平等（Wu，forthcoming）。图 2 给出的基尼系数的数据来自于国家部门。可以看到，即使是官方的数据，也清晰地反映出不平等幅度的增加。其实，无论选用的是什么指标、什么数据，不可否认的是，中国的不平等在这段时期内确实是大幅度增加的。

我想要探讨的问题是：我们"如何认识当代中国涌现出的不平等问题"。报界有些评论说，中国的不平等，会影响中国政治和社会的稳定。大家之所以对此都很关心，也是因为担心不平等可能会导致种种动荡（关于这方面更详细的讨论，可参考吴晓刚最近的文章，Wu，forthcoming）。

实际上，我没有答案。对我来讲，这是一个不可能有简单答案的问题，而是一个研究议程。但是，至少有一个想法，我是很坚定的：我觉得，我们不应该，也不可能孤立地分析不平等问题。这不像物理科学，你可以把被研究对象与其他东西隔开，把其他的因素和外界干扰完全排除。我们要理解中国的不平等，就应该在中国的情境中来理解它，包括中国的历史、文化、政治和经济结构。虽然我目前对中国的不平等这一命题的理解还很有限，许多想法尚有待于将来的经验研究来加以检验，但我还是想提出几个初步想法供大家参考。

第一，中国的不平等很大程度上可以归因于集体的因素，比如区域、户籍、工作单位、社会网、村镇、家族、家庭，等等。也就是说，很多不平等不是个人层次上的，而是集体层次上的。

第二，我认为中国传统的政治意识形态助长了以业绩为基础的不平等，此处所谓业绩是以集体利益为标准的。我们经常给居于领导地位的人很多便利和特权，其理由就是他们为公共利益作出了贡献。换句话说，假如赋予上层人特权将有利于其属下或社会中的其他人，那么这种不平等在中国传统意识形态体系中是被认可、被鼓励的。

第三，可能是因为官方的宣传以及中国近年来自身的经历，有一种观点认为不平等是中国经济发展中不可避免的后果和代价。官方的宣传强调，经济发展需要让一部分人先富起来，而因此带来的不平等就是我们为发展付出的代价。现在，很多中国人已接受这一观点，认为不平等是一个国家经济发展中不可避免的（即使是他们不愿意看到的）一个后果。

当然，我并不认为这三个看法已得到了充分的实证研究的证明，但下面我想解释为什么我会有这三个想法。

# 第一个看法：中介集体的力量

前面说过，了解中国的不平等应该考虑到中国的国情和特征。其实我有时会觉得我们不应该过分强调中国和其他国家不一样。过分强调不一样和认为中国与外国没有区别都是走极端，在我看来都不正确。我认为中国是有一定的特点，但和外国相比它的许多特点其实是量的差别，而不是质的差别。我下面阐述我认为中国社会现有的重要特点。

第一，我觉得在中国，政府的角色非常显著，从中央到地方，政府是非常强的。在其他国家，没有这么强的政府。第二，企业利益和政府利益是相互结合的。也就是说企业、商业和政府、政治在经济利益上是一致的，私人关系也是密切的。而在世界上很多国家并不是这样。第三，中国有多层次的家长式的管理传统。这是指中国是一个强调多层共同属性的社会，而不是每一个人都是大社会的一般成员。在古希腊，虽然不是每个人都能成为公民，但公民之间是平等的，是可以直接与政府对话的。而中国很大，中国人在社会上的角色都是从属于一个小的地方、小的单位开始，到一个大的地方、大的单位，慢慢上去的。管理是一级管一级，是嵌套的，而不是直接针对个人的，个人在社会上没有独立的角色。譬如，在中国开会的时候，单位属性很重要，带头衔（如院长、主任之类）也很重要。这是因为中国是一个强调多层共同属性的社会。一个单位的成员或领导不是一个独立的人，不是一个可以抛开单位属性的人。一旦他们的身份脱离了单位，就没有人认可。这是一个和西方社会相对来讲不一样的地方。"分层"是什么意思呢？分层有地方政府，有基层政府，有单位，有家庭，有社会网络，有不同的层次。比如说有系，系外面有院，院外面有大学，等等。所以它是一个具有很多层次嵌套、一环套一环的社会结构。基于如上的种种原因，我认为，中国的经济并不是简单地向市场经济、向美国式的市场经济迈进。有些比较幼稚的讲法，说中国就是像美国一样的资本主义，如果今天不是的话，明天一定会是。我不认为中国会变成一个完全的资本主义的经济、社会体制，就是因为这些结构上的原因，传统文化的原因，相互利益关系的原因。

我在 1996 年发表的文章（Xie & Hannum, 1996）中就提出，在中国影响收入最重要的因素，不是个人因素，而是区域差异。中国的收入受区域性的影响非常之大。我们后来在 2005 年发表的文章中（Hauser & Xie，2005），发现这些区域性的作用有增无减。吴晓刚和他的导师（Wu & Treiman，2004）提出，户口对人的社会地位影响也非常大，即农村户口和城市户口人群之间有很大的差异，这些差异，并不是个人的努力和能力造成的，而是一种结构性差异，是个人摆脱不了的。我和吴晓刚最近的一篇文章（Xie & Wu，2008）还说明了单位在当今中国的重要性。很多人认为，单位已经不重要了，这种说法并不正确。在当今的中国，单位依然举足轻重。单位对个人的收入、声望、福利乃至社会关系，都仍旧起着非常大的作用。王丰最近的书（Wang，2008）也支持了这一观点。

再举一个例子。英国的媒体 The Guardian 最近发表了一篇文章（Vidal，2008），题目叫 *Wealth Gap Creating a Social Time Bomb*，即"贫富差距制造了一个社会的定时炸弹"。这个文章不是特别针对中国的，但是它有两个地方提到中国。首先它讲，北京是世界上最平等的城市。但是下面它又讲，中国已经有很大的不平等。为什么同一篇文章、同一个作者，会阐述两个看上去自相矛盾的观点呢？其实，这两个观点并不矛盾。中国的不平等程度是很大的，但中国的不平等主要是区域之间或群体之间的不平等，如北京和其他城市的，或者是农民和非农民的差别。而对在同一个城市——比如北京——居住的人来讲，他们之间的不平等——尽管很难说是不是世界最小的——从世界水平来看还是比较小的。比如说纽约、伦敦，这些城市中不平等的系数更大。这两个看上去自相矛盾的观点实际上是告诉我们中国的不平等是由区域造成的。

让我基于官方发布的资料，用数据说明一下区域的重要性。可以从图3（地方年度统计公报，2008）看出，区域差异对收入是有很大影响的，农村和城市的差别也是很大的。众所周知，广东、上海的收入很高，而甘肃的收入却很低，城市人口收入高，而农村人口收入低。这个差别幅度非常大，要比其他国家（如美国）的地域差大很多。

和区域相似，单位也是产生、维护不平等的一个重要中介集体力量。在改革开放以前，我们知道单位很重要，单位几乎决定了一个人的所有方面，包括日常生活、政治生活、工作、经济状况。以前有肉票、粮票、糖票、电影票、洗澡票，甚至自行车票、缝纫机票，所有票都是单位发的。此外，连

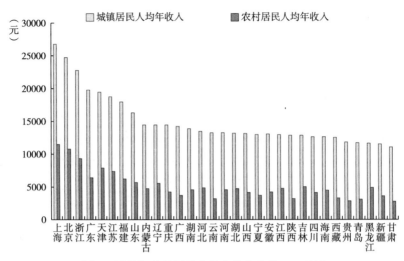

图3　城镇与农村居民人均年收入比较——2008

来源：全国各省份 2008 年度统计公报。

结婚都要单位批准，住房也要单位出面提供。假如婚姻不幸福的话，还要单位出面调解。如果你在外面犯了错误，别人首先就要找到你的单位。有的人提出，这都是 1978 年以前的事情了，改革开放以后，单位制就垮了，就不重要了。这个认识是不全面的，我认为今天的单位还是很重要。例如，当大学生对自己事情处理不当出了事情的话，系、院、校领导还是要负责的。

　　1999 年我们在三个城市（上海、武汉、西安）做了一个调查。数据分析后我们发现决定收入的最主要因素是地区、城市，第二位的就是单位（表1）。单位的重要性远远超过个人因素，比如说教育、工作经历、性别、干部身份，等等（详细结果见 Xie & Wu, 2008）。在中国（城市），单位属性、单位效益对个人收入有很大的影响（图4）。这一点大家都能理解，如在某大学（或学院）教授的工资就很高。他们的工资为什么高呢？就是因为有单位把他们保护起来，单位的效益直接影响到个人的收入。比如说，虽然一个具体的教授在这一单位里面作的贡献，假如可以从客观角度来衡量的话，和另一个在外面的教授作的贡献可能是一样的，比如课程是一样的，发表文章情况也是一样的，但待遇却可能是不一样的。这就是说，仅仅因为单位属性不一样，便导致收入也不一样。所以，从事同样工作的职员，在不同单位，收入会有差别，有时会是很大的差别。即使我们用统计的办法能够把一些个人的特征控制住，比如受教育年数等，单位在决定工作者的经济收入和福利方面仍起着重要的作用。单位是中国不平等或者分层的重要部分。单位实际上是一个边界,看工作者是在里面还是外面。在里面的是一种情况,在外面的又是另外一种情况,这个边界决定了职工的待遇。待遇是单位提供的。有的单位有钱,有的单位没有钱。虽然有些人可能会认为不平等是不公平的,但是很多人还是可以接受由于单位因素而造成的经济待遇等方面的不平等。因为有边界,不是谁都可以随便成为单位的成员。所以进入好的单位是取得社会地位的关键一步。

**表1　收入对数方差被解释的百分比**

（Xie & Wu，2008，基于 1999 在上海、武汉和西安的调查）

| 变量 | DF | $R^2$ | $\triangle R^2$ (1) |
|---|---|---|---|
| 城市 | 2 | 17. 47 *** | 19. 12 *** |
| 教育水平 | 5 | 7. 82 *** | 4. 46 *** |
| 工龄 + 工龄 2 | 2 | 0. 23 | 0. 05 |
| 性别 | 1 | 4. 78 *** | 3. 05 *** |
| 干部身份 | 1 | 3. 08 *** | 0. 63 *** |
| 工作部门 | 3 | 3. 54 *** | 1. 8 *** |
| 单位效益（线性） | 1 | 12. 52 *** | 9. 3 *** |
| 单位效益（虚拟变量） | 4 | 12. 89 *** | |

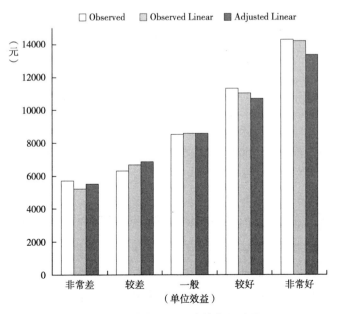

**图4　单位效益不同导致的收入差异**

## 第二个看法：以业绩为基础的不平等传统

我认为不平等自古以来就是中国文化的一部分。我的这一看法基于历史资料。我现在正在学习中国文化和历史，相对于我一般使用的量化资料，这些资料是比较粗糙的，我对此了解也不是很深。我在这方面的工作还在进行中，还是尝试性的（谢宇、董慕达，2009）。让我们先大致看一下古代中国的几大重要特征。这些特征在西方学术界已有共识，并不是我个人的创造，我只是出于自己的需要把它们整理出来而已。古代的中华帝国有什么特征呢？

第一个特征，中华帝国在理想的情况下，是统一的，一个天下只能有一个君主。这个大一统的思想，在中国是非常强烈的，这和西方是不一样的。当然，大一统是理想情况，例外是常见的，如大家熟悉的三国鼎立。但是在理想情况下，天下应只有一个皇帝。

第二个特征，中华帝国是非常大的，人口也是非常多的。所以，中华帝国面临的最大问题是管理。难以想象，中国这么大，在当时没有汽车、高速公路、火车、手机、电脑和其他现代技术的情况下，怎么能管理这么大的国家呢？从中央政府到地方，一封信可能就要走几个月，交通不方便，信息也不通畅。怎么管理？这几乎是不可能的，这是一个奇迹。大家都知道另一个大的强国是美国，相对于欧洲的国家来讲，美国的地大，人口也多。但幸运的是，美国是在现代社会条件下产生的。美国在 19 世纪末就有了铁路、汽车，美国的工业化、机械化速度是很快的，到 1930 年就已经比较发达了。通过两次世界大战，美国的联邦政府强大了，国家管理也有资源了。但是在古代的中国，这么大的国家，统治了这么多年，而基本的模式没有什么变化，这是极不寻常的。

第三个特征，中华帝国和其他帝国（比如罗马帝国）相比，一个重要的特点是中国的文官官僚制。虽然改朝换代要靠军人，但在中国的漫长历史中，中华帝国的管理靠的是文官官僚。文人可以做官，甚至做大官。直到今天，中国人都希望自己的儿女读书，"学而优则仕"，读好了书就有出路，这也是一个有特点的文化产物。与其他国家相比，中国的官僚制起源早、规模大、在世界历史上显得特别。所以，中国的文官官僚制，是一个重要的历史特征。

第四个特征，除了皇上，中国的贵族和权贵阶层是很不稳定的。像清朝的平西王，一代都没有过，就把自己也平掉了。其实，皇上不希望贵族和权贵阶层有世袭。中国重要的官僚都不是世袭的。这和欧洲很不一样，欧洲的官职是可以由上一代传到下一代的。欧洲贵族的财产也只传给一个儿子——长子，所以他们的家族可以一直保持着财富和影响力。而中国就不一样，第一，除了皇帝（和极少数职位），职位不可以传代；第二，富人实行多妻，有很多儿子，而且这些儿子对父辈留下的财产基本上是平分的，所以不管有多大的能耐，再大的财富和影响到三代后就稀释到没有什么了，也就是说要靠传代获得财富，在中国是很困难的（何炳棣，1999）。中国的特征，就是强调对儿子进行投资以使他们以后有能力挣得财产，而不是直接给予财产。儿子没有财产不要紧，让他去读书，让他以后做官、有钱。所以，从文化观念讲，中国社会是强调社会流动的，至少有些社会流动是实现了的（见 Ho，1964；下面会给出例证）。而在西方，贵族就是贵族，平民就是平民，两者根本上是分隔的。所以，从这一点来讲，中国从秦朝开始，甚至从战国开始，就没有了封建制，因为封建制的特征就是世袭制，就是分割制，而不是流动，不是集权。

最后一点，在中国的政治体系里，意识形态的作用是非常强大的。从西汉开始，整个中国的政治体系几乎没有改变。这个政治体系中最精华的内容还是以孔孟之道为基础的意识形态。我甚至觉得现在的中国政府在有些方面已继承了古代的中华帝国 2000 多年的传统。更进一步说，中国现在的政治体系在一定程度上是中国文化 2000 多年遗留下来的产物。

马克斯·韦伯（Max Weber）是一个德国人，他没有来过中国，不懂中文，但是他是一个非常优秀的社会学家（主要著作有 Weber，1978）。他写了一本有关中国官僚体制的书（Weber，1951）。虽然只用了二手资料，但他对中国的情况还是写得很好的（Zhao，2006）。他在书中对中国的体制提出了两个疑问。第一个疑问是，官员的选拔，考试是可以的，但是为什么不是考他的管理能力，比如算账、管理等这些有用的知识，而是考一些毫无实用价值的经典。他想不通，为什么考试的内容和官员要做的工作是不一致的。其实现在也是一样，升官要有学位，最好是学理工科的，要数学好、物理好，即使官员在管理时用不到这些课程的内容。提拔官员时看重数学和物理，这好像是很奇怪的事情。这是韦伯的第一个疑问，他觉得这是很浪费的，因为考的东西是没用的。他的第二个疑问是，地方官员的指派是短期的，三年一轮。他说多浪费啊，一个官员为了工作，要了解一个地方，要和一个地方打成一片，要了解民情和风俗习惯，但是刚刚了解了就被调走了。所以他的结论是，中国的官僚体制是低效率的。他的结论其实没错，中国的官僚体制的确效率不高。但是他没有想到，效率对于一个政权，对于一个王朝来说不是最重要的事情。效率再低，国家还是我的；效率高了，国家破裂，变成了人家的怎么办呢？从这个角度而言，我认为中国古代官僚系统是成功的，因为它解决了管理中国这一大难题。除了中国官僚体制，在当时的客观条件下，我想不出任何一个其他的办法能够管理这么大的国家。

为什么统治中国需要官僚体制呢？假如一个地方的贵族产生了自己的势力，你怎么能保证他们对中央政府完全服从？打起仗来了，你怎么让他们派兵、出钱？要挖运河了，要建城墙了，你怎么知道他们会配合？所以，皇帝只能指派自己的官员到地方上去管理。当然，在实际管理的时候，官员又一定要有很多自主权，因为皇帝太远了，不了解情况，管不着。这样一来，集权帝国的地方官员所面临的处境与封建制下的地方贵族有着本质的区别。一方面，地方官员是受到中央政权指派和控制的，以后的提升也要靠中央的决定。另一方面，地方官员又必须为地方做事情，这样才有升迁的机会（谢宇、董慕达，2009）。中国的官僚体制，是一个对中国古代皇帝很有用的发明，是一个能够把中华帝国稳定维持下去的非常重要的手段。从古到今，中国的版图一直非常大，但皇帝意识到不能靠军事来统治。因为军事是柄双刃剑，如果你不给它力量，它做不成事情；你给它力量，它可能造反。军人是很危险的，所以皇帝很聪明，不用军人，用文人，虽然文人可能效率低、迂腐，但是不易造反。

中华帝国靠什么来统治？不是靠刀剑，而是靠孔孟之道。我觉得这一说法并不夸张。孔孟之道是皇帝统治中国的重要工具，没有孔孟之道，就没有官僚体制，也不可能有中国这么长期的帝国。孔孟之道很有意思，它的重点是仁政。也就是说，我有权力，实际上是为你好。这是一种具有亲和力的意识形态。比如孟子说"民为贵，社稷次之，君为轻"（《孟子·卷十四 尽心下》），这就把皇权的最终目的归结到为民服务上。然而，为了最终做到为民服务，孟子认为不平等是天经地义的："夫物之不齐，物之情也。"（《孟子·卷五 滕文公上》）用现代经济学的说法，适当的人与人之间的不平等关系是种互补性关系，对大家都是有好处的，而绝对的平等会导致整个社会的普遍贫困。孟子说："如必自为而后用之，是率天下而路也。故曰：或劳心，或劳力；劳心者治人，劳力者治于人；治于人者食人，治人者食于人；天下之通义也。"（《孟子·卷五 滕文公上》）。他讲，每人都必须耕耘劳动的绝对平等是行不通的，会使大家贫困。人是有区别的，有的人聪明，他们就做脑力劳动；有的人不聪明但力气大，他们就做体力劳动。社会分工有别。在中国，很多人都知道这句话："或劳心，或劳力；劳心者治人，劳力者治于人。"这句话对我们理解不平等是有意义的。他是说，你能力强的，你就有特权，你就统治别人；你没能力，你花力气的，你就做下面的工作，你就打工。这是一个合作关系，是大家都认可的，穷人也认为这样好。

为什么穷人也觉得这样好呢？实际上在中国的历史环境下这是有两层含义的。第一层含义是，如前所述，富人有特权是为大家做事，也是为穷人做事。所以穷人不要觉得吃亏了，这样的社会分工对大家都有好处，给大家都带来利益。这叫家长制思想（paternalism），现在也很普遍。第二层含义是，这个社会谁有特权、谁富，至少理论上讲不是天生注定的，而是看个人做得怎么样，是不是有能力。你现在没能力，也许将来你有能力；你没有能力，你可以把你的儿子培养得有能力；再退一步，如果你的儿子没能力，可能你的孙子有能力，总是给你一些希望。所以，中国的文化，总是往前看，不仅仅是往近前看，而且是往下一代看，经常是为了实现将来的梦想而牺牲现在的利益和享受。比如说今天我不好，我没有受到教育，我打工，但我把所有的财富、所有的精力、所有的希望放在我儿子身上。在中国，什么样的人被认为没指望？是寡妇死了儿子——没指望了。所以，一个人的现状不好并不要紧，他还可以寄希望于下一代。这种想法是很有吸引力的。这是一个社会流动机制，能给大家带来机会。

大家都知道欧阳修的故事。有本小人书专讲他的故事，这类小人书在中国有很多，大都讲历史上成功人士的故事。老师、家长都会给孩子讲这些故事，让他们知道即使家境贫困，什么都没有，但是只要勤奋努力，他们可以得到除了皇位以外的任何东西。读书读得好，可以像欧阳修一样做官，做兵部尚书，等等。另外我们注意到，中国文化中最理想的文人不但是很好的学者，还是很好的官（"民之父母"）。这是为什么呢？这是因为中国传统的政治意识形态强调仁政，而且官员的管理行为是相对独立的、自治的。所以对官员的选择标准并不是管理能力或者施行命令的能力，而是要看这个人是不是好人，是不是一个有德的人。这就很难评价了，我怎么知道这个人有德还是没德呢？

中国古代用过很多方法来衡量一个人的德行，如看他是不是孝顺，对上级是不是尊重，是不是守规矩等。在汉朝，选官的察举制中最主要的常科叫"孝廉"，这是因为儒家思想认为孝与廉都是人最基本的道德品行。《论语》中有句话："其为人也孝弟，而好犯上者，鲜矣。"（《论语·学而第一》）隋朝以后，更看重这个人古书读得好不好。至少，古书读得好可以反映出一些基本素质：聪明、勤奋、顺服、尊师、自律等。这和今天官方提干考虑数理化背景道理相似。虽然管理工作本身可能并不需要数理化，但是至少通过数理化教育的检验，上级可以知道一个人是不是聪明，是不是听话，是不是用功，是不是努力上进。这看上去是对知识的检验，其实是对德行、人品的检验。

前面讲过，中华帝国地方很大，被指派的官员工作的地方很远。官员是一个工作相对独立的人，他是不是一个好官——"民之父母"——不是主要取决于他的技术能力，而是他的德行。官员，特别是地方官承担着双重责任，即对上司对下属都负责任。他们的工作是自治的，因为皇上那么远，管不到他，很多事情都是可以先斩后奏的，都是自己管理的。皇权的合法性在哪里？是天命，他们认为他们是为老百姓做事情，让老百姓有吃有穿。所以，中级官员的功能就是帮助皇上实现这个天命。在古书中经常看到，中级的官员有时候违背上级，是因为他们认为这样做是真正符合他们作为"民之父母"的使命，也是最终和皇上的天命相吻合的。

县一级以上的官员都是要朝廷来任命的，所以官员的权力来自中央，而他们要做事情主要又是为了下面。这是个矛盾，需要一个平衡，因为对上面太负责了，就可能牺牲下面的利益。中国官僚体制下的这种双重责任性不可避免地导致了"欺上瞒下"这种现象，对上面不能说全了，对下面也不能说全了，官员总是要有所保留。这种"欺上瞒下"的现象是中国社会结构造成的。官员不能讲实话，讲实话乌纱帽就保不住了。三年自然灾害的根本原因就是这个平衡被打破了，官员只对上面负责，而不对下面负责。中国这个相互牵制的体系有2000年的历史了。官员没有很多的自由空间，他们既要对上面负责，又要对下面负责，所以他们都是很累的。但我前面讲了，在中国这一环境中，当官恰恰是很多人向往的，想起来挺可悲的。官员中很多人实际上是很优秀的，但是因为结构的原因被迫要作假。那怎么办呢？上面也知道下面的官员作假，所以编了很多程序来检查下面。"上有政策，下有对策"，不断地循环，不断地使管理程序越来越复杂化、官僚化。

衡量官员的重要标准是他们的政绩，即他们是否帮助皇上实现天命。通俗地讲就是他们管辖下的人民生活如何。中央不管他们做什么，只要这个地方富裕了、和平了、不出事，他们就是好官；他们做得再好、再努力，出了事情，都是他们的错，甚至出现天灾也是地方官的错。如果情况好了，大家就说这个官真好，几年都没有灾害了，连老天都欣赏他做官。所以政绩自古以来就很重要，中国现在讲政绩只不过是回到了中华帝国的管理方式。

2007年我们在甘肃做了一个调查。大家都知道，甘肃很贫困、很偏远。我们问他们，对你的经济利益来讲，什么因素最重要？我们给被访者五个选项：中央政府，地方政府，单位，家庭和个人（见表2）。虽然居住很偏远，但他们的首选是中央政府，认为中央政府是决定他们经济地位的最重要因素。第二重要因素的首选是地方政府。相对来讲，个人因素是次

表2　2007年在甘肃调查的结果（n = 633）

现在，请思考您自己总体上的经济福利状况。许多因素会影响一个人的经济福利，在您看来，请根据您的想法，将以下五组因素按重要性进行排序。（哪组因素您认为"最重要"，哪组因素您认为"第二重要"，依此类推）

| | 第一 | 第二 |
|---|---|---|
| 中央政府 | 41.61 | 12.03 |
| 地方（市/县）政府 | 8.54 | 31.33 |
| 工作单位或村委会 | 8.23 | 12.82 |
| 家庭因素 | 21.33 | 18.8 |
| 个人因素 | 20.38 | 25.28 |

要的，没有政府重要。这就呼应了我以上讲的，在中国传统文化中，人民对官员、对政府有很高的期望。

前面讲到父母官有时候为了保护自己地方的利益违抗上级。那么当地的人是怎么来控制当地官员为他们做事的呢？我们知道，被派遣来的当地官员并不是当地人，和当地人也没有亲属密友关系。中国古代的做法很漂亮。从汉代开始，人们就给地方官员立碑（甚至建祠庙、唱颂歌），说他们怎么好，修了路、建了桥、治住了土匪，等等，在碑上把丰功伟绩大大地、夸张地歌颂一遍。在路边、桥前或祠堂里立碑，大家都能看见，官员当然也很高兴。立碑不但为死去的官员立，而且也为活着的官员立。作为民意的一个反映，碑对官员的提升是有益的（谢宇、董慕达，2009）。所以说，尽管中国古代没有民主，但是地方势力利用声誉机制控制了官员，满足了官员心理和仕途的需要，使得他们有为当地人民造福的理性动机。

## 第三个看法：不平等是中国经济发展的副产品

改革开放刚开始的时候，官方作过宣传，说经济发展需要让一部分人先富起来。当然，这样的说法是为了让民众把不平等作为经济发展的代价来接受。我认为，现在有许多中国人已经认同这一观点：不平等是中国经济发展的副产品。我下面用我们收集的社会调查数据来说明这一命题。

我先提出一个假设，称它为社会投影（Xie & Wang, 2009）。普通的中国人对其他国家的社会状况并没有直接的了解。他们没去过国外，就算去过也是走马观花，并没有深刻的了解。这是因为了解一个社会是件很难的事情。所以，对于一般的中国人来说，他们对其他国家的情况包括其不平等程度在内的社会情况都是不甚了解的。但相比之下，中国人对其他国家的发达水平还是知道一些的，这可能是因为中国媒体对其他国家的发达水平宣传较多。所以，当被问到其他国家的不平等程度时，尽管他们都会给出自己对此的看法，但这些看法大多都是从想象中来的。下面我给大家看一些数字。当我们问被访人哪个国家发达、哪个国家不发达时，被访人的确知道不同国家的发达程度；可当我们问被访人各个国家的不平等程度时，他们不知道，但他们会根据自己的想象给我们一些数值。

我们的数据来自 2006 年在六个省市（北京、河北、青海、湖北、四川、广东）做的调查，有将近 5000 人参加。我们让他们评价五个国家——中国、日本、美国、巴西、巴基斯坦——的发达程度，按 0 到 10 打分，最发达是 10 分，最不发达是 0 分。然后，我们又请他们评价这五个国家不平等的程度，按 0 到 10 打分，最不平等是 10 分，最平等是 0 分。实际上社会科学研究对各国的这两方面都是有数据指标测量的，都是有发展程度和不平等程度的比较数据的。表 3 给出的是我们的调查数据结果和客观指标的比较。联合国对国家发达程度的客观指标在第二列。第一列是被访人给这五个国家发达程度的平均评价分，其中美国遥遥领先，9.19，接近 10 了，第二是日本。这里，我们的调查数据结果和联合国的指标基本上是吻合的，只是中国的被访人明显地低估了日本的发达程度，但是美国和日本还是在其他国家前面的。下边两个就是中国和巴西，这两个国家相近，而从联合国的数据来看也很相近。调查数据总是有误差的。最后是巴基斯坦，这也和联合国的数据基本吻合。

表 3 调查对象对于以下五个国家发达程度与不平等程度的评分
（与联合国评分相比较）

| 国　　家 | 调查对象对发达程度的评分（0~10） | 联合国对发达程度的评分（0~1） | 调查对象对不平等程度的评分（0~10） | 联合国对不平等程度的评分（Gini, 0~1） |
|---|---|---|---|---|
| 中　国 | 5.56 | 0.768 | 6.25 | 0.447 |
| 日　本 | 7.79 | 0.949 | 5.92 | 0.249 |
| 巴　西 | 5.49 | 0.792 | 5.47 | 0.58 |
| 美　国 | 9.19 | 0.948 | 6.81 | 0.408 |
| 巴基斯坦 | 3.8 | 0.539 | 5.07 | 0.306 |

在我们解释不平等程度打分结果前，先了解一下各国不平等的客观情况。在世界上规模较大的国家中，最不平等的国家之一就是巴西，这主要是因为巴西的教育程度低，又说葡萄牙语。但巴西又同时是一个国际化的国家，正因为国际化，教育的回报率非常高，这就加剧了巴西的不平等。同时，巴西也很大，也有较大的地区差。美国和中国相比，中国的不平等程度实际上已经远远超过了美国。巴基斯坦的不平等程度是低的，而日本是最低的，它的贫富差距不大。以上的观察基于第四列给出的联合国提供

的不平等指标——基尼系数。

我们的被访人是怎么给各国不平等程度打分的呢？第三列显示出，我们访问的 5000 人认为，美国的不平等程度要超过中国，日本的不平等也很高，而最低的是巴基斯坦。他们认为巴西的不平等程度是低的，而不是高的。可以发现，这些评价正好与事实相反。我前面讲过，被访人对其他国家的发展程度可以比较准确地打分，但他们对其他国家的不平等程度却不了解，因此他们对此的打分大多是错的。但是，他们给出的信息却可以让我们知道普通老百姓为什么要这样打分。

中国最近经历了很多变化，从不发达到相对发达，从相对平等到不平等。以前贫困时大家相对平等，中国现在相对发达了，不平等也增加了。假如有些人认为美国是我们的将来，那中国已经走了一半路了，我们的不平等已经增加了那么多，如果变成像美国那样，以后还要更加不平等。正因为美国比中国更发达，所以他们认为美国会更不平等。我们在同一调查中还问到，发达国家和不发达国家的不平等相比，发达国家的不平等程度是否要高于不发达国家，对此表示同意的被访人占到了大多数。

我们又做了这样一个数据分析，按照被访人对不同国家发达程度打分的高低做排序，即认为哪个国家最发达哪个国家第二发达，等等（见表4）。第一类是主流排序，发展程度的排序是美国第一，日本第二，巴西第三，中国第四，巴基斯坦第五，有 34% 的人选择了这样的排序；第二类，就是把巴西和中国换一下位置，这种排序也有 30% 多；第三类是日本、美国、巴西、中国、巴基斯坦；第四类是日本、美国、中国、巴西、巴基斯坦。这四种人占了 72%，其他种类的排序属于没有规律，可看做是测量误差造成的。看到这样的数据后，我们想知道对发达程度的打分排列和对不平等程度的打分排列有什么关系呢？（见表5）我们发现被访人对不平等程度的打分排列和对发达程度的打分排列有明显的关联，有很多人对发达程度的排列顺序和对不平等程度的排列顺序是完全一致的，这是正向的关系（见表5上半部分，第 1~4 行）。还有负向的关系，甚至有人打分正好相反，即假如说他们认为发达程度由高到低的排列是美国、日本、巴西、中国、巴基斯坦，他们则认为不平等程度的排列是相反的，最小的是美国，第二小的是日本，等等，这就是一个相反的排列，这种情况在我们的数据中也是有的（见表5下半部分，第 5~8 行）。

表 4　被调查者关于发达程度的主要排序方式

单位：%

| 排序模式编号 | 排序方式 | 百分比 | 累计百分比 |
|---|---|---|---|
| 1 | 美国≥日本≥巴西≥中国≥巴基斯坦 | 34.11 | 34.11 |
| 2 | 美国≥日本≥中国≥巴西≥巴基斯坦 | 33.96 | 68.07 |
| 3 | 日本≥美国≥巴西≥中国≥巴基斯坦 | 2.18 | 70.25 |
| 4 | 日本≥美国≥中国≥巴西≥巴基斯坦 | 1.37 | 71.62 |
| 5 | 其他116种排序方式 | 28.38 | 100.00 |

表 5　被调查者关于不平等与发达程度的主要排序方式的交互统计

| 序号 | 被访者关于不平等程度的排序方式 | 被访者关于发展水平的排序方式 | | | | | |
|---|---|---|---|---|---|---|---|
| | 具体方式 | 1 | 2 | 3 | 4 | 5 | Total |
| 1 | 美国≥日本≥巴西≥中国≥巴基斯坦 | 25.58 | 8.32 | 6.67 | 3.03 | 8.42 | 14.13 |
| 2 | 美国≥日本≥中国≥巴西≥巴基斯坦 | 7.43 | 31.31 | 4.76 | 16.67 | 9.96 | 16.33 |
| 3 | 日本≥美国≥巴西≥中国≥巴基斯坦 | 0.43 | 0.67 | 8.57 | 3.03 | 0.29 | 0.69 |
| 4 | 日本≥美国≥中国≥巴西≥巴基斯坦 | 0.3 | 0.61 | 11.43 | 4.55 | 0.44 | 0.5 |
| 5 | 排序方式1的相反 | 12.61 | 3.55 | 0 | 0 | 3.51 | 6.75 |
| 6 | 排序方式2的相反 | 3.59 | 10.28 | 5.71 | 4.55 | 2.2 | 5.53 |
| 7 | 排序方式3的相反 | 1.64 | 0.49 | 12.38 | 3.03 | 0.44 | 1.16 |
| 8 | 排序方式4的相反 | 0.61 | 0.61 | 0 | 9.09 | 0.37 | 0.64 |
| 9 | 其他114种排序方式 | 47.81 | 44.16 | 50.48 | 56.06 | 74.38 | 54.28 |

总之，我们发现，被访人关于发达程度的评分与联合国的评分是相似的，其中对日本和巴西的评估稍微低了一些，特别是对日本的评估明显偏低。但是被访人关于不平等程度的评估打分和联合国的数据根本不搭界，完全是搞错了。相当一部分人关于不平等的评分来自他们对发达的评分。他们怎么看不平等和发达的关系呢？有正有负。因为中国最近的经历表明，发达和不平等的趋势是正向的关系，即经济的发展和不平等的增加是同步的，所以我们的被访人中的主流观点是正的相关关系。这一结果反映了中国最近的经历和官方的宣传，它与不平等是中国经济发展的代价这一观点相吻合。

# 结论

本文中，我讲了三个主张和看法。第一，中国的不平等在很大程度上是通过集体行为来实现的。因为有了集体作为产生不平等的机制，不平等的界限是结构性的而不是个人化的，不平等程度在日常生活中也得以淡化，这样不容易造成不满。第二，从意识形态上来讲，中国的传统文化是接受不平等的，只要这些不平等会给一般劳动人民带来实惠，并且一般的劳动人民有得到权贵地位的可能性，即只要权贵地位可以通过自身努力得到。因为受到这样的中国传统文化的影响，许多中国民众目前还是能够容忍不平等的现状的。第三，有些中国民众认为经济发展本身可能会带来不平等：因为我们要发展，为了改进大家的生活，就很难避免不平等。所以，一些对不平等不满的人也能被动地和勉强地接受中国现在的不平等。基于这三个原因，我认为中国不平等的问题本身，在最近的一段时间里，不太可能造成社会不稳定。也就是说，尽管中国的不平等现象确实是存在的、是在增加的，可是它本身的危险性可能被夸大了。我认为中国社会有一定的机制，如政治、文化、舆论、家庭、社会关系等，来调节不平等所带来的社会危害。我这一初步的结论并没有任何政治色彩，这只是我对中国不平等的一点粗浅的理解而已。

## 参考文献

何炳棣. 1999. 扬州盐商：十八世纪中国商业资本的研究. 中国社会经济史研究，1999（2）：55 – 76.

谢宇，董慕达. 2009. 天地之间：汉代官员的双重责任. 未发表文章，美国密歇根大学.

中国统计年鉴. 2000 ~ 2004. 北京，中国统计出版社.

地方年度统计公报. 2008. http：//www. stats. gov. cn/tjgb/（部分数据来自省统计局网站）2009 年 7 月 16 日访问.

Han, Wenxiu. 2004. "The Evolution of Income Distribution Disparities in China Since the Reform and Opening – Up." pp. 9 – 25. in *Income Disparities in China：An OECD Perspective*. edited and published by Organisation for Economic Co – Operation and Development.

Hauser, Sethand Yu Xie. 2005. "Temporal and Regional Variation in Earnings Inequality：Urban China in Transition between 1988 and 1995". *Social Science Research*，(34)：44 –79.

Ho, Ping – ti. 1964. The Ladder of Success in Imperial China：Aspects of Social Mobility, 1368 – 1911. New York：Columbia University Press.

Measuring Worth. 2009. http：//www. measuringworth. com/. Accessed on June 24, 2009.

Vidal, John. 2008. "Wealth Gap Creating a Social Time Bomb". *The Guardian*, 23 October 2008. Available on internet at: Guardian. co. uk, accessed on March 28, 2009.

Wang, Feng. 2008. *Boundaries and Categories: Rising Inequality in Post – Socialist China.* Stanford, CA: Stanford University Press.

Weber, Max. 1951. *The Religion of China: Confucianism and Taoism.* Glencoe, IL: Free Press.

Weber, Max. 1978. *Economy and Society:* An Outline of Interpretive Sociology. Edited by Guenther Roth and Claus Wittich. Berkeley, CA: University of California Press. Wu, Xiaogang and Donald Treiman. 2004. "The Household Registration System and Social Stratification in China: 1955 – 1996". *Demography* (41): 363 – 384.

Wu, Xiaogang. Forthcoming. "Income Inequality and Distributive Justice: A Comparative Analysis of Mainland China and Hong Kong". *The China Quarterly.*

Xie, Yu, and Xiaogang Wu. 2008. "*Danwei* Profitability and Earnings Inequality in Urban China." *The China Quarterly* (195): 558 – 581.

Xie, Yu and Emily Hannum. 1996. "Regional Variation in Earnings Inequality in Reform-Era Urban China". *American Journal of Sociology* (101): 950 – 992.

Translated to Chinese and reprinted pp. 460 – 508 in *Market Transition and Social Stratification.* edited by Bian Yanjie, Beijing: Sanlian Press, 2002.

Xie, Yu and Guangzhou Wang. 2009. "Chinese People's Beliefs about the Relationship between Economic Development and Social Inequality". Population Studies Center Research Report 2009: 681, University of Michigan. http://www. psc. isr. umich. edu/pubs/pdf/rr 09 – 681. pdf (accessed June 24, 2009).

Zhao, Dingxin. 2006. "In Defense of Max Weber – The Logic of Comparison and Patterns of Chinese History". Manuscript. The Department of Sociology, the University of Chicago.

认识中国的不平等

# 普通人的"国家"理论<sup>*</sup>

## 项 飚

　　**嘉宾介绍：项飚**　英国牛津大学人类学院的英国研究理事会学术研究员，长期从事人口流动和社会、经济变迁的研究，曾在国内和澳大利亚、印度作长期的实地调查。主要著作有 *Making Order from Transnational Migration: Labor, Recruitment Agents and the State in Northeast China*（普林斯顿大学出版社，即出）；*Global Body Shopping*（普林斯顿大学出版社，2007，获2008年度安东尼利兹奖）；《跨越边界的社区》（三联书店，2000；英文版，Brill Academic Publisher，2005）。

---

　　*　本文已经发表在《开放时代》2010年第10期，最初是在中山大学社会学与人类学学院主办的千禾学术论坛上的报告。在此作者特别感谢中山大学社会学与人类学学院的盛情邀请和千禾学人基金的慷慨资助。

# 概要

1980 年代以来，中国学界和政府提倡国家和社会之间的分化，视"社会"的发育为改善民生的结构性条件。但在普通人看来，"国家"依然是最受认同的范畴，而"社会"上的人和事则意味着不正规和不可靠；同时，国家总体上的正当性不容置疑，具有高度的道德性，但是地方国家机构则不可信任，与它们的交往倾向于利益化、无规则。这一普通人的国家理论在一定程度上解释了当前中国社会"总体稳定"和"具体失范"并存的现象。本文由此认为，追求社会和国家的分化在现阶段缺乏基础，更重要的是建立国家、党、群众之间在多个层面上的有机联系。

Academics and some policy makers in China have sought to develop a relatively autonomous society as a main goal of the reform since the 1980s. Most Chinese people however regard connections with *guojia* (the state) as much more empowering than being independent from it; and see *shehui* (the society) as an unruly domain. At the same time as granting unquestionable legitimacy and morality to the state as a whole, the folk theory of *guojia* tends to be highly skeptical about the local state. This partially explains China's simultaneous stability (as a whole) and instability (at the local level). A better understanding of this folk theory of *guojia* suggests that cultivating organic connections between the state and the increasingly diverse life world at different levels, instead of developing an independent civil society, should be a priority at the current stage.

中国的"国家"概念是高度总体性的，它不区分地域意义上的国度（country）、民族共同体（nation）、暴力统治机器（state）以及行政执行机构（government）。但是这些区分正是现代西方政治思想的前提之一，也是中国学者和政策制定者沿用的重要理论预设。我们可以称前者为总体性国家概念，后者为有限国家概念。在有限国家概念的引导下，中国学界和政府自 1980 年代以来，提倡国家和社会的分化，一致认为相对独立的"社会"的成长是改善民生的结构性条件。学界宣扬市民社会，政府也曾积极推动政企分开、党政分开、建设"小政府大社会"的格局。而在老百姓那里，"国家"依然是最受认同的范畴，"社会"则意味着不正规和不可信任。"社会"上的事情杂乱无章，上不得台面；"社会"上的人不正经，需要提防；把人推向"社会"意味着抛弃，是单位不负责任的做法。老百姓期望进入国家，而从来不相信独立于国家之外会让他们有更大的自由和权利。可见，总体性国家概念和有限国家概念的差别，不是一个简单的文词之辨，而代表了不同的政治理念和策略。

这个差别，我在 1990 年代对北京"浙江村"作调查时有深刻的体会。"浙江村"是一个主要由来自温州地区的服装加工经营户自发形成的社区。它经济上发达、地域上集中、文化上相对同质，我因此觉得它具有形成自我管理的"市民社会"的基础。我和北京大学的学生社团"爱心社"一起，帮助工商户发展自治型的非政府组织。温州工商户对我们提倡的自主性、独立性、和政府对话等并没有多少兴趣，而是热切希望成为"北京大学爱心社浙江村分社"，并一再要我给他们找"名人"题字、做顾问、当"靠山"（他们自己的话）。虽然我们的合作亲密无间，我和工商户的思路却几乎完全相反。我想的是如何培育国家之外的社会空间，而工商户把爱心社看做他们"靠"上国家的一个渠道；他们看重北大，并不是因为它的特立独行，而是认为它和国家核心相连；我以为自主的公共空间非常重要，而他们认为国家的认可、正式身份的获得才能保证权益。（参见项飚，2000①）②

当然，事实再一次证明，老百姓的感觉是正确的、有预见性的。进入21 世纪以来，中国的国家权力进一步加强。国家税收和中央直属企业的利润——中国财政收入两个主要来源——以 GDP 两到三倍的速度增长。和1990 年代大不一样，政府公务员和国有企业职工成为现在大学毕业生的最佳职业选择。很多有"市民社会"苗头的现象，比如消费者维权、业主委员会，甚至劳工运动，所针对的都不是国家，而是具体的市场利益主体，

---

① 项飚：《跨越边界的社区：北京"浙江村"的生活史》，三联书店，2000。
② 在修改这篇论文期间，香港中文大学的 David Faure 教授告诉我，当年他受"左派"思潮影响，要深入农村写"农民的历史"，结果发现农民成天讲的是帝王将相、才子佳人。他因此关注地方社会和帝国的复杂关系。这也成为以陈春生、刘志伟、Helen Siu、David Faure 等人为主的所谓"华南帮"的一个主要学术议题。

相反国家是老百姓倾诉的对象、要依赖的仲裁者。Hooper（2005[①]）因此称中国老百姓为"消费者公民"（参见 Yan, 2009：xxxvi[②]；Yan, 2000[③]）。现在，对于大多数中国人来说，让中国共产党之外的一个组织来治理和代表中国，要比在过去更不可想象。特别耐人寻味的是，2004 年党的十六届四中全会郑重提出"社会建设"；党的十七大政治报告则明确把社会建设单辟一节，与经济、政治、文化建设并列为四位一体。北京市政府在 2007 年年底成立了"社会建设工作办公室"，制定"社会建设总体规划"。因此，目前中国社会学界所讨论的"社会建设"和 1980 年代、1990 年代所讲的社会已经有很大不同，社会不再在国家之外，而成为国家的一个工程。这也指示了，中国国家的回归不是一个极权甚或掠夺性政体的复归；相反，它代表一套新的治理能力，意欲全面渗入社会生活，吸纳社会。这些发展似乎都合乎民意；普通老百姓从来没有感觉国家过大过强是一个问题，也不觉得国家推进社会建设有什么不好。所以，要真正理解当前中国社会的重大变化，需要了解普通人的国家概念。

老百姓平常讲"国家"的时候，他们究竟指的是什么？这样的"国家理论"在历史中是怎么形成的？它对民众的实际政治行为、对中国的政治未来可能有什么影响？本文将对这些重要问题作一非常粗浅的探索。我以为，当前普通人的国家理论的一个关键特征是它的两重性：一方面，"国家"作为一个抽象的概念，被高度道德化、总体化、自然化，其合法性和正义性被认为是不容置疑的；另一方面，大家对具体的国家机构行为则高度怀疑，和具体国家机构的互动有利益化，甚至是机会主义的倾向。这两个层面上的冲突又反过来进一步使国家观念道德化。老百姓用道德化的语言来批判地方政府部门，在日常生活中对具体机构的不满意激发他们对国家无限的道义期望。理解这一普通人的国家理论，将帮助我们理解中国社会总体稳定和具体失范之间的关系。孙立平（2009）引用费孝通的"社会侵蚀"和亨廷顿的"政治衰败"概念，认为对中国最大的威胁不是大规模

---

① Beverley Hooper（2005），"The Consumer Citizen in Contemporary China." *Working Paper* No 12, Centre for East and South - East Asian Studies, Lund University, Sweden.

② Yan Yunxiang（2009），*The Individualization of Chinese Society*. Oxford：Berg.

③ Yan Yunxiang（2000），"The Politics of Consumerism in Chinese Society." In Tyrene White（ed.）*China Briefing*，1998 - 2000，pp. 159 - 193. Armonk，NY：M. E. Sharpe.

的社会动荡而是日常的、微观层面上的社会溃败。① 社会溃败正是中国社会总体稳定和具体失范的格局下的一个可能结果。

普通人的国家理论在近来有关社会抗议的研究中有比较明显的体现。比如，不少文献强调，中国老百姓一般不从个体权益出发质疑国家的正当性，而更多的是从国家的承诺出发，看政府是否兑现（Perry，2007②；裴宜理、于建嵘，2008③；Pye，1996④）。老百姓倾向于引用、依赖高层的国家正当性来抵制低层的机构（见李连江、O'Brien，2006，关于农民的依法抗争⑤；施芸卿，2007，关于都市抗争⑥；Zweig 注意到的农民"以政策为依据"和对地方政府事实不服从的交替策略⑦；李静君关于劳工运动中的"法律主义"策略⑧；特别是朱健刚，2004，所提出的"较真策略"，即抗争的一方要求权势的一方严格地执行政府法律和规定⑨）。"较真策略"可以认为是李静君的"法律主义"策略的一个微观体现。本人也在实地调查中注意到老百姓"最后还要靠国家"的心态⑩）。我要强调，老百姓拿"好经"来治"歪嘴和尚"，不仅是一个务实策略，也反映了他们更高层次上

① 孙立平（2009）：《对中国最大的威胁不是社会动荡而是社会溃败》，社会学 Blog – 孙立平，http：//blog. sociology. org. cn/thslping/archive/2009/02/28/13195. html。

② Perry, Elizabeth（2007），"Studying Chinese Politics：Farewell to Evolution?" *The China Journal*. No. 57：1 – 22.

③ 裴宜理、于建嵘：《中国的政治传统与发展——于建嵘对话裴宜理》，《南风窗》2008 年 9 月 24 日第 20 期。

④ Lucian Pye（1996），"An Overview Interpretation", in *The Individual and the State in China*, ed. Brian Hook（Oxford：Clarendon Press）.

⑤ O'Brien, Kevin J. , & Li, Lianjiang（2006），*Rightful resistance in rural China*. Cambridge University Press.

⑥ 施芸卿：《机会空间的营造：以 B 市被拆迁居民集团行政诉讼为例》，《社会学研究》2007 年第 1 期。

⑦ Zweig, David（2000），"The externalities of development：Can new political institutions manage rural conflict?" Perry, Elizabeth J. und Mark Selden（eds. ）. *Chinese Society：Change, Conflict and Resistance*. London：120 – 142.

⑧ Ching Kwan LEE（2007），*Against the Law：Labor Protests in China's Rustbelt and Sunbelt*. Berkeley, Los Angeles, CA, and London：University of California Press.

⑨ 朱健刚：《空间、权力与社区认同的建构：对上海一个邻里的居民运动的案例研究》，《第三部门学刊》2004 年第 2 期。

⑩ Xiang Biao（2006），" 'You've Got to Rely on Yourself. . . And the State！' Labour Outmigration and The Ideologies About *guojia* and *fa* in Northeast China. " Paper presented at the 105th American Anthropological Association Annual Meeting, San Jose, California, November 15 – 19, 2006.

的对国家政治的理解。

在下文中，我将首先讨论为什么要关注普通人的国家理论。我然后回顾总体性的"国家"概念的历史形成，中国近现代的国家建设在形式化的、理性国家和有机的、动员型的国家形态间摇摆，始终没有形成国家的规范性和有机性（即与具体的社会生活形成有机联系）之间的统一。我然后将考察现阶段国家如何被"框架化"，强化了总体正当和具体失范的矛盾。文章最后提出一些对策性思考，特别关系到党的建设。

## 什么是普通人的国家理论？

社会学、人类学和政治学的研究已经普遍关注到，"国家"之所以难以研究，是因为它具有深刻的双重性。国家是一个组织、一套体系、一系列的实践；同时国家是一个主观构建，是一个想象。这个主观想象具有相对的独立性：人们在客观世界里指出来的所谓国家，无非是某个具体官员的具体行动或者是某个部门发布的某个政策，显然不等于我们脑子里的那个"国家"。这就像树木和森林的关系，我们所能直接观察的无非是树木而已，但是这并不意味着"森林"的概念是完全虚假的，而且没有"森林"的概念，我们就不能认识树木。韦伯对国家的理解是经验主义的，把国家看做实质性组织（官僚体系），但是他注意到，如果没有主观上对这个统治的秩序的想象，那作为实体的国家也就不存在了。Abrams 指出："国家并不是隐藏在政治实践背后的存在，而它本身是一个表象，它左右我们如何观察具体的政治实践……（国家）从一开始就是一个（主观）构建。"（Abrams，1988：58①）

不少人类学文献已经描述了人们如何想象国家，国家如何通过文化、象征系统来构建自己。吉尔兹描述的"那轧拉"通过一系列居于中心、向外衍射的文化和仪式表演来整合政体，他因此称之为剧场国家。② Aretxaga（2003：398③）建议把国家看成一个"现象学事实"，考察国家是如何通

---

① Abrams, Philip (1988), "Notes on the Difficulty of Studying the State." *Journal of Historical Sociology* 1.1 (March)：58–89.

② Clifford Geertz, *Negara*, *The Theatre State in 19th Century Bali*. Princeton University Press, 1980.

③ Begonia Aretxaga (2003), Maddening States. *Annual Review of Anthropology* 32：393–410.

过"权力的实践和表述,基层的日常互动,关于公共文化、关于哀悼和庆祝的话语,以及和官僚机构、纪念场所等各类空间组织的互动"而被产生出来的。在 Gupta 关于印度的研究中,他认为无所不在的关于国家腐败的民间话语,看似反国家,其实正是人们对国家进行想象的一个公共文化机制(见 Gupta and Sharma,2005:211①)。我们都知道,象征对中国国家的构建是特别重要的,比如天安门广场、长城、汉文字、各类历史文本,都是中国之成为"国家"的不可或缺的部分。但是这些研究有时候对象征和想象作过于对象化的处理,看不到人的积极作用。比如 Fuller 和 Benei(2001:2②)认为,在分析了国家的象征构成后,就可以看出,"国家"的概念和"经济"这个范畴一样,没有固定、统一的含义;Gupta 和 Sharma(2005:11)也指出,国家对不同的人的含义不同,从而国家的统一性是一个脆弱的表象。Mitchell(1990③)在他那篇广被引用的关于"国家效应"(state effects)的文章中强调,国家和社会的边界本来并不存在,其分野乃是国家的一系列行为(比如高度规则化的官僚系统及其行为)造成的感觉效应。但是我们应该注意到,国家的统一性、实体性(也即和社会之间存在明确的边界)在很大程度上是老百姓刻意塑造出来的,老百姓自愿地把国家本质化和绝对化,而不是一个被动的感觉效应的问题。我之所以要强调普通人的"理论"而非简单的"想象",是把"国家"概念看做大众想象、理解、评论、批判社会生活的理论工具,而不仅仅是一个被想象的对象、被观瞻的象征系统。要把握普通人的国家理论,必须体会它的能动性。具体体现在三个方面。

第一,普通人的国家理论带有很强的价值判断和指导行动的倾向。普通人的国家理论不回答国家究竟是什么、干什么这些实证问题,而是关心国家应该是什么样的、应该做什么、群众应该如何面对国家这些应然问题。一个人很可能无法对国家给出一个自圆其说的定义,也很可能对国家

---

① Akil Gupta and Aradhana Sharma(eds)(2005),*The Anthropology of the State:A Reader*. Oxford:Blackwell.

② Christopher Fuller and Véronique Bénéï(eds)(2001),*The Everyday State in India*. London:Hurst.

③ Mitchell,Timothy(1990),"Society,Economy,and the State Effect." In *State/Culture:State – Formation after the Cultural Turn*,edited by George Steinmetz,76 – 97. Ithaca:Cornell University Press.

政策所知甚少，但是这毫不影响他对国家慷慨点评。普通人的国家理论基于生活经验，但同时也是先于观察、超乎事实的。一个农民基于他的国家理论而形成的针对政府部门的办法，往往比公共行政学者所建议的方案更有效。普通人的国家理论具有强大的交流和动员能力，产生丰富的意义，引发直接的行动策略。

第二，普通人的国家理论是"显在"的：公开的表达和交流是这一理论存在的基本方式。在目前主流的关于国家—社会关系的研究中，学者们经常自觉不自觉地预设社会受国家限制，普通人反抗的典型手段是非正式的、隐藏的、分散的。James Scott 的"弱者的武器"和"潜台词"（在当权者背后对权力的批判）[1] 的概念，是这一取向的典型代表。在对中国的研究中，Thornton 在对藏头诗、三句半和歇后语的分析中强调，"虽然听者显然听出了话外之音，但是那部分毕竟没有被挑明，说者和听者心领神会，又保护了自己"（Thornton，2002：668[2]），从而，"讽刺的、含糊的、借喻成为（老百姓）在压抑的国家力量面前表达意见的手段"（Thornton，2002：661）。周雪光讲述了农民如何通过隐藏的时段，在没有被组织起来的情况下实现了集体性的不服从（Zhou Xueguang，1993[3]）。在人民公社时期，大队，特别是生产队和个人的隐瞒策略保证了社区内的基本正常生活（张乐天，1998[4]），而像磨洋工这样的弱者的武器导致了公社制度的崩溃（林毅夫，1992[5]）。在改革时期，裴敏欣（Pei Minxin，1997[6]）认为民间的非正式行为可能导致"潜移默化的民主化"（creeping democratization）。我自己分析了北京的外来流动工商户如何通过逃避而形成联合，又由此而形成自己的声音，期望他们会"逃"出一个社会来（项飚，

① James Scott（1990），*Domination and the Arts of Resistance: Hidden Transcripts*. New Haven: Yale University Press.

② Patricia Thornton（2002），"Framing Dissent in Contemporary China: Irony, Ambiguity and Metonymy," *The China Quarterly* 171: 661–681.

③ Zhou Xueguang, "Unorganized interests and collective action in communist China," *American Sociological Review* Vol. 58, No. 1（1993）

④ 张乐天：《告别理想——人民公社制度研究》，上海东方出版社，1998。

⑤ 林毅夫：《制度、技术与中国农业发展》，上海三联书店，1992。

⑥ Pei, Minxin（1997），"Creeping Democratization in China." In *Consolidating Third Wave Democracies: Regional Challenges*, edited by Larry Diamond, Marc F. Plattner, Yun-Han Chu, and Hung-Mao Tien. Baltimore: The Johns Hopkins University Press.

1998①）。这些视角，使受过于国家化、统一化话语约束的中国研究者看到民间潜在的动力；但是它们也有陷入小农式的政治浪漫主义的危险，即过分强调了普通群众私下自发行为的力量，而忽视他们也要站起来大声说话、要组织起来和被组织起来的需要和能力。Sherry Ortner（1995②）批评反抗研究中的"拒绝民族志"的倾向，即把当权者和反抗者作简单的二分，看不到当权者和反抗者各自内部复杂的、需要用民族志的观察才能体会的关系。但是我们也不能因为对民族志细节的追求而拒绝政治，即把普通人的行为和观念过度日常化、琐碎化，忽视他们参与正式政治讨论和社会运动的能力。不少研究已经注意到，中国老百姓很有"政治剧场"的传统，比如把上访行为戏剧化、公众化，以引起大众和国家的最大关注（如Esherick and Wasserstrom，1991③；Pieke，1996④）。老百姓的私下议论、日常行为当然可能积累出结构性的变化，但是我们一定要认真分析他们台前辩论、公开申诉的逻辑和其中所寄托的诉求。人类学不仅要去发现潜在的规则、去阐释行动的意义，同时也要对明摆在眼前的、日常生活中的社会批判作出新的解释。这里的关键是把人民群众从民族志的主体提升为政治历史和意识形态的主体。

第三，普通人的国家理论具有抽象和一般化的能力。Scott的"潜台词"的重要特征是它的具体主义，它"针对特定的社会场合和行动者"（1990：14）。而我们观察到的事实有时候正相反。于建嵘（2010⑤）认为"抽象愤怒"是当今中国社会中的一个重要特征，即人们的不满不基于一时一事，而经常是总体性的。在"社会泄愤事件"中，很多参与者和事件的缘起根本没有利益关系，而只有在概念上的对实际受害者的认同。于建嵘认为"抽象愤怒"的部分原因在于民众的不满不能得到及时疏通，从而积累成目的不明的愤怒情绪。但是抽象愤怒也体现出群众的抽象能力，即

千禾学人讲演录（第一辑）

---

① 项飚：《逃避，联合与表达》，《中国社会科学季刊》1998，1（22）：91 – 112。

② Sherry B. Ortner（1995），"Resistance and the Problem of Ethnographic Refusal."*Comparative Studies in Society and History*，37，pp. 173 – 193.

③ Joseph W. Esherick and Jefferey Wasserstrom（1991），"Acting out democracy: political theater in modern China," in Jefferey N. Wasserstrom and Elizabeth J. Perry（eds.），*Popular Protest and Political Culture in Modern China*，Boulder: Westview Press: 44 – 47.

④ Frank N. Pieke（1996），*The ordinary and the extraordinary: an anthropological study of Chinese reform and the 1989 People's Movement in Beijing*. Kegan Paul International.

⑤ 于建嵘：《寻找民意的底线》，《廉政了望》2010年1月13日。

超出自己的直接利益，对社会的总体利益格局形成判断，对国家应该扮演什么角色等一般问题作出表述的要求。

普通人理论的这些能动性常常被忽视。最近在高层决策者中流行的"人民内部的矛盾要用人民币解决"的说法，就是一例。这种说法强调大部分的社会冲突是由群众的具体利益引起的，从而满足群众的实际利益——实际到可以直接折算成人民币——是最有效的解决办法。在实践中，花钱免灾，拿人民币大事化小、小事化了，正是地方政府的普遍策略。这个说法把群众处理成只关心自己的眼前利益、拿钱就可以打发的对象，而忽视了老百姓要的也是原则，是一个理，一口气。它把社会和政治问题完全行政化甚至商品化，把政府和群众的关系搞成了近乎讨价还价的关系。这可能开启了一个危险的黑洞，它潜在地鼓励良民变成刁民，闹得越厉害，人民币越多。一旦把群众和国家的关系如此利益化和工具化，就可能丧失原则，无法无天，最后只好靠暴力解决。否定人民群众作为政治和历史主体的地位，不仅在理论上是错误的，在实践上也是危险的。

需要强调的是，我这里所说的"普通人"和"老百姓"，并不指精英的对立面。前面所说的狭义国家概念和广义国家概念其实是两个基于不同历史经历（欧洲和中国的）的理论，而不是属于不同社会阶层的提法。尽管中国学者们在写文章时沿用狭义的国家概念，但在日常生活中通常仍然用广义的概念。"国家"这个概念具有特别强的共享特征，不管具体的政治立场如何，"国家"都是各派别、各群体共同关心的话题，而且其所指大致相同。在中国，不同社会群体在一定程度上正是在对"国家"的叙述中形成各自的政治社会理念。我们的"国家"概念几乎近于罗尔斯的"作为公平的正义"观念，是不同群体共存的一个精神基础，也是互相斗争的一个焦点。所以，所谓普通人的国家理论，其实也就是汉语的国家理论。要在学术研究中从"汉话胡说"的困境中走出来，回到像"国家"这样的范畴，显然是重要的。

## 历史形成

说中国人对国家的想象是不分化的、总体性的，当然不是一个新发现。金观涛、刘青峰（1984）对"大一统"的分析和超稳定系统假说曾是

1980 年代影响最大的社会思想之一。① 陈春声②、刘志伟③、David Faure④、Helen Siu⑤、James Waston⑥、Stephan Feuchtwang⑦ 等学者各自结合人类学和历史学，展示了中国所谓的"地方"文化——自发的、具有不同的地域特征的实践——其形成都与帝国息息相关，地方文化自觉不自觉靠中央权力来定义自己，赋予自己意义。萧凤霞简明扼要地概括了历史上国家整合的逻辑以及在近现代的变化："做中国人，就意味着在和不同群体的互动中不断调整自己的文化身份，以期在那个多变无常而又无所不包的国家秩序中确立自己的正当地位。当国家无非是一个文化上的概念时，人们装做认同中央的表象，其实也是为自己获得运作空间的一个精明策略。二十世纪的国家建设把这样的一套文化概念转换成有严密组织的行政机器，这些互动过程也越来越被约束。"（Siu 1993：20⑧）横向地看，广义的、总体性的国家概念也不是中国特有。欧洲主要语言中的"国家"（英文 state，法文état，德文 Staat，意文 stato，西班牙文 estado）一词都是从拉丁文 statvs 而来，原意为站立、现有状态、既有格局和位置。Michael Hertzfeld（2004）⑨

---

① 金观涛、刘青峰：《兴盛与危机——论中国封建社会的超稳定结构》，湖南人民出版社，1984。

② 陈春声：《正统性、地方化与文化的创制——潮州民间神信仰的象征与历史意义》，《史学月刊》2001 年第 1 期。

③ 刘志伟：《在国家与社会之间——明清广东户籍赋役制度研究》，中国人民大学出版社，2010。

④ David Faure（2007），*Emperor and Ancestor：State and Lineage in South China*，Stanford：Stanford University Press.

⑤ Helen Siu（1990），"Recycling Tradition：Culture, History and Political Economy in the Chrys-anthemum Festivals of South China." *Comparative Studies in Society and History* 32（4 October）：765 – 794.

⑥ James Waston（1985），"Standardizing the Gods：The Promotion of T'ien Hou（Empress of Heaven）along the South China Coast, 960 – 1960." Chapter in *Popular Culture in Late Imperial China*, edited by David Johnson, Andrew Nathan, and Evelyn Rawski. Berkeley：University of California Press：292 – 324.

⑦ Feuchtwang, Stephan（1991），*Popular Religion in China：The Imperial Metaphor*. Routledge.

⑧ Helen Siu（1993），"Cultural Identity and the Politics of Difference in South China." *Daedalus* 122（2 Spring）：19 – 43. 她因此进一步认为，历史经验证明，北京最好不要过于干涉地方文化；地方会自觉地采用中央的文化象征来把自己合法化。用我这篇文章的语言来说，中国历史上的国家一直有"有机"的向心力，而现在行政化的、外加的向心力不一定比原来的更有效。

⑨ Michael Herzfeld（2004），*Cultural Intimacy：Social Poetics in the Nation – State*. New York and London：Routledge.

因此指出，作为政体的国家一开始就被自然化了。在伊斯兰文明中，总体性想象可能更明显。Ummah 在阿拉伯语中同时指称小范围的信仰者群体、世俗国家以及全世界的穆斯林群体。

鉴定某一个现象是否"中国独有"，没有太大意义。重要的是要厘清中国普通人的国家理论如何在具体的历史进程中形成，对当下的社会变化有什么实在的影响。当前的普通人的国家理论毫无疑问深受"大一统"的政治文化传统影响，但它绝不是一个静态的观念。我在下文中要说明，中国近现代历史，使普通人的国家概念的总体性和整合性格外强，但也使这个概念内部充满了矛盾、冲突和裂痕。只有了解了在同一历史进程中形成的总体性和矛盾性，我们才能更好地理解现在的总体道德化、具体失范化的状况。

首先应该强调，作为对一种政治格局的想象，"国家"不是对原来的"王朝"或者"天下"概念的简单替代。"国家"一词在古文献里就存在，但是含义和今天所说的国家相去甚远。"国"指的是首都或者诸侯的封地，"家"指士大夫的封邑，也指我们今天所说的家、户。在封建制下，国和家相似，都是天子之下的地方有限主权（天子对应的不是国家，而是天下）。国、家联用，指的是一种政治等级谱系，体现了"正心、修身、齐家、治国、平天下"这个类似于费孝通的"差序格局"的外推式的、多层级的政治秩序。[①] 当代的国家则是一个有明确边界、由所有公民平等组成的、客观存在的实体。这一新的国家观，可以从"爱国"这个新词里体会出来。"爱"原是私人之间自发的感情（"父母之爱"，"君子自爱"），在当代，特别是经过"五四"运动，爱国之爱是一个既发自每个个体内心，又是高度公共化、超越式的感情；同时，国家变成了可以去"爱"的实在对象，就好比具体人物一样。爱国和忠君显然不一样。爱国要爱的是国家整体（包括其想象的历史、领土、人民等），忠君则是针对天子个人；爱国是主动的、积极的、自发的，而忠君是被动的、臣服的。从爱国和忠君的比较中可以看到，对实体性国家的想象，是和现代的个体主体（即独立

---

① 福柯所谓现代国家的统治术是家计管理的扩大（即君主要像维持家计平衡一样来维持国家的经济）的思想，其实在儒家经典里已有暗示。这绝不意味着福柯的理论被孔孟预言了，而说明了儒学很早就发展了关于可持续的、强调内化于人的日常生活和心态的统治技术，很早就看到了"生命权力"（biopower）在统治中的作用。

的、自由的、敢爱敢恨的）的确立紧密联系在一起的。现代国家概念的实体性，也可以从另外一个语言变化中体现出来。朝廷也好，天下也好，虽然至高无上，但是它们多被用作宾语，比如如何得朝廷、如何治天下等等。天下和朝廷是被动的存在，是要被争取的对象。但是国家经常地被当做主语："国家怎么怎么样"是我们几乎每天都用的句式。宾、主之变，看似事小，但是背后蕴涵了一个重要的历史转变，即国家被赋予了主动性，国家变成了像一个人一样的、有自己独立意志的实体。国家变成了一个大我，每个"我"是国家的载体和具体化。国家变成了典型的涂尔干意义上的集体意识现象。

对实体性国家的想象，是世界范围内现代化历程中的普遍现象。但是在现代政治思想和制度发源地的欧洲，这个实体性国家主要指国族（nation）。像 Benedict Anderson, Ernest Gellner, Anthony Smith[①] 等人，都在讲述现代一体化民族的构建。同时，现代民主化的进程把原来自然化了的政体国家（state）又重新非自然化了。在新的思想框架下，国族被认为是自然的、反映群众自发要求的，而政体国家则是代表民族利益、执行民族意志的组织和工具。国族是通过印刷工业、白话文化的兴起（Anderson, 1986）和现代资本主义生产和市场体系的发展（Gellner, 1983）而自然形成的，而政体国家则是人为构建的。国族在先，国家在后。"要保证一个自由的（政体）国家的稳定，公民必须理解国族的利益和国家的利益不同。只有国族的利益，才能激发出国家所必需的民众的牺牲精神"（Scruton, 1990：75[②]），这是一个典型的现代欧洲政治思想。也正因此，"民族自决"成为欧洲政治思想中的一个重要原则。但是中国的现代国家概念脱胎于很不一样的历史环境。虽然中华文明有比较明确的自我认同，虽然中国可能自宋朝形成了现代国族的雏形，但是一个自觉的"中国"共同体是在革命中形成的，是在多个帝国主义势力反复侵略、原来的政治秩序全面崩溃的情形下出现的（参见费孝通，1988[③]）。在这样的条件下，国族作为

① Ernest Gellner (1983), *Nations and Nationalism.* Cornell University Press. Benedict Anderson (1991), *Imagined Communities.* Second edition. London：Verso. Anthony Smith (1995), *Nations and Nationalism in a Global Era.* Cambridge：Polity Press.

② Scruton, Roger (1990), "In Defence of the Nation," in J. C. D. Clark (ed.) *Ideas and Politics in ModernBritain.* London：Macmillan.

③ 费孝通：《中华民族的多元一体格局》，《论人类学与文化自觉》，华夏出版社，1988。

千禾学人讲演录（第一辑）

被拯救的对象，和政体国家作为拯救的手段是同时诞生，并且紧密缠绕的；在很大程度上，当时的精英分子正是要通过建立现代政体国家来建构国族，所以不合国族在先，政体国家在后的逻辑（参见 Duara，1995[1]）。中国的国家是无数人牺牲生命、多次革命追寻的目标，是完全自觉构建的意识形态，国家观念中的社会性、政治性和道德性密不可分。

通过政体国家来构建国族，当然也不是中国的独特经验。比如日本明治维新在一定程度上正是要通过建设现代国家来建造国族。中文里现代意义上的"国家"很可能是从日文中引进的。像在印度这样多民族、在历史上基本上从来没有被统一过的后殖民国家，国族不是一个自下而上的共同想象，而是通过强大的政体国家、通过根据特定意识形态设计出来的身份认同（Roy，2007）[2]。巴基斯坦和孟加拉的情况可能是更典型的通过政体国家来构建国族的例子。西方很多人对军队在许多第三世界国家的崇高地位难以理解，比如军队在巴基斯坦、新加坡声望很高，中国教育孩子要"热爱解放军"。在欧洲，军队在公共政治中的作用自 16 世纪以降逐渐减弱，完全失去道德和意识形态的光环；但是在亚洲和非洲的许多国家，军队是通过国家建设国族的关键，被看做先进性和现代国家精神的代表。

但是在我的知识范围内，中国普通人的国家观念的总体性和道德性，包括因此而引起的他们对国家的道德期望，又似乎是格外强的。比如在日本、印度，政体国家基本上没有什么光环，更没有人觉得"社会"意味着不正规。我们的国家观念及其内部矛盾，可能和近现代革命的反复性有关。在中国近现代反复的革命中，一个始终得不到解决的问题是理性国家和动员型国家之间的矛盾。所谓"理性国家"，乃是把国家当做理性的组织系统，为达到其他目的而服务，其重点在于制度建设、权力平衡、保持稳定；"动员型国家"则倡导激进意识形态，广泛动员群众，国家代表着一系列终极价值，国家本身成为目标。在这一钟摆式的历史进程中，国家概念的总体性不断强化，但是始终没有在这个总体性内部发展出化解日常矛盾的制度。下面我将通过对中国近代史上三个"开天辟地"时期的回

---

[1] Prasenjit Duara（1995），*Rescuing History from the Nation：Questioning Narratives of Modern China*. Chicago：The University of Chicago Press.

[2] Srirupa Roy（2007），*Beyond Belief：India and the Politics of Postcolonial Nationalism*. Duke University Press.

顾，来看这一演变。

第一个新时期是辛亥革命之后。从自强中兴、百日维新到辛亥革命，中国的精英分子努力通过建设理性国家来解决危机。辛亥革命要建立的是西欧现代的民主共和制度。但是辛亥革命之后，理性国家建设受到严重挫折，对内有帝制复辟、共和危机、军阀割据、经济崩溃，对外有蒙古和西藏的问题。知识分子的国家概念发生了变化。首先，保证中国的领土完整、保证主权独立的考虑超过了如何对内建设民主的考虑。用汪晖（2009①）的概括，"国家主义"取代了"政体主义"。"政体主义"讨论的是制度设计，关心的是效用；而"国家主义"则要论证国族存在的天然性，讲的是意义问题、归宿问题。其次，孙中山强化了政党的作用，对国民党进行改组，推动了第一次国共合作，把军队置于政党的领导之下；他由此"开辟了以政党为核心，而不是以军队为主导的现代化发展和现代国家建设历程"②。政党的关键作用，不仅在于它的组织性，更在于它的思想性，它能够把行动纲领系统化、理论化，进行说服和动员。Perry（1980）③通过华北农村的传统的农民起义暴动和党领导下的农民运动的比较，说明了党与传统运动的一个根本不同就在于，党的意识形态使农民运动的目的超越眼前的生存要求，使得这样的大规模群众参与的社会革命运动成为可能。国家主义和政党政治没有多少交叉，但是它们都意识到，要自救，靠理性国家是不够的，而应该建立总体的、动员的、意识形态化的国家。

第二个时期是 1949 年社会主义革命成功之后。在新中国成立后的前 17 年，国家一方面是一个理性的建设机构。理性国家通过经济建设，通过对生活资源的直接分配，形成了中国群众和国家的一种特有的亲密关系。国家控制了个人的基本生活选择，也提供了基本的保障。直接的再分配制度本身虽然已经在改革进程中基本消失，但是其影响深远。比如，在 1990 年代末的中国东北地区，经济凋敝，工人大量下岗，但是绝大部分人有房住，很多人通过房改成为了有产者（参见 Lee，2004）。这对他们的政治意

---

① 汪晖：《文化与政治的变奏——战争、革命与 1910 年代的"思想战"》，《中国社会科学》2009 年第 4 期。

② 林尚立：《政党、政党制度与现代国家——对中国政党制度的理论反思》，《中国延安干部学院学报》2009 年第 9 期。

③ Elizabeth J. Perry（1980），*Rebels and Revolutionaries in North China，1845 - 1945*. Stanford：Stanford University Press.

识和行为方式有重要影响，他们不断地告诉我"现在一切只能靠自己……但最后还是要靠国家"。个体和国家的关系解不开、剪不断。当然，我所说的"亲密"并不指像恋人之间的温馨甜蜜感，和国家的亲密感是爱和怕、信任和戒备紧密交织的。但是毛泽东显然对理性国家并不欣赏，认为它导致官老爷作风，不能消灭三大差距，不能保证其革命性。逐渐的，对群众的直接动员成为政治生活的主要内容，踢开党委闹革命，"革命委员会"代替了正常的国家机构。国家不再是通过理性建设、通过解决群众的物质福利要求而维持其合法性，而直接提供梦想、希望、恐惧和意义。国家完全剧场化（见张乐天，1998）。这场狂热的悲剧也使得群众获得完全以主人的姿态参与国家的感受。这对今天的社会行动，比如群众对国家的道义要求，特别是对地方政府的怀疑和批判，可能是有影响的（参见Pieke，1996）。

第三个时期是"文化大革命"结束。以邓小平、陈云等人为代表的、在"文化大革命"中被打倒的理性官僚群体拨乱反正，将动员型国家重新引入理性建设的轨道。群众和国家的关系发生了重大变化。物质生活水平的提高成为二者关系的中心，发展绩效成为政府正当性的基础。但是，由于当局的高度理性，避免政治体制上的重大改革，避免意识形态上的争论，新的话语资源没有被发展出来，从而不能对群众和国家之间的新的关系理论化、赋予意义。国家权力在总体上得到了巩固和发展，国家的整合性在行政制度上加强了；但是，不同社会群体之间的关系、政府和社会的关系，特别是党的角色问题，并没有理顺。下面将试图用"框架性国家"这个说法来对目前的状况提出一些假设性的描述。普通人的国家理论是这些状况的反映，同时又强化了这一格局。

## 框架性国家

"框架性国家"指的是，群众和政府都强调国家在总体上的整合性的重要性，但是人们在具体问题上没有制度性的共识，国家内部的种种关系经常失衡。国家是一个高度整合的框架，同时也是一个从外部整合社会生活的框架，但是在国家内部、在社会内部、在国家和社会之间都缺乏实质性内容上的整合。举三个例子。第一个是所谓"中央请客、地方掏钱"的现象。中央政府请客，正是希望在不改变现有政治体制的前提下，对群众的具体要求作出反应，以维持社会平衡和政权的正当性。但是，请客必然是有事才请，不能天天设宴；更重要的是，请完了客，谁来埋单要到时候讨价还价。

第二个是上访现象。上访成为如此大规模的、常规化的解决问题的方式，可能是中国独有的。上访反映了在地方层面国家和社会关系的紧张；老百姓觉得一定要把问题提到中央政府，也即总体的国家这一级，才放心。说在一些具体事件上中央政府和老百姓联合起来对付地方政府，并不夸张。"中央请客、地方掏钱"和上访可以说是同一个现象的两面。它们共同说明了国家总体上的正当性没有受到质疑和挑战，但是这一正当性不是由无数微观的、日常关系的累积而达到，而是先入为主的。这总体的正当性在"兜"着日常的非规范性和不稳定性。

第三个关于国家框架化的例子是新近的"国家主义"。何新（2001[①]）下面一段话，以极端的形式反映了"愤青"的普遍心态，也点出了普通人的国家理论中可能存在的潜在预设：

> 国家是一种信念。
>
> 它的正义性不需要逻辑论证，不需要充足理由。
>
> 国家存在于那里。
>
> 你既生为这个国家的公民，你的天赋责任就是要爱它，不管它是一个什么国家。
>
> 哪怕它是女皇制度、天皇制度或者任何其他什么制度！
>
> 对于任何人来说，叛国是一切罪恶中的第一大罪！
>
> 没有什么社会契约，能拥有比国家主权更高的权力。
>
> 国家主义必须依靠全民灌输！
>
> 使它成为一种天然的信念！

何新特别阐述了为什么要用国家主义替代马克思主义："若以马克思主义作为治国理念，当马克思主义受到普遍怀疑时，这个国家就只能面临着颠覆"；与此不同，"国家主义只有一个信条，一个最简明的信念，这就

---

① 何新（2001）：《论政治国家主义》，何新中国论坛，http：//www.hexinnet.com/documents/200306/hexinzuixin01.htm。

是国家神圣，国家主权至高无上"，"只要是中国人，就有义务和责任无条件地效忠这个国家"。他大声疾呼强调国家主义的迫切性："历史在当代已经走到了这样一个门槛上——要么是以维护中华民族利益为至上原则的国家主义统合国民意识，要么就是在政治意识形态的歧义纷争和分崩离析中，最终陷入国家动乱与分裂的恶性循环！"很明显，国家主义的优势在于，它强调对国家这个形式本身的绝对肯定和无保留的信仰；而马克思主义、社会主义、三民主义、社会民主主义等的问题在于，它们是有内容的，可以辩论的，所以也就被怀疑。相似的，国家主义和民族主义也不同。民族主义要讲国家历史的悠久、文明的发达、人民的勤劳等等，靠这些内容来塑造民族的感情；而国家主义无须讲述国家可爱的理由，而只强调国家这个形式的绝对性。不仅是"爱国没商量"，甚至是"爱国无理由"，或者说爱国本身就是超验的理由。

框架化的国家观念并不意味着国家的"空壳化"。框架化的国家是一种特殊的，甚至是非常强大的国家整合方式，是通过一系列的经济、行政和意识形态手段而形成的。

首先，1978 年后理性国家推进市场化，除了获取奇迹般的经济增长速度之外，还带来了两个政治效应：一、人民大众关注于物质生活水平的提高，远离政治，对政府的评判聚焦在经济发展效绩而非意识形态的对错上。二、虽然国家在市场化中失去了某些具体的职权，但是国家的整合性在一定程度上是加强了而不是削弱了。随着统一市场的形成，大规模人口的流动，大型基础设施项目的铺开，越来越多的问题只能靠中央政府解决。市场经济的发展和国家整合性权力的增长，看似有些矛盾，但这正是 1980 年代所谓"新权威主义"的一个核心思想（特别是张炳久等人的观点）。"新权威主义"强调要通过政治强权来发展自由经济，促进所谓"刺刀下的商品经济"。1990 年代后期实行的分税制、重要职能部门的"条"的力量的加强，都反映了 Michael Mann（1984[①]）所说的"基础设施性权力"的增强，在促进统一市场发育的同时，强化中央国家的力量。

其次，思想和政策讨论中的技术化倾向是国家框架化的另一个表现。

---

① Mann, Michael（1984），"The Autonomous Power of the State: Its Origins, Mechanisms, and Results." *Archives européenes de sociologie.* Vol. 25: 185 – 213.

关于"国家能力"的讨论是典型代表之一。以王绍光 1991 年的文章①为先声，他与胡鞍钢撰写的《中国国家能力报告》以及其他一系列文章为跟进，国家能力成为 1990 年代决策界和思想界讨论的重要议题。国家能力引起关注可能有这么几方面原因：一、1990 年代初期，中央政府的财力匮乏，国家能力的概念为中央政府实行分税制改革，集中权力提供了理论依据。二、1989 年之后，政治性辩论不被容忍，国家能力这个务实、技术性的话题正符合要求。更重要的是，国家能力概念的一个核心内容就是强调国家能力和政体性质之间没有必然关系。一个民主的国家即使其政权性质正当无疑、制度安排无懈可击，但是如果没有国家能力，照样不能发展。这暗合了所谓"黑猫白猫"的理论。三、王、胡本人对中国的情况十分熟悉，而国家能力的想法却是他们在美国、在国际交流中提出来的。"来自大洋彼岸的声音"使这些说法更加吸引眼球，但这也反映了背后一个更大的趋势。1989 年之后，中国知识分子对西方社会和世界格局的复杂性有了进一步了解，意识到原来社会主义、资本主义笼统比较的局限，看到全盘西化或者天下大同的目的论的不切实，而转向更具体的思考。汪晖（2008：137②）指出，在 1990 年代初，"国家能力的提出主要指中央国家的能力，它针对的是以'放权让利'为取向的改革政策及其后果；而在 1997 年以后，国家问题的核心转向了全球化过程中国家的作用和地位问题"。在对国际格局的新认识下，对国家能力的讨论、何新式的国家主义以及年轻人中的民族主义在某种程度上相沟通，形成了我姑且称为"地缘政治的民族主义"的思想取向。这个民族主义的出发点不是民族的历史文化，而是全球的地缘政治，认为这个世界格局决定中国必须发展成一个强大的国家，而国家的性质和内部合理性变成次要的问题。

最后，公共事务管理的行政化也促进了国家的框架化。行政化不仅指政府对社会生活的介入，更指一种特定的处理公共事务的方法，即回避路线之争，回避结构性的变化和震荡，而对具体问题作高速技术化处理。这个转变可以在政治口号的变化中略见一斑。像"坚持四项基本原则"、"稳

---

① 王绍光：《建立一个强有力的民主国家：兼论"政权形式"与"国家能力"的区别》，《当代中国研究中心论文》1991 年第 4 期。

② 汪晖：《新自由主义的历史根源——再论当代中国大陆的思想状况与现代性问题》，《去政治的政治》，三联书店，2008，第 98～160 页。

定压倒一切"，甚至"以经济建设为中心"，传达的是方向性的纲领，在一定意义上是强加于社会生活之上，引导社会生活的；而"科学发展观"和"和谐社会"并不设定特别的方向，而是要平衡已经形成的格局，协调各方面的利益，要包容而不要斗争。行政化关系到党的建设。从2000年代中期开始，当局把党建定为一项重要工作。"党政分开"不再提，"党管一切"是新方针，党组织要进入新组织（如私有企业）、新空间（如高端写字楼），达到"全覆盖"。在海外的自费留学生中建立党组织，太空人杨利伟提出要在航空站上建党小组。当局强调如此大范围的党建，我以为，正是要把党作为国家机构之间、政府和群众之间、不同群众团体之间的凝合剂，强化整合。这在理论上顺理成章。但是现在的做法似乎没有充分发挥党的社会性、群众性和有机性来整合社会，而是采取了相当行政化的手段。和当年党进田间地头建立农会、进车间宿舍发动工会的做法不一样，党组织的全覆盖基本上是自上而下、由外而里地"套"和"盖"。如果说改革前中国政治的一个核心特征是党吸纳国家（林尚立，2009①），1978～2000年基本上是如金耀基（1997②）所说的"行政吸纳政治"，2000年以后的一个重大变化则可能是党的行政化和国家化。俞可平提倡要"依法治党"："党和国家对社会经济事务的管理，不能再像过去那样主要依靠命令的和行政的手段，而必须依靠法律的和经济的手段。因此，党的执政方式由命令的手段转变为法律的手段，直接关系到党管理社会事务的能力。"③党作为一个组织当然不能超越法律，命令的手段固然不对，但是要求党通过法律的手段实现其政治诉求，有悖党的宗旨和功能。党要召开生活会，鼓励不受上下级关系限制的批评和自我批评，正是要和等级化的、事本主义的、只强调效率而不强调思想讨论的政府机构区分开来。党的思想性和

普通人的「国家」理论

---

① 林尚立：《社会主义与国家建设——基于中国的立场和实践》，《社会科学战线》2009年第6期。他认为："国家建设被纳入了党的建设的范畴，用党的权力替代国家权力，并用党建的原则和逻辑来建设国家。这样，人们在现实政治生活中也渐渐地看不到宪法所规定的那个国家制度及其运行，感受到的主要是党的纲领、方针和政策以及党的领导行动。"

② 金耀基：《行政吸纳政治——香港的政治模式》，《中国政治与文化》，牛津大学出版社，1997，第21～45页。"'行政吸纳政治'是指一个过程，在这个过程中，政府把社会中精英或精英集团所代表的政治力量，吸收进行政决策结构，因而获致某一层次的'精英整合'，此一过程，赋予了统治权力以合法性，从而，一个松弛的，但整合的政治社会得以建立起来。"（第27页）

③ 俞可平：《依法治国必先依法治党》，2010年3月15日《学习时报》。

社会有机性，怎么可能通过法律来表达？如果党变成中性的权力组织，国、党同构，国家总体的框架性整合固然会强化，但是实质性的凝聚力并不会增强，各类日常社会矛盾可能会得到更好的监控，但是不会有效消解。

经济的市场化、主导思想意识的技术化，特别是公共事务管理的全面的行政化，这些造成"框架性国家"的变化，显然和韦伯意义上的现代性、工具理性相似。国家的框架化、理性程序的张扬而实质意义的相对空洞，在很大程度上和欧美社会面临的现代性危机有一定的相通之处。但是我必须强调中国社会的首要问题不是现代性牢笼的问题。中国并不是在现代性的框架下就无话可说了；哲学和文艺上的激进的解构主义和政治上的表达主义（以生活方式、身份认同问题替代意识形态问题），不能解决中国的问题。中国的问题还是基本的制度安排的问题。

## 讨论

一些研究已经关注和"总体稳定、具体失范"类似的现象。比如，Ethan Michelson 和 Benjamin Read（forthcoming[1]）试图解释为什么中国民众在整体上对中国的法制比较乐观，但是对自己的法律经历却相当不满。他们的解释是"不知情的欢庆"：因为只有非常少数的人直接和司法机构打过交道，他们的亲身经历不足以影响公众的一般印象。更多人则担心，现在的总体稳定是脆弱的，将可能随着具体矛盾的积累而被冲垮。我的假设则不同。首先，这个总体稳定是普通人在意识形态上的构建，他们期盼这个总体稳定，愿意维持这个稳定，从这个总体性和整合性发现社会生活的意义；这不是不明真相的人的幻觉，也不会因为矛盾在量上的积累而丧失。其次，这一整合性的观念是长期中国传统政治的延续，是近现代革命的结果，是当今世界格局的反映，是当局有意识的行为的作用，因此它不是偶然的，也不是静态僵化的。最后，总体稳定和具体失范不一定是互相

---

① Ethan Michelson and Benjamin L. Read, Forthcoming. "Public Attitudes toward Official Justice in Beijing and Rural China". In *Chinese Justice: Civil Dispute Resolution in Contemporary China*. edited by Margaret Y. K. Woo and Mary E. Gallagher. Cambridge and New York: Cambridge University Press.

矛盾的，而可能是同一情况的两面。比如老百姓有时候觉得要把基层矛盾明显化甚至是戏剧化，才能得到解决，从而人为增加了矛盾的剧烈程度。但是其剧烈为的是引起高层国家的注意，强化对国家的道义要求，因而并不对国家总体的整合性和正当性产生威胁。总之，总体稳定会持续，而具体失范的问题也不会自行消解。

普通人的总体性国家理论是近年中国经济快速发展的原因之一。最近有人认为，在对待"国家"问题上巨大的意识形态差异，造成了中国和俄罗斯社会主义转型完全不同的结果（Jeffery Miller and Stoyan Tenev，2007[1]）。这一国家理论在实践中也给了普通人一定的话语资源，给国家压力。普通人的国家理论把普通人自己定义为"老百姓"。"老百姓"这个概念显然要"落后"于作为现代民族主义概念的"国民"、作为阶级政治概念的"人民"和作为法制权利主体的"公民"，但是"老百姓"这一概念的道德性，可能是现在普通群众和国家对话中最有力的工具。这样的国家观念也不一定是排斥民主的。民主可以有多种形式。把国家视为"必要的恶"，要时刻质疑和限制，固然是民主的一个方式，但是强调对国家的普遍参与，强调从公共秩序出发而不是完全从个体权利出发，也可以是一种民主方式。但是，我们也必须看到普通人国家理论的局限性。和其他的普通人理论（比如关于家庭、平等的理论）一样，普通人的国家理论不寻求对现状的超越。具体失范对群众的福利造成巨大损害。把国家道德化，固然迫使中央对群众的具体要求作出回应，但是无法防止中央政府和特定集团在战略利益上结成联盟，从而导致在利益分配上不可逆转的、结构性的恶性分化。国家至上的观念，也可能被极端民族主义甚至法西斯式的思潮所利用。

中国普通人的国家理论提醒我们，追求国家和社会之间的分化、从而以社会限制国家，在目前缺乏基础；靠国家内部的分权，增加地方政府的权力，从而培育包括地方政府在内的"地方社会"，导致的问题可能更大。目前可行的探索方向，可能是国家整体和社会、和群众的生活世界之间多层级、多面向的有机联系。要构造这种关系，我们需要正式的制度改革，

① Jeffrey B. Miller & Stoyan Tenev（2007），"On the Role of Government in Transition：The Experiences of China and Russia Compared，" *Comparative Economic Studies*，49（4），pp. 543 – 571.

多样的组织创新，也需要把民间话语系统化，构造出新的意义系统。在这里党可以发挥关键作用。比如，既然独立的工会、农会、文艺团体曾是共产党发展壮大的基础，为什么今天不能尝试建立在党的领导下的独立工会、农会和其他组织？在这里，党的领导不应该是行政领导，更不应该体现为法律意志，而应该是思想和理论上的领导。这些组织不应该成为党的执行机构，而应该是党不断争取的对象，党不断组织和发动群众的场所，党不断形成和调整主流意识形态的依托。必须是如此动态的互动关系，才能建立政府、党、群众之间的有机关系，使国家生活和老百姓的日常感受、日常诉求紧密相关。这个建设过程恐怕没有什么规律可循，在探索中，知识分子和各社会阶层的合作、知识分子内部多学科的讨论相当重要。

# 规章制度与组织变迁[*]

## 周雪光

**嘉宾简介：周雪光**　斯坦福大学社会学教授，北京大学社会学系客座教授，斯坦福大学国际关系资深研究员。任《美国社会学评论》《美国社会学杂志》《管理科学季刊》《管理评论》等多家杂志的编委。主要著作有《组织社会学十讲》、《当代中国的国家与社会关系》、*The State and Life Chances in Urban China：Redistribution and Stratification，1949 – 1994* 等。

---

[*]　本文系根据周雪光教授 2010 年 6 月 12 日在中山大学千禾学术论坛上的演讲整理而成。

**主持人蔡禾教授：**大家晚上好！千禾论坛今天的讲座现在开始，很荣幸请到斯坦福大学的周雪光教授。周雪光教授是非常有影响力的社会学学家。周老师是一个社会学家，但是他超越了社会学的领域，有很好的贡献。很难得今天请到他，下面有请周老师给我们做演讲。

**周雪光：**谢谢蔡老师，也谢谢千禾学人基金给我这个机会来这里和大家交流。我今天讲的题目是规章制度与组织变迁，我以前在这个领域做了一些研究工作，主要是有关斯坦福大学一百年历史上的规章制度演变。下面先简单地介绍一下我今天要讲的内容。

规章制度在微观上可能体现在一个组织中的规则条例上，在宏观上我们也可以把法律条例等看做规章制度。我们认识规章制度需要一个参考框架，即怎么去思考认识规章制度。今天讲的主要内容是以斯坦福大学规章制度百年演变的几个片段为线索，看看这几个片段中规章制度是怎么演变的；在这个基础上引出一般的讨论，即组织规章制度演变的机制是什么。最后我希望与中国实际联系起来，讨论一下如何从正式组织规章制度来看社会变迁，提出一些不成熟的想法。

首先，我们为什么要关注组织规章制度？中国社会在过去的60多年里，发生了大规模的社会变迁，可以说，中国社会从1949年开始一直经历着持续不断的变迁。在这个变化过程中，正式组织起了非常大的作用。例如国家——不管是中央政府还是地方政府——都是推动社会变化的推动力。不仅国家和政府机构，而且企业、大学这些正式组织也都参加了制度变迁的过程。因此，正式组织的演变是理解社会变迁的一个重要线索。

从另外一个角度来看，正式组织也是制度变迁的载体。我说的载体有两个意义：首先，新的制度总是体现在正式组织的变化之上。例如，很多新兴企业的新颖之处首先表现在新的组织制度上，而组织变迁又体现了社会变迁。其次，正式组织又是过去制度变迁的载体。从这个意义上来讲，正式组织本身就是承前启后的。

为什么我们要关注正式组织和规章制度这一课题？我们知道，正式组织是靠规章制度加以约束维持的，应该说正式组织是组织制度固化的体现。例如，这个组织内部的决策，哪些人参与决策过程，哪些人收集信息，哪些人解释信息等，都是由组织规章制度来规定约束的。我们通常看到的企业、学校、机关的周一例会是通过规章制度来安排的，组织内部的资源分配也是由规章制度来约束的。甚至一些最为基本的活动，比如说公司里的上下班时间安排本身也是规章制度。换句话说，规章制度无所不在，规范了一个正式组织的基本运作过程。例如政府运行在很大程度上是按章办事。创新举动在很大程度上反映在规章制度的变化上。从这一角度来看组织规章制度的演变，可以从中找到中国社会变化的线索。

在今天的讲座里，我想把注意力放在斯坦福大学的规章制度上，通过一个个案深入、具体地看一下规章制度是如何演变的，从中认识其内在的机制。而且从更为广阔的角度上看，大学的变化并不仅仅是大学组织本身的变化，还反映了大的社会背景的变化。

下面我首先提出一个如何分析组织规章制度的思路。大家知道，最早注意到科层式正式组织现象的是社会学的鼻祖、德国社会学家马克斯·韦伯。他在20世纪初提出"科层制"（bureaucracy）这一概念。韦伯列举了科层制现象的种种具体特征。我们如果归纳一下这些特征的话，就会发现，这些特征中最核心的就是规章制度。例如，科层制内部通过文本来传递信息，这是通过规章制度来规范组织结构。科层制的另外一个特点是按章办事，这里的核心也是规章制度。韦伯讲的科层制的另外一个特点是，科层制中的官员有着专业化的训练。这也与规章制度有联系。人们在专业化过程中学到的是一整套的价值判断和期待，是非正式的潜移默化的规章制度。科层制的另外一个特点就是其中的官员把他们在科层制的工作看做职业生涯，一步步地提升、发展，而这个职业生涯过程本身又是由规章制度来规定的。

从这个意义上来讲，规章制度是科层制组织的核心。简单来讲，规章制度可以确定正式组织结构，建立组织内部的行为准则，设计激励机制，促进成员的归属感。科层制组织的高效率运作在很大程度上取决于它的稳定的规章制度，人人各司其职、照章办事。韦伯认为，这种准时、严格、协调有序的组织过程，是资本主义经济发展的产物。

从这个大的背景和分析框架，我们下面看一个具体的案例——斯坦福大学的规章制度是如何演变的，是不是遵循了韦伯所描述的特点和状况呢？我的博士论文研究了斯坦福大学的规章制度在百年历史上的演变过程。在我从事博士论文研究时，访谈了当时斯坦福大学的一位副教务长。她跟我讲过这样一句话："通用电气公司有一个口号，'质量是我们最重要的产品'。在斯坦福，程序是我们最重要的产品。"这句话是什么意思呢？

它恰恰说明了规章制度的中心作用。程序即是规章制度。规章制度规定了决策的过程，例如，如何安排课程，如何安排学生注册、选课、选专业，直到毕业所需要的学分，这是一个过程，需要规章制度来规范这些程序。我们需要通过规章制度来指导人们走完这个程序。反过来讲，正式程序又保证了很多规章制度的制定。许多组织决策，例如如何修改规章制度、如何改进规章制度，通常都是从正式程序中产生出来的。

在讨论斯坦福大学的具体例子之前，我先介绍一下斯坦福大学组织规章制度制定的过程是怎样的。几天前我在北大教育学院参加学术讨论时，听到这样一个说法：蔡元培在北大的"教授治校"理念是从德国引进来的。在历史上，斯坦福大学一直是"教授治校"的。学校的宪章规定，所有和学术（academic affairs）有关的决定都必须由学校的教师来决定。由于这个原因，斯坦福大学一开始就成立了"教师全体大会"，早期的学校规模很小，全体教师一起来开会，讨论制定有关学校学术领域的各种决定。后来斯坦福大学规模扩大，人数、机构、专业越来越多，全体教师大会就不现实了。而且每一个学期开一次会也来不及处理非常紧迫的事情。于是斯坦福大学在1968年进行了新的制度改革，全体教师大会仍然保留，每年一次。但建立了一个由不同学科、领域的教师代表组成的"教师议会"，定期开会，决定学校在学术领域中的重要事务，其中一个中心内容就是建立这个领域中的各种规则。规则的建立过程，通常经过几个步骤。第一就是教授议会下属有关委员会，或委员会中的分会研究、讨论，提出议案，也就是说，由各个委员会分头在各个领域做研究讨论，然后提出议案交给教师议会讨论，表决通过以后就成为正式规章制度的一部分。有些决定还要经过校长签署和学校董事会认可。学术领域中的规章制度有两类，一类是和教师有关的，另一类和学生有关。通过这一过程，斯坦福多年来积累了大量关于教师的规章制度。比如说各系教师每年要给系主任提交一个报告，罗列本年度的研究教学诸方面工作，这是通过规章制度来确定的。规章制度还规定，教师每年都要报告自己在校外咨询的时间、工作量是否超过标准，等等。还有一块是学生的规章制度，例如学生注册、录取工作的过程，成绩打分的制度，参加海外分校学习制度，等等。这些学生规范的规章制度也是由教师议会决定的。总之，所有和教学研究有关的规章制度都是通过教师议会来决定的。当然，其他领域中也有涉及关教师、学生和行政人员工作的规定，例如禁烟规定、报销规定，等等，这些规则中有的通过校长办公室或其他行政部门来决定。举一个例子来讲，80年代斯坦福大学有一个行政人员非常积极地倡议说，大学应该成为社会风尚的表率，所以斯坦福大学应该在校园公共场所禁烟，校长认为这个倡议很有道理，就签署了一个规定颁布实施。但大多数情况下，在学术领域建立规章制度通常要经过一个非常复杂的过程。

经过这样的百年历史过程，斯坦福大学规章制度演变有什么样的特点呢？图1是斯坦福大学1891～1987年学术领域中规章制度建立和修改的频率。斯坦福大学正式建校开业是1891年，我的研究截至1987年。在图1中，大家看到有什么特点？简单来说，没有什么明显的大趋势。具体说来，第一，我们看到有几块时间的规则产生和变动的评频率比较高，例如，在1910年到1920年，和60年代末至70年代初。第二，通常在建立新的规则频率很高的时间段，修改规则的频率也提高，这两个过程是相辅相成的。图2是关于规则建立后，它们得到修订的可能性的描述。这个图的平行轴线是时间，也就是一个规则建立后的年龄，从零一直到60年（岁）。简单地解释，一个规则建立起来后，开始的几年得到修订的可能性最大，随后逐年降低。到了第10年以后，规则被修改的可能性就非常小了。换句话说，一个规则在刚开始时，有很大的修改可能性。但几年以后，这个规则基本稳定下来了。

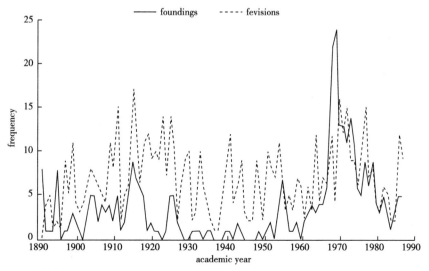

**图1　Distribution of Rule Events at Stanford University，1891－1987**

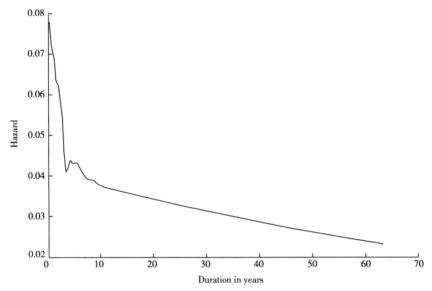

图 2　Smooth Nelson – Aalen Hazard Rate of Rule Change

在对规章制度演变的历史过程有了大致印象后，下面我们从几个具体例子来讨论规章制度演变的过程和这些过程中的机制是什么。

我要讲的第一个例子是斯坦福大学的"终身制教职"。在美国高等教育早期历史上，很多学校都有不成文的规定说，一个教师在一个学校待的时间比较长以后，就可以永久地在该学校服务了，但这一规定没有形成任何文字，所以不是正式制度。1900年斯坦福大学发生了一个事件，引起全国范围的关注。斯坦福大学当时一个非常有名的经济学家同时也是社会学家 Edward Ross，发表了一系列激进的言论，直接批评美国铁路建设，指责在铁路建设过程中榨取劳工血汗，等等。这些言论发表在各种公开场合，无意间得罪了斯坦福大学创始人——参议员斯坦福，因为斯坦福先生在从政前正是美国西部的铁路大亨，斯坦福大学的创建得益于他的铁路实业。所以 Ross 的这些言论正是在直接批评他所在学校的创始人。当时斯坦福大学的创始人斯坦福参议员已经去世了，但是他的夫人是董事会的主席，是学校的重要决策者。她对 Ross 的言论非常不满。有一天深夜，她跑到校长家里，把校长从睡梦中叫醒，要求他马上把 Ross 解雇了。当时，斯坦福夫人是很有权威的，校长不能违命，他在几天后把 Ross 教授开除了。这一举动在学校引起轩然大波，也在全国引起震动。美国经济学会专门派来调查组，得出结论说，这一开除决定没有正当理由。斯坦福大学把 Ross 解雇以后，大家非常不满，学校的气氛非常冷酷，为了扭转这个局面，不久后校长写了一封信给全校教师。信中正式宣布，从现在开始在斯坦福大学工作满六年的教师，就会自动被视为得到永久的雇佣权。作为斯坦福大学终身制的规则，就是通过这封信的几句话规定下来了。这是在美国高校史中第一份写成文字的终身制制度，这封信所规定的终身制制度一直保持到70年代都没有变。在 Ross 事件中，斯坦福大学有七个教授因为抗议学校决定而辞职。辞职中有一个教授据此提出，大学教授需要建立自己的团体来保护自己的利益。于是，他写了一封信散发给各个大学的教授，得到了许多人的响应，随后成立了美国大学教授联合会（AAUP），这是一个呼吁保护教授权益的组织。AAUP 建立起来之后的首要任务就是和美国大学校方谈判，要求建立终身制。美国高校的校方也有一个联合会，即美国大学联合会。在此前，各个学校有着各自的教授终身制制度，但不是每个学校都有，也不统一。AAUP 给这些学校施加压力，经过许多年的谈判后，终于与美国大学联合会达成协议，在各个大学普遍实行教授终身制。所以，美国大学教授终身制的缘由和斯坦福大学有着特殊的关系。终身雇佣制度在美国是非常特别的规定。美国到目前为止只有两类职业是有终身制的，一类是教师，另外一类是法官。其他职业都没有终身制。

斯坦福大学教授终身制建立后，在随后的许多年里都平安无事，直到70年代的石油危机。石油危机导致各个私立大学的基金大幅度缩水，导致了大学的财政危机。70年代很多高校都有着这种危机，在那段时间里美国大学中有一些的确破产关门了。纽约公立学校中就有几个分校关闭了，所有人都辞退了。斯坦福大学当时也面临大的危机。过去很多私立大学的财政预算支出有一个特点，如果预算时钱不够，就从基金利息中多拿出一点来，所以总是可以维持财政预算与开支的平衡。在70年代大危机情况下，按照惯例也是可以这样做的。但是，斯坦福大学70年代也面临一个转变，整个学校的声誉、学术地位都在提高，学校也想利用这个机会把终身制度的规则搞得更严一些。大学组织有一个很大特点，就是它的内部是一个松散关联的结构，每个系科学院都有自己的期待，对终身制的标准，每一个系也不一样。大学里要改变一个制度是非常困难的，特别要改变晋升的制度。要把晋升标准提高，就要改变整个教师团体的观念。在这时，斯坦福教育学院刚刚毕业的一个博士留校在教务处工作。他提出一个建议，说我们应该制造一个财政赤字危机。这是什么意思呢？过去财政支出钱不够时，就从基金投资里面多拿一点钱来保持收支平衡。他说，我们不应该这么做。因为石油危机，大学的收入少了，但不应从基金投资中多取回资金来开销。这样一来，收支就不平衡了，出现了财政赤字。这样的目的是什么？通过财政赤字危机，来引起大家关注！校方要说服各个系科的教师来提高他们的审核晋升标准，本来应该拿到终身制的同事，现在要把他们辞退，这是很困难的。斯坦福校方接受了这个建议，制造了这个危机，以此向全体教师传递这样的一个信息：你们一定要严格把关，否则整个学校的命运都可能有问题。因此很有效地在短期内提高了晋升标准，以前可以拿到终身制的条件，现在不行了。而且，校方借此机会把人事权加以集中。过去有一个惯例，各系都有一定的名额编制。一个系里如果一个教师没有拿到终身制离开了，那么这个系就有名额重新雇佣新的教师。在这个危机时期，校方决定把人事权收回校方，也就是说，是否填补系里的空缺，由校方而不是系里来决定。这一系列措施在校园里引起非常大的争论，很多教授不满，他们就写信组织各种活动来批评校方的做法。但经过这一过程后，70年代终身制规则有了较大的变动。

斯坦福大学规章制度的变化并不仅仅是学校内部的问题，还与整个社会特别是法律制度有着密切关系。在评比终身教授时，有些人本来预期可以拿到终身教职制的，但没有得到，所以就到法院去告学校。法院在审理这些案例时，要求校方提供证据证明为什么这些教师不能得到终身教职。以前系里教授开会评议教授晋升时，是没有任何文字记录的。法院要求的证据，是要求你拿出一个文字记录下来的评价。我记得读到那时的校园报纸报道说，一些教授针对法院要求而抱怨说，评价这些教师的学术工作是很微妙的，很难用文字讲清楚。但斯坦福大学的法律顾问来到教师议会说，法院根本不会接受所谓评价工作很微妙、无法用文字表达的说法，她要求教师议会修改终身制评审的规则，制定规章制度，要求在教师晋升的讨论中一定要有文字记录。如果你说应该拒绝某人的终身教职，那么一定要把理由写得清清楚楚。因此，终身制规章制度发生了非常大的变化。经过这个过程以后终身制的评论过程就变得非常正式，有了细致的程序，有法律程序的特点。在70年代，有关教师规则的一系列变化（例如，女教师的产假制度）都与当时大的社会运动背景有关。

斯坦福大学终身制制度的另外一次较大变化是在80年代。这次变动的背景是，斯坦福大学在那个时候是公认的优秀大学。校方试图推动录用晋升标准的严格化，提高自己的地位。而各系大多还是按照惯例行事，结果是校方拒绝系里已经通过上报的晋升人选的案例大幅度增加。校方的举动又引起了非常大的关注，许多老师学生不能接受校方的标准。比如一个讲课非常好的老师，研究也不错，过去这类情况可以得到终身制，但这次就被拒绝了。他非常受学生欢迎，学生组织了各种游行示威。大家普遍要求校方把晋升的标准定得非常清楚。斯坦福大学最大的学院是文理学院，这个学院的院长在这样的压力下，通过备忘录形式把晋升终身制教授的标准加以澄清。主要是在研究与教学两者关系上。过去的晋升标准是，在这两个方面，你需要在一个方面非常优秀（outstanding），而在另一方面很不错（excellent）就可以。而现在，在斯坦福大学拿到终身制，你的研究工作一定要是非常优秀的，而教学至少是很不错。如果你的教学非常优秀，而你的研究只是很不错，就不符合晋升标准。也就是说，研究水平比教学能力更为重要。但这又出现了另外一个问题。在一个研究领域中优秀与否的标准与领域的边界是有关系的。如果人们把自己的研究领域定义得非常小，那么就很容易成为该领域中非常优秀的研究者了。因此，文理学院院长又写了新的备忘录，提出研究领域应该从学科中最宽泛的领域界定。而且要求评审委员会直接提出该领域中一组优秀学者名单，以供邀请的外界评审人加以对比，提出评审意见，也就是说，让评审人直接将被评审人与这一组学者相比，看他们是不是在同一水平上的。经过80年代的这些争论后，斯坦福大学的终身制基本确定下来了，至今尚没有太大的变化。

以上第一个例子是有关斯坦福大学教授终身制的演变过程。在上面的故事中，我们看到一个组织的规则制定通常是和冲突、危机连接在一起的，而不仅仅是对为完成组织目标所做的理性设计。另外我们看到，规则的变化和组织的变化是连接在一起的，斯坦福大学在不同的发展阶段，对自己地位的认知和整个社会对斯坦福大学地位的认可，导致了规章制度，特别是晋升标准的相应变化。我们看到，一个大学规章制度的变化从一个侧面反映了整个社会和大学在社会中地位的演变过程。

第二个例子是关于教师处罚条例规则。很多大学过去都没有这个规则。70年代美国校园发生了大规模的学生运动、游行示威和冲突，许多教师也参与进去了。例如，当时，斯坦福的一位有着终身制的教授积极参与学生运动，甚至还建议应该怎样破坏建筑等，校长很恼火，希望把这个教授开除，但发现没有什么规则可依。在这个背景下，校方推动教师议会讨论建立教师处罚条例，以便今后教师行为违反了哪些条款，便可依章行事。当时在学校引起非常大的争论，焦点在于学术自由的问题。双方都拿学术自由来说事，反对方说制定处罚条例就会限制教师的学术自由，使得他们瞻前顾后，不敢自由言论了。而支持方却说，制定条例是为了保护其他人的学术自由。因为有些人的言行太出格，如果不加限制的话，就会妨碍别人的学术自由。这个条例建立后的执行过程很有趣。我在收集整理斯坦福大学规章制度文献时，很少发现在学校的文献和报道中提及这个条例。但我在访谈的时候，学校专门负责这个领域工作的副教务长告诉我，实际上在斯坦福，时常应用这个规则。例如，有多起教师作弊案就是用这个规则来处理的。这些案例主要发生在医学院。医学院教授拿很多资助做试验、研究，有时候压力很大做不出东西来，就伪造证据、资料来出成果。但当别人去复制他的试验时，却发现无法复制。作弊的丑闻就被揭露了。但是，有趣的是，规章制度在这里可以成为隐蔽信息的工具。有关教师违反条例的处理过程类似于半司法的程序，一旦有人指控某个教师有违规行为，进入了这个处理的程序，那么所有的信息都不准公开了。这个程序类似于司法程序，有起诉方，有被告的辩护的过程，找出证据来，最后做一个结论。如果这个教师确实违反了条例就要面临处罚，有很多具体的规定。如果性质严重，有一种通常的做法，就是给当事人一个选择：他可以悄悄地辞职走人，那么这个审理过程随之终止了，没有什么不利的结论。如果他不愿意辞职，坚持要走程序的话，学校就会把处理意见全部公开。这种处理结论公开就意味着，这个人将来在这个领域里声誉扫地，不能得到研究经费了。许多学校利用这个办法就把犯错的人给赶走了。

在讨论以上规则的时候，我们看到一个非常有趣的现象，即规则可以将我们的注意力稳定地引导到一个领域，例如教师议会每年都要定时讨论学生操行表现的规则，但是规则又可以把另外一些领域隐蔽起来，使得人们不注意这些领域，教师违规的领域即是如此。因此，规则可以安排人们的注意力。从这个角度来看，各种规则有着不同的作用。

以上两个条例都是教师领域的，下面我谈一下学生领域的规章制度。

斯坦福大学学生领域里一个最重要的规则是"学生基本准则"。这是在刚建校的时候就制定的。这个准则就是一句话：斯坦福学生在校内外都要像好的公民那样遵守秩序和道德标准，要维护个人荣誉和尊重他人。违反这一期待就可能被斯坦福大学除名。这个准则百年来是学校管理学生的核心，从来没有变更过。这有点像美国宪法，很短、很简单、很抽象，并且很多年没变化。但是在不同的时期对这一准则可能有着不同的解释。

举一个例子。在90年代初，当时有一个说法说贝多芬是非洲裔人，斯坦福大学有一个黑人学生很高兴，就把贝多芬肖像上的面孔涂成黑色挂在墙上，有几个白人学生不满，把这幅画撕了，写了种族歧视的话，在校园里引起轩然大波。许多人说这种种族歧视言论应该处理，应该受到处罚。但是在讨论的过程中却发现，学校并没有处理这类事件的规则。因此，无法对这些学生做出处罚。这时候，许多人提出，学校应该修改"学生基本准则"，把基本准则具体化，加上具体的内容比如说种族歧视语言、性别歧视语言等，并制定处罚条例。后来这个争论超越校园，变成全国性的争论。美国的全国学生联合会和美国全国律师协会都派专人到斯坦福大学参加讨论。这个争论的结果是，最后学校通过了一个对"基本准则"的解释条款。但是反对意见非常大，他们指责说，这些条例违反了美国宪法有关言论自由的第一修正案。我记得当时校园报纸有一篇报道说，这个条款导致了一个寒冷的校园气氛，大家都觉得不敢说话，好像一说话就违反这个规定那个规定了。但有意思的是，这个"解释条例"制定以后这么多年，从来没有实施过，没有应用过一次。直到90年代末反对方向法院起诉，加州法院判决说斯坦福大学的这个解释条例违反了美国宪法，必须废止。学校也表示，接受判决，废弃这一规则。

我在论文研究的过程中，访谈了负责实施这一条例的行政官员。她表示，当时讨论这个条例时有着很大的争议，这是我们都知道的。所以，虽然条例制定了，我们在执行过程中尽可能避免使用这个条例，以免引起争议。换句话说，在这个背景下，规则成为一个雷区，或者是有关雷区的警告牌，使得我们不要踏进这个雷区。而且这个例子也表明，大学的规则和社会环境息息相关，在讨论学校规则的过程中，许多的争论都是关于这些规则与美国法律制度是否冲突，与大的社会文化价值观念是否相符，与宪法是否相符。一旦发现这一规定与更大的法律相悖，就自然而然地废除了。

这位官员提出了另外一个有趣的解释。她说，关于这个规则，在校园里有着长达 18 个月的辩论。经过这么漫长的一个过程，大家都知道了什么是该说的，什么是不该说的，哪些言论是种族歧视，哪些说法属于言论自由，因为大家达成了共识，有了共同的判断标准，所以也就没有越轨行为了。所以，这个规则一直没有用过，但是它的产生过程已经达到了目的。

最后一个例子是关于学生操行守则（the Honor Code）。这也是斯坦福大学比较独特的例子，是斯坦福大学首创的。这个规则要求，学生要保证不作弊，而且发现别人作弊要检举揭发，如果不检举揭发的话，则与作弊同罪。与此同时，在考试时老师不许监考，给学生充分的信任。这就是斯坦福大学学生操行准则的基本内容。现在很多学校都在模仿这一规则。大家可能会问，这样一个规则为什么会在斯坦福大学出现呢？说来话长。斯坦福大学建校之初，学生和老师有非常激烈的矛盾，那时候斯坦福大学有一个负责管理学生的教师委员会。这个委员会十分严格，事无巨细，无不过问。比如说学生周末要开派对，都要征得这个委员会的同意，而且还会派人去观察。所以，当时学生怨声载道，和老师有非常大的冲突，持续了非常长时间，学生还组织示威把委员会主任的房子全部包围起来。面对这样的冲突，当时的第一任校长下决心解决这个问题。怎么解决呢？校长的做法就是把当时领头闹事的学生留校，让他代表校方负责解决这个问题。这个年轻人留校以后提出，师生关系紧张的主要原因是教师对学生不信任，什么事情都管。他的建议是，校方和老师彻底撒手，让学生自己负起责任来。老师给学生最大的信任，考试都不监考了；但是学生要承担最大的责任，保证不作弊，而且看到他人作弊的话一定要检举。这个规章制度自 1921 年建立起来，一直持续到今天。当然，这个制度有一个不断延续的机制，不断再社会化的过程。这就是，每一年新生进校教育的一个主要内容就是关于"学生操行准则"的教育。每当发现有人作弊，就会按程序移交到由老师、学生和行政人员三方组成的审理委员会，进行评定裁决到底是否作弊，作弊到什么程度，应该给予什么处分。通过这个过程，我们看到规则不断地得到关注，虽然规则没有变动，但我们对规则的认识，对规则的承诺通过这些过程而不断得到强化。

现在我总结一下。这些例子当然不是斯坦福大学规章制度的全部内容。我选择的这些例子是我认为它们比较有趣，可以说明背后大的道理。我们如何理解组织规则的变化呢？组织规章制度为什么会产生，为什么会被修改，为什么会被废止呢？我们在开始时提出了一个分析框架，认为规章制度是人们为了完成组织目标而理性设计出来的。但我们的例子说明了其他的机制。让我们从以上的几个例子总结一下。这些例子表明，组织学习有各种各样的机制，其中一个机制就是干中学。也就是说，规章制度来源于对过去经验的归纳总结。如果我们用过一个做法很好用，就可能把它加以制度化，变成规章制度了。比如说，教师议会在讨论学生选课的程序规则时提出，过去的做法已经非正式施行过，现在为了适用于更多的专业学科，就把这些非正式的做法通过制定正式规章制度的方式确定下来。另外一种情况是，组织碰到新的问题解决不了，就需要新的探索，找出新的解决办法，当新的解决办法找到了而且行之有效时，就用正式规则的形式保存下来。学生操行守则这个例子就是符合这个机制的：过去的方法解决不了师生冲突，现在尝试新的解决办法，使用一段时间以后发现行之有效，确实缓和了师生矛盾，维持了学生和老师之间互相信任的情况。所以它就被作为正式规则而长期保存下来，直至今天。但是，还有一些规章制度是对紧急、突发事件的应对反应，例如对学生基本准则的"解释条款"，当这些危机过后，时过境迁，我们可能会发现，这些规章制度已经不符合实际情况了。

我的研究还发现，规章制度的制定，包括组织决策，通常不是平稳的过程，而是起伏不平，有一段时间很平静，有一段时间会突然发生很大变化。我把这个现象称为波浪形决策趋势或者说波浪形决策模式。为什么会产生这种现象呢？我对教师议会的议程安排做了分析，发现这一状况与一个组织的注意力安排有着密切关系。一个组织可以用正式规则把日常工作加以常规化。例如斯坦福大学教师议会规定，每一个学年的某一段时间，是某个专题委员会向议会提交报告的规定期限。比如说5月份的第几个星期，是本科生委员会向议会提交报告的时间。这样，专题委员会在提交报告时要提出各种议案，针对新的情况提出新的规则或修改已有规则。换句话说，我们看到，这些决策的规则安排了组织注意力在不同的时间段转向不同的领域。当决策机构在某一段时间里注意到一个领域，而在另一时间段注意到另一个领域，这样，组织决策的频率就会发生相应的起伏变化。

当注意力集中在某一领域时，这个领域中的决策频率就会加快，而当注意力转移到其他领域的时候，该领域的规则变化就会非常缓慢。这样，规则变化的波浪式起伏与组织制度安排有很大关系。这个现象在其他组织领域也可以观察到。比如说，在企业中，通常的质量管理是在生产过程的最后环节由专门的质量检查员把关，发现问题加以纠正。而日本企业发明的全面质量管理制度，就是把有关质量管理的注意力放在生产过程的每一个环节，每一个人都是质量检查员；这样，组织注意力变成持续不断的过程，从而大大加强了质量管理的强度和效果。这里也说明了组织规章制度演变的另外一个机制：组织注意力的调动和安排。与此同时，我们的例子也说明，规章制度也可以有效地安排组织的注意力，从而影响组织变迁的速度和方向。

这样的话我们看到一个规则在组织里面就有完全不同的作用，有一些规则是为了组织的效率而设置，而其他一些规章制度则来自于其他的过程和机制，例如应对突然出现的危机而匆忙制定的规则。这些规则可能与组织的正常的运行只有着松散连接的关系。还有一种情况是应对外界压力而制定的规则。例如，一个大学面临着外部制度环境的压力，美国法律规定不能在招工、招生中有种族歧视、性别歧视。大学为了符合这些法律规定而不得不建立很多规章制度。由此可见，很多组织制度并不是来自内部出现的问题，而是因为大的制度环境逼迫一个大学要改变不符合法律规定的规则，或者建立新的规定以便应对外部法律制度产生的压力。我们看到，在这个情况下，规章制度制定以后，常常放在一边。当制度环境的压力不断加大的时候，这些规则可能会转而得到积极实施。斯坦福校园的禁烟规定就是这样一个例子。在80年代刚提出建立禁烟规则的时候，一个学校的工作人员热心此事，大声呼吁说，斯坦福大学应该是公众利益的保护者，应该带头禁止有害公众健康的行为。她提出的这个说法很有道理，有很大的合法性。因为这个原因，校方认为这个呼吁很有道理，应该响应。所以很快就发了一个行政规定，宣布从现在开始斯坦福大学在封闭的公共场所禁止吸烟。我记得当时这个规定刚刚颁布时，大家都不遵守，各行其是。因为大家都知道这个是作秀，不是真正要实施的。但很多年后我回到斯坦福大学发现，这个规则得到很严格的实施，很多地方都不能吸烟了，现在整个校园都是禁烟的。换句话说，这个规章制度有一个从作秀到认真实施的过程，而推动这一转化的主要动力是组织外部制度环境的变化和持续的压力。

规则演变的另外一个重要机制是组织的注意力分配。在很多情况下，组织不是有意识地从事决策、制定或改变规则，而是与组织注意力的常规安排有很大的关系。组织注意力本身影响了规则的制定和修改的过程。组织中大部分事务都是通过常规来解决的。当我们调动注意力去关注某一问题时，通常是因为常规的过程解决不了这个问题，这时我们发现现有常规无法应对新的问题，需要新的规则或变动已有规则了。从另外一个方面来看，已有规则本身又影响了组织注意力的分配。我们刚才讲了制度规定的每年的年度报告和随之而来的议案通过过程，会导致我们看到波浪形规章制度的变化。这就是说，不一定是要有问题才会注意到这个领域，我们可以通过政治制度安排而定期地把注意力引到这些领域，从而推动规章制度的修改。规章制度规定什么样的人去收集信息、加工信息、解释信息，这些规则都会影响到组织决策过程以及可能产生的结果。

上面我们讨论了组织规章制度产生和演变的多重来源。其中一个重要的来源是人们为了提高效率或完成组织目标而理性设计的，但在很多情况下，规章制度可能来源于组织遇到的危机、外来的压力、组织注意力的安排、组织内部的政治过程，等等。下面，我从更为广阔的角度提出几个新的问题，供大家讨论。第一，正式制度与非正式制度之间的关系。以上我们讲的主要是正式规则，是文字记录的经过正式程序建立的。但我们看到，组织里存在着大量非正式规则。我们要理解组织规则的作用，同时要考虑正式规则与非正式规则之间的关系。这个问题没有足够的研究工作，所以我把它作为有待进一步研究的问题提出来。

第二，规章制度对人们的行为有哪些影响？这个问题不是我今天讨论的关注点，但这是一个自然而然会产生的问题。我们制定了这么多规则，它们跟人们的组织行为有什么关系，有什么约束呢？从广义上说，制度与行为是什么关系？这也是需要进一步研究回答的问题。

第三，规则和决策之间的关系。我们看到决策过程和组织注意力的安排，都是和规章制度有密切关系的：谁来收集信息、参与决策、参与执行，执行过程中正式制度在多大程度上发生作用，它们与非正式规则是什么关系，等等。这一系列问题都需要回答。

第四，规则和创新之间的关系。一个正式组织如果像韦伯讲的那样，总是循规蹈矩地遵守规章制度，那么，这样的组织就不会有创新。所以，韦伯提出，在严格的规章制度约束下，组织可能成为一个牢笼，人们都束缚在里面，没有太大的主观能动性。这就引出一个问题，规章制度与组织灵活性、组织创新是什么关系？我们看到，基层部门面临的问题是千变万化的。即便有一个非常详尽的、无所不包的、规定得非常具体的规章制度，也不可能应对所有问题。所以，规章制度和组织灵活性可能会有很大的矛盾。

最后我想从中国社会的实践来说明一下规章制度的意义。前两天一个朋友带我到深圳去，与基层干部交谈。我发现一个非常有意思的现象，许多基层干部都在创新，提出很多很有趣的、很新颖、能够解决他们面临各种各样问题压力的做法。举一个例子来讲，有一个街道提出了一格三员的信息管理模式，就是说在居民区有专人巡视，采集各类信息，同时发展一整套系统来准确、迅速地采集、传递信息，以便解决问题。在交谈的时候，他们跟我们讲了他们的制度是怎么回事。这个创新就是一整套规章制度。一格三员里面每一个人应该干什么事情，有哪几个步骤，如何分步进行等，有非常详细的规章制度。按这一规章制度落实责任，一旦出现问题，领导很容易知道是哪一个方面出了问题，可以追究责任；做得好的，也可以得到奖励。另外一个街道办事处主任就告诉我们，他在上任的前半年就花了很长时间写了岗位手册，记录和规定各种各样的岗位，每一个岗位需要做什么事情，最后就写成了很厚的一个手册。换句话说，很多创新都是以新的规章制度形式体现出来的。为什么呢？这种创新活动在相当大程度上不是体现在具体行为上，而是成文的规章制度。他们向他人当然也包括上级领导汇报介绍的时候，拿出来的正是规章制度，是非常新颖、严格、详尽的规章制度。

在访谈的过程中，我发现另外一个有趣的现象。许多基层干部在和我们交谈的时候都表示，希望把他那里的经验推广到其他地方去。这种"推广""扩散"是他们非常关心的事情。如果他们制定规章制度只是为了本部门，他们不应该这么关心别人怎么看。斯坦福大学制定制度的时候没有表示过有什么意图要推广到其他地方去。换言之，这些基层部门制定这些规章制度的目的不仅仅是在内部实施，而且非常重要的一方面是要给别人看的，要推广到其他单位地区的。他们会非常自豪地说，什么领导来看过我们了，说我们的规章制度推广到什么地方去了。这是一个非常有趣的现象。我们从这些组织规章制度的制定、演变和扩散的过程中，就可以看到它们背后的机制，与大的社会环境是什么关系。很显然，我们看到的不是韦伯式的理性组织。

一个好的经验要扩散，就要把规章制度写得十分细致明了，因为传递的范围很大，不能通过口头描述，而是给参观者这本手册，他们就可以带着成文制度回到自己的单位实施。换句话说，有一类规章制度是为了传播而制定的，便于你携带，便于其他领导看了以后认为非常不错的。当然，还可能有另外一个原因：如果你先用文字把它写下来了，这就是你的首创权了，就像我们申请专利一样。这时候成文的规章制度实际上告诉我们，别人再做类似的事情只能是复制了，而不是创新。你要创新就需要找到新的领域了。因此，规章制度的产生、形式和变化方向为我们认识了解组织制度、组织行为和广阔的社会背景提供了一个独特的切入点。

最后，我简单地总结一下规章制度的意义。一、规章制度记录、描述了制度变迁的轨迹，反映了组织本身和整个社会的大的变迁过程。二、规章制度演变的机制反映了制度变迁的机制和过程。我们研究的可能只是一个组织，但是后面讲的道理，可能是更宏大的，可能反映更广阔的社会过程和背景。三、规章制度在很大程度上制约了一个组织和社会未来变迁的方向和轨迹。我们现在建立制度，可以说是把过去经验保存下来固化的努力，这些随之建立的稳定结构又会制约组织将来发展的方向和过程。

**主持人**：非常感谢周雪光教授。下面我们还有一点时间可以留给大家提问，每一个同学或者在座的老师，把你们的问题直截了当地提出来。

（提问）：你的研究是非营利组织的研究，你的理论对经济学理论的分析有什么挑战？

**周雪光**：我觉得大学规章制度和企业规章制度可能有许多不同，这两类组织内部的运作机制是不一样的，外部的环境包括制度环境都是不一样的，企业有不同的运作过程，机制是不一样的。但这不是说经济学交易成本最小化的机制在大学组织就一点都不发生作用，斯坦福大学的案例也不适用于其他组织。但我们可以从个案研究中，从一个规章制度的演变来了解背后的机制和过程。而这些机制和过程在不同类型的组织中可能有着共性。所以，今天讲的这些做法并不能直接适用于所有的企业，也不是说要批评经济学的某一个机制，我们关心的是，一个正式组织的规章制度是怎样建立的，去认识具体的组织背景和规章制度，以便解释我们看到的种种组织现象。

（提问）：我想跟你探讨一下你刚才说深圳官员说如何去推广的问题，可能是你对国内官僚制度的特点不是很理解吧。我从另外一个角度去解读，为什么他那么重视推广的问题。推广就意味着是榜样，对他的政绩是很有好处的。

**周雪光**：其实我刚才说的也是这个意思。这些规则的制定与更大背景下的政府组织制度和激励机制设计有着密切关系。

（提问）：第二个就是关于如何推广的问题，制度和规则不是一个层次的，制度是比较基础性的东西，规则是更细的东西，深圳和其他地方事件完全是不一样的，在操作层面可能很不同，但是刚性的、制度性的东西，比如说一格三员可能全国推广都可以。大的原则是可以的。

**周雪光**：我的问题是，当这些基层官员在设计这些规章制度的时候，他们在想什么？这个制度是针对自己组织内部的问题来设计的，还是主要是为了向外部环境发出信号？

（提问）：斯坦福大学的案例每一个制度的制定和修改有很长的间歇期，相对来说是比较稳定的。我们现在发现很多制度都不会被认真讨论、社会化，我想问一下周老师谈的东西对社会变迁有什么借鉴的方面。

**周雪光**：对于这个问题，我没有答案。没有答案并不是坏事，这就是做研究的动力。我的观察是，斯坦福大学制度的建立通常经历漫长的过程，有时有很大的争议。而且斯坦福大学所有的规章制度都要经过律师审核，看一看是不是和美国的法律有什么冲突。我们看到，国内很多组织、大学制定规章制度的速度要快得多，程序要简单得多。但是规则与行为之间是什么关系，制定规则的机制、目标是什么，这些问题都值得深入研究。我们能否从成文的规章制度演变过程来认识了解中国制度变迁呢？我是希望把它作为问题提出来，供大家思考。

（提问）：我们日常工作中常常碰到"领导意志"，有时候跟规则会有冲突。不知道您在美国背景下是否看到有领导意志的作用？与规章制度是什么关系？

**周雪光：** 在大学里也有上层领导如校长想极力推行某项制度或某个项目。但他不能简单命令，他一定要说服校园的某一部分人，比如教师或行政官员，这些人抱成一团以后再去推动其他人，而且要经过正式程序，如向教师议会报告。如果是学术领域的规章制度，还一定要经过教师议会的讨论通过。这通常是一年或若干年的过程，不是几个月或几天就行了。所以，在这个背景下，要讲究领导艺术，要有策略，比如通过制造危机的办法，用微妙的方式来影响大家的判断力，推动决策的方向。

**主持人：** 好，时间也不早了，非常感谢周老师。

**周雪光：** 谢谢大家。

规章制度与组织变迁

# 青少年的成长与转变[*]
## ——生命历程的视角与时间序列分析

郝令昕

**嘉宾简介：郝令昕**　毕业于芝加哥大学社会学系，现任约翰霍普金斯大学社会学教授，霍普金斯人口中心研究员，芝加哥大学、西北大学联合贫困研究中心研究员。斯宾塞基金会驻地研究员。2002～2003 年曾任拉尔塞奇基金会研究员。主要研究领域：教育社会学、家庭与公共政策、社会人口学、社会不平等、定量方法、高级统计等。主要著作有 *Assessing Inequality*、*Color Lines，Country Lines：Race，Immigration，and Wealth Stratification in America* 等。

---

[*]　本文系根据郝令昕教授 2010 年 6 月 19 日在中山大学千禾学术论坛上的演讲整理而成。

**主持人蔡禾教授**：大家晚上好！千禾学术论坛现在正式开始，首先非常感谢今天请来的郝令昕教授。因为郝令昕教授是昨天才到，也很辛苦。因为她做的是英文的 PPT，有一些词的翻译可能不是很对，就请王老师做翻译。我们表示欢迎。

**郝令昕**：谢谢大家！今天很高兴能够回到母校跟大家交流一下学习的体会，把我在美国做的研究方向跟大家介绍一下。我今天讲的就是青少年的成长与转变：生命历程的视角与时间序列分析。

今天讲的内容有五个小点：一、青少年的成长与转变；二、理论和实践背景；三、跨学科和跨领域的领导；四、新出现的主要问题；五、未来的研究方向。

什么是青少年的成长？三个主要的方面包括学习、行为、卫生和健康。这个图表是根据一个长期跟踪的数据从初二生（1988 年）到 25～26 岁（2000 年），描绘头六年学业增长的情况，这个表是讲英语阅读水平，阅读水平是应该逐年增长的。大家看一下图 1。因为种族在美国学业的成就上有很大的区别，头一条曲线是亚裔人，第二条曲线是白人，第三条曲线是拉丁美洲人，第四条曲线是黑人。你会看见美国的学生英语阅读（就等于我们的中文），是有很大的差别。首先我们要看在 8 年级的初始的

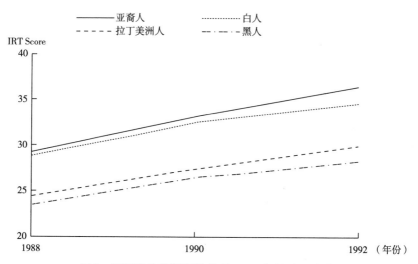

**图 1　不同种族英语阅读状况——8 年级到 12 年级**

资料来源：Fan，XT. 2001. Parental Involvement and Students' Academic Achievement：A Growth Modeling Analysis. *The Journal of Experimental Education* 70（1）：27－61。

状况已经有很大的区别，到了 12 年级族间差别是靠初始的状况决定的。

再看一下学科知识是怎么增长的。图 2 是不同的科目，有四个不同的科目：英语、数学、科学、社会科学。从 8 年级到 12 年级看到学生知识增长的情况，有三门学科是从 8 年级到 10 年级增长率比较大，哪一个学科增长率比较低呢？是社会科学。然后从 10 年级到 12 年级社会科学知识的增长率比其他学科高，在各种不同学科的知识增长上，增长率是不同的。

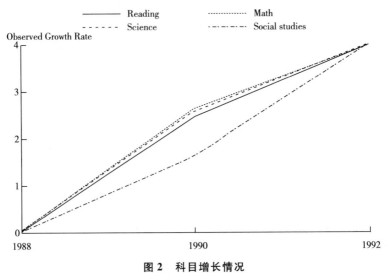

**图 2　科目增长情况**

资料来源：Fan，XT. 2001. Parental Involvement and Students' Academic Achievement：A Growth Modeling Analysis. *The Journal of Experimental Education* 70（1）：27 – 61。

第三个，行为方面也有不同的成长。一个研究偏差性行为的项目（见图 3）跟踪了 6 年级学生的成长，先从 6 年级的时间看看他同伴有什么偏差行为，是高还是低。这些曲线的起点是在 6 年级，有四个不同的起点。我们注重在头两个起点上。最高的两个起点是说明了在 6 年级的时候，如果你的同伴比较多偏差行为，你当时的偏差行为也较高。我们跟踪这些小孩到 9 年级，看他们的外向性行为发展情况。如果是父母管教比较严的话，曲线就比较平。如果父母不管理的话，增长就比较快。因此同伴的行为对他也很有影响，父母管教也很有关系。如果放在长期追踪研究的基础上看是如何增长的，我们应同时注重起点的情况是怎么样，以及父母管教会对将来发展带来什么影响。

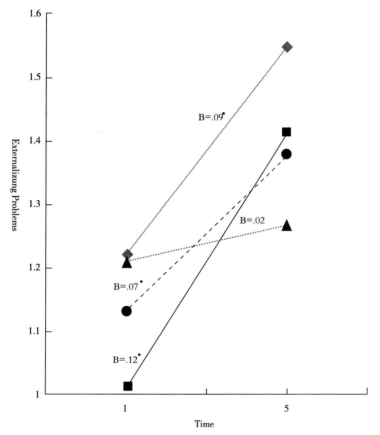

图3  父母管教及同侪对外向性偏差行为的影响

资料来源：Galambos et al. *Child Development* 2003。

下一个是介绍一下心理健康问题（见图4），从6年级组追踪到12年级，显示了1200个学生心理健康问题的变化。在这里主要解释一下心理健康问题的区别是女孩子在起点的时候比较高，持续稍微有点增长。男孩子在起点的时间稍微比女孩子低一点，从6年级到12年级心理健康问题增长较快。到了12年级男女的区别就比较大。到此为止我是讲到学业上的成长，行为和心理健康问题方面的成长。

不光要研究成长方面，还要看到青少年转变到成年人，一般从传统上来说是用发展的角度去研究这种转变。从青少年到成年人的转变是从依赖

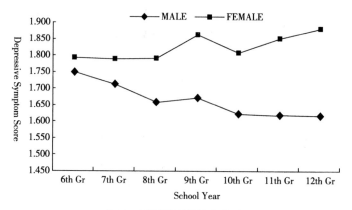

**图 4　不同性别的抑郁轨迹**

资料来源：Beginning School Study（BSS）by Karl Alexander and Doris Entwisle。

性到非依赖性的转变，这种转变通过很多事件和角色的变化实现，这里面包括教育、家庭、劳动力市场和政治、法律里扮演的角色。问题是要注重看什么时候转变，是哪一个角色先转变，哪一个角色后转变。图 5 是我现在做的研究，看看中学里面有很多不同的条件，这些条件对升大学有什么不同的影响。有四组图片，上一组图是条件性概率，是按照时间点去显示

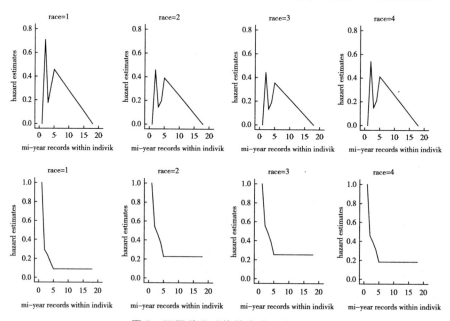

**图 5　不同种族群体的大学入学时机**

资料来源：Authors on going project。

出来，高中以后很多人就直接上大学了，曲线跑下来显示过了头一两年就没有那么多人上大学，又过了大概四五年又很多人去上大学了。再下一组的这个图是有多少人没有上大学的，总是下降或者水平的，有一个横线是告诉你到什么时候75%的人已升了大学，可以看到四种不同种族的人，75%的人进大学的时间很不一样。这就说明了什么时候进大学很重要。

下一个表（表1）讲得快一点，把它总结一下。一般来说角色的转变从社会规范来说有一定的顺序。你的父母大概都会希望你读完书、找工作、结婚、生孩子。这个顺序在美国有很大的不一样，很多人是出来工作、结婚、生了孩子再回去读书。在这里可以看到，男性工作了、有孩子以后回去再读书的比女性多，有很大的性别差异。

表1　不同性别的经历序列

*Percentage of youth experiencing various sequences of events, by sex*

| Sequence of events | % of females | % of males |
|---|---|---|
| Began working before last leaving full-time schooling | 22 | 31 |
| Began working before last leaving full-time or part-time schooling | 34 | 52 |
| Married before first leaving full-time schooling for at least a year | 11 | 14 |
| Married before last leaving full-time schooling | 18 | 23 |
| Married before last leaving full-time or part-time schooling | 27 | 42 |
| Married before last leaving full-time schooling and beginning work | 11 | 13 |
| Had child before first leaving full-time schooling for at least a year | 2 | 4 |
| Had child before last leaving full-time schooling | 8 | 10 |
| Had child before last leaving full-time or part-time schooling | 14 | 26 |

Adapted from Marini (1987a), Table 5, p. 25.

到目前为止的介绍是用个人发展的眼光去看青少年的成长和青少年到成年人的转变。在社会学上来说要把这种转变跟成长放在更大的社会情境去考虑。我们把青少年这一时段看成个人生命历程的其中一段。这一段连接了儿童跟成年的阶段。这个阶段有很多的轨迹，这种轨迹对个人发展有不同的影响。个人自己可以主动地计划你以后的生活是怎么样，我相信你们都会。而且他会做出一定的行为去使得他的意愿能够成功。更重要的是一个人的生命历程是放在特殊的历史事件和特定的地方。

在这里我想引进生命历程理论。生命历程理论是宏观的理论，有几个原则可以指导我们做研究，而且没有特别的理论假设。我们在应用生命历程理论的时候要把特定的、其他的理论也结合进来。

生命历程理论最早是从哪里来的呢？是从奥克兰（Oakland）少儿发展学上来的，在1930～1932年时候，有两个很有名的追踪研究，一个叫成长研究，是跟踪了一组10～11岁的孩子，跟踪他们到成年。还有一组伯克莱（Berkeley）是从出生的时候开始跟踪，也是跟踪了很久的时间。因为跟踪生命历程，只是儿童发展、青少年发展的理论是不够指导的，所以需要新的理论观念。大家都知道1929年到1933年是美国经济的大萧条，跟着就是第二次世界大战。这么大的社会变迁对青少年如何转变成成年人有很大的影响，而且大萧条对青少年和婴儿的影响是不同的，所以就要有新的理论。G. 埃尔德（Elder）在1974年的时候写了一本书叫《大萧条的孩子》，把这两个跟踪重新分析了（见图6），重新分析里面就带进社会转变的影响，特别注重了大萧条和第二次世界大战，他的问题是把历史社会的分析与个人发展的分析结合起来。他的设计是两个年龄组即少年组和婴儿组的比较，从1930年做追踪调查，青少年到高中毕业基本上就是青少年阶段已经结束。在少年的时候，开始是家里面经历了收入突然间下降很多的一个过程，收入下降引起了很多其他的变化，如失掉工作、变换工作，要搬离大房子到小房子去住，生活有很多转变。一组是从少年时期跟踪，另一组是从婴儿时期跟踪。同一时间发生的历史事件，对这两组人的影响是

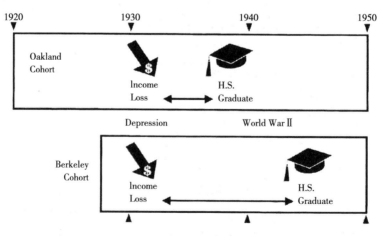

图6　大萧条的孩子（两个年龄组的比较）

不一样的。婴儿年龄组到高中毕业的时候已经过了第二次世界大战的时候。第二个原则是历史事件跟地方差别，GDP1938 年就回升，失业率是1942 年才回升，家里收入低了很多，有很多家庭破裂了、搬家了，工作转变了，不是说小孩本人，是说他们的父母。

在这样的条件下成长，对不同年龄组就有不同的影响，因为每一个人的生命历程是由大的历史事件核定的。比如说转变的时机是怎么样？在大萧条影响的那一组是太早地转变到成人的角色。20 世纪 20 年代的时候，美国家庭是传统的家庭，母亲在家里带孩子，父亲出去工作，由于大萧条，母亲也出去工作，大孩子就要代替母亲成为成人。因为他们过早地成人，就看起来比实际年纪老了，如果家庭收入回升了，他们就能回到他们青少年的角色。这个就是时机。

第三个原则是生命是互相依赖的。大萧条是对成年人的影响，收入是成年人带回家的，跟小孩有什么关系呢？与小孩的关系就是家里面生活的条件不一样了，父母的生命跟孩子的生命总是连在一块。

最后一个原则就是青少年并非只受社会摆布，他们也可以对将来有计划，但是也不是空想的。在特别的条件下或者限制下，青少年会有自己主动的作为，只是有一些更主动，有一些没有那么主动。

总结起来有四条原则，一是要注重历史时间和地点，二要看转变的时机在哪里，三要看青少年的生命，与有关的人的生命（如他们的父母、同伴、老师、邻居）之间的相互依赖关系。四是个人可以影响自己的生命历程，在一定程度上主宰自己的将来。

我想着重再讲一下生命是一种动态。转变是有的时候转变了很多次，你可以进大学，在中国可能很少看见进了大学出来又回去了，在美国有很多是读大学读了十几年的，从学生到非学生，到最后拿了学位的转变的轨迹。早期的转变时机是什么时候对将来的转变有很大的影响，有动态的看法，一个长的轨迹是，前段对后段会有长期的影响，这个长期的影响就是说有时候错过了时机，就不利了。如果时机对了，就有利。有利跟不利不在同一个时间点上，这些有利跟不利对你的将来都会有影响。

介绍三个概念，刚才讲到轨迹，进大学出来然后又进大学，时间上经历了连续性。你进了大学读两年跟另外一个人进了大学读一天又不一样，所以跟时间长短又不一样。很多方面有各自的轨迹，可以是学业上的、婚姻上的、生育上的、工作上的还有就是精神健康上的。不同的轨迹是互联的，不同的轨迹连在一块看的话我们叫路径。从个人层次上讲，每个人都有自己的路径，但是在同一个社会里你就要把不同的社会群体的路径结构找出来，就可以看到社会生命历程的结构是怎么样的。

这里特别提出了有三个层次的时间，最大的层次是**历史时间**，历史时间对不同的年龄组有不同的影响。第二个是**社会时间**，社会上有不同的社会时间，就是你该怎么成长有不同的时间表。最后一个层次是**个人时间**，就是个人的年龄。

比如说及时的或者是不及时的顺序与机会，如果错过适当的时间、延误了时间，结果是不好的。比如说你不是及时读完大学，先生完孩子之后再回去读大学，你以后一生的收入是低了很多。一个解释是说规范的原因，因为你违反了规范，违反了社会的时间表。另一个解释是跟规范没有那么大的关系，更重要的是机会，你是错过了机会。如果你不继续读书，在中学就辍学，出来工作的话，你工作是比较低收入的，你工作的经验对你将来把书读完以后再去工作是没有什么帮助的。如果你延误了时间的话，有一些不可以同步，所以就错过了机会。在四个原则的指引下我们要用特别的理论去解释。

介绍一组经常引用生命历程的研究，比如说在 1985 年黑人的孩子怎么转变成成年人，在美国 1975 年以后，非婚生子率非常高，把它解释为病态性。也有另一种解释，其实她们生了孩子对她们自身来说是一个非常重要的步骤，这一过程把她们转变成成年人，在黑人群里面可以结婚养家的男人短缺，女孩从小时候起经历了很多，积累了很多不利的条件，把她们引到不可以正常地进入婚姻再生孩子，所以生孩子就变成一个手段，使她们成为成年人，这是一种观点。

在 1987 年一个作者写了一本很著名的书，专门跟踪了黑人青少年，他们是非婚生子，跟踪他们到成年人的阶段。有一些人一直贫穷，有些人回去读大学，有些人结了婚。这些条件都可以改变他们将来的生命历程。比如说去参军的，参军是家庭背景很不好的青少年的转折点，参军给他们提供了有利的条件。

今天演讲的第三点是生命历程的观点对进行不同学科的合作和不同领域的合作有很大的帮助，因为几个原则都比较广泛，而且是把宏观跟微观的都能够结合起来，能够引导我们去看到社会的过程是怎么样，所以可以把比较多的学科连接起来。如果你看生命历程研究的文献，你会看到很多这类学科的合作，社会学、心理学、人类学、经济学、政治学、公共卫生、医学这些都可以合作起来。在社会学里，也有很多是跨领域的研究，家庭研究，儿童、青年研究，教育社会学，社会变迁，贫穷，种族与种族关系这些都是可以合作的。刚才给你们的例子很多都是领域间的合作。

我现在想讲一下我本人在这个文献里面最近发表的论文的要点。一个是把社会制度重视起来，刚才讲到的是大的历史事件，历史事件怎么样去反映到或者影响到个人的生命历程，社会学也重视社会制度，一个以大历史了解低层次的现象。社会制度大小不同，家庭是父母的家庭，是让你成长起来的，学校和劳动力市场是很重要的制度，现在美国研究很重视邻里跟社区，最后是社会政策，也是社会制度。所有这些制度都在变迁，这个变迁有一个方向，让青少年有更多的能力去左右他们的生命历程。

另一个热点就是要找出因果的推论，现在很多相关研究还是因果研究的讨论，对研究的设计有很大的要求。在美国现在的文献里面出现了很多因果的推论，对全国政策方面的推论。学校的制度也有很多的变化，邻里也有很多的变化。要找出因果推论，如何去得到这种因果推论呢？在科学上来说就用实验的设计，实验的设计在理工科里面很多是可以检验因果的。在社会科学里做实验的设计就比较难，干预小的政策是可以，但是全国的政策是比较难做实验的。不做实验的话，要怎么办呢？是不是不能做因果的研究呢？一种研究叫准实验研究。首先做实验有一个实验组和控制组，这两个组是随机分配的，在做准实验里面就没有随机分配，谁有这个政策，或另一个政策，或不能有这个政策。要用一些方法来分配这两个组，虽然不是随机，但是分配的原则是接近随机，怎么样的分组是比较接近随机呢？是年龄组。生在哪一年，生在今年生在明年是没有什么特别的条件去决定的。

这里可以讲一个例子，是我在2004年做的研究，这个研究是想看一下美国的福利制度改革对青少年有什么影响（见图7）。这个题目跟其他的研究比较不一样。在美国福利是给非婚母亲跟带有孩子的贫穷家庭，政府就每个月发钱给他们，抚养他们的孩子。这个多年以来的政策引起了很大的争议。如果母亲去上班，去工作赚一元钱的美金，她的政府支票就会减一

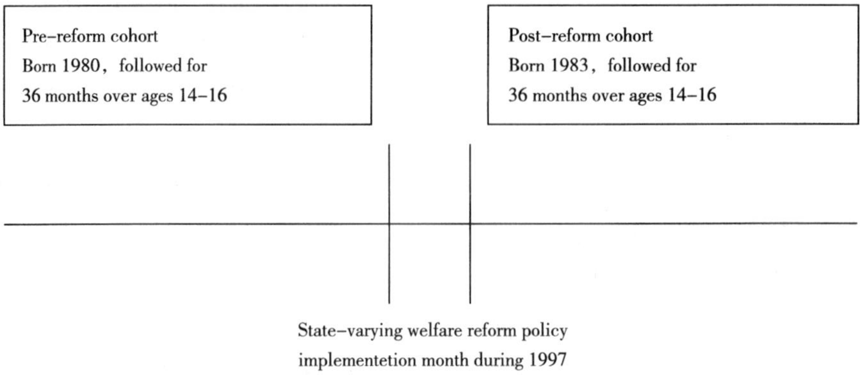

```
┌─────────────────────────────┐        ┌─────────────────────────────┐
│ Pre-reform cohort           │        │ Post-reform cohort          │
│ Born 1980, followed for     │        │ Born 1983, followed for     │
│ 36 months over ages 14-16   │        │ 36 months over ages 14-16   │
└─────────────────────────────┘        └─────────────────────────────┘
```

State-varying welfare reform policy
implementetion month during 1997

**图 7　两个年龄组的比较（改革前与改革后）**

元钱，你既然工作了就不给钱，不能工作就给钱。这样的政策就是让非婚母亲不去工作，那家庭孩子成长起来就有麻烦了。因为家里没有人去工作。成长起来就没有角色的榜样，不知道成年人是需要去干活的。在 1996 年克林顿就签了社会福利的改革，原来就说只要你家里收入是低于一定水平的，政府就会寄一张支票给你。福利改革主要改的就是有时间限制，非婚母亲一生只能享受五年政府的福利，其他的你尽量要去找工作。我的这个研究不是看对非婚母亲的影响，而是看对青少年的影响。改变青少年的想法，以为将来不读书可以生非婚子女是可以得到政府的资助且是无条件的。这样社会福利的改革就给青少年很明显的信号：你们要自立，你要自立就得读书，就不要辍学，你要自立的话就不要先生孩子，要晚一点生孩子。社会福利的改革会推迟青少年的怀孕跟退学。为什么我可以做结论说这种关系是因果关系呢？就用准实验设计。有一个是改革前的年龄组，一个是改革后的年龄组。改革就是实验处理。用一个美国青年长期追踪研究，从 1997 年到现在还在追踪。有两个年龄组的比较，中间这个地方是实验处置，不是签订了改革的那一天开始，因为不同的州有不同的实施日子。控制组从 14～16 岁这 36 个月中，没有经历过福利改革。在改革后的年龄组是从 14～16 岁跟踪 36 个月。看他在这 36 个月中，是从哪一个时刻，什么人会怀孕或者退学。你们说这个能不能比较？我能否做因果的推论呢？你们可以说说你们的意见。是否可以？

**学生**：不可以。

**郝令昕**：为什么不可以？

**学生**：因为还有很多其他因素。

**郝令昕**：非常好。政策也改变了、社会也改变了。在这里面每一个组里面就分成两个小组，一个组是家庭收入比较高的，家庭收入比较高的，福利政策对他们没有什么影响，因为福利是给低收入人群的，他们的孩子将来就会受福利政策的影响。所以每一个年龄组里面分成高收入和低收入的两组。然后把怀孕跟退学的结果做比较，如何比较呢？高收入跟高收入的改革前跟改革后年龄组比较，然后做低收入的改革前跟改革后两个年龄组的比较。最后再比较差别的差别，就是怎么样呢？这个同学说得很好，很多东西都在变。比如说堕胎政策改变了，或者是教育制度也有改变。在这几年之间各个州都要毕业考试，就对所有人都有影响。如果用差别的差别，把这些其他因素的作用都提出来了，剩下的什么东西作出影响呢？就是社会福利改革。我不只是看两个组，在统计回归模型里也包括了其他可以测量的因素。不可以测量的东西就去用差别的差别这个研究设计。

这个研究的特点是去解释社会变迁对青少年怀孕或辍学的影响，个人对社会变迁有他的看法。青少年本身是要做决定的，要不要怀孕，是否要继续读书，都由自己做决定。用这个准实验的设计把政策的影响分割出来，可以说就是因果的推论，我研究的结果表明福利改革对青少年没有影响。这些改革，没有给新的一代很强的信号，对他们的决定与行为没有影响。因此福利政策的改革没有达到其长期政策的目的。

另一个例子是看因果关系对家庭的困境，如果小孩是经历了家庭的困境，究竟有什么因果的影响。问题是出在哪里呢？家庭有困境的跟没有困境的不一样，不是随机分布的。我们也不可以观察家庭的所有特点，也是分成两组，一组是多一点困境，一组是少一点困境。这样子我们就做了偏差的来源，这个偏差的来源可以去给他有对策，这个对策叫固定因素模式。

这个研究是用另一个美国全国追踪性研究，这个研究是跟踪了13000个14～21岁的青年，跟踪到现在50多岁（见图8），跟踪的有一半男一半女，女性的从孩子一出生就开始跟踪。记得我说过人的生命是连在一起的，这个跟踪把父母的生命历程跟孩子的生命历程都可以测量到，都可以连在一块，家庭的困境是从父母这个角度来看。

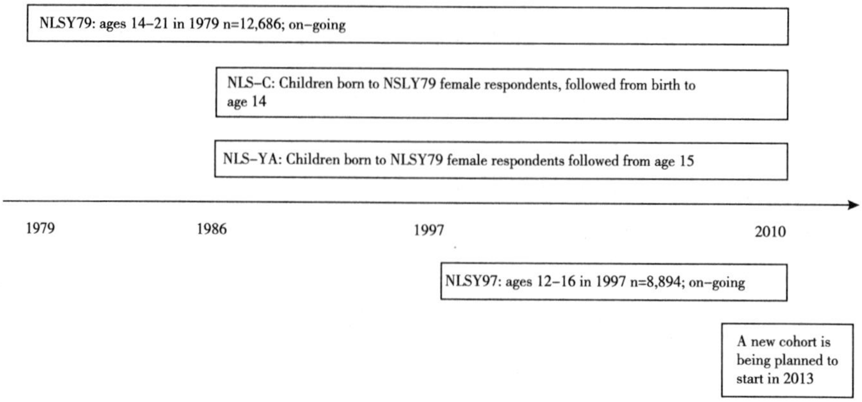

图 8　一组关联性的美国青少年追踪调查

看家庭里面的困境是不是贫穷，是否单亲，是否使用了社会保障，是否跟祖父母住在一块。动态是如何检验呢？早期的儿童时代是否有这些困境经验，再测量中间及现在是否有类似经验。再看现在的经验延续了多长时间。这样就把时间长短跟顺序测量起来。另外就有不可以观察的家庭的情形，比如说他们父母亲吵架了，父亲的性格有一些是特别内向，还有是基因跟心理学上的前提条件。这个如何去把它解决呢？就用兄弟姐妹的模式，就是说有多于一个兄弟姐妹的家庭，把这些条件都放在一块来看的话，我们的结论就很有说服力，结果是什么因素都影响不大，除了早期的贫穷，对后来青少年的行为偏差会有长期的影响。其他的单亲家庭结构、使用福利这些都没有多大的影响。

第三个热点是基因，基因专家做了，社会学也得做。我们讲的是青少年成长，很多东西是带着基因影响一生。而且人的基因跟环境有互动的作用，然后就引起不同的结果。现在很重要的是把基因给带回来，比如说偏差行为，把基因跟环境的互动引进来的话，会对偏差行为提高很多的解释力。不是说社会科学跟自然科学没有关系，这个方向很重要。

最后讲一讲在中国如何做生命历程的研究，现在许多在文献里面提供了理论的工具，我们有生命历程的工具，给了我们很清楚的原则如何做研究。而且我们也强调了我们需要特别适合中国社会的理论，发展自己的假设。可能中国的实证工具还不够多，没有追踪数据。在研究设计方面，既要做相关的也要做因果关系的设计。在研究方面有定性的，也有定量的研究。中国研究人员蓬勃发展，越来越多的非常高质量的社会科学的中国研究人员，包括在座的各位，将来会成为新生的力量。

中国的历史事件很多，现在我们还在经历很大的社会变迁，赶快地做，跟你们的院长说，现在赶快做，不做就晚了。如果你想找到20世纪50年代土地改革的影响，按照文化人类学的方法去做的话，去找老人告诉你们他们的生命史是怎么样，你就可以做了。还有经历过"文化大革命"、"下乡"然后回来读大学的那些。现在我们是从1978年以后有经济改革了，我对很多东西都很有兴趣，比如说土地使用的政策，最近都有改革。也有国有企业的改革、户口制度的改革和大量的从农村来的移民，在中国流动的人口很多。再有就是现在越来越多的人读大学了，这些都是很重大的社会转变，这些社会转变对不同年龄组的青少年的生命历程有什么影响，我很想知道。希望你们也想知道一下中国发展的东西，是全世界瞩目的。多做这样的研究。

先谈一下文化人类学，有一个很早的尝试。埃尔德（Elder）是头一个发展生命历程的理论的，他在1993年跟中国学生做了一个研究是收集生命史来进行研究的。我们现在很多东西都可以找回来，找到好的年龄组，在哪一个年龄是经历了哪一个历史事件，然后去做比较。有一些是在青少年时期经历的，有一些是在成年时期经历的。你们可以把一个历史事件拉出来，然后看看其他有什么东西同时发生。用一些好的研究方法把它们研究出来。

推荐一种定性的研究方法，用二元代数的方法去找出不同的因素的组合。而定性的研究是长期追踪个人的，不是追踪一个群体的。追踪个人要有不同的时间点，按照追踪研究数据研究的模型来说，至少要三个时间点去做长期的研究。最好是做一个比较长的时间，多个时间点都要做。历史的跟社会的环境都要收集起来。中国北京大学跟中山大学都参加了中国家庭动态研究，这是全国性的，16000户包括所有的年龄，今年是头一年，追踪10年，以后我们会有长期追踪的资料，从2010年到2020年，第三年就可以对全国公布，数据就可以使用。这个是中国头一个追踪性的研究。

我的意见是要有更多的青少年成长的追踪研究，因为在中国家庭动态研究的年龄范围是很大的，青少年的样本就不够了。这个跟踪调查的例子刚才讲过了，是美国青少年的追踪研究，在时间的横列上，看到这个调查研究有三个部分，我跟你们说过，跟踪14～21岁，跟踪了女被访者所有的孩子，0~15 岁，把很长的生命历程，不同的人和不同的年龄段都可以连接起来的。2013 年还会继续跟踪。这个数据提供了全国性的数据，有助于了解社会变迁跟社会过程及个人的层次，从宏观到微观的都可以连在一块。

研究设计有相关性的或者是因果性的，因果性的可以由准实验也可以用统计模式去进行因果的推论。做探索性的研究的话，是可以看追踪十几个或者几个个人的生命历史，看是否有什么特别的轨迹，给你提供一种了解。

最后一个是我也希望能够做到，不光是做到中国，还要跟其他社会之间的比较，如何比较呢？抓住制度上不同的比较。比如说学校与劳动力市场有什么关系，在中国的关系是比较小的，美国也一样。在日本和德国它们的关系就很大了。发达国家跟发展中国家又不一样，不管是从中国本国出发还是从其他国家出发，美国有很多文献，欧洲也有很多文献，都可以帮助我们提高。

**主持人**：辛苦郝令昕教授了。不仅有经验的资料来描述，从理论到方法都有介绍。如何开展研究的方法跟思路，也许是她未来自己也想参与或者自己也想去做的。跟这个题目有关的问题可以借这个机会跟郝令昕教授讨教。

**学生**：郝教授，你好。中国最近有一个企业发生了十几起员工自杀事件，这肯定有社会文化的心理原因。从社会学的角度，从历史时间、社会时间，能否对这种自杀现象做出分析。据我所知您还对教育学方面有研究，我想问一下你，基础教育跟高等教育是否对生命的关怀缺少了这种元素，教育是否能够做一些什么？谢谢。

**郝令昕**：非常好的问题，不知道我能否回答。最近有新闻报道中国有农民工跳楼自杀，还有一个是大学的大学生，在美国多见，特别是亚裔的学生跳河、跳楼。其实中国的自杀事件从整体上来说是比较少一点，日本人比较多。围绕中国来说，现在我不敢说是在这一段时间越来越多人自杀了，中国是否有客观性的报道，有的时候是新闻的报道。我不是说他们是夸大，我说这不知道是否客观的报道。现在城市化、工业化都会带来很大的压力，压力大精神健康上就有影响。你刚才提出的时间点，我是想到问你，你会想到有什么特别的事件，不一定真正是这样的原因，你猜想一下是什么样的事件，是否是经济改革、移民。

**学生**：我认为是城市房价比较高，这是经济的原因。另外一个原因是员工的精神空间没有了。你说的历史时间，我没有想到具体的事件。

**郝令昕**：中国转型是市场化转型，就有社会变迁，社会变迁引起了很大的变化，引入了很多外资到中国办企业，他们对员工的生活条件、工作条件都是以赚钱为主。如果叫我做设计的话，我就会找几个年龄组，从不同年龄阶段，看不同的历史事件。改革初期、改革中期、改革到现在，这些人都是年轻的，刚从学校出来、农村跑到城市，在外资厂工作，压力很大，这个人降级了去打扫厕所或者什么的，这种转变就转变到心理里面去。严重的抑郁就会引起自杀的情况，可以去测量他们抑郁的程度。

教育的问题，我就不知道现在的课程改革有什么内容。基础教育是需要什么呢？

**学生**：西方有宗教，就有关怀。我们的教育里面谈的马克思主义、共产主义的理想，我就说我们的教育有其他的可能性，通过多样文化的课程，比如说课程改革也好都是一个渠道。

**主持人**：郝教授对中国的教育不是很了解。

**郝令昕**：在宗教上美国也没有作为历史来教育，有一些学校宗教涉及特别严重的，就是达尔文的进化论都是不得教的。我认为教学内容要多样化，比如说心理卫生是心理的，不是生理的。但心理卫生教育得不多，在剧烈的社会变迁的条件下，心理的压力是非常大的，如何去了解到心理卫生上的问题，很多人怕别人说自己"神经病"，很多有症状都不会找医生去解决，有一些是基因引起的，有一些是化学物质不平衡引起的，有很多的原因。如果把这些引进了基本教育里面，那我们就多了一些工具。基本的教育要多加一点生活经验的教育，美国现在包括怎么吃饭都要教育，因为他们都比较胖。

**学生**：我想问一个关于研究方法的问题。你刚才说数据过程说到了一个追踪调查，这个是最终还原真相的，但是现实很难操作。比如说年龄组对同一个历史事件的经历，这个如何处理偏差呢？因为个体是有差异的。

**郝令昕**：如果准实验的设计是找不同的年龄组，不同的年龄组就是早生三年跟晚生三年，没有根据特别的条件选进来，不是你大我三年就是我小你三年，但是他们的经历就不一样。我不是比个人，是比平均值，主要是两个组在很多的特点上平均值都是一样的，能测量的及不能测量的都差不多。因变量平均值的不同就能够反映大的社会变迁跟历史的影响。

**学生：** 那可测量的指标呢？

**郝令昕：** 可测量的也可以用，比如说人口、社会这些政策也可以，再进一步两个组可测量的特征都差不多，问题是都不注重这个，因为可以用统计模型去控制，它的最重要的东西是不可测量的东西，我们讲设计的时候是不可测量的东西要想得多。你怎么想呢？就是想怎么分两组，有一些是时间很短的，用哪一个月份出生的，即使不是随机的分配，但是接近随机的分配。很多文章都是这样的，你要比较，有点创新性在想那设计的时候，要多想才去做，不要一下子就收集数据。要多想，想了要多讨论。这两个组能否说他们不可观察的特征都差不多呢？从这两个组的平均来说，不是一个人跟一个人比。

**学生：** 郝老师我想问一个问题，因为刚才您讲到您的研究是美国的福利制度的改革，对青少年怀孕和辍学的影响，你的结论发现是没有影响的。我特别感兴趣，在您的研究里面有没有解释，为什么这个福利制度没有达到那样的效果呢？

**郝令昕：** 这个不是在研究范围里面的，研究的项目是看福利制度改变的影响，我的发现是没有影响。我的这个研究不可以去做一个结论说为什么这东西没有影响，但可以去猜想一下，为什么没有影响？给一个信号能够影响孩子吗？还是要从他的生命历程的观点去看。0～5岁的时候，如果家里面是贫穷的，那种经历是会继续积累然后去影响到他14～16岁以后的行为，这个政策没有去解决那些东西，也没有去解决他们到14岁的时候他们读不下去了，学校很糟糕。家庭困难的跟少数民族的，就多去很糟糕的公共学校，学校对孩子不是教育的，我实地去看过他们的学校，那学校太多问题，整节课是35分钟维持秩序，5分钟去讲课，没有什么可以讲。因为太多人不守纪律，所以说不能讲话，黑人学生发言也被老师禁止，这样越学就越糟糕了。社会变迁从上到下去解决青少年将来的决定，就没有直接的影响。但是我的研究没有探讨这些，我不可以说这是我的结论。需要另外一个研究去做检验。

**学生：** 老师，您好！我想问一下我生活中的一个实际问题，现在虽然生活水平在提高，可是我觉得青少年的素质好像越来越低，自从我上高中以后，我们镇的初中生和小学生的犯罪率越来越高。我想问一下随着现在国家都推进数字教育，从我爸和我这一代接受的都是应试教育，生活水平的提高和国家推行的政策为什么会导致比我小的那一代会出现那么多的问题学生呢？

**郝令昕**：城市化进程和犯罪率是成正比的，因为条件不一样，人民的期望不一样，收入越高就越想高，越想高而达不到的话就会犯罪。以前全国都很穷，最富跟最穷的也差不了多少钱，就没有相对剥夺的感觉。你这一代比你父亲那一代赚的钱就多了很多，即使你的收入高了，但是你的相对收入降低了，你的相对收入降低了，跟你的期望就有很大的差距。不同的差距就是你不能用合法的行为去取得你的目标，用其他的行为达到你的目标，你就看到犯罪率越高。

是不是现在都是应试教育？我读的东西好像是中国学生都是要解压式的教育，要增强他们的创新性。过去很少人读大学，现在很多人读大学了。高等教育普及了以后，不需过分选择了。你看到水平好像是下降，选择性没有那么高了。

**主持人**：今天大家都提了很多问题，郝教授也很辛苦了，因为要转换语言。我们对郝令昕给我们这么精彩的演讲表示衷心的感谢。

# 流动与整合[*]

## ——走向多样性与跨国化

### 扎妮娜·达因丹

Mobility and Integration：Towards Diversity and Transnationalisation

Janine Dahinden

**嘉宾简介：扎妮娜·达因丹（Janine Dahinden）教授**　执教于瑞士纳沙泰尔大学，是该大学社会进程研究中心（Maisond' analyse des processus sociaux，简称 MAPS）有史以来第一位终身制主任。研究旨趣主要集中在社会人类学方面，特别关注对移民过程的理解，跨国主义以及造成民族、宗教和性别区隔的社会和符号边界。曾在科索沃地区、阿尔巴尼亚和瑞士进行过田野研究，是欧洲著名的有关科索沃难民和阿尔巴尼亚难民问题专家。2005～2006 年，任"瑞士移民和人口研究论坛"理事，并在世界上多家大学执教并发表了大量以德文、英文和法文为主的有关流动、移民、种族、跨国主义、社会网络、性别以及文化方面的研究论著。

---

＊　本文系扎妮娜·达因丹教授于 2010 年 10 月 4 日在中山大学千禾学术论坛发表的演讲。

# Introduction

I would first like to thank the Sun Yat-Sen University, and specially Professors Cai He and Li Fajung for having me invited here. I am really delighted to be here and to have the opportunity to talk to you.

As you heard I am migration researcher, but I am working mainly about the European context. This means that at the same time, I am not familiar with the Chinese context which is of course very different. Nor did I work about Chinese migrants in Europe – I have some colleagues at my university who worked about this. And now, that I am in China already for some days, I learned some things about the situation here. However, my talk will focus on the European situation. I hope that we will be able to make some bridges in the discussion.

I have to say that in Europe we have to deal mainly with international migration – whereas you have to deal – as I heard in – in China with a lot of internal migration, although you have also some international migrants. Africans, but also highly skilled immigrants from Europe. This means that in Europe when it comes to migration, these people do not have citizenship and have therefore muss less rights than the citizens, I will come back to this later.

And I also have to say that migration, mobility and the integration of migrants is, in Western countries, a key topic not only in social science, but as well in politics. But migrant integration triggers also often emotionally coloured debates and it is often instrumentalized by political parties, especially by populist right wing political parties. They use them to win voters and 'foreigners' appear in this discourse mainly as a problem.

In social science, generations of scholars have elaborated sophisticated theories in order to understand the processes by which migrants adapt to their host countries and they have proposed different models and theories. Studying migrant integration has meant measuring the degree of integration of immigrant groups into the economic and social institutions in the host society, taking into consideration structural aspects such as educational achievement, access to labour markets and discrimination as well as individual factors (like migrant's age, educational profiles, and so on)①.

It must be emphasized that there have been and still are important differences between these theoretical propositions as well as strong continental and even national traditions in tackling the subject. Also public politics with regard to migrant integration vary a lot across Europe.

Nevertheless, I maintain that these divergent positions have some communalities. And I would like to show in my lecture that when it comes to understanding migrant integration in diversified societies, the prevailing paradigms suffer from important shortcomings that demand further consideration. This is because social realities are more complex than political and public discourses often are pretending.

First, integration models do not sufficiently take into account *all those types of mobility* that go beyond migration – cum – settlement as a one-way process and that have varied effects on migrants' sense of belonging and identity. Second, I argue, that migrant integration should be more closely debated *with questions of migration control and the admission of migrants*. Third, I maintain that these models are not sufficiently concerned with the intertwined nature of processes of integration and what we call *transnational forms* of identification and belonging.

And finally, I argue that the models suffer from the idea that 'culture' would be 'destiny', not taking into account multiple identities of migrants. This maybe sounds a bit complicated, but I will go into detail later on.

In order to illustrate my arguments, I would first like to introduce three short biographies of migrants. These narratives will serve as 'red thread' and illustrate my ideas which I will present afterwards.

## Three migrant stories

The biographies have been selected from my different research projects I un-

---

① Among others see Alba and Viktor, 1997; Pennix, 2006; Portes and Rumbaut, 1996; Stepick and Stepick, 2010.

dertook in the last few years.

The first person, which I will call Mary Beans is what we call today a highly skilled migrant: she has a university degree and she works in Neuchâtel, Switzerland, as administrative director for an important investment company that is active in the high-tech sector. Mary came to Switzerland 8 years ago; before that she had management positions in Cyprus and also in Germany. She has an English passport and was born in Cairo. Mary is divorced, has no children and has a companion who is living in Italy. For this reason, she often spends the weekends in Rome. Besides, most of her friends are spread all over the world.

Arben Berisha arrived in Switzerland in the 1980s from Kosovo as one of the so-called 'saisonniers' – a temporary worker – on a construction site. Today, he lives with his wife and their three children in Zürich. Two years ago, Arben lost his job; now he is unemployed and he is thinking about opening up an Albanian Restaurant in Zürich. The family's life is centered in Zürich. Nonetheless, on a regular basis they send remittances to their parents. They have a house in Kosovo and they spend their holidays there. When Kosovo two years ago proclaimed its independence, the whole family took to the streets in Zürich to celebrate this event.

Yulia Margineanu works in Switzerland as a cabaret dancer. She is Ukrainian, 25 years old and has a diploma as a primary school teacher. However, the economic situation in the Ukraine was so bad that even with this diploma her salary was very low and she was obliged to do jobs that not matched her qualifications and she started to dance in a bar in the Ukraine. Yulia has at point come three times to Switzerland, always as a cabaret dancer. However, Yulia is quite a world traveller, because she also has been engaged in an erotic nightclub in Japan and once in Bulgaria. These jobs are always limited to a few months and she goes home regularly to visit her family. In fact, she dreams of opening up her own shop at home.

You see that I did not chose Chinese migrants, but maybe those stories could also be true for Chinese people living in Europe.

The Universality of migration: from migration to mobility?

The three short biographies reflect, in my view, a phenomenon which I call here the 'universality of migration and mobility'. Furthermore, they show that mobility has today different faces. Both elements challenge – as I will show – the classical idea of migrant integration.

Let's start with the universal character of migration: The idea that the normal or natural condition of human beings is sedentariness and immobility is widespread. However this idea is accurate only when taking a very superficial view. If one looks closer, one easily detects that human beings have always been mobile; we could say, they have been wandering and moving all over the world looking for better living conditions since the beginning of humanity. Even in the ancient world, for example during Roman times, in the era of the Vikings, within the context of the crusades or colonisation or during the mass European migration towards North America in the 17th and 18th centuries, men and women have always been on the move, sometimes escaping poverty or war, sometimes looking for better lives or just greedy for adventure or wishing to discover new worlds. Without doubt, this is also true for the history of China and the Chinese.

However, since the end of the Second World War migration and mobility have increased considerably all over the world. The development of modern communication and transport technologies and globalisation processes have facilitated and enhanced mobility worldwide. Stephen Castles and Mark Miller (1993), two sociologists, speak of the 'age of migration'. According to estimates of the United Nations Population divisions, there were in mid 2010, 213 million international migrants, counting only those persons born in a country other than that in which they live. This number includes 15 million refugees and one million asylum seekers. [1]This number rose considerably during the last decencies: from 83 million international migrants in 1970, to 175 million in 2000 and, as mentioned, to over 200 million in 2010. Today, 1 in 35 persons is an international migrant, or 3.1% of the world's population; and half of these people, 49% are women

---

[1]  Besides, the United Nations High Commissioner for Refugees counted in 2009 around 27 million internally displaced people – those are not included in this 312 million people as they live in the same country where they are born (UNHCR 2010).

( GCIM 2005 ) . At the present time, there is no region left in the world which is not affected by mobility, be it as a destination, transit country or country of origin.

This development as well as the three biographies reflect, in my view, the transformation of modern societies towards what Steven Vertovec ( 2007 ) called 'superdiversity'. Migration movements have multiplied and societies are getting more and more diverse. At least European societies are confronted with an increasing number of multi – origin, transnationally connected, socioeconomically differentiated and legally stratified migrants. The short biographical narratives point to these new forms of diversity: these three migrants have their origins in varied parts of the world, from a socioeconomic point of view they hold very distinct positions ( highly skilled, unskilled – unemployed, precarious work in the sex industry) and they have diverse working and residence permits ( residence permit in two cases, 'dancers' permit in the third) . There is no doubt that the question of how these social differences are organized is gaining new pertinence in such contexts: how is migrant integration shaped in such conditions and do actual theories of migrant adaptation do justice to this diversified social realities?

I tentatively would say that the answer is no, as debates about migrant integration have an important shortcoming: theories of migrant integration understand migration mainly as a one-way process, in which displacement is followed by permanent settlement. Migration integration models in general take into account only one specific form of migration. The migrant who corresponds to the well-known figure that the famous sociologist Georg Simmel ( 1992 ) called the " 'stranger', *who comes today and stays tomorrow*" . Manifestly, Arben Berisha and his family represent this kind of migration quite well: they settled in Switzerland and they intend to stay there for the rest of their lives.

However, we must also account for other types of migrants who are not sedentary in the new host country but who remain mobile. The economic and political transformations of the last decades, the weakening of the social state and globalization processes in general have created a new demand for workers in different economic sectors and new forms of mobility for women and men. These include , first, the so-called 'modern nomads' who do highly skilled work and circulate globally from job to job, as Mary Bean does. She circulates and she might will accept sooner or later a job somewhere else and leave Switzerland again.

Second, the demand for a feminine workforce in specific service sectors like childcare, or care for the elderly but also in the sex industry has created other forms of mobility which are not always followed by settlement. In general we can say that with the entry of women into the labour markets in the industrialised countries, the need for female migrants who do reproductive work previously done by native women (and not done by native men) induced new forms of mobility – that's what Arlie Hochschild (2002) called 'care drain'. Chinese migrants working in Paris as prostitutes or in domestic services are – as my colleagues Marylène Lieber and Florence Lévy (2010) from my University showed – an example for women who are not sedentarized. These Chinese women often have families and children left in their home countries and they are much less sedentarised than the classical migrants.

Finally, we find one type of mobility which is, by its nature, even farther away from the one-way migration which was typical of the classical working migrant, and that is durable circular mobility. In this case, mobility is not only a way of connecting a point of departure and a point of destination, but mobility is itself the strategy of these individuals. Instead of going away in order to establish themselves in another country, these migrants stay permanently mobile in order to improve or maintain their quality of life. This practice of mobility is for instance widespread among women from the former communist countries in Eastern Europe, where post-communist transformations have generated new migration processes as Marijana Morokvasic shown in her different studies (2003). In order to escape the local economic conditions, many women, both qualified and unqualified, travel to countries in the European Union or the United States. They go for a weekend or from Monday to Friday in order to earn money through a whole range of different activities; they pendulate, and some of them go back to work in their regular jobs; some do business with pirate music recordings; others work as domestic employees or just over the weekends as prostitutes. Cabaret dancers like Yulia correspond to very well to such forms of circular migration. Yulia does not try to immigrate permanently to another country. Rather, she develops a form of circular migration and maintains her intention to return home. In other words, mobility becomes an integral part of the dancers's life strategy. She stays mobile in order to maintain or improve her quality of life in the Ukraine.

The question then is: how are we to treat with such diversified forms of mobility? How do we rethink migrant integration under these conditions of enhanced mobility? It is obvious that integration means something different for settled migrants than for those who are circulating – but all of them are a part of the reality of mobile modern societies.

## Migration control and integration

Although different forms of mobility have been a universal since the beginning of human history, the idea of controlling and managing this mobility is quite a new one. And we will see that the wish to control migration is not 'natural', but it connected to the logic of modern states. In other terms, even though migration is a structural element of human history, the control of migration has preoccupied policy makers mainly since the formation and establishment of the modern nation-state.

Ernest Gellner (1983) showed in his work how the congruence, nowadays supposed to be natural, between national, territorial, political, economic and social boundaries actually emerged in the course of nationalism and nation-building processes. For Gellner nationalism is primarily a political principle which holds that the political and the national unit should be congruent, thus, having a nation with its people and culture is not an inherent attribute of humanity, but it has come to appear as such (1983: 6). That is what Gellner called the premises of nationalism.

As during the nation-building process a nationalist conception of people and society took hold, the conception of migrants began to change and free circulation was replaced by historically new forms of border control. With the creation of the modern nation-state, and its ideas of belonging (naturally) to a specific ethnic or national group, access to the territory, to specific rights and – later on with the establishment of the welfare state – to the specific services that the modern state is supposed to guarantee to its citizens, began to be regulated in a very specific manner (Mackert 1999; Wimmer 2002). From then on, it became necessary for a person to have a permit to enter a country and reside there, creating the differentiation between nationals who did belong and 'foreigners' who did not[1]. Wimmer and Schiller (2002) showed conclusively how, according to those premises of nationalism, immigrants appear to be anomalies, destroying the isomorphism between people, sovereign and citizenry, but also between people and nation and between people and solidarity group. Immigrants are an exception to the rule of sedentariness within the boundaries of nation – states (309 – 310). It follows that living as foreigners among a 'host nation' means not having the same rights as other citizens and being deprived of a set of specific resources, both concrete and symbolic. This was the birth of migration control-Nation-states have the sovereignty to define which citizens from which other states are admitted and with which rights in their territory. So when I want to come to China, I need a Visa. Chinese people who want to go to an European country, cannot always do it. They can come as a tourist, maybe also as students, but when they would like to have a permit to work, things are getting more complicated.

On the other side, states also have the sovereignty to define which part of its national population should or should not leave the territory of the state; they can

---

[1] The idea that the world was naturally divided into nation – states and that these states were the units for analysis have the effect of blinding not only politicians but also researchers. The concept of 'methodological nationalism' has been put forward in order to describe this weakness within social science: the critique refers to the unquestioned transfer of boundaries, categories and variables of the national view into the scientific perspective, and to the excessive weight of the nation – state as a category of reference, even among social scientists (Beck 2002: 84 – 94). Methodological nationalism has in this line of argument been defined by Wimmer and Schiller (2002: 302) as 'the assumption that the nation/state/society is the natural social and political form of the modern world'.

try to regulate not only immigration but also emigration. For instance, emigration from Albania was forbidden during the whole communist period up to 1989.

And sometimes, States also regulate internal migration and define who has the right to move and who not. China has, as I understood also an internal migration control.

But let's go back to Switzerland. Switzerland implemented a law controlling immigration and defining the rights of the 'foreigners' in its territory for the first time in 1931, thereby ending by law a phase of liberal circulation and of liberal bilateral agreements which ended 1914. Since then, Switzerland has continually created new categories of immigrants with different rights through its ethno-national differentiation[①]: for example, working migrants with residence permits or annual permits, or the category of asylum seekers known since 1979. That's why the people I presented have each a different residence permit, which by the way goes along with different rights.

In line with other European countries, since 1990 Switzerland has developed restrictive and defensive immigration policies to keep out migrants from outside the EU/EFTA. Today, people from outside of Europe can no longer enter Switzerland legally unless they are highly qualified or have the right to family reunification. All others are 'criminalized', as their entries are illicit (Efionayi et al. 2005). We speak here of 'undocumented' migrants.

Meanwhile we have in Europe the differentiation between migrants who are 'wished' and others who are not wanted. Yulia for instance, it only allowed to work as a Cabaret dancer. She cannot work in another job. And this is the only possibility she has as a Non-EU-member.

So we have on the one hand, people wanting to migrate because of different reasons and at the other the logic of nation – states and their efforts to cut back unwanted migration on the other.

However, what is interesting to see is, that the more restrictive the coun-

---

① It is evident that other considerations mere than nationality have been influencing the Swiss migration policy as well, political consideration for instance, or more recently, the qualification of migrants.

tries become with regard to their admission policies, the more they invest at the same time in the integration of the 'wished' migrants. But again, as these integration policies only consider the settled migrants – and not the circulating ones – we still stay with the paradox of integration of not taking into account all the faces of mobility.

## Integration and transnationalisation: From "either/or" towards multiple articulations

This brings me to my third point: migration and mobility have one very important social effect – what we call in social science 'transnationalism'. It reveals that such a 'transnationalism' clashes fundamentally with public ideas of migrant integration. Let me just briefly explain what we understand in social science by 'transnationalism'.

More than a decade has passed since the idea of 'transnationalism' was introduced into the academic discourse. Nina Glick Schiller and her colleagues (1992) apparently touched the 'Zeitgeist', as the concept has evolved into one of the most popular among migration scholars. From then on, this new perspective on migration phenomena put the accent on the modes of construction and reconstruction of networks by migrants in more than one society and on the way in which so called transnational spaces evolve-as the notion says-crossing *national* boundaries. Generally speaking, the idea of transnationalism emerged from the realisation that immigrants maintain ties with their countries of origin, making home and host society a single arena for social action by moving back and forth across international borders and between different cultures and social systems, and by exploiting transnational relations as a form of social capital for their living strategies. [1]Studies showed how in the migration process new interdependencies are built up and how migrants are involved in creative social, economic and political activities in transnational fields all over the world. Migrants send remit-

---

[1] See among others (Dahinden, 2005, 2009; Faist, 2000; Pries, 2008; Vertovec, 2009).

千禾学人讲演录（第一辑）

tances and support their family and friends in their home country. They might be involved in transnational business, or be politically engaged simultaneously both in their host country as well as in their country of origin. Last but not the least, they maintain social relations with their friends and families at home.

But the fact is that for some years now, studies of transnationalism on the one hand and of migrant integration on the other, have developed parallel to rather than in a dialogue with each other. Going back a little bit in history, one realizes that most integration theories just ignored transnational forms of identification and practice, or they interpreted these as a sign of non – integration. The same is true for public discourse: the normative imperative of political discourse is in general that migrants must cut off their transnational ties, only then, integration can be accomplished. We find a kind of 'either' or logic: migrants identify either with the new national community – or they belong to another, meaning that they are not integrated. Integration means identification with the nation – state: a fact which can be observed when it comes to naturalisation when an identification with more than one nation – sate is unwanted. Integration is often associated with incorporation in social fields and networks within the new nation state. The participation in transnational networks and fields appears in this logic as 'non-integration'.

To be brief, we are witnessing, on one hand, growing transnational (and border-crossing) practices with the involvement of migrants. On the other hand, the public discourse clearly puts them under pressure to accept a single identification and to engage in nationalised identity politics in the new country.

Let us now go back to the three stories in order to identify how integration and transnationalism is interwined: Mary's personal social network and her professional network are highly transnational. Mary is in fact integrated in transnational spaces. She does not consider herself to be 'integrated' in Neuchâtel; she readily admits that she does not know a lot about the local population and local affairs and she does not identify with Neuchâtel nor with Switzerland. However, in light of the high cultural and economic capital of which she disposes, it would be odd to consider her as 'non – integrated': in this specific case, transnationality could be considered as an alternative form of adaption. ①

Arben, as we can see from the interview, identifies simultaneously with two places, and his sense and practices of belonging are clearly influenced by both (Zürich and Peja in Kosovo). He has for instance the dream that his children will marry someone from 'home' – he would feel most comfortable that way. That's a sign how his ideas, norms, values and identifications are shaped in transnational space. By the way, he knows that this dream probably not will be fulfilled. He also uses his transnational relations to build up a more satisfactory professional identity and to find a way to integrate into the (Swiss) labour market: with the help of his siblings in Kosovo he has started to import comestible goods in order to open up an Albanian restaurant in Zürich. He has the hope that this transnational ethnic business might enable him to gain ground economically in Switzerland. This case study demonstrates how the two contexts are intertwined and how both have to be taken into account in order to understand the outcome of integration processes. It gives further insight into the fact that the construction of transnational ties may well be concomitant with setting down roots in the host society, and that these processes may be mutually reinforcing.

Yulia is a circulating migrant, and she does not identify with Switzerland. She works there but she wants to return home and she sees her future in the Ukraine. However, in order to be able to maintain or improve her living standard at home, she decides to circulate. In order to circulate, she needs to develop a kind of 'mobility capital' that involves, paradoxically, becoming 'sedentarized' to a certain degree in Switzerland. Only by getting familiar with the context and by building up local resources (in order to know which are the decent cabaret owner, etc.) is she able to move back and forth between different countries. She needs these contacts to help her increase her income and to deal with her precarious living situation. This case displays another form of the interrelationship between incorporation and transnationality.

---

① In fact, this example points to another theoretical problem: integration theory (and policy) in general focuses exclusively on non-skilled migrants while implicitly stating that highly-skilled migrants would not suffer from integration problems-simplifying hereby social processes.

In sum, engaging in forms of transnational identification and practices is a fact in the lives of many (although not all) migrants, and can as such express a wide range of possibilities. Today most social scientists agree that integration processes and transnationalism are interrelated and that they in no sense represent a *zero – sum – game*[①]: transnational identification and practice can decline with growing adaptation in the host countries. Sometimes transnational spaces only develop once a certain degree of assimilation in the host country has been accomplished. Transnational identification might also arise as a reaction to a negative experience of incorporation or as a result of discrimination or negative perceptions of the receiving society. Unfortunately, public discourse has not yet fully taken into account this reality of transnationalisation of social realities and is determinated by it's 'either – or' logic.

流
动
与
整
合

# The illusion of culture as destiny: Assimilate to what 'culture'?

The last point I would like to raise highlights another dimension, a dimension commonly called 'culture'. 'Culture' is strong argument when it comes to debates regarding migrant integration. The general idea is that migrants should adapt to the 'culture' of the host society. But, in fact, we might ask what is this thing called 'culture of the host society'?

I think that at the present time we can find two typical, and fundamentally different, ideas about 'culture'; one idea is widespread in scientific publications, the other in the public and political sphere. The first type of idea will be called the 'figure of creativity', the second the 'figure of stability'.

Let me start with the scientific idea of culture: here, the global wandering of cultural meanings with migrants, or through information channels, is seen as having the effect of the multiplication of cultural systems. Culture is seen as creative – new cultural products like 'ethnomusic' or new forms of 'writings' e-

---

① Among others: Bommes 2005; Morawska 2002.

merge from the encounter of local with global contents of cultural meanings. There are lot of examples of migrant literature which are characterized by mixed cultural elements. In the last decades, new concepts have emerged in order to help define the new modi and the conditions of production of 'culture' and cultural transformations. We speak of cultural métissage or of creolisation. The social anthropologist, Ulf Hannerz (1996) showed in his works very nicely that culture is dynamic and creative. If different cultural meanings meet, new cultural forms are created from these meanings and cultural meanings are recontextualised. Human beings have in this sense to be understood as 'bricoleurs' – making something new of something existing – all the time. These ideas which perceive of culture as a creative process performed by human beings in specific local contexts will be called the 'figure of creativity'. But this is only half of the story: such dynamic ideas about culture and the ability of actors to give and make sense of their environment clash today with ideas about culture which insist on its stability and immutability. In this, ideal-type culture is linked to a given territory: the culture of the Swiss is in Switzerland, the culture of the Serbs is in Serbia, and the culture of the Chinese is in China and so on. Furthermore, culture is not only seen as being linked to a certain territory, but if one leaves the territory of one's culture – as in migration – it is as if one takes this culture along as a backpack, which will dictate his or her future behaviour, thinking and feeling in other places too.

In integration debates we find this second specific meaning of culture: migrants 'have' a culture, one of which they should get rid of and instead assimilate to the 'culture' of the Swiss, the French or the German. Interestingly enough, this idea about a reified and naturalised culture sometimes has positive associations, sometimes negative ones. In identity politics, they are positive – maintaining that diversity is positive as well as important for human beings and that one has the right to be culturally different. On the other side, there are negative connotations and it is postulated that the future of the world depends on culture. The most prominent representative of this orientation is still Samuel Huntington (1993) with his apocalyptical vision of the clash of civilisations. In other words, conflicts between different given and stable cultures are the logical consequence of migration and globalisation.

The other idea, culture as the 'figure of creativity', maintains that culture is the acquisition of specific dispositions in the course of life which allow agency and make sense of the world. Culture is therefore an open process which has to be analysed. Culture is here not represented by the metaphor of a timeless and suspended complex whole, as in the second figure. A much more fitting allegorical expression for this view of culture is given by Hans – Rudolf Wicker (1997), a Swiss social anthropologist: he compares culture to a river, forever changing within given perimeters of space and time, having a liquid nature and being a process. In the second figure, culture is bound, directly related to the rectangle 'nation – territory – people – culture' and stoical; and culture becomes the source of explanation, for instance, for behaviour and thinking of migrants. Culture does not have to be described and analysed but 'to have a culture' is always to 'be cultural' and never, as in the first figure, 'to make culture'. In this sense, everybody knows, for instance, quite mystically what the culture of the Albanians – or the culture of Chinese – is.

In the last 10 years, social scientists have written a flood of articles and books to show that the second figure of culture makes no sense from a scientific point of view and they have formulated a long list of serious critics, which I shall not repeat here.

Obviously, there are cultural differences, but these 'cultures' cannot be linked directly to a country. If for instance you take Shanghai, then you see very quickly, that there are different life styles, norms or also socio-economic differences which do not allow to say: these Chinese living in Shanghai have all the same culture. There are internal differences.

Let me reiterate two ideas. One of the main problems arising from this idea of culture as 'stability' is that it feeds the illusion of destiny – that the individuals in a specific cultural group have a specific way of thinking and behaving. Amartya Sen (2007) criticises strongly what he labels as a 'solitarist approach' to human identity, which means seeing the human being as a member of exactly one group without the ability to choose in certain situations between the different aspects of his or her multiple identities. In our normal lives, as Sen insists, human beings see themselves as members of a variety of groups – and they belong to all of them. The same person can be, without any contradiction to quote Sen, '*an American citizen, of Caribbean origin, with African ancestry, a Christian, a liberal, a women, a vegetarian, a long – distance runner, an historian, a schoolteacher, a novelist, a feminist, a heterosexual, a believer in gay and lesbian rights, a theatre lover, an environmental activist, a tennis fan, a jazz musician, and someone who is deeply committed to the view that there are intelligent beings in outer space with whom it is extremely urgent to talk (preferably in English)*' (Sen 2006: p. xiii).

Second, this reified idea of culture does not take into account that the Swiss are for from being a homogenous group with an overarching collective identity. There is too much internal heterogeneity with regards to norms, life styles, socio-economic positions and so on. Myself, as a Swiss university professor, I might have much more in common with a Chinese professor of a social anthropologist's department than with a farmer women from the Swiss mountains. And neither do the Turk, or the Albanian migrants form a unitary and collective group, with a common purpose and a common culture. Again, internal heterogeneity is immense. An Albanian migrant women from rural areas might has more in common with regard to culture with a Swiss farmer women than she has with an Albanian university professor.

Let's go back to the three biographies. When I asked Mary about her sense of belonging, she answered: '*I am a human being and a citizen of the earth. I feel myself Mediterranean and European. I am very German in my work and English in my way of managing things. In my personal relations I am very Mediterranean, very warm. Listen, with the years, I came to see that we are all human beings and that every human being feels the need to be the member of a tribe, so to speak. When you travel like me, then you belong to different cultures. . . . I do not belong to one single culture.*' You see that Mary displays a cosmopolitan attitude. I would even pretend that in her case, her main vector for identity is less a single culture, than her socio professional status which affects her life decisions, her networks and social contacts. ①

Also for Yulia ethnic and cultural aspects of identity also secondary. In her everyday work she tries principally to deal with the stigma of working in the sex industry, adopting different strategies that allow her to distinguish herself from what she calls 'prostitutes' and refusing to adopt an identity as a 'prostitute'.

In other terms, identities are plural and multiple and cannot be reduced to only one dimension of a given culture. Human beings 'do culture'. When it comes to debates about 'culture' and migrant integration we might have to accept that the communalities of Swiss and migrants can just be one: we a have Swiss constitution which is valuable for everybody and which allows 'being different' while at the same time gives a clear frame.

# Conclusion

The face of the world has changed during the last decades. Mobility was one of the strongest forces in these transformation processes. Mobility resulted in more diversified societies and takes on different faces. Meanwhile modern nation states try to control migration, with more or less success. These developments challenge the migration – cum – settlement – cum – integration – idea; Migration and mobility are also liked to transnational practices and identities producing social realities which relay on being and feeling simultaneously 'here' and 'there'. Again, this clashes with the neo-assimilation efforts of nationalising states and the normative imperative of integration of being and feeling only and exclusively 'here'. And last but not least, integration debates make it appear as if culture is destiny and cultural clashes are the normal outcome of mobility.

So at the end, my lecture is a plea for rethinking the idea of migrant integration: If we want to do justice to complex social realities, we have to take into account the reality of diverse mobilites, transnational form of being and belong-

---

① In fact, this example points to another theoretical problem: integration theory (and policy) in general focuses exclusively on non-skilled migrants while implicitly stating that highly-skilled migrants would not suffer from integration problems-simplifying hereby social processes.

ings and the plural identities and capacities of 'doing culture' of human beings.

# Bibliography

Alba, Richard D. and Nee Viktor (1997) . "Rethinking Assimiliation Theory for a New Era of Immigration." *International Migration Review*, 31 (4): 826 – 874.

Aleinikoff, Alexander T. (2002) . *International Dialogue on Migration. International Legal Norms and Migration: An Analysis.* Genève: International Orgnization for Migration, IOM.

Bommes, Michael (2005) . "Transnationalism or Assimilation?" *sowi – online*, http://www. sowi – onlinejournal. de/2005 – 1/transnationalism_ assimilation_ bommes. htm.

Castles, Stephen and Mark J Miller (1993) . *The age of migration : international population movements in the modern world.* Houndmills [etc.]: MacMillan.

Dahinden, Janine (2005) . "Contesting transnationalism? Lessons from the study of Albanian migration networks from former Yugoslavia. " *Global Networks. A journal of transnational affairs*, 5 (2): 191 – 208.

Dahinden, Janine (2009) . "Are we all transnationals now? Network transnationalism and transnational subjectivity: the differing impacts of globalization on the inhabitants of a small Swiss city. " *Ethnic and Racial Studies*, 32 (8): 1365 – 1386.

Efionayi – Mäder, Denise et al. , eds. (2001) . *Asyldestination Europa : Materialienband zur Studie "Determinanten der Verteilung von Asylgesuchen in Europa"* = [*Documents de base de l'étude "Déterminants de la répartition des demandes d'asile en Europe"*] . Neuchâtel: Forum suisse pour l'étude des migrations.

Efionayi, Denise, Martin Niederberger and Philippe Wanner (2005) . *Switzerland Faces Common European Challenges.* http: //www. migrationinformation. org/Feature/print. cfm? ID = 284: Migration Policy Institut: Migration Information Souce (mpi) .

Faist, Thomas (2000) . *The Volume and Dynamics of International Migration and Transnational Spaces.* Oxford: Oxford University Press.

GCIM (2005) . *Les migrations dans un monde interconnecté: nouvelles perspectives d'action*, www. gcim. org.

Gellner, E (1983) . *Nations and Nationalism.* Oxford: Blackwell.

Glick Schiller, Nina, Linda Green Basch and Cristina Blanc – Szanton (1992) . "Transnationalism: A New Analytic Framework for Understanding Migration", in Schiller, Nina Glick, Linda Basch and Christina Szanton Blanc (eds. ) *Towards a Transnational Perspective on Migration: Race, Class, Ethnicity and Nationalism Reconsidered.* New York: New

千禾学人讲演录（第一辑）

York Academy of Science, pp. 1 - 24.

Hannerz, Ulf (1996) . *Transnational Connections. Culture, People, Places*. London.

Hochschild, Arlie Russell (2002) . "Love and Gold", in Ehrenreich, Barbara and Arlie Russell Hochschild (eds.) *Global Woman : Nannies, Maids and Sex Workers in the New Economy*. London: Granta Books, pp. 15 - 30.

Huntington, Samuel (1993) . "The Clash of Civilizations." *Foreign Affairs*, 72 (3): 22 - 49.

Lieber, Marylène and Florence Lévy (2010) . " 'Le faire' sans 'en être', le dilemme identitaire des prostitués chinoises à Paris", in Lieber, Marylène, Janine Dahinden and Ellen Hertz (eds.) *Cachez ce travail que je ne saurais voir. Ethnographies du travail du sexe*. Lausanne: Editions Antipodes, pp. 61 - 80.

Mackert, Jürgen (1999) . *Kampf um Zugehörigkeit : nationale Staatsbürgerschaft als Modus sozialer Schliessung*. Opladen: Westdeutscher Verlag.

Morawska, Eva (2002) . "Immigrant Transnationalism and Assimilation: A Variety of Combinations and the Analytic Strategy it suggests", in Morawska, Eva and Christian Joppke (eds.) *Toward Assimilation and Citizenship in Liberal Nation - States*. London, pp. 133 - 176.

Morokvasic, Mirjana (2003) . "Transnational Mobility and Gender: A View from Post - Wall Europe", in Morokvasic, Mirjana, Umut Erel and Kyoko Shinozaki (eds.) *Crossing Borders and Shifting Boundaries. Vol. I: Gender on the Move*. Opladen: Leske + Budrich, pp. 101 - 133.

Pennix, Rinus (2006) . "Introduction", in Pennix, Rinus, Maria Berger and Karen Kraal (eds.) *The Dynamics of International Migration and Settlement in Europe. A State of the Art*. Amsterdam: Amsterdam University Press, pp. 7 - 18.

Portes, Alejandro and Rubén G Rumbaut (1996) . *Immigrant America : a portrait*. Berkeley [etc.]: University of California Press.

Pries, Ludger, ed. (2008) . *Rethinking Transnationalism. The Meso - Link of Organisations*. London and New York: Routledge.

Sen, Amartya (2007) . *Identity and violence. The illusion of destiny*. New York, London: Norton.

Simmel, Georg (1992) . *Soziologie. Untersuchungen über die Formen der Vergesellschaftung*. Frankfurt am Main: Suhrkamp.

Stepick, Alex and Carol Dutton Stepick (2010) . "The complexities and confusions of segmented assimilation." *Ethnic and Racial Studies*, 33 (7): 1149 - 1167.

UNHCR (2010) . *2009. Gobal Trends. Refugees, Asylum - seekers, Returnees, Internal-*

流动与整合

*ly Displaced and Stateless Persons*. Geneva: United Nations High Commissioner for Refugees.

Vertovec, Steven (2007). "Super-diversity and its implications." *Ethnic and Racial Studies*, 30 (6): 1024 – 1054.

Vertovec, Steven (2009). *Transnationalism. Key Ideas*. London and New York: Routledge.

Wicker, Hans – Rudolf (1997). "From Complex Culture to Cultural Complexity", in Werbner, Pnina and Tariq Modood (eds.) *Debating Cultural Hybridity. Multi-Cultural Identities and the Politics of Anti-Racism*. London & New Jersey: Zed Books, pp. 29 – 45.

Wimmer, Andreas (2002). *Nationalist Exclusion and Ethnic Conflict. Shadows of Modernity*. Cambridge: University Press.

Wimmer, Andreas and Nina Glick Schiller (2002). "Methodological Nationalism and Beyond: Nation – State Building, Migration and the Social Sciences." *Global Networks*, 2 (4): 301 – 334.

千禾学人讲演录（第一辑）

# 走向干预主义：历史之必然，还是话语之建构？

## ——以"罗斯福新政"为例

### 谢立中

**嘉宾简介：谢立中**　北京大学社会学系主任、北京大学社会理论研究中心理事长、中国社会学会理论社会学分会副会长。

## 摘要

长期以来，有一种占据主导地位的观点认为：在第二次世界大战前后主要发达资本主义国家中发生的世界性干预主义战略转型，很大程度上是这些国家以"自由放任"为特征的早期自由主义战略及其社会体制内在危机的一个结果；1929～1939 年在世界范围内出现的资本主义经济"大萧条"就是这种早期自由主义战略及其社会体制内在危机的总爆发；而作为世界性干预主义战略转向之主要标志的"罗斯福新政"，其伟大历史意义就在于它通过一系列紧密关联的政府措施有效地缓解或消除了早期自由主义战略及其社会体制的主要弊端，从而挽救了资本主义制度。本文以"罗斯福新政"为例，对这种观点进行了质疑。通过分析，本文作者试图说明，像"罗斯福新政"一类的干预主义转向并不是自由资本主义制度内在矛盾发展的必然结果，而是由特定话语建构出来的一种社会历史过程。

## 引言

从自由主义发展战略及其相应的社会经济体制向干预主义发展战略及其相应的社会经济体制转型是第二次世界大战前后西方发达资本主义国家中普遍出现的一种历史趋势，而"罗斯福新政"则被视为这一战略转型的起始。虽然在第二次世界大战之前德、法、英、美等西方资本主义国家的政府就已经采用过各种各样的干预主义措施，但和这些"二战"之前的干预主义政策相比，由"罗斯福新政"开启的干预主义战略转型至少有以下几个方面的特点：第一，更高程度的自觉性和主动性。第二，更高程度的系统性。第三，更高程度的普遍性。

本文拟讨论的主要问题是：第二次世界大战前后，在世界主要发达资本主义国家中为什么会发生以"罗斯福新政"为标志的干预主义战略转型？

长期以来，有一种占据主导地位的观点认为：在第二次世界大战前后主要发达资本主义国家中发生的世界性干预主义战略转型，很大程度上是这些国家以"自由放任"为特征的早期自由主义战略及其社会体制内在危机的一个结果；1929～1939年在世界范围内出现的资本主义经济"大萧条"就是这种早期自由主义战略及其社会体制内在危机的总爆发；而作为世界性干预主义战略转向之主要标志的"罗斯福新政"，其伟大历史意义就在于它通过一系列紧密关联的政府措施有效地缓解或消除了早期自由主义战略及其社会体制的主要弊端，从而挽救了资本主义制度。

然而，本文从话语分析的角度出发对罗斯福新政所作的分析却表明，迄今为止，我们的确没有任何确凿的证据可以充分无误地证明：①1929～1939年的大萧条正是以自由放任为原则的资本主义市场经济制度的必然（或自然）结果；②只有通过"罗斯福新政"一类的干预主义措施才能够缓解或消除大萧条。

假如本文所作的分析可以被接受的话，那么，我们该如何来重新理解或解释以"罗斯福新政"为开端的走向干预主义的战略大转型呢？

对此，本文作者试图做出的回答是：20世纪前期在西方发达资本主义国家当中普遍出现的干预主义转向不是自由资本主义制度内在矛盾发展的必然（或自然）结果，而是由特定话语建构出来的一种社会历史过程。本文的主要目的就是试图以"罗斯福新政"的出现为例来努力说明这一观点。

## 一 罗斯福：为什么要向美国人民施行"新政"？

1932年7月2日，当罗斯福获知自己已经成为美国民主党总统候选人之后，为表示变革决心，毅然打破被提名为总统候选人的人要装作不知而等待几个星期来接受正式通知的惯例，乘飞机抵达芝加哥美国民主党全国代表大会会场主动接受提名，并在会场上发表了一篇充满豪情的演说。在这篇演说中，罗斯福不但号召人们要打破"愚蠢的传统"，而且信心满满地向与会人士和全美国人民保证："我要为美国人民施行新政。"

罗斯福保证为美国人民实施的"新政"，就是我们今天已熟知的那套以政府通过各种方式对经济社会发展过程直接或间接加以干预为核心原则的新发展政策。那么，为什么要施行这样一套以政府干预为核心原则的新发展政策呢？在这篇演讲中，罗斯福以通俗的语言对这个问题简要地做出了以下回答。

罗斯福指出，当前，"萧条状况极其严重，在现代史上闻所未闻。因此，这次竞选活动的关键应该是对这一明确的事实做出解答。这是时代的决定。仅仅说全世界都发生了萧条是无济于事的——共和党领导人在解释自己屡屡违背诺言、长期毫无行动时正是这样说的。但他们对1928年的经济繁荣却另有一番解释。人民不会忘记，他们当时声称，繁荣是由共和党人控制的国会所带来的国内产物。假如他们能声称自己是繁荣的开拓者，就不能否认他们也是萧条的始作俑者"。

罗斯福接着说：

"今天，我无法阐述所有问题，而是只谈几个重要问题。让我们稍微看看最近的历史和一种简单的经济学——诸位和我以及普通人所谈论的经济学。

"我们知道，在1929年以前的若干年，我们经历了一个建设和通货膨胀的周期。整整10年，我们以弥补战争损耗的理由发展生产，而实际上远远超出了这一限度，并超出了我们的自然增长和正常增长的限度。现在，值得回忆的是——冷酷的金融数字证实了这一点——在那段时间，尽管数字表明生产成本极大下降，但消费者必须支付的价格却只是微微下降或没有下降。公司获得了丰厚的利润，却很少用于降低价格——消费者被遗忘了；很少用于增加工资——工人被遗忘了；根本谈不上把其中部分用于支付红利——持股人被遗忘了。

"顺便说一句，在那些年，政府极少通过征税把上述利润用于慈善事业。

"结果如何呢？公司获得了巨额盈余——史无前例的巨额盈余。那么，在疯狂投机的符咒的支配下，这些盈余哪里去了呢？让我们用数字所证实的和我们所能懂的经济学来看看。瞧，这些盈余主要有两大流向：其一，流向现在已徒有躯壳的不必要的新工厂；其二，直接通过公司，或间接通过银行，流向华尔街的活期借贷市场。这些都是事实。为什么要视而不见？

"接着便发生了崩溃。诸位对此并不陌生。对不必要的工厂所进行的投资变得不值分文。人们失去了工作；购买力近于枯竭；银行陷入恐慌并开始索贷。有钱人为资产缩水而痛惜。信贷收缩了。工业停顿了。商业衰退了。失业率直线上升。

"于是，轮到我们站出来了。"①

在逐条解释了他所准备采纳的一些政府干预措施，如改革政府、平衡政府财政收支、实施某些公共工程、增加农民收入、降低利率等等之后，罗斯福进一步宣称：

"我的纲领建立在一个简单的道义原则之上。这就是：国家的福利和健全首先应该以人民大众的意愿和需要为转移，要看人民大众的意愿和需要是否得到了满足。

"美国人民最需要什么？我认为他们最需要两件东西：一是工作和随之而来的所有的道德和精神价值；二是合情合理的安全感——使自己和妻子儿女获得安全感。这两件东西比任何言辞更为重要，比任何事实更为重要。它们是精神价值的体现，它们应该是我国重建的方向。实现这些价值是我的纲领和目标。我们的现职领导人在其领导下未能实现这些价值。

"共和党领导人告诫我们：经济规律——神圣的、不可侵犯的、不可逆转的经济规律——没有谁能够预防它引起恐慌。不过，当他们滔滔不绝地谈论经济规律时，人民却在忍饥挨饿。我们必须坚持一个事实：经济规律不是天生的，而是人类造就出来的。

"是的，当——不是假如——我们得到机会，联邦政府就会勇敢地掌握领导权，开始救济工作。几年来，华盛顿一会儿把头埋进沙滩，说什么缺衣少食的贫民并不多；一会儿又说如果存在贫民，各州政府就应该关心。他们早在两年半以前就应该做现在想做的事，但他们一拖再拖，日复一日，周复一周，直到有良知的美国人要求采取行动为止。

"我认为，地方政府虽然应该一如既往地担负起主要责任，但对于广大人民的福利，联邦政府过去一直负有、现在仍然负有责任。联邦政府不久就要承担起那种责任。"②

在这次演讲的最后部分，罗斯福以一种激昂的政治热情向听众宣称：

"在我国现代史上，两大政党的根本区别从未像今天这样壁垒分明。共和党领导人不仅在物质方面失败了，而且在提出目标方面也失败了，因为他们在危难之时不能展示希望，不能为人民指出一条可以回归安全之地

129

走向干预主义：历史之必然，还是话语之建构？

---

① 罗斯福：《罗斯福炉边谈话》，张爱民、马飞译，中国社会科学出版社，2009，第249～250页。译文略有改动。

② 罗斯福：《罗斯福炉边谈话》，第255页。

的坦途。

"在过去年代被政府遗忘的全国各地的男男女女正注视着这里，注视着我们，期待着我们能提供指导，提供更公平的机会来共享国家的财富。

"在农场，在大都会，在小城市，在乡村，千百万公民满怀希望，希望传统的生活标准和思想准则并没有一去不复返。他们的希望不能，也绝不会落空。

"我向你们保证，也向自己保证，我要为美国人民施行新政。让所有聚集在这里的人都献出自己的能力和勇气，做新秩序的倡导者。这不仅是一场政治运动，这也是战斗的号令。帮助我吧！不仅为了赢得选票，而且为了赢得这场使合众国回到人民手中的变革运动。"①

可以简单地将上述演讲内容的要点归纳如下：

（1）我们（美国人民）正处在极其严重的经济"萧条"之中；这种"萧条"状况由一次经济"崩溃"所导致，包括了银行恐慌、资产和信贷收缩、工厂停顿、商业衰退、失业率上升等内容，并会进一步导致美国人民"道德"和"精神价值"失落以及"安全感"下降等不良后果，因此是一种非常负面、亟待缓解或消除的状况。

（2）导致此次经济崩溃的主要原因是"生产超出了自然增长和正常增长的限度"。经济崩溃的具体发生机制是：生产成本极大下降，但消费者必须支付的价格却只是微微下降或没有下降——公司获得了丰厚的利润，却很少用于降低价格、增加工资以及支付红利——这些盈余主要流向新工厂和华尔街的活期借贷市场——接着便发生了崩溃：对工厂的投资变得不值分文，人们失去了工作，购买力近于枯竭，银行陷入恐慌并开始索贷，资产缩水，信贷收缩，工业停顿，商业衰退，失业率直线上升。

（3）我们所面临的这次萧条局面之所以变得如此严重，很大程度上也是由共和党联邦政府不适当的经济社会政策所引致，这种经济社会政策假借经济规律神圣不可侵犯之名而放弃了联邦政府在经济萧条时期本该承担的指导或干预之责，结果使得萧条局面迟迟得不到缓解或消除。

（4）只有借助于联邦政府的积极干预政策，借助于一种"新秩序"的建立，我们所面临的这次萧条局面才会迅速地得到缓解或消除。这正是民

---

① 罗斯福：《罗斯福炉边谈话》，第256页。

主党人（或者说罗斯福）一旦得到执政机会之后将要做的事情。

可以把上述四个要点概括为"新政合法性证明"的四个基本点。以后我们会看到，凡是支持罗斯福新政的人在论证新政之合法性时，其论述过程基本上都是在重复以上四个论点①；而凡是反对罗斯福新政的人，其理论论述也大致上是围绕着对上述四个论点的反驳来展开。

和其他场合的演讲相比，在此次演讲中，罗斯福对于上述第二点（即导致经济崩溃的主要原因）的分析显得有些含混不清。他虽然指出了导致经济崩溃的主要原因是"生产超出了自然增长和正常增长的限度"，但第一，什么是"自然增长和正常增长的限度"，罗斯福在这里没有做明确说明，第二，为什么生产会超出这一限度，罗斯福做了解释（生产成本下降，但消费者必须支付的价格却只是微微下降或没有下降——公司获得了丰厚的利润，却很少用于降低价格、增加工资以及支付红利——接着便发生了崩溃），但其中所述各环节（尤其是前两个环节和最后环节即"崩溃"）之间的逻辑连接却交代得并不清晰。

在另外一些场合，罗斯福对导致经济崩溃的主要原因有相对更为清晰的表述。例如，1938 年，当美国经济面临一次新的萧条局面时，罗斯福向国会递交了一份咨文。在这份咨文中，他首先对 1929～1933 年间美国经济发生大崩溃的原因再次进行了解释。罗斯福用这样的一段话分析了 1929 年美国经济大崩溃的原因：

"在人们使用的每件物品和器具上进行过度投机和过度生产……数百万人被送去工作，但他们的双手制造的产品已经超出了他们的钱包的购买力……根据无情的供求关系规律，供给超过有支付能力的需求，生产将被迫终止，结果出现失业和工厂关门现象。1929～1933 年的悲剧就此发生了。"②

在这段话中，罗斯福再次指出了导致"1929～1933 年的悲剧"发生的原因是"过度生产"，但对"过度生产"的含义则有了更清楚简洁的表述，即人们"制造的产品已经超出了他们的钱包的购买力"，或（更简明一点）

---

① 当然，罗斯福在其他场合还提出了其他一些次要的、辅助性的论点，如政府干预可以避免在资本主义社会中发展出法西斯主义一类的专制政体，等等。见罗斯福《罗斯福炉边谈话》，第 92 页、第 104 页等。

② 转引自罗斯福《罗斯福炉边谈话》，第 88 页。

"供给超过有支付能力的需求"。

在这份咨文的随后部分，罗斯福以同样的理由解释了 1938 年美国经济面临的衰退局面。按罗斯福在第 12 次"炉边谈话"中的转述，罗斯福向国会指出：

"国民收入——不是政府收入，而是合众国所有个人和家庭，包括每个农民、每个工人、每个银行家、每个专业人员以及所有靠投资获得收入谋生的人们的收入——的总和在 1929 年达到了 810 亿美元。到 1932 年，这个数字已经减少到了 380 亿美元。几个月前，它已经从低谷非常出色地逐渐增加到了 680 亿美元。

"但是，恰恰是耐用商品和消费商品的复兴活力使 1937 年呈现出某种特别不尽如人意的景象，这是导致始于去年最后几个月的经济下滑的主要因素。生产再次超过了购买能力。

"……许多重要商品生产线的产能都超过了公众的购买力。例如，1936 年冬季到 1937 年春季，数百家棉纺厂三班倒地进行生产，使得工厂里、中间商和零售商手中都囤积了大量的棉织品。再比如，汽车制造商们不仅使成品车数量实行了正常增长，而且促使这种常态增长演变为反常增长，并动用所有手段推动汽车销售。这当然意味着美国的钢铁厂要 24 小时运转，而轮胎公司和棉纺工厂也快速跟进，以顺应这种反常刺激性需求。而全国的购买力则大大滞后。

"这样，到了 1937 年秋天，消费大众已经买不起我国生产的产品，因为消费大众的购买力没有跟上生产能力。

"同一时期……许多重要商品的价格快速攀升……某些日用品的消费价格已经超过了 1929 年通货膨胀时的高价。许多商品和原材料的价格非常之高，以至于买家和建筑商停止了购买和建设。

"……购买原材料，将这些原材料投入到制造和加工，将成品卖给零售商，再卖给消费者，最后得到使用，这一经济过程全然失去了平衡……"①

在这次"炉边谈话"及所转述的咨文中，罗斯福再次由上面的分析引申出他的干预主义政策结论：

---

① 罗斯福：《罗斯福炉边谈话》，第 88~89 页。

"我的结论是，当前的问题需要联邦政府和人民共同采取行动，我们的主要问题是缺乏购买力导致消费需求不足。我们有责任使经济出现好转……"①

"从各方面观察，今天的购买力——今天的公民收入——都不足以推动经济体系高速发展。政府的职责要求我们在这个时候填补这一正常过程的不足，并借此保证足够的追加资金。我们必须再次持续不断地增加国民收入。"②

不过，叙述至此，我们发现还有一个重要的理论问题没有解决，即为什么生产（或供给）会屡屡超出人们的购买力（或有支付能力的需求）呢？在我们引用的上述罗斯福话语中，对这个问题尚未有明确回答。但我们在其他一些地方发现了相关答案。在以简述"新政"规划为主题的第二次"炉边谈话"中，罗斯福说了以下这样一段话：

"我坚信，我国民众理解并认同新一届政府在农业、工业和交通方面所实施的政策的各项目标。我们不知不觉地发现，我们生产了太多的农产品，以至于我们自己都消费不了；我们有了太多的产品盈余，要不是以过低的价格出售，其他人根本没有钱来购买我们的产品。我们还发现，我们的工厂能够生产出超出我们消费能力的产品，同时我们却面临着出口需求下降的尴尬局面。我们发现我们运输商品和农产品的能力超出了商品及农产品本身的数量。所有这一切问题很大程度上源于完全缺乏规划。"③

"所有这一切问题，"罗斯福明确地说，"很大程度上源于完全缺乏规划。"④ 而联邦政府的干预措施，尽管可能千头万绪，但基本宗旨就是要通过联邦政府同企业及公众的合作来消除这种"完全缺乏规划"的经济状态。为了使公众更好地理解这一点，罗斯福在稍后一些的地方举了一个例子来对此加以说明。罗斯福说：

"以棉制品业为例。事实可能是，90%的棉制品生产商会同意取消最低工资，停止延长工时，停止雇用童工，同意防止生产过剩。但是，如果另外那10%的棉制品生产商支付最低工资，延长劳动时间，在工厂中雇用

---

① 罗斯福：《罗斯福炉边谈话》，第91页。
② 罗斯福：《罗斯福炉边谈话》，第95页。
③ 罗斯福：《罗斯福炉边谈话》，第12页。
④ 我们很自然地会想起，在马克思主义者那里，这种"完全缺乏规划"的经济状态被叫做"生产的无政府状态"。

童工，并生产出我们无法承受的多余产品，那么……这不公平的 10% 会生产出廉价的产品，并足以迫使那 90% 的人去应对这种不公平的环境。"其结果则是使所有的企业都回到一种不正当竞争的状态，"这类竞争导致了延长工时、低工资和生产过剩现象的出现"。罗斯福指出："这就是联邦政府所要介入的地方。联邦政府应当拥有并终将获得这样的权力，在通过测算并为一个行业制定规划之后，在这一行业绝大多数企业的协助下去防止不公平的做法，并依据联邦政府的授权来实施这项规划。"①

毫无疑问，罗斯福所称的那种"完全缺乏规划"的社会生产状态，就是自由主义者所主张的"自由放任"状态。尽管罗斯福出于政治方面的考虑（担心他人批评自己的"新政"是要剥夺人们的自由，实行专制等），始终没有用"自由主义"或"自由放任主义"来称呼这种生产状态。

据此，我们可以将前述"罗斯福新政合法性证明"四个要点中的第二个要点更清楚明白地重述如下：导致经济崩溃的主要原因是"生产过剩"，即生产（供给）超出了购买力（有支付能力的需求），而导致生产（供给）超出了购买力（有支付能力的需求）的主要原因是整个社会的生产过程处于一种"完全缺乏规划"即"自由放任"的状态。其具体发生机制是：在社会生产"完全缺乏规划"或"自由放任"的情况下，各企业之间不可避免地陷入一种"不正当竞争"状态；这种"不正当竞争"所造成的压力，会迫使企业竞相延长工时、压低工资和提高劳动生产率，促使生产成本下降；但在生产成本下降的同时产品价格却只是微微下降或没有下降，公司由此获得了丰厚的利润；公司获得的这些丰厚利润没有用来增加工资和支付红利，而是用于投资新工厂和借贷，结果一方面是以工薪劳动者为主体的消费者购买力长期得不到提升，另一方面社会的生产能力却不断增长，最终造成了供求之间的失衡，引发了经济崩溃：工业停顿，商业衰退，资产缩水，信贷收缩，失业率直线上升。

可见，罗斯福之所以要实行以政府干预为核心原则的新发展政策，基本的原因在于他认为资本主义国家中所发生的经济崩溃本质上是自由放任主义政策的必然后果，只有通过政府强有力的介入才有可能防止经济的崩溃或缓解随后而来的萧条局面。

---

① 罗斯福：《罗斯福炉边谈话》，第 12 ~ 13 页。

## 二 质疑1：经济崩溃是否"真的"是自由放任主义政策的必然后果？

在梳理完罗斯福关于"为什么要实行新政"的说法后，我们很自然地首先会想到的一个问题就是：罗斯福的这些说法能够成立吗？具体点说：

第一，资本主义国家中所发生的那些经济崩溃"真的"是自由放任主义政策的必然后果吗？

第二，"真的"只有通过政府强有力的介入才有可能防止或缓解经济萧条吗？

我们先来讨论第一个大问题。

按照罗斯福的说法，以"完全缺乏规划"为特征的自由放任主义经济体制之所以会引发经济崩溃，主要原因在于它的那一套不正当竞争机制会造成社会的生产能力超出购买能力，导致过度生产、供求失衡，最终引发经济崩溃。这里的因果关系是：自由放任主义—生产能力超出购买能力—经济崩溃。因此，为了证明某次——例如1929~1933年——资本主义国家中发生的经济崩溃"真的"是自由放任主义政策的必然后果，我们就必须：①找到一些经验事实来表明在这次经济崩溃发生之前确实出现了"生产能力超出购买能力"的现象；②从理论上说明"生产能力超出购买能力"的现象与这次"经济崩溃"的发生两者之间确实存在着无法否认的逻辑联系；以及③找到一些经验事实来表明在这次经济崩溃发生之前实行的发展政策及其经济社会体制确实是一套以"完全缺乏规划"为特征的自由放任主义政策及其经济社会体制。如果这三个方面的要求得不到确认，那"罗斯福新政合法性证明"中的第二个基本点就无法得到证实。

鉴于本文的主题，我们即以1929~1933年美国发生的经济大萧条为例来对上述三个方面做一扼要探讨。

首先，我们来看看是否能用事实来证明在这次经济崩溃发生之前确实出现了"生产能力超出购买能力"的现象。

在我们上面引述的罗斯福话语中，罗斯福并未列举具体的经验事实来为自己有关"大萧条"肇因于"生产能力超出购买能力"的说法进行证明。但查阅有关"大萧条"和"罗斯福新政"的文献，我们还是会发现其中有不少文献试图这样做。

例如，在中国大陆非常流行的一部美国经济史教科书中，作者吉尔伯特·C.赖特、吉姆·E.里斯就试图以一些具体的资料为依据来对1929～1933年美国发生大萧条的原因作出分析。作者写道：

"在1920～1929年，按全国总人口平均的可自由支配的年收入（即纳税后的年收入）从635美元增为693美元，约提高9%。然而，在同一时期内，占总人口1%的最上层人口的平均可自由支配的年收入，从7492美元增为13114美元，提高了75%左右。换句话说，在1920～1929年，占全国人口1%的最上层阶层据有全国可供自由支配的年平均总收入，估计从12%上升为19%……可见，利润较高，工资较稳定，往往会使全国收入集中在高收入阶层手中。"作者认为，正是许多美国人的贫困处境和国民经济之存在某些薄弱环节，导致了"大萧条"的爆发。①

另一部中国读者熟悉的历史著作《全球通史》的作者斯塔夫里阿诺斯也在该书的第23章中写道：

"从1920年到1929年，工人每小时的工资只上升了2%，而工厂中工人的生产率却猛增了55%。同时，农民的实际收入由于农产品价格的不断下跌、租税和生活费用的日益上升而正在减少……固定不变的工厂工资和不断下降的农场收入这两大因素结合在一起，导致了国民收入严重的分配不均。1929年，5%的美国人得到全部个人收入的三分之一。这意味着人民大众不充分的购买力与那些拿高薪水、得高报酬的人的高水平的资本投资同时存在。20世纪20年代中，资本货物的产量平均每年的增长率是6.4%，而消费品产量的增长率是2.8%。这最终导致了经济的受阻；这种低下的购买力不能支持如此高比率的资本投资。结果，1929年6月到10月间，工业生产指数从126下降到117，从而造成了促使这年秋天股票市场崩溃的大萧条。"②

狄克逊·韦克特，《大萧条时代：1929～1941》一书的作者，在该书中也引用了一些数据资料来说明正是"生产能力超出购买能力"导致了

---

① 吉尔伯特·C.赖特、吉姆·E.里斯：《美国经济史》，辽宁人民出版社，1981，第699～702页。

② 斯塔夫里阿诺斯：《全球通史》，吴象婴、梁赤民译，上海社会科学院出版社，1992，第693～694页。

1929 年经济崩溃的观点。他写道：

"1929 年，美国人的购买力就已经显示出了严重的失衡……1923~1928 年，投资收益从 100 增长了到了 410，工资指数仅仅从 100 增长到 112。自然而然，用于消费品的收入，比起流入投资管道和短期拆借市场、流入为未来生产购置新的固定设备中，以及流入富人腰包的滚滚洪流，实在太少了。此前从未有过这样的十年，国民收入中有如此大的份额被存下来用于投资，也从未有过当前生产如此壮观地超过当前消费。""就是在这样一个背景下，1929 年的大萧条来临了。"①

杰里米·阿塔克和彼得·帕塞尔在其合著的《新美国经济史》一书中转述了一些被用来支持购买力低于生产力导致 1929 年经济崩溃之说的资料：

"例如，制造业生产 1 单位产出所需工时数在这 10 年间下降了 40%，而名义工资的变化则非常之小，且价格仅下降约 20%。由此造成的结果体现为公司利润的上升和收入分配不均程度加重。收入分配的这些变化对那些储蓄的人有利，而对那些消费的人不利。消费因此未能跟上生产的步伐，消费的边际倾向由此下降。"② 结果引发了经济的崩溃。

中国学者胡国成在《塑造美国现代经济制度之路》一书中也引述了一些数据资料来论证 1929 年的经济危机源于生产和消费之间的失衡。他写道：

"根据官方统计，从 1924 年到 1929 年，美国国民生产总值从 834 亿美元增加到 1038 亿美元，国民收入从 691 亿美元增加到 874 亿美元，分别增长 24.5% 和 26.5%，而同期美国工人和职员的工薪收入则从 441 亿美元增加到 508 亿美元，只增长 15.2%。美国的劳动生产率在 20 年代由于'泰勒制'和'福特制'的推广而有了迅速提高，结果却导致劳动力价值相对和绝对下降。在制造业中，工人每小时的工资在 1923 年至 1929 年间增长了 8%，可每个人每个工时的产量却增加了 32%……从官方的统计表中，我们发现 1924 年至 1929 年公司完税后的纯利收入从 49 亿美元猛增到 84

---

① 狄克逊·韦克特：《大萧条时代：1929~1941》，秦传安译，新世界出版社，2008，第2~60页。

② 杰里米·阿塔克、彼得·帕塞尔：《新美国经济史》，罗涛等译，中国社会科学出版社，2000，第581页。

亿美元，增长率竟高达95.3%。这充分说明，在第一次世界大战后美国经济繁荣时期，资本家利用对生产资料的占有权，在20年代联邦政府实行的有利于高收入阶层的税收政策下，攫取了工人所创造财富中的绝大部分……这种状况使得美国经济的发展严重依赖于这些富人的消费和投资，而整个社会的购买力则相对急剧下降，当生产的增长与社会购买力下降之间的差距越拉越大时，经济危机的形势便形成了。"[1]

《相信进步——罗斯福新政》一书的三位中国作者陈明、李庆余和陈华在书中也试图用数据资料来证明1929年爆发的大萧条是自由放任的资本主义制度下财富分配严重不均的结果。他们写道：

"1919~1927年，工人劳动生产率提高53%，1920~1930年，农业劳动生产率提高了20%……虽然人民的生活水平有了一定提高，但是普通民众收入的提高幅度却跟不上工业生产发展的步伐……20年代，农民的收入在全国的份额却下降了一半，从1919年的占全国16%降到1929年的9%……在工业方面，生产力的提高也远远高于工人工资的增长幅度。随着生产效率的提高，就业人数在经济大发展的情况下却几乎没有增加，维持1923年的水平。相反，这一时期，企业家则由于技术革命和企业兼并利润大增，企业利润的增长速度是工人工资的两倍，且共和党政府的税收调整大大降低了企业纳税负担，加剧了财富的集中……美国1%的人占全国可供自由支配的年平均收入，在1920~1929年期间，从11.8%上升为18.9%。因此，尽管整体上全民平均收入增加了，普通老百姓收入增加有限，全社会作为工薪的消费支出相对不足。而购买力不足则使经济繁荣无法得到相应的消费支持，加深了生产和消费的矛盾"[2]，最终导致了经济的大崩溃。

综合上述文本，可以看到，人们试图用来印证罗斯福关于"大萧条"肇因于"生产能力超出购买能力"之说的主要统计依据是：1920~1929年美国工人和农民收入的增长幅度确实小于劳动生产率的增长幅度和利润的增长幅度，财富的集中度有所提高，结果，整个社会的购买力跟不上生产能力的增长。事实上，这些所谓的经验证据只是一些间接的而非直接的

① 胡国成：《塑造美国现代经济制度之路》，中国经济出版社，1995，第154~155页。
② 陈明、李庆余、陈华：《相信进步——罗斯福新政》，南京大学出版社，2001，第30~32页。

"证据"，它们只是告诉我们 20 世纪 20 年代美国的财富集中度有所提高，但并没有直接、明确地告诉我们与生产能力相比美国的消费比率到底下降了多少，或者说与消费水平相比美国的生产能力到底过剩了多少。

然而，相反的一些经验证据却直接而又明确地否定了 1920~1929 年美国存在消费不足的说法。

小福尔索姆（Burton Folsom）在《罗斯福新政的谎言》一书中就曾经列举过一些重要的反证。他指出：

"消费不足论要想立住脚，就必须能够肯定地回答如下问题。首先，在 20 世纪 20 年代，富人们真的拿走了国民收入中极高的份额了吗？其次，雇员们从企业收入中得到的份额真的偏少吗？再次，20 年代后期国民生产总值中消费支出的比例，真的比 20 年代前期要少吗？"

通过引证某些历史资料，他发现，对所有这三个问题的回答其实都应该是否定的。

"第一，1921 年时，5% 的美国人创造了 25.47% 的国民收入；1929 年，5% 的富人创造了国民收入的 26.09%。的确，这个数字是增加了，但增加的幅度并不大。

"第二，1900 年到 1920 年，美国企业的平均利润率是 8.2%，1920 年到 1929 年间这个数字也是 8.2%。十年间，企业的利润率没有增加，但 20 年代雇员所得的工资实际上由企业利润的 55% 增加到了 60%。换句话说，20 年代雇员从企业利润中拿到的，远远超过以往。

"第三，消费支出占国民生产总值的比例没有下跌，实际上还从 1920 年的 68% 上升到了 1927 年、1928 年和 1929 年的 75%。"①

美国著名经济学家阿尔文·汉森（Alvin H. Hansen）早在 1941 年出版的《财政政策和商业周期》一书中提供的资料也表明，从 1923 年到 1929 年美国居民消费支出对国民收入的比例并没有发生重要变化。1923 年，这一比例为 88.2%，1927 年为 88.5%，1929 年为 88.0%，变化微乎其微。② 如果把耐用消费品排除在外，那么美国居民消费支出对国民收入的比例在 1923~1924 年为 76.8%，1927 年为 77.1%，1929 年为 76.1%（1937~

---

① 伯顿·W. 小福尔索姆：《罗斯福新政的谎言》，李存捧译，华夏出版社，2010，第 43 页。

② Alvin H. Hansen, *Fiscal Policy and Business Cycles*. New York：W W Norton & Company Inc.，1941，236.

1939 年为 77.2%）[1]，与上述小福尔索姆提供的资料非常接近，变化同样微小到可以忽略不计。

美国经济学家彼得·特明（Peter Temin）也明确提出：

"消费占国民收入的比重，在 20 世纪 20 年代并没有下降。因此，说那个十年是消费不足的十年，完全没有根据。"[2]

可见，对于"1929 年美国经济崩溃发生之前是否真的出现了'生产能力超出购买能力'的现象"这个问题，虽然主流学者撰写的文献一再作出肯定的回答，但也并非没有争议。综合起来看可以认为目前并没有一个为所有人认可的确切答案。

其次，即使通过对原始资料的反复核查，我们确定"生产能力超过了有支付能力的消费力"这一说法能够得到经验数据的证实，被"证明"是"真"的"事实"，那么也还有一个重要问题需要讨论，这就是：我们是否能够从理论上说明"生产能力超出购买能力"的现象与这次"经济崩溃"的发生两者之间确实存在着无法否认的逻辑联系？

针对"大萧条"是先前收入分配不平等引起消费不足所致这一观点，彼得·特明明确表示了不同意见。他根据相关统计资料认为，由于企业利润总体上在国民收入中所占比重不大，因此，在 20 世纪 20 年代，即使由于收入分配不平等程度有所提高导致利润在国民收入中所占比重加大，也不可能成为引发"大萧条"的主要因素。他写道："20 世纪 20 年代，利润在国民收入中的比重是上升的，达到国民收入的约 5%。如果资本家的边际消费倾向比工人低 10%，那么由收入变化所造成的消费下降则仅仅占国民收入的 0.5%。这在大萧条中根本算不上什么重要因素，以至于引起衰退。仅消费一项在 1930 年就下降了 10%……'消费不足'或对应的'过度生产'，在对大萧条的研究中是无用的概念。"[3] 不管彼得·特明所用资料是否确切可靠，他的分析至少启发我们意识到这样一种可能，即，即使像前面引用的那些文献作者所陈述的那样，20 世纪 20 年代美国收入分配日趋不均，收入有向少数富裕阶层集中的趋势，但如果富裕阶层新增加的

① Alvin H. Hansen, *Fiscal Policy and Business Cycles*. 237，注释 4。
② 转引自伯顿·W. 小福尔索姆：《罗斯福新政的谎言》，第 43～44 页。
③ 彼得·特明：《真实的原因和想象的原因》，斯坦利·L. 恩格尔曼等《剑桥美国经济史》（第三卷），中国人民大学出版社，2008。

收入占整个国民收入的比重不是很大的话，由此造成的消费下降幅度也不至于构成引发萧条的主要因素。

其实，不仅当富裕阶层新增收入占国民收入比重不大的情况下分配不均不至于构成引发萧条的主要因素，而且在富裕阶层新增收入占国民收入比重较大的情况下，假如在同一时期内存在着较高程度的技术进步，那么由于收入分配不均所造成的消费支出下降可能会被技术进步引发的新增投资所抵消，消费支出的这种下降同样也不一定会导致经济崩溃。

列宁曾经阐述过的一个著名理论命题可以很好地帮助我们理解这一点。列宁说："资本发展的规律就是不变资本比可变资本增长得更快，也就是说，新形成的资本愈来愈多地转入制造生产资料的社会经济部门。因而，这一部门必然比制造消费品的那个部门增长得快……因而，个人消费品在资本主义生产总额中所占的地位日益缩小。"① "这样我们看到，增长最快的是制造生产资料的生产资料生产，其次是制造消费资料的生产资料的生产，最慢的是消费资料的生产。"② 列宁的这一理论命题被后人称为"生产资料生产优先增长"的命题。按照这一说法，似乎相比较消费数据的生产而言，生产数据的生产只是暂时优先增长而已，前者迟早是要跟上来与后者相适应的。假如没有消费资料生产随后的跟进，那么生产资料的生产迟早会因为遭遇市场瓶颈而停滞下来，因为生产数据的生产归根结底是为消费资料的生产服务的，其发展终究要用于消费资料生产的发展。然而，这种"优先增长"的说法其实完全是后人附加进列宁语录当中去的。从列宁的上述引文中，我们怎么读也读不出后面这种"生产资料生产优先增长"的含义来。按照列宁的原文，我们明确读到的是这样一些句子：生产资料生产部门"必然比制造消费品的那个部门增长得快……因而，个人消费品在资本主义生产总额中所占的地位日益缩小"。这里完全没有所谓"生产资料生产优先增长"的意思在内。而从列宁的这段论述中，我们完全可以进一步推出以下论点，即随着资本主义的发展，由于生产资料生产部门"必然比制造消费品的那个部门增长得更快"，使得"个人消费品在资本主义生产总额中所占的地位日益缩小"，因此，资本主义生产过程对于消费品生产（因而依然就是对消费品需求）的依赖也

① 列宁：《评经济浪漫主义》，《列宁全集》第 1 卷，人民出版社，1961，第 71 页。
② 列宁：《论所谓市场问题》，《列宁全集》第 2 卷，人民出版社，1959，第 122 页。

就愈来愈小。因此，即使消费支出在国民收入当中所占的比重愈来愈小，资本主义的生产过程也不会遭遇到市场需求不足的问题，不会因此而造成生产过剩的危机。假如这一推论可以成立，那么，即使1920~1929年美国收入分配日趋不均，致使消费支出日趋缩小，那么它也不会成为引发1929年经济崩溃的主要原因。

当然，这里需要对上述说法做一些补充说明。生产数据的生产之所以比消费品生产增长得更快，主要源于技术进步的一般趋势，即随着技术的进步，人们在生产过程中将使用越来越多的不变资本，越来越少的可变资本。因此，只有当收入分配不均所造成的消费支出比重下降，能够被同期技术进步所造成的对不变资本的需求（投资需求）所抵消或者超越的情况下，上述推论才能够成立。假如在某一个时期内，收入分配不均日趋严重的确造成了消费支出比重的严重下降，但同时在生产过程中却没有发生明显的技术进步，或者技术进步所造成的投资需求不能抵消这一下降趋势，那么上述推论可能就不能成立。因此，当我们能够确凿无疑地证实某一时期（例如1920~1929年）某一国家或地区收入分配不均确实日趋严重并造成了消费支出比重严重下降时，要想知道它是否可能成为经济崩溃的诱因，还需要进一步对该国或该地区同期技术进步及其对投资需求的影响状况加以考察才能回答。在罗斯福和上引其他那些文献作者的话语中，我们都没有看到这方面的相关分析，他们都是从收入分配不均的"事实"径直推论出"消费不足"以及是"消费不足"引起了经济崩溃这一结论。按照我们的上述分析，这样一种推论在逻辑上是不严密的，并不一定成立。

此外，杰里米·阿塔克和彼得·帕塞尔在其合著的《新美国经济史》一书中还曾经概述过消费不足论面临的另外一些逻辑难题。

"首先，就是一个时间的问题。即使我们接受所有隐含在该假说（消费不足——本文作者注）中的假设，该假说也无法解释为什么消费只是在1929年以后才在经济的每一部门严重下滑，而这时经济衰退已开始好一会儿了。

"第二，在其最极端的形式上，消费不足假说预先假定价格刚性，但是，截至那时为止的美国历史，以及1929年至1933年间发生的事件，都没有给予这一假说太多支持。

"第三，尽管当期收入水平不足以让消费者购买耐用消费品，但为购买耐用消费品所发展起来的消费信贷在很大程度上维持甚至增加了人们对'高价'商品的需求。"①

总而言之，以上的分析说明，即使我们最终能够证明"生产能力超出购买能力"是一个客观事实，那么从这一事实本身也并不一定就能够推出它就是引发经济崩溃的主要原因。因此，为了能够说明正是"生产能力超出购买能力"引发了1929年的经济崩溃，单纯指出并证明经济崩溃之前确实存在着"生产能力超出购买能力"这一现象是完全不够的。

最后，能否用事实来证明这次经济崩溃发生之前实行的发展政策及其经济社会体制确实是一套以"完全缺乏规划"为特征的自由放任主义政策及其经济社会体制？

一般来讲，对于这个问题，干预主义者们通常倾向于做出比较肯定的回答，认为20世纪初美国政府的经济政策基本上属于自由放任主义；而自由放任主义者则通常倾向于做出否定的回答，认为20世纪初美国政府的经济政策早已发生重大转变，基本上已经可以算一种干预主义的政策。然而，即使是干预主义政策的支持者，也不得不承认1929年经济大崩溃之前美国的经济社会体制已经包含了大量的政府干预因素在内。

几乎所有有关美国经济或历史的文献都指出，政府对经济过程的干预是美国自立国以来就始终存在的一个现象。杰里米·阿塔克和彼得·帕塞尔在《新美国经济史》一书中明确指出，在美国，政府干预"不是自罗斯福和新政才开始出现。相反，政府干预从英国人来此地殖民时便开始有了"②。当美国还属于英国殖民地时，"各级政府为维持公共利益，可制定出碾磨和面包的'公平'价格，规定啤酒的纯度，为基本服务（如渡口的摆渡）设定合理的收费标准，以及授予垄断特许权。政府可以自由设定工资和命令工作"；甚至"许可对从腌鱼腌肉到鞋子和衣服的各式商品，都制定出最低质量和最高产量的规定"。③ 独立战争改变了政府的形式，但没有改变政府的本质。"'民有、民治、民享'的政府自美国宪法制定之日起，便力图使用其权力来塑造和影响经济增长。"④ 例如，联邦政府就承担

---

① 杰里米·阿塔克、彼得·帕塞尔：《新美国经济史》，罗涛等译，中国社会科学出版社，2000，第581页。

② 杰里米·阿塔克、彼得·帕塞尔：《新美国经济史》，第635页。

③ 杰里米·阿塔克、彼得·帕塞尔：《新美国经济史》，第635页。

④ 杰里米·阿塔克、彼得·帕塞尔：《新美国经济史》，第637页。

起了西部河流清淤和港口改善以及邮件信道等工程的建设项目，还建立了作为中央银行的美利坚第一和第二银行来对各商业银行进行监管。以后，联邦政府的作用还进一步拓展到铁路监管、教育资助等方面。到第一次世界大战时，联邦政府对经济运行的管制和监控更是达到一个空前的地步。虽然战后政府的管控有所减缓，但也依然在很高的程度上存在。此外，州政府等地方政府在经济运行中也一直承担着大量的功能，如修建运河等工程项目。这些都"足以证明美国经济中政府干预传统的存在"[1]。

对于美国政府对经济过程的干预自建国以来至 1920~1929 年就始终存在这一点，几乎所有相关文献的作者似乎都不曾否认。分歧主要在于对以下这一问题的回答，即"罗斯福新政"前后出现的政府干预有无本质性差异？或者更具体地说，1920~1929 年美国的经济社会政策到底是已经属于干预主义还是仍然属于自由放任主义？

如上所述，一般来讲，对于这个问题，干预主义者通常倾向于做出比较肯定的回答，认为"罗斯福新政"前后存在的政府干预有着本质性的差异："罗斯福新政"之前存在的政府干预总体上是在自由放任主义观念约束下进行的，它们要么是属于自由放任主义体系之一部分、为自由放任主义所允许的那样一些干预措施，要么是政府对经济运作过程被迫做出的一些反应；"罗斯福新政"之后存在的政府干预则是自觉地在干预主义观念引导下进行的一种全面、系统的政策体系。

例如，依照前面所引罗斯福对 1929 年经济崩溃原因所作的分析，1920~1929 年美国的经济政策显然就应该属于自由放任主义范畴（或者按罗斯福的说法属于"完全缺乏规划"的状态）之内。虽然在这一时期内政府对经济过程可能也有着一些干预措施，但在直接关系到供求之间关系的那些重要环节，如产量和价格、工资水平、工作时间等方面，政府的干预却是阙如的，是"完全缺乏规划"的。正因为如此，罗斯福很明确地将这一时期的经济秩序称为"旧秩序"。正是这种"旧秩序"，造成了企业之间的"不公平竞争"，最终导致了生产过剩和经济崩溃。

在《塑造美国现代经济制度之路》一书中，胡国成也认为，虽然美国政府一直有着干预经济的传统，但美国经济政策还是经历了早期强调政府

---

① 杰里米·阿塔克、彼得·帕塞尔：《新美国经济史》，第 638 页。

干预的重商主义到 19 世纪中期强调降低政府干预程度的自由放任主义，再到在更高程度上重新强调政府干预这样一个转变过程。对政府干预的重新强调的确并非始于"罗斯福新政"，而是在 19 世纪后期就已露端倪，且在第一次世界大战期间达至新高，但总体上看，除了第一次世界大战期间外，19 世纪末至"罗斯福新政"之前美国的经济政策受到了自由放任主义思想的严重束缚。尤其是第一次世界大战结束之后，威尔逊总统迅即取消了对经济的战时管制，"美国战后的经济运行几乎从一开始就自动地恢复了自由放任的方式"①。1920 年在竞选中获胜的哈定总统就是打着"恢复常态"的口号上台的。而所谓"恢复常态"，"在经济生活中，则意味着恢复战前的自由放任状态。哈定本人就曾直言不讳地声称：'这个国家需要的是：在企业中少一点政府；在政府中多一点企业。'事实上，哈定政府以及柯立芝、胡佛等战后历届共和党政府正是执行了这样一种自由放任的经济政策"②。其具体表现是：降低税收尤其是高收入者的税收，保持政府预算盈余，将政府拥有的商船等资产出售给私人，支持企业兼并和同业公会运动，默许并鼓励所谓的"自由雇佣企业"运动、排斥和打击工会组织等。

当然，哈定、柯立芝等在 1920～1929 年执政的历任共和党总统并未完全放弃政府干预的政策。和第一次世界大战之前相比，美国政府对经济干预的程度显然高了很多。例如，虽然铁路被归还给了私人经营，但政府保留了确定最低和最高运费、管理铁路公司股票发行及运用等权力。这和战前状况显然有差异。然而，尽管如此，和罗斯福以后实行的"新政"相比，这些干预措施不仅在量的方面还是在质的方面都有明显不同。在量的方面，这些干预措施仍然只是在非常有限的一些领域内实施；在质的方面，这些干预措施也仍然只是作为一些被迫的行为加以看待。所以，总的来看，按照这一描述，1920～1929 年美国经济政策和体制完全可以也应该被归属于自由放任主义的范畴之中。

另一方面，自由放任主义者对上述问题则通常倾向于做出否定的回答，认为"罗斯福新政"前后存在的政府干预并无本质性的差异，而只有程度上的差异。换句话说，1920～1929 年美国的经济政策其实就已经是一

① 胡国成：《塑造美国现代经济制度之路》，第 126 页。
② 胡国成：《塑造美国现代经济制度之路》，第 134 页。

种干预主义政策了。

例如，在美国著名经济学家罗斯巴德看来，1920～1929 年的美国经济政策即使不能完全归入干预主义的范畴之内，那也不能归入典型的自由主义范畴之内。无论是第一次世界大战结束之后上任的民主党人威尔逊总统，还是之后接连执政的共和党人哈定、柯立芝总统，执行的都是具有高度干预主义色彩的经济政策，如通过联储机构来影响或控制国内外信贷的变化等。在国内信贷方面，政府常常通过一些直接或间接的方式来影响或控制银行准备金的变化；在对外信贷方面，政府也经常地进行干预。罗斯巴德说："共和党政府经常被错误地认为是执行'自由放任'政策的政府，而事实上在整个 20 年代共和党政府经常主动地干预对外贷款问题。"[1] 而正是这样一些干预主义政策所造成的通货膨胀因素刺激了 20 世纪 20 年代的美国经济，使之得到了迅速的扩张，但同时也为后来的经济崩溃埋下了祸根。罗斯巴德指出："我们应当清楚地认识到，（20 年代）通货膨胀的责任应由联邦政府负担，首先联储的管理机构应负主要责任，而后是财政部和白宫。"[2]

另一位美国著名经济学家赫伯特·斯坦在《美国总统经济史》一书中也明确认为 1923～1929 年柯立芝政府实施的美国经济政策应该属于他所说的"自由主义"即我们这里所说的"干预主义"的范畴。[3] 他说：

"如果我们将政府干预经济的程度作为对保守主义的检验标准，柯立芝政府比起前任来却不是保守主义的。柯立芝领导了一个'新时代'，这一时代之所以是新的，不仅仅在于股票市场的繁荣程度，就政府在经济中的作用而言，它也不同于以往。人们对政府的协调性政策的信任在柯立芝时代空前高涨，使人们对美国经济的未来充满信心。柯立芝说过企业就是美国的事业，但他并不是说政府要让企业自行其是，而是在说帮助企业是美国政府的事业……柯立芝并没有解除西奥多·罗斯福和伍德罗·威尔逊统治时期的干预政策。在他任期届满之时，联邦预算要比威廉·霍华德·

---

① 罗斯巴德：《美国大萧条》，谢华育译，上海世纪出版集团，2003，第 210 页。

② 罗斯巴德：《美国大萧条》，第 237 页。

③ 在该书导言部分界定"保守主义"一词含义时作者写道："在保守主义经济思潮中汇集的各种观念都是消极的，是对'更少'的要求——更少的政府支出，更少的赋税，更少的赤字，更少的货币扩张，更少的政府干预。"见赫伯特·斯坦《美国总统经济史》，金清、郝黎莉译，吉林人民出版社，1997，第 1 页。

塔夫特时期更加庞大。虽然他降低了收入所得税，但人们仍然要交纳所得税，这在 15 年前是没有的。也许最重要的是，柯立芝在任期间越来越多的人赞同联邦储备委员会应负起稳定经济的责任。"①

综合上面的叙述和分析，我们可以看到，"罗斯福新政合法性证明"的前半部分（1929 年经济崩溃是自由放任主义政策之必然后果的证明）事实上面临着若干重大的挑战：

第一，缺乏直接的、明确的经验事实来证明"消费不足"现象在 1929 年经济崩溃之前确实存在；

第二，即使能够证明"消费不足"现象的存在，也未能对"消费不足"和经济崩溃之间的逻辑关系做出有说服力的解释；

第三，即使能够说明在"消费不足"和经济崩溃之间存在着逻辑联系，但由于不能充分证明 1920～1929 年美国的经济政策属于典型的自由主义政策，因而也就不能充分证明消费不足（进而证明随后发生的经济崩溃）是自由主义经济政策的必然结果。

## 三　质疑 2：是否"真的"只有通过政府强有力的介入才有可能防止或缓解经济萧条？

现在我们再来看第二个大问题，即"真的"只有通过政府强有力的介入才有可能防止或缓解随 1929 年经济崩溃而来的萧条局面吗？

罗斯福等干预主义者在论证"只有通过政府强有力的介入才有可能缓解或消除随 1929 年经济崩溃而来的萧条局面"这一论点时，陈述了正反两个方面的论据。正面的论据就是指出只有或正是借助于罗斯福实施的那些"新政"措施，从 1929 年开始的美国"大萧条"才最终得以缓解；反面的论据则是指出正是由于胡佛总统顽固坚持政府不干预经济社会发展的"自由放任主义"立场，才使得 1929 年开始的经济崩溃迟迟得不到缓解，并日益加重，最终发展成为一场持续多年的、美国历史上最严重的经济大萧条。

我们先来考察上述反面论据（"正是由于胡佛总统顽固坚持政府不干

---

① 赫伯特·斯坦：《美国总统经济史》，第 13 页。

预经济社会发展的'自由放任主义'立场，才使得 1929 年开始的经济崩溃迟迟得不到缓解"）的有效性。

1929 年经济崩溃发生之后，胡佛总统"真"的始终顽固坚持"自由放任主义"的立场，不肯动用联邦政府的力量对经济社会发展过程进行干预吗？对这个问题同样有"是"与"否"两种不同的回答。而且，和前面叙述过的情形一样，一般说来，干预主义者通常回答"是"，而反干预主义者则通常回答"否"。

不错，正如在前面有关 1920～1929 年美国的经济政策到底是属于自由主义范畴还是属于干预主义范畴的争论中所发生的情况一样，人们都承认胡佛总统不是一个纯粹或典型意义上的自由放任主义者。无论是在柯立芝总统属下担任商务部部长期间还是后来的总统任职期间，胡佛总统都采用过大量对经济过程进行干预的政策措施，例如，要求企业家们保持工资和物价水平、增加投资、扩大就业，支持美联储扩张信贷，政府出面举办联邦公共工程、建立复兴金融公司，等等。

正是由于这样一些表现，使得绝大多数自由主义者如哈耶克、罗斯巴德等人都明确地将胡佛归入干预主义者的行列之中。他们甚至认为以政府干预经济社会发展过程为特征的"新政"并非是从罗斯福开始，而是由胡佛总统开始的；所谓的"罗斯福新政"并没有太多新的创造，本质上不过是胡佛"新政"的进一步延续而已。例如，罗斯巴德就直截了当地认为："无论正确的理论还是历史先例都说明了自由放任政策的正确性。但在 1929 年，正确的方法被粗暴地漠视，由胡佛领导的政府开始了安德森所说的'胡佛新政'。如果我们这样定义'新政'，它是通过拓展政府的经济计划和干预——包括抬高工资率和物价、扩张信贷、扶持濒临破产的企业和增加政府开支（比如，对失业人口进行经济补贴、为公共工程融资）——而达到反萧条的目的，那么赫伯特·克拉克·胡佛则应该被认为是新政在美国的创立者。从萧条一开始，胡佛就使自己的措施向违反自由放任原则的方向发展。""政府计划向萧条宣战，而胡佛则是这一革命性计划的创立者，他在这方面的作用被历史学家错误地忽视了。在很大程度上，富兰克林·D. 罗斯福只是把他前任留下的政策更具体地加以实施。"罗斯巴德认为，正是由于胡佛放弃了以往多次被证明为行之有效的自由放任政策而采用干预主义政策来应对 1929 年发生的经济崩溃，才使这次本应该像往常一样迅速结束的经济收缩拖延日久。"结果，他离任的时候，经济陷入了前所未有的萧条之中，在三年半后人们没有看到经济复苏的迹象，而失业人口在劳动人口中的比重也达到了可怕而前所未有的 25%。"因此，罗斯巴德明确地说："胡佛的失败应该被看做政府计划的一场失败，而不是自由市场的失败。"①

赫伯特·斯坦也认为："在不走运的胡佛任期内，经济政策进一步朝着干预主义方向行进。这在一定程度上是胡佛总统本身特点的反映。胡佛是现代派，1921 年共和党内的一些死硬保守派分子曾反对任命他为内阁成员，理由是他太自由化。本世纪所有美国总统中，他也许最热衷于同时代的一些专业经济学家的思想。这些经济学家认为管理预算、稳定经济是政府的重要职能。"② "胡佛在政府对付衰退作用这一点上确有点现代观念。这种观念主张扩大政府在公共事业方面的支出并接受赤字，这使他能够在衰退初期实施减税，尽管减税可能造成赤字。"③ 在任期将满的时候，胡佛又采取了两大措施来对付萧条，一是成立了一个政府公司，即复兴金融公司，向有困难的州和地方政府及企业贷款；二是在 1932 年提出增税方案。尽管后一条措施被认为荒唐，但前一条措施却变相为罗斯福所继承。"这样一种行动同人们给胡佛勾画的形象是不一致的，以至于大多数人忘记是胡佛做了这样一件事。"④

罗伯特·墨菲（Robert P. Murphy），一位当代美国经济学家，在其所著的《大萧条和新政》一书中也明确地将胡佛称为一个"大政府主义者（A big government man）"。他写道："认为胡佛是一个坚定的小政府主义者的观点完全是一个神话。胡佛有意识地、自豪地与自由放任派的经济学家及在他之前的每一位总统决裂，实施了美国历史上和平时期（至少至他那个时候为止）最大规模的政府扩张。在大萧条的中期，他支持推高工资率以帮助工人，结果仅是产生了任何一个称职的经济学家都能够预料到的事情——劳动力市场史上最大规模的失业。胡佛是一个自由放任主义者的说

① 罗斯巴德：《美国大萧条》，第 264~265 页。
② 赫伯特·斯坦：《美国总统经济史》，第 13~14 页。
③ 赫伯特·斯坦：《美国总统经济史》，第 16 页。
④ 赫伯特·斯坦：《美国总统经济史》，第 17 页。

法从何谈起？"① 胡佛确实不是一个中央计划的赞成者，和激进的、带有"经济法西斯主义"色彩的罗斯福相比，胡佛的干预主义立场要温和得多。但这并不意味着胡佛就不是一个干预主义者，而只能说他是一个温和的干预主义者。

然而，干预主义者们却对以上看法表示不以为然。几乎所有的干预主义者都认为，尽管 1929 年经济崩溃发生后，胡佛总统采纳了不少看上去属于干预主义范畴的政策措施，但由于胡佛总统在思想上归根结底仍然是一个自由放任主义者，其思想没有完全摆脱自由放任主义思想的束缚，从而使得那些措施的效果大打折扣，使得经济运作机制总体上未能受到应有的干预，处于自由放任的范畴之内。

罗斯福本人对胡佛的看法就是一例。无论是在接受成为民主党总统候选人提名的演讲中，还是在以后的多次演说或"炉边谈话"中，罗斯福都明确地批评胡佛总统及其领导下的共和党人在经济萧条面前采取不作为的政策。例如在接受成为民主党总统候选人提名的演讲中，罗斯福就指责共和党领导人在危机面前"屡屡违背诺言，长期毫无行动"，借口恐慌是由神圣不可侵犯的经济规律引起的，而一会儿把头埋进沙堆，一会儿把责任推给州政府，对于经济崩溃一开始就应该做的那些事情一拖再拖，日复一日，结果使萧条长期得不到治愈。② 在首任就职演说中，罗斯福虽然承认胡佛等共和党人在应对萧条方面也做了不少努力，但认为"他们的努力一直拘泥于过时的传统模式"③。尽管罗斯福没有明说，但毫无疑问，这种"过时的传统模式"就是自由放任的模式。

韦克特在《大萧条时代：1929～1941》一书中也明确认为，尽管胡佛总统在萧条期间实施了不少干预政策，以至于后来的人认为胡佛才是"新政"的始作俑者，但胡佛总统的这些作为与他的后继者罗斯福总统的作为之间还是有着重大的区别。韦克特指出，认为罗斯福和胡佛之间没有区别的看法忽视了很多东西，"首先是两位忙于跟同一场灾难战斗的社会设计者的某些行动之间必然存在的类似之处。它还忽视了胡佛在采取某些措施

---

① Robert P. Murphy, *The Great Depression and The New Deal*, Regnery Publishing, INC. , 2009, pp. 59 - 60.

② 罗斯福：《罗斯福炉边谈话》，第 249、255 页。

③ 罗斯福：《罗斯福炉边谈话》，第 265 页。

上的谨小慎微与罗斯福对试验和改革的强烈热情之间的差异。在胡佛站在悬崖边上哆哆嗦嗦的时候，罗斯福却兴高采烈地跳了下去，并邀请国民们步其后尘。更要命的是，这种比较忽视了胡佛临时的权宜之计与罗斯福为改革和复兴所设计的永久性蓝图之间的差别，忽视了前者对产业自治的根本信任与后者越来越靠法律强制之间的差别。"因此，正如胡佛自己1932年在与罗斯福竞选总统职位时所指出的那样，他和罗斯福之间的竞争是"两种政治哲学之间的竞争"，是个人主义对严格管制的竞争。而正是胡佛对"粗犷个人主义"传统的坚持，"延缓了政府管制和社会保障（在美国）的发展，延缓了美国经济的复苏"[①]。

在《塑造美国现代经济制度之路》一书中，胡国成在对1929年危机爆发之后胡佛政府采取的主要应对措施做了描述之后，也明确地指出胡佛的这些措施并未有真正彻底地超越自由放任主义的窠臼。胡国成指出，胡佛的思想"与传统的自由放任主义确实并不等同，说他是自由放任的忠实信徒未免有些冤枉。然而，人们也不得不承认，胡佛的'干预观'并没有能够脱离放任主义的窠臼"[②]。胡佛虽然提出政府应该成为经济社会发展进程中的一种建设性力量，甚至主张要管制私营企业、管制公用事业公司的经营和价格，但他总是坚持政府的干预不能与个人的自由相冲突，不能侵犯到个人的自由。因此，他"为自己所说的'干预'划定了一条不可逾越的最后界限，即只能通过鼓励和促进'自愿合作'的精神间接地进行干预，而绝不能通过强制性的手段直接地进行干预，以免压制了个人的自由和创造性"。"这样，胡佛就用自己为'干预'所划定的最后界限把自己牢牢地限制在了放任主义的领域中。事实上，他正是以这样的'干预观'和这样的哲学指导了自己任内的全部经济政策和反危机措施"。[③] 因此，"从根本上来说，胡佛的反危机措施并非真正意义上的国家干预。胡佛的干预，是自由放任中的干预；其实质，则是干预中的自由放任。胡佛的干预，可以看做为旧的放任主义唱出了送葬的挽歌；但同时，他却竭力想使自由放任的灵魂与精神在一种新的躯壳中重新复活。他是美国经济自由放

---

① 韦克特：《大萧条时代：1929～1941》，秦传安译，新世界出版社，2008，第60页。

② 胡国成：《塑造美国现代经济制度之路》，第177页。

③ 胡国成：《塑造美国现代经济制度之路》，第177页。

任时代的最后一位总统，但却不是国家干预时代的第一位总统①"。"胡佛反危机措施的失败，从根本上说是他所信奉的哲学的失败。"②

陈明、李庆余和陈华三位作者在《相信进步——罗斯福新政》一书中更是明确将胡佛归入到自由放任主义的行列之中。作者们写道："面对（1929 年）这种空前严重的经济危机，以胡佛为首的共和党政府不能适时地采取改革措施，而是顽固地坚持自由放任的政策，从而导致失败。"③ 胡佛的"经历使其深信无拘无束的个人主义和自由企业，深信美国传统的政治理念：政府的职能只能是保证个人自由和公民的机会均等，坚决反对联邦政府直接干预经济，主张自愿主义或联邦政府鼓励下的有组织的公民集团合作，发挥州和地方政府的作用"④；"从 1929～1931 年，胡佛亦基本上根据自愿原则对付大萧条的。他坚信放任资本主义的力量，坚信过多的政府干预只会损坏公众自由个人创造力。他一再强调，萧条是由于投机行为失去控制使证券市场'不得不崩溃'造成的，证券投机是不可避免的。他认为这是根本上健全的美国经济一次不必要的放任行为。只要美国经济的其余部分不受证券市场的影响，则可以制止萧条"⑤；虽然处于现实和政治的需要，从 1931 年底始，胡佛在一定程度上采取了一些联邦直接干预经济生活的措施，但总的来讲，"直到卸任总统以前，胡佛应对经济危机的政策没有脱离自由主义"⑥。胡佛在应对危机方面的失败正是源于他对自由放任主义立场的这种顽固坚持。

综上所述，我们可以看到，不论是认定胡佛为自由放任主义者的人也好，还是认定胡佛为干预主义者的人也好，对于胡佛在 1929 年危机爆发之后曾经采取过一定的应对（甚至"干预"）措施这一点都未加以否认。分歧主要在于，胡佛采取的这些应对措施到底应该归于"自由放任主义"的范畴之内，还是应该归于"干预主义"的范畴之内。

我们现在再来考察前述正面论据（"正是借助于罗斯福实施的那些'新政'措施，从 1929 年开始的美国大萧条才最终得以缓解"）的有效性。

① 胡国成：《塑造美国现代经济制度之路》，第 180 页。
② 胡国成：《塑造美国现代经济制度之路》，第 179 页。
③ 陈明、李庆余、陈华：《相信进步——罗斯福新政》，第 38 页。
④ 陈明、李庆余、陈华：《相信进步——罗斯福新政》，第 39 页。
⑤ 陈明、李庆余、陈华：《相信进步——罗斯福新政》，第 40 页。
⑥ 陈明、李庆余、陈华：《相信进步——罗斯福新政》，第 41 页。

从 1929 年开始的美国大萧条是否真的是由于罗斯福实施的那些"新政"措施才最终得以缓解？对于这样一个问题，恐怕绝大多数普通公众都会感到诧异。20 世纪中期以来，几乎所有有关"大萧条"和"罗斯福新政"的教科书都告诉我们，如果没有"罗斯福新政"，包括美国在内的资本主义社会可能早已经灭亡；正是罗斯福和他的新政缓解了"大萧条"，挽救了资本主义制度。以下的一些数据资料似乎也可以佐证这一说法。

表 1　1929～1945 年美国国内生产总值和人均国内生产总值

单位：10 亿美元

| 年　份 | 国内生产总值<br>（按 1987 年不变价格计算） | 人均国内生产总值<br>（按 1987 年不变价格计算） |
|---|---|---|
| 1929 | 821.8 | 6743 |
| 1930 | 748.9 | 6079 |
| 1931 | 691.3 | 5596 |
| 1932 | 599.7 | 4800 |
| 1933 | 587.1 | 4671 |
| 1934 | 632.6 | 5001 |
| 1935 | 681.3 | 5349 |
| 1936 | 777.9 | 6069 |
| 1937 | 811.4 | 6292 |
| 1938 | 778.9 | 5993 |
| 1939 | 840.7 | 6416 |
| 1940 | 906.0 | 6857 |
| 1941 | 1070.6 | 8026 |
| 1942 | 1284.9 | 9528 |
| 1943 | 1540.5 | 11266 |
| 1944 | 1670.0 | 12067 |
| 1945 | 1602.6 | 11453 |

数据来源：美国商务部，转引自赫伯特·斯坦《美国总统经济史》，第 396～397 页。

从表 1 可以看到，在经济危机爆发和罗斯福上任之前的 1929～1933 年，美国国内生产总值一直趋于下降，真实国内生产总值从 1929 年的 821.8 亿美元一路下滑到 1933 年的 587.1 亿美元；罗斯福上任之后，美国国内生产总值开始逐渐回升，到1937年真实国内生产总值已经接近恢复到1929年的数值，到1939年则开始超出1929年。从表2则可以看到，在罗斯福上任之前的1929～1933年，美国失业人口数量一路攀升，失业率从1929年的3.2%直上到1933年的24.9%；罗斯福上任之后，美国失业人口数量开始下降，失业率逐渐从1933的峰值下降到1937年的14.3%，在1938年有所回升之后又重归下降趋势，到1942年已降至接近危机爆发前的水平。因此，从国内生产总值和失业率这两个关键方面看，罗斯福的"新政"对于危机的缓解和经济的复苏似乎确实起了积极的作用。

表2　1929～1945年美国就业人口、失业人口和物价水平

| 年　份 | 总就业人口<br>（以百万计算） | 失业人口<br>（百分比） | 消费物价指数<br>（以1982年至1984年＝100） |
|---|---|---|---|
| 1929 | 47.9 | 3.2 | 17.1 |
| 1930 | 45.7 | 8.7 | 16.7 |
| 1931 | 42.7 | 15.9 | 15.2 |
| 1932 | 39.2 | 23.6 | 13.6 |
| 1933 | 39.0 | 24.9 | 12.9 |
| 1934 | 41.2 | 21.7 | 13.4 |
| 1935 | 42.5 | 20.1 | 13.7 |
| 1936 | 44.7 | 16.9 | 13.8 |
| 1937 | 46.6 | 14.3 | 14.3 |
| 1938 | 44.6 | 19.0 | 14.1 |
| 1939 | 46.1 | 17.2 | 13.9 |
| 1940 | 48.1 | 14.6 | 14.0 |
| 1941 | 52.0 | 9.9 | 14.7 |
| 1942 | 57.7 | 4.7 | 16.3 |
| 1943 | 63.5 | 1.9 | 17.3 |
| 1944 | 65.4 | 1.2 | 17.6 |
| 1945 | 64.3 | 1.9 | 17.3 |

数据来源：美国劳动部，转引自赫伯特·斯坦《美国总统经济史》，第399页。

罗斯福以及认同"罗斯福新政"的人确实是这么分析的。例如，1938年，已连任美国总统的罗斯福在一次讨论经济形势的"炉边谈话"中对到

那时为止所施新政的成效做过一个简短的总结。罗斯福指出，"五年前，我们面临着严重的经济和社会复兴问题"，但"复兴工作在过去的四年半时间里迅速推进"；作为复兴的结果，一方面，美国的国民收入首先得到了迅速回升："国民收入的总和在1929年达到了810亿美元。到1932年，这个数字已经减少到了380亿美元。几个月前，它已经从低谷非常出色地逐渐增加到了680亿美元。"① 另一方面，美国劳动人口的失业状况也有了一定好转。

加州大学历史学家埃里克·罗威（Eric Rauchway）也以下列资料确认罗斯福新政的成功："除了1937~1938年，（美国的）失业率在罗斯福的头两个任期内每年都在下降，与此同时美国经济则以年均9%~10%的速度增长。"②

发表在百度百科网页上的一篇题为"大萧条"的词条在对罗斯福新政的作用进行评价时，也发表了以下看法："从1935年开始，美国几乎所有的经济指标都稳步回升，国民生产总值从1933年的742亿美元又增至1939年的2049亿美元，失业人数从1700万下降至800万，恢复了国民对国家制度的信心，摆脱了法西斯主义对民主制度的威胁，使危机中的美国避免出现激烈的社会动荡，为后来美国参加反法西斯战争创造了有利的环境和条件，并在很大程度上决定了'二战'以后美国社会经济的发展方向。"

《塑造美国现代经济制度之路》的作者胡国成对罗斯福新政也做出了肯定的评价。他认为："新政对经济干预的效果是明显的。它使美国在资产阶级民主制度的基础上度过了历史上最严重的经济大危机。这从以下几项主要经济指标的统计中可以清楚地看到。以30年代大危机期间的经济最低水平与1940年的经济指标相比，工业生产指数从58上升到125（1935年至1939年为100），农业产品批发价格指数从48.2上升到67.7（1926年为100），农业平价率从58上升到81（1910年至1914年为100），国民生产总值从558亿美元上升到1014亿美元，国民收入从396亿美元上升到813美元。"虽然作者也承认"新政并未能使经济达到完全复兴和充分就业的水平，1940年国民生产总值仍低于大危机前1929年的数字"，但他认

---

① 罗斯福：《罗斯福炉边谈话》，第87~88页。

② 转引自 Robert P. Murphy, *The Great Depression and The New Deal*, 100。

为，"如果不是第二次世界大战这个战争因素的闯入，应该有理由相信，在新的国家垄断资本主义经济制度下，美国经济是能够得到完全复兴的"。①

陈明、李庆余、陈华等人也对 1933～1937 年罗斯福新政的效果做出了肯定的评价。他们写道："1935 年春以来，经济出现了明显的复苏迹象，国民收入由 1933 年的 425 亿美元，上升到 1935 年的 571 美元。1936 年至 1937 年春经济增长速度加快，以至出现了 1937 年春的'繁荣'。据统计，1936 年 5 月至 1937 年 9 月就业指数由 96.4 增加到 112.2，超过 1929 年的最高水平；同期工资总额指数从 84 增加到 109，工业生产指数从 101 增为 117，也超过了 1929 年的产量水平；按 1952 年美元计算，个人可支配收入从 1935 年的 906 美元增加到 1937 年的 1048 美元，较 1929 年高 3 美元。"②

《当代金融家》2008 年发表的一篇题为《反危机：回溯罗斯福新政》的文章也写道："罗斯福新政的实施取得了巨大成功。从 1935 年开始，美国几乎所有的经济指标都稳步回升；1936 年底，美国工业总产量超过危机前的年平均数，农业生产也有较大恢复。到 1939 年，GNP 增至 2049 亿美元，失业人口减至 800 万，恢复了国民对资本主义国家制度的信心。"③

然而，遗憾的是，上述说法并非是唯一的答案。除了上述这类对罗斯福新政的效果加以积极肯定的回答之外，相当多的文献则对罗斯福新政的效果进行了否定。后者依据的是与前者同样或大体相同的数据资料，却做出了与前者完全相反的分析和判断。

杰里米·阿塔克、彼得·帕塞尔在《新美国经济史》中写道："如果对大萧条时期几乎每类统计资料（例如失业率、国民生产总值、货币供给和价格）匆匆一瞥，那么不管你对罗斯福的政策多么有好感，你都会发现复苏并没有随新政而到来。美国经济非常缓慢地爬回其在 20 世纪 20 年代末达到的水平。1939 年'二战'在欧洲爆发，这本是一个极好的刺激，但从大多数标准看，1939 年美国经济远未完全复苏。直到 1941 年日本突袭

---

① 胡国成：《塑造美国现代经济制度之路》，第 335～336 页。

② 陈明、李庆余、陈华：《相信进步——罗斯福新政》，第 41 页。

③ 陈达夫、白月：《反危机：回溯罗斯福新政》，《当代金融家》2004 年第 11 期。需要指出的是，以上所引文献的作者（包括罗斯福在内）使用的应该都是按当年价格计算的数值。

珍珠港，从诸如失业率和真实 GDP 这样的经济指标看，经济才完全复苏。即使如此，我们也必须提出如下疑问：战时经济的急切需要是否构成复苏和经济复归正常？因此，虽然复苏是新政的一个目标，但在这方面新政几乎算不上是全面成功的。"[①] 杰里米·阿塔克、彼得·帕塞尔列举了两方面的数字来进一步说明这一点。首先是失业率的情况："以失业率为例。失业率在大萧条期间一直居高不下——在 14% 以上，这一状况直到 1940 年以后才结束。"再看 GNP 的情况："大萧条开始后，真实 GNP 下降，并于1933 年达到最低点。直到 1937 年，真实 GNP 才超过 1929 年的水平。1921 年至 1929 年间，真实 GNP 的年平均增长速度为 4.4%，如果 1929 年后真实 GNP能继续以 1921～1929 年的平均速度增长，则到 1939 年真实 GNP 将约为 1650 亿美元。但 1939 年真实 GNP 实际只有 1110 亿美元（按 1929 年价格计算），20 世纪 30 年代真实 GNP 实际上总计为 9320 亿美元，但如果 20 世纪 20 年代真实GNP 的增长速度能持续到 30 年代，则 30 年代真实 GNP 总计将约为 13650 亿美元——两者相差超过 4000 亿美元，或者说两者相差将近 1/3。"[②]

如前所述，埃里克·罗威曾经以失业率连续下降和经济增长速度持续回升来证明罗斯福新政的成功，罗伯特·墨菲对罗威的观点明确地表示否定。

首先，针对失业率连年下降的事实，墨菲认为："纵观经济史，每一次的衰退都会有终点。每当失业率达到一个非同寻常的高度时，它们都会回落——这也是之前的失业率水平被称为'高'的原因。一般而言，美国历史上的大多数萧条都是在两年之内结束，所有的萧条都曾在 5 年内结束。专业的历史学家应该去探寻的问题不是'罗斯福到底如何将我们推出大萧条'，而是'为何大萧条延续了这么长的时间？'""回顾一下'一战'后发生的那次严重萧条，1921 年的时候失业率达到了 11.7% 的峰值，但 1923 年时就降到了 2.4%。因此，之前这次萧条的复苏见证了失业率年均下降超过 4.5%的成就。如果罗斯福在阻击萧条方面能够像哈定总统一样成功，那么 1935年的失业率就应该是 16%，而不是像实有的那样超过 20%。"[③]

---

① 杰里米·阿塔克、彼得·帕塞尔：《新美国经济史》，第 615 页。

② 杰里米·阿塔克、彼得·帕塞尔：《新美国经济史》，第 618 页。

③ Robert P. Murphy, *The Great Depression and The New Deal*, Regnery Publishing, INC., 2009, 101.

其次，针对经济增长速度持续回升这一事实，墨菲也提出如下意见："从1929年至1933年，真实GDP下降了令人吃惊的27个百分点。但是任一经济学家都本可期待罗斯福就职之后经济将会恢复正常，至少有几年时间经济将会以较大幅度增长。从1900年至1929年（美国）经济曾以略低于3.5%的年均速度增长，1950年代则曾以超过4%的年均速度增长。如果在这样一些相对充分就业的时间段都能达到那样一种年均增长率，那么人们自然期待在一个有1/4的劳动力被富余的年代里会有更高的增长指数。"① 墨菲引用加州大学两位经济学家哈罗德·科尔（Harold Cole）和李·瓦尼安（Lee E. Ohanian）的研究结果来说明这一点。科尔和瓦尼安于2003年发表了一篇研究论文，指出到1939年时美国的总产量比假如按大萧条开始前具有的发展趋势延续下来应当有的数值仍然要低27个百分点。投资方面的情况尤其糟糕，比罗斯福新政真的使美国经济走出了大萧条的情况下应该有的投资水平低了50%左右。② 由此可见，在罗斯福的治理下，美国经济的恢复远比其之前和之后的历次经济复苏都要慢。罗斯福新政拯救了美国经济的说法不是神话就是谎话。

有人为罗斯福辩护说，罗斯福时代经济复苏缓慢是因为罗斯福继承的是美国历史上最为严重的一次经济危机。墨菲对这种说法也进行了反驳。他指出，1929年的经济大萧条不仅发生在美国，而且也同时发生在世界上其他许多国家，但其他国家都比美国恢复得快。最好的例子是美国的邻居加拿大。在罗斯福当政之前的四年里（1929～1933年），美国的失业率仅比加拿大平均高3.9个百分点，而在罗斯福执政的前两届，美国的失业率却比加拿大平均高出5.9个百分点（见表3）。

由于加拿大经济和美国经济在很大程度上是联为一体的，同时也由于20世纪30年代加拿大恰好没有实施一种什么"北部新政"，因此上述对比具有极好的说服力。它表明，正如熊彼特在1942年时所指出的那样，罗斯福新政是唯一可以用来解释以下事实的一个因素，这个事实就是：美国拥有经济复苏的最好机会，但却经历了最难令人满意的复苏过程。③

---

① Robert P. Murphy, *The Great Depression and The New Deal*, 102.
② Harold Cole and Lee E. Ohanian, "New Deal Policies and the Persistence of the Great Depression: A General Equilibrium Analysis", UCLA Economics Department Research Memo, February 2003, available at: http://hlcole.bol.ucle.edu/NewDealucla.pdf.
③ Robert P. Murphy, *The Great Depression and The New Deal*, 104.

表 3　美国和加拿大失业率比较（1923～1941 年）

单位:%

| 年　　份 | 美国失业率 | 加拿大失业率 |
|---|---|---|
| 1923～1929 | 3.3 | 3.1 |
| 1930 | 8.9 | 9.1 |
| 1931 | 15.9 | 11.6 |
| 1932 | 23.6 | 17.6 |
| 1933 | 24.9 | 19.3 |
| 1934 | 21.7 | 14.5 |
| 1935 | 20.1 | 14.2 |
| 1936 | 17.0 | 12.8 |
| 1937 | 14.3 | 9.1 |
| 1938 | 19.0 | 11.4 |
| 1939 | 17.2 | 11.4 |
| 1940 | 14.6 | 9.2 |
| 1941 | 9.9 | 4.4 |

资料来源：美国劳工局和加拿大统计局。转引自 Robert P. Murphy, *The Great Depression and The New Deal*, 103。

　　在《罗斯福新政的谎言》一书中，伯顿·W. 小福尔索姆也指出，从生产状况方面看，"其他国家结束大萧条的时间都比美国早。20 世纪 30 年代末，国际联盟收集了美国和其他许多国家工业复苏情况的资料。其中许多数据支持下面这个观点：罗斯福的新政造成了经济的不确定性，因此它作为经济复苏计划实际上是不成功的"[1]；"11 年间（自 1929 年至 1940 年）经济从未能够复苏，这种情况是前所未有的"[2]。另外，从失业状况方面看，情况也不妙："在 1938 年，即罗斯福任总统的第五年，国际联盟报告所调查的 16 个国家的平均失业率是 11.4%，而美国的失业率为 19.8%，几乎是世界平均水平的两倍"。据此，小福尔索姆明确地宣称："趋势很明显，在罗斯福治下的美国经济，不仅在绝对意义上，而且在相对意义上都表现得很糟糕。"[3]

---

[1]　伯顿·W. 小福尔索姆：《罗斯福新政的谎言》，第 307 页。
[2]　伯顿·W. 小福尔索姆：《罗斯福新政的谎言》，第 320 页。
[3]　伯顿·W. 小福尔索姆：《罗斯福新政的谎言》，第 301 页。

# 四 罗斯福等人为什么会作出并相信自己的分析？

综上所述，我们可以看到，罗斯福对于新政干预主义合理性的论证充其量只有在以下基本条件存在的情况下才可能为"真"。这些基本条件是：

1. 有确凿无误的经验统计资料能够证明在经济崩溃发生之前确实存在着"消费不足"的现象；

2. 有充分的根据和一套严谨的理论来说明在"消费不足"和之后的经济崩溃之间确实存在着无法否认的逻辑联系；

3. 1923～1929 年美国的经济社会政策能够被定义为一种"自由放任主义"政策；

4. 胡佛任总统期间所实施的经济社会政策能够被定义为一种"自由放任主义"政策；

5. 只要国内生产总值（或国民收入）开始止跌回升，失业率开始止升回跌，就可以将萧条时期的经济运行状况定义为"复苏"。

如果以上基本条件得不到满足，罗斯福等人对新政干预主义政策合理性的论证就难以成立。而在完全相反的条件下，即，假如：

1. 有确凿无误的经验统计资料能够证明在经济崩溃发生之前确实不存在着"消费不足"的现象；

2. 有充分的根据和一套严谨的理论来说明在"消费不足"和之后的经济崩溃之间确实不存在着逻辑联系；

3. 1923～1929 年美国的经济社会政策不能够被定义为一种"自由放任主义"政策，而只能被定义为"干预主义"政策；

4. 胡佛任总统期间所实施的经济社会政策也不能够被定义为一种"自由放任主义"政策，只能被定义为一种"干预主义"政策；

5. "国内生产总值（或国民收入）开始止跌回升，失业率开始止升回跌"的经济形势并不可以被定义为"复苏"；只有当国内生产总值的增长速度和失业率完全或基本恢复到经济崩溃之前的通常水平，我们才可以将经济形势定义为恢复到了正常状态，即"复苏"。

那么，罗斯福等人对新政干预主义的论证就可以并只能被判定为"假"。

上述 5 个基本条件中的第 1 个条件涉及的是一个经验事实，我们可以将其称为罗斯福新政合法性证明成立的"经验条件"；第 2 个条件涉及的是一个逻辑构造，我们可以将其称为罗斯福新政合法性证明成立的"逻辑条件"；第 3、4、5 个条件涉及的是"自由放任主义"、"干预主义"等语词的意义问题，我们可以将其称为罗斯福新政合法性证明成立的"语义条件"。正是这三类条件共同构成了"罗斯福新政合法性证明"的前提，缺了其中的任何一个，罗斯福的"新政合法性证明"都不能够成立。具体点说：

1. 如果后两类条件不存在，那么即使"经验条件"存在，"罗斯福新政合法性证明"也不能成立；

2. 如果第三类条件不存在，那么即使前两类条件存在，"罗斯福新政合法性证明"也不能够成立。

那么，"罗斯福新政合法性证明"得以成立所必需的这些基本条件到底存不存在呢？如果存在的话，又是在什么情况下才存在呢？

通过上面两节的梳理，我们可以看到：

1. 就上述第一类条件即"经验条件"而言，存在着一些互相矛盾的经验观察证据，其中的一些可以间接用来推论出"1929 年美国经济崩溃之前存在着消费不足的现象"这一"事实"，另一些则可以用来直接否定这一"事实"，或证明一种与此相反的"事实"，即"1929 年美国经济崩溃之前不存在着消费不足的现象"。假如我们选择前一类"事实"，那么我们朝着准备接受"罗斯福新政合法性证明"的方向迈出了一步；相反，如果我们选择后一类"事实"，那么我们朝着准备否定"罗斯福新政合法性证明"的方向迈出了一步。因此，"罗斯福新政合法性证明"的"经验条件"是否能够被满足这一点，很大程度上取决于我们在这些互相矛盾的经验观察证据当中所做的选择。

2. 就上述第二类条件即"逻辑条件"而言，即使"消费不足"被证明为是一种"真实"存在的"事实"，但对这一"事实"与经济崩溃这一"事实"之间逻辑联系的说明还是有着相当的不确定性，或者说存在着多种可能性："消费不足"与"经济崩溃"两者之间既可能存在着因果联系，但也可能不存在因果联系。只有在前一种情况下，当我们宣称是"消费不足"导致了"经济崩溃"的发生时，我们的宣称才是合理的、"真实"

的、可以被接受的；相反，在后一种情况下，当我们宣称是"消费不足"导致了"经济崩溃"的发生时，我们的宣称就是不合理的、非"真实"的、不可以被接受的。这样，就"消费不足"现象与"经济崩溃"现象之间的逻辑关联而言，我们在理论上就有着多种可能的思路：我们可能只看到了两者之间存在着因果联系的情形而忽略或否定两者之间不存在因果联系的情形；反过来，我们也可能只看到了两者之间不存在因果联系的情形而忽略或否定两者之间存在因果联系的情形；此外，我们当然也可能同时看到了两者之间既可能有因果联系又可能没有因果联系这两种不同情形。无疑，只有在第一种思路下，罗斯福的"新政合法性证明"才能够成立，反之则不然。因此，罗斯福的"新政合法性证明"是否能够成立在很大程度上取决于我们在这样一些不同甚至相反的理论思路当中所做的选择。

3. 就上述第三类条件即"语义条件"而言，对于"罗斯福新政合法性证明"过程中所用的一些基本概念，如"自由放任主义"、"干预主义"、"经济复苏"等，也存在着两种（甚至多种）不同（甚至相互矛盾）的界定。按照其中的某一些界定，哈定总统、柯立芝总统执政时期和胡佛总统执政时期的经济社会政策就可以且应该被界定为"自由放任主义"，"罗斯福新政"实施之后的经济形势也就可以且应该被判断为"成功复苏"；相反，按照另一些界定，这些政策就应该且只能够被界定为"干预主义"，"罗斯福新政"实施之后的经济形势就应该且也只能够被判断为"未能成功复苏"。因此，罗斯福的"新政合法性证明"是否能够成立，很大程度上也取决于我们在这些不同甚至相互矛盾的概念含义当中所做的选择。

显然，在罗斯福以及接受了"罗斯福新政合法性证明"的那些人那里，他们在以上三个十字路口都做出了一种特别的选择：

1. 在第一个十字路口，"罗斯福们"选择了可以间接用来推论出"1929年美国经济崩溃之前存在着消费不足的现象"这一"事实"的那些数据资料；

2. 在第二个十字路口，"罗斯福们"选择了肯定"消费不足"与"经济崩溃"两者之间存在着因果联系而忽略或否定两者之间可能不存在因果联系的情形这样一种思路；

3. 在第三个十字路口，"罗斯福们"也选择了有利于证明"新政"合法性的那些概念定义，如将哈定总统和柯立芝总统执政期间的经济社会政策归入"自由放任主义"，将胡佛实施的那种"以企业家自愿合作为基础"的干预措施归入一种特殊形式的或新型的自由放任主义，一种"自由放任中的干预"；将国内生产总值（或国民收入）开始止跌回升、失业率开始止升回跌的情形界定为经济"成功复苏"；等等。

正是由于以上三个方面的特殊选择，才使得罗斯福的"新政合法性证明"看上去既具有充分的事实依据，又具有一定的理论根基。

现在，我们接着要问的一个问题是：罗斯福以及其他"罗斯福新政合法性证明"的信奉者们为什么会做出上述这样的一些选择呢？为什么他们没有也不会做出其他的选择呢？

对于这个问题的一种回答可能是以传统实在论为基础的。按照这种回答，罗斯福以及其他"罗斯福新政合法性证明"的信奉者们之所以会做出上述这样的一些选择而没有做出其他的选择，是因为社会现实就是这些选择所反映、所指示出来的那个样子，"罗斯福们"正是或可能是通过了反复的探讨，最终做出了上述这样一些"正确地"反映了社会现实的理论抉择。在对1929年经济危机加以理解和制定对策的过程中，"罗斯福们"可能也考虑过其他选择，但在用（自己或他人曾经践行过的）"社会实践"对其加以检验之后，最终发现还是只有上述那些选择才是"正确的"、应该加以坚持的。所以，罗斯福以及其他"罗斯福新政合法性证明"的信奉者们之所以会做出上述这样的一些选择而没有做出其他的选择，正是"社会现实"对"社会意识"的"决定"作用所使然，是"社会存在决定社会意识，社会意识终究要与社会存在相适应"这一"规律"的一种体现。

对于这种回答我们很难加以苟同：

第一，就前述第一类条件即"经验条件"而言，我们很难找到有充分说服力的理由来证明为什么只有罗斯福、赖特等人使用的那些间接表明"1929年美国经济崩溃之前存在着消费不足现象"的数据资料才是现实的"真实"反映，为什么汉森、小福尔索姆等人提供的那一套表明"1929年美国经济崩溃之前不存在消费不足现象"的数据资料就不是现实的"真实"反映。

第二，就前述第二类条件即"逻辑条件"而言，我们也很难找到有充分说服力的理由来证明为什么只有选择肯定"消费不足"与"经济崩溃"

两者之间存在着因果联系而忽略或否定两者之间可能不存在因果联系这样一种思路才是"真实"地反映了社会现实。按照我们前面所做的分析，"消费不足"与"经济崩溃"两者之间无因果联系的情形是完全可能存在的。

第三，就前述第三类条件即"语义条件"而言，我们同样也难找到有充分说服力的理由来证明，对于"自由放任主义"、"干预主义"、"成功复苏"等概念而言，为什么只有罗斯福等人使用的那些含义才是唯一"正确地"、"真实地"反映了社会现实，其他含义就是对社会现实的歪曲或错误再现。

基于上述原因，我们不能不排除上述回答而另寻答案。

另有一些人，试图用总统选举一类的政治需要来对上述问题加以回答。按照这种回答，"罗斯福们"之所以会做出上述这样的一些选择而没有做出其他的选择，是出于与胡佛总统竞选的需要。因为在萧条期间胡佛被许多人认为一直是在采用一种自由主义的"不作为"策略来加以应对，从而使萧条局面不断得以加重。为了使自己在选民中获得一种与胡佛大不相同的形象，罗斯福选择了转向干预主义。而因为选择了转向干预主义，就自然或不得不在"经验数据"、"解释逻辑"和"概念含义"等方面做出上述这样一些选择。

我们认为，这种回答也经不起反驳。事实上，自进入大萧条以来，胡佛总统的形象是模糊不清的。他既有过偏向或貌似自由主义的言行，如坚称自己信奉一种"刚毅的个人主义"（Rugged Individualism），也有过偏向或貌似干预主义的言行，如要求企业家们保持工资水平、增加投资、扩大就业，举办联邦公共工程，建立复兴金融公司等。正因为如此，他在卸任后遭到了来自自由主义和干预主义两大方面的抨击：自由主义者抨击他采用了过多的干预主义政策，干预主义者则抨击他采用了太少的干预主义政策。因此，假如只是为了竞选的需要，罗斯福也完全可以将胡佛塑造成一个干预主义者或不彻底的自由主义者，自己则通过转向更彻底的自由主义来与胡佛相区分。但是，罗斯福并没有这样做。这又是为什么呢？

对于这个新问题，一个可能的回答是：罗斯福之所以选择转向更彻底的干预主义而不选择转向更彻底的自由主义，是因为当时美国的大多数选民更倾向于一种彻底的干预主义战略。如果是这样的话，那么问题就进一步变成：为什么当时美国大多数选民更倾向于干预主义而不是自由主义呢？

对于这个问题，一种流行的回答是：因为干预主义战略能够更快更好地解决失业等问题，缓和或者消除经济萧条给人们带来的痛苦，维持社会的正常存在，因而更符合人们的利益。波兰尼在《大转型》一书中对干预主义政策发生的解释基本上就属于这一类。然而，这种回答也无法令所有人满意。我们在后面将会看到，哈耶克等奥地利学派的经济学家们立即就会对此做出反驳说：假如没有政府和工会等机构的干预，市场经济体系自身将会以最短的时间和最好的方式来解决失业等问题，消除经济萧条，恢复经济的正常运行。例如，在 1929 年大萧条之前，由于政府和工会基本不干预或干预程度较低，每一次的经济萧条都非常迅速地得到缓解，萧条持续的时间一般都只有 1 ~ 2 年。而 1929 年开始的大萧条之所以延续如此之久，根本原因就是由于政府和工会对经济过程的强力干预。

在后续的分析中，我们将会看到，对于奥地利学派此类说法的正误，我们并无办法来做出终审性质的判决。但反过来，我们也可以由此做出以下断定：到底是干预主义策略能够更快更好地缓解经济萧条，还是自由主义策略能够更快更好地缓解经济萧条，迄今为止，包括所谓专家和普通百姓在内的所有人其实都没有能力做出确切的回答。因此，假如 20 世纪 30 年代的美国多数选民倾向于干预主义策略而非自由主义策略，那么也不一定是由于前者在客观事实上真的能够比后者更快更好地缓解或消除经济萧条给他们带来的痛苦，而只能说是由于这样或那样的一些原因，罗斯福以及美国的多数选民在主观认知上以为干预主义政策能够比自由主义政策更快更好地缓解或消除经济萧条给他们带来的痛苦。而干预主义话语的流行及其造成的广泛影响，则无疑是使得罗斯福以及美国多数选民主观认知上以为干预主义政策能够更快更好缓解或消除经济萧条的主要原因。

这正是本文作者试图论证的答案。与传统实在论者不同，对于"罗斯福们为什么会做出前述有利于其'新政合法性证明'的那样一些选择而没有做出其他的选择"这个问题，我们的回答是：罗斯福以及其他干预主义的信奉者们之所以会做出上述这样的一些选择，会如此地相信自己对 1929 年经济危机及其对策所做的分析和证明，正是因为他们对 1929 年美国经济危机的感受、思考和言说受到了某一特定（干预主义）话语体系的约束和引导，而这一特定的（干预主义）话语体系就是"消费不足论"。

"消费不足论"是一种自19世纪中期就开始流行，迄今仍有重要影响（在非经济学界如历史学界、社会学界、政府官员、新闻记者以及多数普通公众当中甚至占据主导地位）的、有关经济周期及其对策的话语体系。这套话语体系的基本特征是：

1. 以"生产"、"消费"、"收入"、"过度生产"（或"生产过剩"）等概念作为自己的基本词汇，并对这些词汇有自己的独特界定（如将"消费"界定为"收入"等）；

2. 以宏观经济社会运行层次上各主要变量之间的总量关系作为陈述的主要内容，并尽可能以量化形式加以表述；

3. 以假定条件下的模型建构及其推演式论证作为自己主要的修辞模式；

4. 以宏观经济社会运行层次上"生产"和"消费（收入）"之间的平衡关系作为自己的主要论题；并从生产和消费之间的不平衡入手来解释周期性生产过剩的发生，从自由放任条件下的市场竞争入手来解释生产和消费之间的不平衡，进而主张通过政府对经济社会过程的直接干预来缓解或消除生产过剩。

法国经济学家西斯蒙第是"消费不足论"的主要代表人物之一。在《政治经济学新原理》和《政治经济学研究》等著作中，西斯蒙第详尽、系统地阐述了自己的理论主张。

西斯蒙第认为，在任何情况下，无论是个人还是社会，生产的最终目的都是满足人的需要。举例来说，一个离群索居的人，他进行劳动，只是为了满足自己在衣、食、住和精神生活方面的需要。一旦他在期望时间内的这些需要能够得到充分的满足，他就会停止劳动。他不会去为了生产而生产，"他绝对不会只去播种不问收获，只去织布不问衣着，或者只去建筑不问居住；毫无疑问，一旦富裕一些他必然会更高兴，他可以为自己创造一些不必要的、多余的东西。这种富裕是一种想象的快乐；而且这是毫无止境的。一旦多余的东西不能使他的想象感到愉快，而使他感到不需要的时候，他就会停止劳动，因为他觉得通过辛勤劳动换得些许的快乐未免太不值得。"社会和个人也是一样。"尽管社会有了分工，也丝毫没有改变决定社会的动机。在谁也不吃粮食和人人都觉得不需要吃粮食时，社会是不再生产粮食的；在谁也不想穿更多的衣服时，社会是不需要衣服的；在谁也不想住房屋时，社会是不再需要房屋的。"①

不过，需要是通过对生活必需品的消费来实现的，是以对生活必需品的消费为物质基础的："生产出来的一切东西，只是由于能为人类的需要而服务才对人类具有价值，而这些需要只有用消费来满足。"② 因此，生产的最终目的在形式上就表现为一定量消费品的生产。"生产和消费始终应该保持平衡。生产不应该小于消费，但也不应该大于消费，而应该等于消费。"西斯蒙第说，社会的"全部生产都应该用来消费；如果它生产的年产品送到市场上找不到消费者，再生产就会陷于停顿，国家就会由于过剩产品而陷入灭亡"③。

但在现代资本主义社会，消费是由收入决定的。无论个人还是社会，都是收入决定着消费。一方面，消费不可能大于收入，因为在现代市场社会里，社会成员不能无偿取得而只能用自己的收入来购买自己所需要的消费品。"即使社会上有很多人吃不饱，穿不暖，没有合适的房子住，社会也只需要它所能购买的数量。"④ 另一方面，消费也不能小于收入，否则就会有部分产品卖不出去，造成生产过剩。因此，"社会里的人应该使自己的消费适合自己的收入，他所参加的社会也应该遵循同样的规则；它必须、而且也能够每年消费当年的收入，否则它就会崩溃"⑤。由此，生产与消费之间的平衡也就转换为生产和收入之间的平衡。无论个人还是社会，生产都必须等于收入。生产如果小于收入，那么就可能会有部分消费需求得不到满足；生产如果大于收入，那么就会有部分产品卖不出去，造成生产过剩。"年收入的总量必须用来交换年生产的总量；通过这项交换，每个人都可以得到自己的消费品，都要取得一笔再生产的资本，要为一项再生产而进行投资，并提出新的要求。如果年收入不能购买全部年生产，那么一部分产品就要卖不出去，不得不堆在生产者的仓库里，积压生产者的

走向干预主义：历史之必然，还是话语之建构？

---

① 西斯蒙第：《政治经济学新原理》，何钦译，商务印书馆，1997，第 81~82 页。
② 西斯蒙第：《政治经济学新原理》，第 69 页。
③ 西斯蒙第：《政治经济学新原理》，第 63 页。
④ 西斯蒙第：《政治经济学新原理》，第 82 页。
⑤ 西斯蒙第：《政治经济学新原理》，第 63 页。

资本，甚至使生产陷于停顿。"①

遗憾的是，由于制度性的原因，生产大于收入正是现代资本主义社会的一种必然现象。

西斯蒙第指出，虽然生产应该和收入（消费）相平衡，但在现代资本主义制度条件下，由于生产过程是由每个企业家自己来控制的，生产什么、生产多少完全由各个企业主自行决定。在这种情况下，各个企业主不可能准确地知道整个社会到底有哪些（有支付能力的）需要以及各种需要的波动情况。"要确切了解和估计市场上的这种波动是困难的，对于每个生产者来说，这种困难更大，因为，并不是每一个生产者都洞悉其他商人的数目和购买力，以及要和他竞售商品的竞争对手。"② 他所关注和唯一能做的就是维持和扩大自己的生产，增加自己的利润收益。扩大生产就意味着要增加自己产品在市场中的份额，而增加市场份额的主要办法就是降低生产成本（通过降低工资水平、提高劳动生产率以节省原料或劳动等具体方式）。"如果厂主卖得更便宜些，他就能多卖一些，别人会卖得少些。因此，厂主总是尽量节省劳动或原料，使他能比同行卖得便宜些。"③ 但一个工厂主如果成功了，其他的工厂主就也会起而效仿，其结果，一方面是生产能力及其规模的不断扩大，另一方面则是所用劳动成本或者说工人的工资收入在整个国民收入当中所占比重的不断缩小，最终造成整个社会的生产总量超过收入（消费）总量，导致生产过剩。西斯蒙第举例对此加以说明：

"假设一个布厂有一百个工人，每个工人每年挣三百法郎；他们的年生产可能是一万欧纳布匹，他们的收入和他们的消费将达到三万法郎。十年以后，在同一个工厂里，每年只挣二百法郎的工人有二百个，（但）生产就会提高一倍，他们就会生产出二万欧纳同样的布匹。但是，他们的收入和他们的消费只能提高到四万法郎。因此，工人的收入并没有随着生产的提高而增加。

"（假设）在（这）同一个工厂里，拥有十万法郎的流动资本，每年给工厂主增值的利润是一万五千法郎，厂主从中给资本家支付了百分之六

———————————

① 西斯蒙第：《政治经济学新原理》，第 76 页。
② 西斯蒙第：《政治经济学新原理》，第 201 页。
③ 西斯蒙第：《政治经济学新原理》，第 207 页。

的利息，也就是说他拿出了六千法郎，他个人还有九千法郎。资本的增加和利率的降低，使他有可能扩大他的营业，并且能使他只满足于一项小小的利润，因为他所运用的资本数量更大了。（假设）他在自己的工厂里（又）投入了二十万法郎的资本，只付出百分之四的利息，或者说只给资本家八千法郎；他给自己留下百分之八的利润，可能他认为自己的营业很不坏，因为他的收入从九千法郎提高到一万六千法郎，而资本家的收入也由六千法郎增多到八千法郎。同时他们的生产也提高了一倍；而他们的收入以及随之而来的消费，只不过是五与八之比，略微提高了一些罢了。

"工厂主还利用充足的资本给他的工厂增添了新的、相当先进的机器，以便使他的年生产再提高一倍。他（又新加）用了二十万法郎的资本，目的是要取得更高的利润，因为这样他可以和第一批的二十万法郎得到同样多的利润（这二十万法郎已变成流动资本），就是说，他自己得百分之八，资本家得百分之四，合计是二万四千法郎。

"但是，这时候的消费降低了。十年前，产品为一万欧纳布匹，代表消费的收入是四万五千法郎，就是说，工人得三万法郎，资本家得六千法郎，而工厂主得九千法郎。现在，产品是四万欧纳同样的布匹，代表消费的总收入只是八万法郎①，就是说，工人的收入为四万法郎，供给他流动资本的资本家收入为八千法郎，供给他固定资本的资本家收入也是八千法郎，而工厂主的收入为三万二千法郎，其中一万六千法郎是流动资本的利润，另外一万六千法郎是固定资本的利润。生产增加了三倍，而消费连一倍也没增加到……

"但是，当生产提高三倍而收入只增加一倍的时候，就必须在其他某个地方有一个收入增加三倍、生产只提高一倍的工厂；否则就会给商业造成商品过剩，造成销售的困难，以致最后遭受损失。每个工厂主都要依靠陌生人，依靠外国的；他总是认为在某种其他行业里会有一些他所不了解的新收入；但是，所有的工厂都是一样，每个外国都有联系，并互相比较各国的价格，那种最初只适用于一个工厂的计算，很快就会适用到整个国家；最后适用到人所共知的整个世界市场。"

西斯蒙第指出："我们方才所介绍的事实是普遍存在的；任何工厂如

---

① 根据前后文的信息，应当是"八万八千"法郎。

果不是在既对所有的工人保持同样的工资，又能雇用新工人和使用更多资本而对各项资本支付同样利息的情况下扩大自己的工厂，那么他算一下本厂的总账，也会得到同样的结果。如果他不仅仅考虑个人，而且也考虑他在国内所经营的企业部门，他就会看到同样的结果。商业可能扩展，但是这种扩展是以缩减从前每项工资和每一千法郎的利息为基础的，可是，消费却不能以和生产同样的速度增长，所以，总的结果决不是更大的繁荣。"①

以上还只是工厂主简单地通过降低工人工资水平来扩张生产规模所造成的结果。在工厂主采用技术进步、提高劳动生产率来扩张生产规模的情况下，生产和收入（消费）之间的比例失调也会出现。

仍然以上述假设的布厂为例：设该厂有 100 个工人，年生产 1 万欧纳布匹，每个工人每年挣 300 法郎，工人的收入达到 3 万法郎；企业拥有的资本为 10 万法郎，利润率为 15%，由工厂主和资本家共同占有的企业利润即为 1.5 万法郎。设收入完全被消费，那么工人和工厂主、资本家三者合计拥有 4.5 万法郎的消费量。

十年以后，在同一个工厂里，工人仍为 100 个，但由于采用了新生产技术，劳动生产率提高了 3 倍（每人年生产 400 欧纳布匹），生产因而也扩大了 3 倍，年生产 4 万欧纳同样的布匹。设每个工人每年仍挣 300 法郎，则工人的收入和消费仍然只是 3 万法郎。假设企业占用的资本也增加到 40 万法郎，利润率同前面假设的一样也降低至 12%，则工厂主和资本家共同占有的企业利润为 4.8 万法郎。设收入完全被消费，那么工人和工厂主、资本家三者合计拥有的收入即消费量为 7.8 万法郎。结果和前面一样，"生产增加了三倍，而消费连一倍也没增加到"。

当然，假设十年后每个工人的工资能够增加到 400 法郎一年，那么工人的收入和消费会增加到 4 万法郎。在资本数量和利润率等条件不变的情况下，工人、工厂主和资本家三者共同拥有的收入即消费力将增加到 8.8 万法郎。总收入虽然有所提高，但也并没有随着生产的提高而等比例增

① 西斯蒙第：《政治经济学新原理》，第 241~243 页。需要指出的是，西斯蒙第在这里所做的分析是以收入等于消费（即所有的收入都会被消费）的假设为前提的。离开这个假设的前提，其分析并不一定成立：假如消费总是会小于收入或者其占收入的比例随收入的增加而递减，那么在上述情形下，生产大于消费的情况会变得更加严重；假如消费可以大于收入，那么在上述情形下，生产与消费之间失调的情况就可能会有所缓和甚至消失。

加。只有当工人人数不变，但工资普遍增加到以前的 4 倍即 1200 法郎，且企业利润率也始终维持在 15% 的水平时，工人、工厂主和资本家共同拥有的总收入即消费力才会以与生产力同等的比例增长（18 万法郎：其中，工人的收入增加到 1200 法郎 × 100 人 = 120000 法郎，工厂主和资本家的收入增加到 40 万法郎 × 15% = 60000 法郎）。然而，在自由竞争的条件下，由于市场竞争的压力，这种情况永远不会成为现实。一方面，出于提高竞争力的考虑，工厂主一般只会尽量压低工人的工资水平，即使不得不提高工人工资水平时，也不会让工人的工资水平与劳动生产率水平同等程度地提高，而是要压低工资的增长速度；另一方面，新生产技术在更多同行企业中采用，同行企业的平均利润率也必然会逐渐降低。因此，最终结果就只能是造成生产和收入（消费）之间的比例失调。[1]

西斯蒙第指出，在后面这一例子中，使得生产经常性地超过收入（消费）的不是技术进步本身，而是严酷的市场竞争。"生产者彼此间为了争夺主顾而展开的竞争总是要求企业不管商业领域的需求如何，以更低的生产费用来进行生产。"[2] 如上已提及的那样，竞争的结果首先就是降低工资，其次便是降低企业的利润率，最终则是导致社会总收入即消费的降低，导致生产和消费之间的失调。

有人认为，当生产大于收入造成生产过剩时，可以通过降价销售来增加消费，以促成生产和收入（消费）之间的平衡。西斯蒙第认为，这种看法是短视的。降低物价虽然能够创造出更大的消费，"但是，这并不会有好的结果"。消费品可以大体分为奢侈品和生活必需品两类。前者是为富人消费的。"如果生产者投入市场的奢侈品比富人的收入多一倍，而且他们又非要把这些东西出售不可，他们就不得不用这些物品的总量来同富人收入的总量进行交换，也就是说，要赔百分之五十的账。作为消费者来说，富人用廉价得到了自己不太需要的东西，可能认为占了便宜；但是，他们是得不偿失的，因为他们失去的正是他们必不可少的东西。他们在出售年产品时损失的百分之五十，要由他们的资本和收入平均担负。他们的收入减少了，来年的消费就要减少；他们的资本减少了，他们以后每年使

---

① 出于叙述方便，我们沿用了上面的例子。西斯蒙第在《政治经济学新原理》一书中用了另外的例子（见该书第 506 ~ 512 页），但其中的道理是一样的。

② 西斯蒙第：《政治经济学新原理》，第 240 页。

用穷人的劳动量也就要减少，因此也就要减少他们的收入。"同样，对于生活必需品来说也是如此。"如果生产者投入市场的生活资料比穷人的工资多一倍，他们就不得不用穷人的工资的价值把自己的货物抛售出去，也就是说，要受百分之五十的损失。作为消费者的穷人来说，这一年他们是占了一些便宜；但是，生产者的资本的和收入损失了百分之五十的情况，翌年就会严重地影响穷人。富人所损失的全部收入都要从自己的消费中扣除，因此，对穷人的劳动果实的要求就更少了；富人所损失的全部资本要从他所支付的工资中去扣除，这样一来，他对于作为穷人收入的劳动也就要求得更少了。"① 可见，降价销售并不能真正促成生产和收入之间的平衡。当生产力增长了的时候，要想继续维持生产和收入（消费）之间的平衡，就必须使收入（消费）也同等程度地增加。

根据上面的分析，西斯蒙第首先批评了李嘉图和扎伊尔等人关于生产可以无止境地扩大的主张。扎伊尔和李嘉图都认为，生产能够自己创造出需求，因此生产和消费之间的失调是不可能出现的。"产品的需求只是受生产限制的，因此无论资本多大，没有任何资本在一个国家不能应用的。没有一个人不是为了消费或者为了出卖产品而生产的；如果不是为了购买自己迫切需要的东西，不是为了购买供以后生产使用的东西，谁也不肯出卖什么。因此，生产者要么就是自己产品的消费者，要么就是另外某个人的产品的购买者和消费者。"② 西斯蒙第认为这种看法完全不能解释现实生活中反复出现的生产过剩现象。其主要错误即在于混淆了年生产和年收入，而"只须把年生产和年收入分开，就会一目了然，一切事实就会和理论相符"③。那时我们就能理解，正如上面所分析的那样，在现有的社会组织条件下，盲目扩大生产并不会给人们带来幸福；相反，只会带来灾难。

根据上面的分析，西斯蒙第还提出了缓解和消除生产过剩危机的一些政策主张。西斯蒙第明确地反对斯密等人的自由放任主义政策，主张政府对经济社会过程直接或间接地加以干预。西斯蒙第说，上述例证"彻底推翻了政治经济学方面一个最为大家特别坚持的公理，即最自由的竞争，决

千禾学人讲演录（第一辑）

---

① 西斯蒙第：《政治经济学新原理》，第 83 页。
② 李嘉图：《政治经济学及赋税原理》，商务印书馆，1962，第 247 页。转引自西斯蒙第《政治经济学新原理》，第 220 页。
③ 西斯蒙第：《政治经济学新原理》，第 221 页。

定着工业的最有利的发展；因为每个人对自己的利益比庸碌无能和漠不关心的政府了解得更透彻，而每个人的利益就是大家的利益"。西斯蒙第认为，这两个公理本身都正确，但其结论却是错误的。"包括在所有其他人的利益中的个人利益确实是公共的福利；但是，每个人不顾别人的利益而只追求个人的利益，同样，他自己力量的发展并不包括在与他力量相等的其他人的力量之内；于是最强有力的人就会得到自己所要得的利益，而弱者的利益将失去保障；因为人们的政治目的就在于少损失多得利。"就上述工厂而言，"我们就会看到个人利益乃是一种强取的利益，个人利益常常促使它追求违反最大多数个人的利益，甚至归根结底可以说是违反全人类的利益"①。上述分析表明，"商业财富的发展不需要政府干预的说法是绝对不正确的；政府对商业财富发展的自由竞争完全任其自流，并不会因此就杜绝某种压迫或使多数人免遭过分的痛苦，也许由于财富的发展，普遍的困难和最后的破产会轮到地位最高的人头上"②。因此，同斯密等人的主张相反，政府应该采取适当的政策来对经济社会过程加以干预，使生产和收入（消费）之间始终能够处在一种大致平衡的状态，从而使得生产和收入（消费、需求）都能够稳步地向前迈进。

西斯蒙第提出的上述理论似乎能够很好地解释资本主义社会里频繁发生的、以生产过剩为特征的经济危机，因而一经发表之后便在社会上产生了重要而又深远的影响。西斯蒙第自己在《政治经济学新原理》一书中描述道，人们认为"我以前所作的解释跟事情的结果完全符合一致。也许正是由于这种一致，我这本书竟大为畅销"③。自西斯蒙第的《政治经济学新原理》之后，"消费不足论"便在西方资本主义社会中逐渐流行开来，成为人们用来解释周期性经济危机的一种主要话语系统，迄今仍盛行不衰。

显然，罗斯福前述"新政合理性证明"正是一套属于"消费不足论"这种由于西斯蒙第的系统阐发而流行开来的话语。比较一下西斯蒙第的上述理论话语与罗斯福对其"新政"合法性进行证明时所使用的那些话语，我们可以看到，无论是在最基本的概念方面（生产、消费、有支付能力的购买力、消费不足、生产过剩等），还是在主题的论证逻辑方面（现行制

---

① 西斯蒙第：《政治经济学新原理》，第 243 页。

② 西斯蒙第：《政治经济学新原理》，第 246 页。

③ 西斯蒙第：《政治经济学新原理》，第 6 页。

度或政策导致了无序竞争、无序的市场竞争导致了消费不足、消费不足导致了生产和消费之间的失调、生产与消费之间的失调造成了生产过剩的危机等），乃至在对主题进行论证时所举的例证方面（布匹生产商之间的竞争），二者都何其相似！

虽然无法判断罗斯福是否直接受到过西斯蒙第著作的影响，但根据有关史料，确凿无疑的是，在罗斯福生活的时代，"消费不足论"在美国有着广泛的影响。首先是对知识分子具有重要的影响。不少知识分子相信"消费不足论"对经济危机所做的解释，并明确地将其应用于1929年发生的"大萧条"。卡钦斯（Waddill Catchings）和福斯特（William Trufant Foster）就是其中的重要代表人物。卡钦斯和福斯特合作撰写了一系列著作，如《货币》（*Money*，1923）、《利润》（*Profits*，1925）、《没有买者的商业》（*Business Without a Buyer*，1927）、《通往富裕之路》（*The Road to Plenty*，1928）、《进步和富裕》（*Progress and Plenty*，1930）等。在《利润》、《通往富裕之路》等著作中，卡钦斯和福斯特明确地用"消费不足论"的观点来解释1929年发生的美国大萧条。根据他们的解释，"由于工资以一种低于生产率的速度增长，由生产率增长带来的利益大多变成了利润，这些利润则流入了股票市场而非消费者的荷包。但只要企业持续扩张它们的资本设施，经济就还能够维持繁荣局面。在柯立芝政府和企业的压力之下，美联储通过保持较低的贴现率来鼓励企业投资。至20年代末，资本投资已经创造了远超以获利方式来加以利用的工厂，工厂则生产了远超消费者能够购买的产品"[1]。按照他们的解释，"大萧条"的根本原因就在于全球性的过度投资使得生产能力远远超过了收入或消费能力。解决问题的主要办法就只能是通过政府的一些措施来充实消费者的荷包，如对购买力进行再分配，以及通过一些大型公共工程的建设来增加支出即消费能力等。卡钦斯和福斯特对大萧条所做的这种解释在20年代据说也产生了非常广泛的影响，尤其是对胡佛、罗斯福以及时任美联储主席的艾克尔斯（Marriner Eccles）产生了重要影响。罗斯福总统在连任就职演说中使用的一个短语"三分之一的人吃不好、穿不好、住不好（one-third ill-fed，ill-clothed，ill-

---

① William Trufant Foster and Waddill Catchings，*Profits*，Boston and New York：Houghton Mifflin company，1925；*The Road to Plenty*，Boston and New York：Houghton Mifflin company，1928.

housed）"据说就是来自卡钦斯的表达。①

此外，罗斯福政策制定团队中的一些主要人物，如特格韦尔等在思想上据说也属于典型的消费不足论者。按照小福尔索姆的描述，罗斯福在任纽约州州长时，就开始受到后者等人的影响。"作为纽约州州长，罗斯福常常宴请哥伦比亚大学的一帮教授，这些教授组成了他的'智库'，他们给他介绍了学界流行的各种积极性观点。这些顾问中的一些人，尤其是雷克斯福德·特格韦尔，就倡导消费不足论，没多久罗斯福就在智库帮他起草的演讲中提到了'消费不足'。"②

"消费不足论"这套话语不仅对部分知识分子、罗斯福的顾问班子及罗斯福产生了影响，而且在更广大的范围内对包括企业界人士、政府官员和普通公众在内的美国社会成员都具有广泛的影响，甚至成为20世纪20年代美国社会的"主流思潮"。按照罗斯巴德的记述，1931年一位名叫利奥·乌尔曼（Leo Wolman）的美国教授就在一篇文章中提到当时许多商界领袖和政府官员都深受这种主流思潮的影响，认为"高额的和逐步上升的工资对于购买力的完全流动是必要的，所以这对于商业繁荣也是必要的"；"削减劳工收入不是医治商业萧条的方法，而只是萧条的直接原因"；"生产需要依靠消费能力"。因此，这位教授说他判断"大制造商和生产商将维持工资和薪水，并以此为长远之策"，而"最终将起到很好的效果"。③1931年5月，胡佛政府的财政部部长梅隆在一次讲话中说，"需要记住的是最重要的因素就是购买力"④。1931年9月，通用电气公司的总裁杰拉尔德·斯沃普则主动向国家电气制造商协会提交了一份计划，要求强制性地将各行各业纳入各类行业协会，在联邦政府的管理下调控并稳定物价与生产，以调节生产和消费。据说包括美国商会主席哈里曼（Henry I. Harriman）在内的多数美国商会成员都对此计划表示支持。⑤以此看来，乌尔曼所言大概不虚。

总而言之，认为罗斯福及其信奉者们之所以会做出前述那样的一些选

---

① http：//en. wikipedia. org/wiki/Waddill_Catchings.
② 伯顿·W. 小福尔索姆：《罗斯福新政的谎言》，第44页。
③ Leo Wolman, *Wages in Relation to Economic Recovery*, Chicago：University of Chicago Press，1931；转引自罗斯巴德《美国大萧条》，第365页。
④ 转引自罗斯巴德《美国大萧条》，第366页。
⑤ 参见罗斯巴德《美国大萧条》，第376～383页。

择，会如此地相信自己对 1929 年经济危机及其对策所做的分析和证明，是因为他们（以及诸多当时支持他们的企业界人士、政府官员和普通公众）对 1929 年美国经济危机的感受、思考和言说受到了"消费不足论"这一特定干预主义话语体系的影响、约束和引导，在逻辑上应该没有什么太大的问题。反过来，也只有对"消费不足论"这套话语系统有了比较深入的了解之后，我们才能够对罗斯福及其支持者们的言行有一种更为妥当的理解。

## 五　结语

通过上面的分析，本文试图说明罗斯福及其支持者们对"罗斯福新政"一类干预主义政策起源的解释并不必然成立。1929～1939 年"大萧条"一类的经济危机，并不一定像主流话语所说的那样，是以自由放任为原则的资本主义市场经济制度的必然结果；胡佛总统在应对"大萧条"方面所遭遇的失败，也不一定像主流话语所宣称的那样是"自由放任主义"政策的失败；罗斯福总统所实施的那些干预主义政策在应对"大萧条"方面也不像主流话语所说的那样成功。所谓"1929～1939 年的大萧条是以自由放任为原则的资本主义市场经济制度的必然结论，只有通过罗斯福新政一类的干预主义措施才能够缓解或消除周期性的经济萧条"之类的说法，在很大程度上是罗斯福及其支持者们在"消费不足论"这种特定的话语系统的引导和约束下，对"经验事实"和相关概念的含义做出特定选择之后所得出的结论。只有以这样一些在经验事实、概念含义方面所做的特定选择为基础，罗斯福等人对"新政"一类干预主义政策的起源所做的解释，或对干预主义政策所做的辩护才能够成立，否则，人们就完全可以对这些解释、这些辩护加以质疑。

有人或许会提出异议说：我承认你在上面所做的这些分析是有道理的，但它充其量不过是说明了罗斯福等干预主义者的言行的确是受到了"消费不足论"这一话语系统的影响和约束而已，而并不能证明罗斯福等人在这一话语系统的引导和约束下对"大萧条"起因所做的分析及结论（"从自由放任主义向干预主义的战略转型是一种历史的必然"）本身就是有问题的，或不能成立的；假如我们能够证明在"大萧条"的解释和应对方面"消费不足论"是唯一正确、可取的理论话语，那么罗斯福等人在这一话语的引导和约束下对"大萧条"起因和对策所做的分析及结论就当是唯一正确的、可取的，尽管它在细节上可能会存在一些问题。

我认为，这种异议并非没有道理。的确，假如人们真的能够如上假设的那样，证明在"大萧条"的解释和应对方面"消费不足论"是唯一正确、可取的理论话语，那么罗斯福等人在这一话语的引导和约束下对"大萧条"起因和对策所做的分析及结论的确就可能是唯一正确的、可取的；仅仅指出罗斯福及其支持者们在对"大萧条"的起因和对策进行分析时受到了这一话语的引导和约束，并不足以证明本文想要说明的那个观点，即"从自由放任主义向干预主义的战略转型并非是一种历史的必然性，而是一种话语的建构"。换句话说，除非我们能够进一步证明在"大萧条"的解释和应对方面"消费不足论"不是唯一正确、可取的理论话语，除了"消费不足论"之外，尚有或完全可以有其他一些理论话语存在，这些理论话语不仅在对"大萧条"及干预主义的起源方面有着十分不同的说法，而且对于这些不同说法之间的真假、对错，我们并无可靠的途径与方式来加以终极性的甄别和判断——否则我们在本文中所做的说明就是不充分的。

我认为，这进一步的证明是完全可以做出来的。其实，熟悉经济学文献的人都知道，在"大萧条"的解释和应对方面，"消费不足论"的确不是唯一的理论话语，在"消费不足论"之外的确有着其他一些理论话语（如"投资不足论"、"货币主义"、"奥地利学派"等）存在，在对"大萧条"及干预主义的起源方面这些理论话语之间的确有着不同的说法。唯一需要再进一步加以说明的就是：对于这些不同说法之间的真假、对错，我们的确并无可靠的途径与方式来加以终极性的甄别和判断。假如这最后一点说明得以完成了，本文的基本论点（"从自由放任主义向干预主义的战略转型并非是一种历史的必然性，而是一种话语的建构"）当也就基本证成了。不过，限于篇幅，我将尝试在另一篇文章中来完成这一任务。

（原载《社会理论学报》2010 年秋季号）

千禾学术论坛中山大学社会学、人类学复办三十周年系列之二

# 民族问题：世界与中国<sup>*</sup>

郝时远

**嘉宾简介：郝时远教授** 中国社会科学院副秘书长、中国社会科学院学部主席团秘书长、学部委员、研究员。学术专长为民族理论、国内外民族问题、民族历史。在马克思主义民族理论、中国的民族问题与民族政策、世界民族问题、蒙元历史、北方民族史、台湾少数民族、西藏事务、文化多样性、族群理论等方面均有代表性的学术成果。出版学术专著《中国的民族与民族问题——论中国共产党的民族理论与事件》、《帝国霸权与巴尔干"火药桶"——从南斯拉夫的历史看科索沃的现实》等。

---

* 本文系根据郝时远教授 2010 年 12 月 17 日在中山大学千禾学术论坛上发表的演讲整理而成。

**主持人周大鸣教授**：各位老师、各位同学，今天很高兴请到了中国社会科学院的学部委员、中国民族协会的会长，也是一级教授郝时远教授来我们这里作演讲。年底大家都很忙，这个机会也很难得。在这里对郝时远教授的到来表示欢迎！

他今天讲的题目是"民族问题：世界与中国"。郝时远教授是长期从事民族族群问题研究的专家，也给中央政治局上过课的，也是讲相关的问题。今天的讲座作为一个精神的大餐，下面就欢迎郝时远教授演讲。

**郝时远**：各位同学、各位老师，大家好！中山大学的千禾讲座拖了很久，快一年了，周大鸣老师一直盛情邀请，2010 年马上过去了，这个账不能欠下去，借这个机会向中大人类学系复办表示祝贺。同时也向大家表示抱歉，拖了这么长时间才过来。

人类学研究的对象是人类，当然也包括人类社会总体的结构。对人类来说，按照中国最古老的"类族辨物"传统，"族类"的使用非常普遍，这个族那个族，包括现在的上班族，其实都是分类方式。

民族，事实上是人类社会结构当中最稳定的一种社会群体，具有与生俱来的特点。民族本身是一个非常复杂的概念，一方面我们要构建中华民族这样的国家民族（state nation），无论它是"想象的共同体"还是能够自立于世界民族之林的群体。另一方面，中华民族又是由 56 个民族组成的，作为组成国家民族的具有历史原初意义的族类群体，具有很多基本的特征，包括语言、传统的居住地、经济社会生活不同的方式乃至于深入到观念领域的诸如价值观念、行为方式，等等。这是大家所能够认识到的非常直观的一些差别。

我们识别民族，或者对民族之间互动关系研究，最重要的着眼点之一就是差异性，如果没有差异性的话，大家对族类的分类就没有什么可依据的标准。人类学研究实际上也在研究这个差异，包括研究差异的由来，从体质、考古到广义的文化等。但是，研究差异不是为了扩大差异、强化差异，而是说如何能够使差异性群体之间产生相互尊重、相互理解，共同、和谐地去相处的机制。

作为人类学系的成员，在学习过程中都会有一个很重要的基础，就是人们所说的"田野"，对于大家来说，我们不可能把世界作为我们的田野，所说的田野有的时候是非常微观的一些单元，这些单元有时候是一个村庄、一个社区，即便以某一个民族作为自己的研究对象，也不可能对这个民族所居住的地方和所有的人都进行观察，必须要通过一些典型的、小的社会单元来对这个民族的文化或者经济社会生活当中的差别、特点，进行提炼，推导出一种带有共性的认识。而这种带有共性的认识，就是产生理论的基础。

我今天不会去讲非常微观的田野，而是从一个宏观的视角给大家介绍我们这个大千世界所存在的问题。谈到的问题应该说是多种多样的，问题并不意味着一定是冲突性的东西，但是问题必然包含了冲突。今天中国所面临的民族问题，在下面的讲座中我会谈到，主题到底是什么？当然，对在今天来说，一谈到民族问题，大家肯定会想到2009年的乌鲁木齐的事件，也肯定会想到2008年拉萨事件，甚至和广东这边直接相关的"导火索"，像这样的问题，我们都需要从宏观上把握。世界上这一类的民族问题，是否只有中国才这样突出？是否只有中国才存在国家分裂、民族分裂的问题？

前面我已经说过了，民族问题包括更广泛、深刻的意义，而这些方面就涉及经济社会的发展。大家经常会说人类社会是个民族大千世界，所谓民族大千世界主要有两个含义：一是几近200个国家在国际社会互动当中，他们是具有国家民族意义的民族（nation）。我们所拿的护照，实际上就是国家民族的名片，即使你属于国内的任何一个原生性的、历史性民族，但是你在出国的时候，你在进入到国际社会、进入到世界的时候，你就是中国人。这就是一个民族层面的意义。而这个意义，在世界各民族互动的过程中，也是经常反映出来的，比如说和日本的关系，前一段钓鱼岛的问题，中国人都会有一种反应，无论是历史记忆的南京大屠杀，还是抗日战争，这种反应比较理性一般地称之为爱国主义，但是也会称之为民族主义。这种国家关系当然是中国和日本，但同时也是中华民族与大和民族。

对民族的理解，首先我们要有一个国家民族的意识。二是民族大千世界还包括了讲6000多种语言、有数以千计的群体的原生性的民族。这种原生性的民族都有自己所谓的历史记忆，都有很古老的传统，都有自我的一种意识。那种意识中也包含了维科所说的"虚骄讹见"，恨不得把自己这个民族的起源推导到人类的起源的开端。这样一种历史记忆，是非常普遍的。当然这种普遍性，也包括了相互的模仿、攀附和借鉴。为什么说世界的各个民族当中都会有大洪水、大洪荒这样的传说，并不是说每一个民族都经历过？

数以千计的不同的文化群体，分属于数以百计的国家，也就意味着绝大多数国家都属于多文化、多宗教、多民族的国度，只是成分、比例不同而已。

民族问题的第一个基本特性，是普遍性，这是人类社会普遍存在的问题。第二就是长期性。第三是复杂性，这种复杂性和整个社会生活结构交织在一起，除非你这个民族是在一个孤岛上，和整个世界没有联系，不发生关系，只要一发生关系就必然会体现差异。第四，在经济全球化的进程不断加快的情况下，民族问题的国际性也显著增强。第五，这些问题对于任何一个国家来讲，都会涉及国家的主权独立、领土完整、社会和谐等一系列的问题，所以具有重要性。

第一个问题我想跟大家介绍一下当代世界民族问题基本态势。

我觉得最近的一个着眼点应该是近代，引发全球性并且在今天仍然发生影响的民族问题应该说属于近代。近代西方殖民主义留给世界的民族、宗教、领土问题，对今天仍然发挥作用。与此同时，今天世界经济社会的发展，又有很多观念层面、自然环境层面和物质生活层面包括城镇化所引发的一系列的问题，这些问题也都体现在民族问题之中。因此，民族问题无论对整个国际社会还是对中国都是具有重大现实意义的。

19世纪末帝国主义把世界瓜分完毕，由于西方殖民帝国对世界瓜分的不均衡，所以进入20世纪就爆发了第一次世界大战，也就是重新瓜分世界的过程。英国当时在世界帝国中具有最广阔的殖民地，包括整个新西兰、澳大利亚、南亚、东南亚和非洲一些部分乃至整个北美。这些地方为什么讲英语，为什么英语会成为今天大家都要去学的语言，而且也被潜在地认为是国际社会中共同交流的语言，就来源于殖民统治时代的背景。

在殖民这些古老社会中，殖民者本身是一个少数民族，他们在征服和占领广阔大陆的过程中，必须要在被侵略大陆或者古老社会中寻求一个依靠力量，很难想象这个依靠力量是该社会的主流，所以必须要借助国家内部差异性的矛盾来进行征服。因此，依靠被侵略社会当中的"少数"成为殖民时代的公理。斯里兰卡的泰米尔"猛虎"组织去年已经被消灭，它曾经是南亚地区最有名的一个暴力、恐怖的独立运动的组织。英国人在占领斯里兰卡之后，就开始扶持信仰印度教的人口少的泰米尔人，以此作为他们面对信仰佛教、人口众多的僧伽罗人的本地依靠力量。他们为泰米尔人提供了教育，培植贵族，使泰米尔人为殖民政府服务，进而通过"以夷制夷"的方式统治斯里兰卡。但是当殖民者退去以后，斯里兰卡的政权肯定为人口众多、信仰佛教的僧伽罗人所掌握，这也是毫无疑问的。鉴于殖民统治的历史经历，僧伽罗人对泰米尔人施行了歧视性的报复措施，这就导致了1970年代泰米尔人的分离要求，进而演变为武装冲突，"猛虎"组织就是在这个背景下产生的。造成这种民族、宗教冲突的根源是什么？这就是西方殖民统治留下的祸根。

再如非洲大湖地区的卢旺达，这个国家800万人口，1990年代的大屠杀死掉了100万，流离失所200万，跑到国外的有100万。这个国家历史上就是由两大部族组成，一是身材高大的图西人，一是身材矮小的胡图人，这两个群体在历史上并没有生死仇怨，长期共同相处。卢旺达成为德国的殖民地后，德国人还没有来得及对这个地方实施统治就爆发了第一次世界大战，德国战败后丧失了所有海外殖民地，这个地方被比利时接手，比利时人在统治这个地区的时候，采取的办法就是扶持人口较少、身材较大的图西人，当然这里面有种族的观点，认为图西人至少在身材上类似于西方人，其统治方式与英国人在斯里兰卡差不多。第二次世界大战结束以后和随之而来的全球殖民统治体系崩溃，也就是大家学习中所熟知的亚非拉民族解放运动的兴起，在殖民势力退去之后，卢旺达的政权由胡图人掌握，并开始向受殖民政府"优待"的图西人实施报复，1950年代就发生了严重的暴力冲突，甚至出现了很残酷的报复方式。抓住图西人后，并不是说要他的命，而是要他的腿，小腿以下砍断，让你和我一样高。你就是因为身材高大，所以才得到了殖民统治对你的优遇。1950年代这样的情况，在1990年代再次兴起，当然其中包括了新的因素，即所谓非洲大陆"民主化"引发的部族政治冲突。但是，虽然这与卢旺达处理族际关系的政策有关，但是制造并留给他们矛盾的是西方殖民主义。

类似的问题也跟中国有关，荷兰人在统治印度尼西亚的时候，制造了华人和当地社会分裂，在荷兰人退出之后，印尼人掌权的情况下，开始把华人作为排斥和转嫁社会危机的对象，在社会阶级矛盾激化和出于政治需要时，华人就成为社会的"安全阀"，把社会矛盾的释放引向华人。

此外，殖民统治的另一个特点就是区隔领地，制造各种各样的飞地。从非洲局部的地图可以看出来，非洲的国家边界几乎都是几何直线，在任何一个大陆都是非常少见的。这是不同的殖民势力在划分自己势力范围时，用现代测量方式瓜分领土确定的边界，一些部族，甚至一个村落被分划在不同国家，这也是造成非洲国家之间领土和边界争端的原因。殖民者在南非实行的是种族隔离，即"白人家园"、"黑人家园"。在印度和巴基斯坦之间留下了这样一块飞地，克什米尔的归属问题成为印巴两国长期的冲突源。这些问题到今天都没有解决，包括中国西藏与印度接壤的地区也有数万平方公里的土地，为"麦克马洪线"所区隔，不在我们的控制之下，这是大英帝国主义制造"西藏问题"、肢解中国留下的历史问题。

　　这些问题使20世纪90年代以来领土、民族之间的冲突、宗教的争端显著增多。在冷战时期是两大阵营对抗，很多国别问题、地区问题受到大环境的抑制，不很显著。在冷战结束以后这些地区性、国别性的矛盾和冲突相继爆发，各类冲突，包括战争也就日益增多。1990年代以来地区性、国家内部的冲突显著增多，而且大都与民族、宗教、领土相关。

　　帝国主义为世界留下了种族、民族、宗教、领土冲突的历史遗留，这是观察今天世界范围民族问题的出发点。他们利用一些社会的少数或者是少数民族或者宗教的少数来建立殖民统治，为这些国家埋下祸根，这是一个惯用的手法，而且一脉相承。为什么西方国家今天仍然喜欢利用别国的少数民族问题说事，这是帝国主义殖民时代延续下来的。只是这种殖民时代的传统策略，在今天包装上了人权、自由、少数人保护等很多现代的词汇在继续实施而已。

　　总之，西方殖民势力在全球侵袭中采取的上述"以夷制夷"、"分而治之"、区隔领土、制造飞地的殖民政策，是西方殖民主义留给世界多国民族、宗教、领土冲突一份至今未能消除的"历史遗留"。这是世界民族问题的第一种类型。

　　第二种类型，苏联解体的余波并没有完全消除。所谓没有完全消除主要是说苏联解体以后有很多后遗症的问题还没有得到解决。包括东欧剧变，特别是南斯拉夫经过几年的内战之后发生了严重的国家剧变，一直到2008年科索沃独立，这个国家的解体过程才算是基本消停。但是马其顿的阿尔巴尼亚人、罗马尼亚的匈牙利人等仍存在分离主义的组织和活动。从这个意义上来讲，苏联解体造成的独立风潮余波没有过去。

第三种类型与上述情况有直接关系，即1990年代以来世界范围的分离主义运动呈现一个多发的态势。在观察这个问题的时候，需要把握一个基本的规律性的运动。第一，在第一次世界大战之后，世界国家格局发生了重大变化。"一战"的结果伴随着一系列大陆性帝国的解体，包括奥匈帝国、奥斯曼帝国、沙俄帝国和德意志帝国，这些帝国的解体就使整个中东欧地区出现了一批新兴的国家，匈牙利、南斯拉夫、罗马尼亚、保加利亚等等，都是在第一次世界大战之后出现的。第二次世界大战结束以后，全球殖民体系崩溃，新兴国家数以百计地增长。在第二次世界大战结束以后国联体制只有50个国家，到20世纪70年代的时候世界有100多个国家，这就是我们前面已经提到的亚非拉民族解放运动，民族解放运动就是去殖民化的主权独立、构建民族国家的运动。从这两次"热战"的结果中，我们可以看出一个什么规律呢？帝国势力的解体，也就意味着民族独立、国家增多。现在面对的冷战霸权结构的解体，其标志是苏联解体或者说是苏联社会主义阵营的解体。如果我们排除意识形态的因素来观察这一现象，苏联虽然是第一个社会主义国家，但是在后来的发展过程中，特别是在与美国争霸世界的竞争中，已经回归到了一种传统的俄罗斯帝国的结构上去了。无论它在国内民族政策方面实行大俄罗斯化的东西，还是在国际上实行霸权主义的做法，都具有帝国性质，这一点是非常显著的。

苏联的解体，为什么引发了新一轮世界国家格局的变化？这和前两次"热战"的结果是一致的，帝国霸权势力的衰落必然伴随着一系列新兴国家的出现。在苏联解体之后，这个世界的结构发生了很大的变化，虽然没有与美国抗衡的其他霸权体制，但是全球化的经济社会发展，又在改变着世界政治格局，多极化的发展趋势日益显著。在这种情况下，未来的世界国家的数量是否会继续增加？这是一个很多政治学家都在观察和研究的问题。

在1990年以后，世界上出现了所谓"联合国无代表的国家和人民组织"，这个组织的主要发起成员中，就包括与我国安全直接相关的一些组织：达赖集团、"东突"势力、"台独"。这个组织现在吸收了世界各地的很多分离主义势力，包括科索沃和前苏联地区的一些独立运动组织等，当然也包括美国的夏威夷原住民运动等。这个组织成员在全球的分布相当广泛，不仅在发展中国家，而且也在发达国家。前面讲到民族问题的普遍性，不是指只有什么样制度的国家才有民族问题，而是说我们这个世界上几乎所有的国家都面临这样的问题，有的国家可能反映的程度弱一些，有的国家反映的程度强一些。这是一个全球或者全人类所共同面临的问题。

第四种类型就是恐怖组织活动猖獗，特别是在苏联解体之后，尤其是进入新世纪以来，比如说"9·11"事件的发生，恐怖事件的袭击越来越多。而且恐怖主义事件中绝大部分也与民族、宗教因素有关。比如说塔利班、"基地"组织这类恐怖主义势力，虽然并非谋求什么领土性的"独立"，但却是针对世界范围伊斯兰世界和西方基督教世界互动中出现的问题。当然，以恐怖主义的方式谋求独立建国，也是很多恐怖组织的共同目标。西方发达国家比较有名的在欧洲就是西班牙的"埃塔"，也就是西班牙巴斯克独立运动的一个极端组织。西班牙的巴斯克地区是一个自治区，巴斯克民族掀起的独立运动非常高涨，除了"埃塔"组织，该地区以巴斯克民族党长期执政的模式，通过议会斗争等方式一直在张扬分离主义运动。包括俄罗斯的车臣问题，直到今天，俄罗斯不断发生的恐怖袭击活动大都与车臣势力直接相关。在亚洲除了斯里兰卡泰米尔"猛虎"组织外，非常有名的就是菲律宾的阿布萨耶夫集团，一直通过恐怖袭击、绑架活动谋求棉兰佬岛地区的独立。巴基斯坦宗教极端主义的部落势力，这几年发展非常快，而且他们也宣称建立了一个自己的国家。这种部落势力聚居的山区非常落后，但是他们拥有最先进的武器。而这些地方涉及很多的资源，反对巴基斯坦国家与外国合作开发资源也是其目标之一，包括中国公司在巴基斯坦开发资源的经营活动，也遭到绑架或伤害。泰国南部的三个省是穆斯林聚居地区，这些地区的经济发展都和我们所熟知的泰国旅游地区不一样。随着西亚地区恐怖组织包括塔利班、"基地"组织对东南亚的影响，2004年以来泰国几个省出现了大量的暴力袭击事件，主要是袭击学校、警察署、公共设施。从图片上看到，年轻人非常多，当地缺乏就业的渠道，这是造成这些问题非常突出的一个社会原因。

第五种类型是新法西斯主义泛滥，主要是指西欧发达国家，西方发达世界。这种以"光头党"为代表的极端的法西斯主义，在西方社会是一股极端势力，这些"光头党"组织的标志虽然形形色色，但是基本上都是希特勒的那一套模式。为什么西方国家会出现这么多这种情况呢？这与西方社会经济发展低迷，尤其是与西方社会福利制度的衰落是直接相关的。这些国家一般来讲人口增长极其缓慢甚至是负增长，有的国家甚至出现了老人重新就业。劳动力，特别是服务行业劳动力缺乏，对劳务的需求也导致了在全球化进程中外来移民的不断进入，移民问题也越来越突出。这种移民包括了几种类型：一是劳务性的打工移民，二是战争难民、生态环境难民，当然还有技术移民、留学移民等。一些西方国家也经常会以国际义务的理念，收留战争、灾害等造成的移民。

我曾在瑞典一家华人店里吃饭，老板是越南的华人，1970 年代越南排华的那批船民漂在海上，联合国做出决议，要求一些发达国家收留他们，他就是在那个时候来到瑞典的。瑞典属于北欧社会福利最高的国家之一，社会保障体系健全，他的家庭得到了生活补贴、语言培训等照顾。他的夫人生了孩子，这个孩子就被瑞典社会福利免费抚养，对华人来说瑞典政府给予这个孩子的福利费用，足以养活他们全家。所以当他有了第二个孩子，也就有了做小买卖的资本，然后又生了第三个孩子，就开始从事餐饮生意，最后做成了今天那么大的华人餐厅。这像说故事一样，的确是这样的。

去年到瑞典去搞外宣的时候，也碰到华人，那是中央美术学院出去的，在外面办旅游，专门服务于中国旅行团。他也讲了一个故事，他的事业成功后，就把母亲接到了瑞典。但是瑞典的社会福利部门要求必须送进养老院。结果他的母亲在条件优越的养老院非常苦闷，语言不通，饮食不惯，电视看不懂，无法与其他老人交流。环境虽然非常好，但是受不了。这种僵化且优越的社会福利体制，由于被该国所接纳的移民的分享，使本来经济不很景气的状态加剧了，也加重了社会福利的负担。当然还有移民所承载的各种各样的文化、宗教信仰等人文因素。这也为新法西斯主义在民间蔓延创造了土壤。这种新法西斯主义"光头党"的重要特征就是奉行"白人至上"种族主义，排斥移民，反对政府的移民政策，成为西方国家极右翼政党势力政治竞选的民间基础。

这种"光头党"的现象在苏联解体以后在东欧地区逐步蔓延，一直到俄罗斯，当然这些国家都是经济社会转型的国家，所以他们的"光头党"一方面很排外，另一方面与黑社会组织也纠缠在一起。此外就是日本的军国主义，也属于新法西斯主义的范畴，日本的军国主义始终没有被彻底清算，"二战"以后美国人为日本人留下了这样一个法西斯主义的基础。

我们周边的国家近两年也出现了专门排斥中国人的新纳粹的暴力集团，这些组织虽然成不了气候，但是出现在周边国家也会对我们产生不利影响。出现的原因包括这些国家本身的发展问题，也包括民间贸易中假冒伪劣产品在社会上造成的不良影响，甚至包括同这些国家在开发资源方面的合作，以及民间交往中的行为规范等。这是值得注意的问题，周边环境的变化必然会影响到国内相关的地区。

第六种类型，1980 年代兴起全球性的土著人运动或者叫原住民运动，土著人运动他们自己有一个说法叫"第一民族、第四世界"，所谓"第一民族"就是在说在这个土地上我们是最早的，我们是先民，而且他们说的"第一民族"用的是"国家民族"这个概念，是这个国度的第一个国家民族。"第四世界"就是说他们处于所在国家的经济社会边缘。所谓的土著人并没有一个特别明确的定义，联合国发表了土著人权利宣言，对土著人的定义大体上是指在殖民者到来之前，他们已经在这个地方生存、繁衍，在殖民时代他们遭受了压迫和毁灭性的待遇。在当代他们处在社会的边缘。一般认为这类土著居民分布在 70 个国家和地区，主要指美洲大陆、北欧、澳新、南太平洋岛国等地区，约有 3 亿多人口。

现在土著人运动在澳大利亚、加拿大和北欧地区发展得比较快，而且也比较有名声。一些国家也以国家名义、政府名义采取向土著人道歉的方式来缓解矛盾，当然这些都是很象征性的做法。而且这种象征性也包括了一些标志性的现象，例如在在澳大利亚、新西兰、加拿大、挪威等国，你可以看到土著人的"国旗"与国家的国旗共同飘扬。这种承认是带有象征意义的，当然也是对土著人文化、生态环境和传统聚居地域的一种象征性权利的承认。（像我展示的）这张图片所示的土著人抗议活动，表达了谋求"生态主权"、传统的部落文化、抗拒现代社会的侵蚀这样一些理念。

在我国，受到国际土著人运动的影响最多的就是台湾，台湾的少数民族运动和国际土著人运动模式基本上是相似的。要求"生态主权"、"重返部落"和文化诉求、自治要求等。台湾太鲁阁公园就体现了太鲁阁族实施管理的模式，这也是实现"生态主权"的权利。总体来说，这一运动象征性的意义比较大，但是土著人经济社会的发展和传统文化的保护问题，是需要高度重视的事务。虽然国际土著人运动中包含了分离主义的要求和行动，但是还不构成国家裂变的威胁。

第七种类型就是发达国家移民问题，这个问题与前面讲到的新法西斯主义现象直接相关。新移民问题是一股方兴未艾的国际性浪潮，中国应该说是最大的移民资源国，随着国家经济社会的发展，除了历史上"下南洋"开始延续到1949年左右老的华侨华人的移民以外，1980年代以后的新移民数量已经相当庞大，现在在世界各地都可以看到新移民，而且新移民所面对的社会环境和老移民不一样。老移民是在唐人街自己的这个范围内生活，和主流社会的互动不是那么显著，也不给这个社会找什么麻烦，自己开店解决就业和生机问题。但是现在新移民就不一样，新移民既依托于唐人街这样的环境来解决吃饭问题，同时又要介入更多的社会领域。尽管如此，由于教育程度比较低的移民仍旧是主流，所以在适应移住国的过程中也面对着诸多问题和矛盾。其中非法移民问题也很突出。比如说福建的长乐就曾是非常有名的移民点。借债偷渡的现象也曾很严重，甚至出现偷渡不成功债主登门送钱的现象，也就是说只有把你送出去才能还我的钱。非法移民是困扰许多国家的问题，美国等西方国家尤甚。这方面的国家合作机制也在不断加强，而非法移民在移住国的境遇、教育、就业、子女等诸多问题都在产生日益增多的社会矛盾。

近些年来，新华人在国外也开始出现问题。其中因经济因素受到排斥的现象也不断增多。其中也包括华人自身的行为方式引起与当地的摩擦和冲突。例如，（我展示的）这些图显示的就是2004年发生在意大利米兰的一次冲突，也是近些年来华裔移民在外面发生冲突比较大的事件。这个案子到今年才开始宣判，这类问题实际上对中国来说会越来越多，因为中国人出去的会越来越多。而且这种现象也开始在我国国内出现，中间这幅图片就是发生在广州，黑人到公安局去抗议，广州的黑人是你们做人类学很好的研究对象。现在国内这类问题越来越突出；很多外国人都在中国打工，在广州、义乌这些地方，都已经形成了外国商人、打工者的聚居。另外，在一些少数民族地区的旅游地，如大理、漓江、桂林等地也出现了"洋人街"等聚居性的群体。这都属于我们应该去关注、研究的方向。

如果你的国家的国民成分比较单一，但是由于移民现象就会造成公民成分或者居民成分的复杂性，其中就包括了宗教、文化、行为方式、经营之道等方面的多样性，乃至这些移民与母国的联系。这就使得有些国家的国情，绝大多数都是多民族国家，其中就包含了以移民为主的多族群的国家，多族群国家我们一般是指像美国、澳大利亚、加拿大一类的国家，除了原住民以外，其他都是移民过来的。现在更多的国家面临了这种问题，相应的移民政策也成为这些国家必然要制定和不断调整的国家政策。

第八种类型是宗教矛盾加剧，主要是教族之间的冲突。典型的像印度的印度教与伊斯兰教之间的冲突。在全球范围，西方世界与伊斯兰教的冲突问题也越来越突出。近些年来，从丹麦的漫画事件，一直演化到去年以来美国的"焚经"事件，都引发了全球性的反响，一些西方驻外使馆被烧，甚至出现了暴力冲突。这与美国"改造伊斯兰世界"的行径直接相关，这也是美国等西方国家经常受到宗教极端主义组织恐怖袭击的重要原因。同时，在西方国家，穆斯林移民问题也是最普遍的矛盾和冲突之源，这与相关国家的政策都有关系。

这些问题的产生和发展都有一些历史背景，你可以追溯到很早，但是在 1990 年代以后高涨起来是不争的事实，而且至今仍在发展。西方人曾经在苏联解体之后有一些很乐观的判断，诸如"共产主义大失败"、"历史的终结"之类。但是，这些问题在 1990 年代爆发之后，并不限于前苏联地区的社会主义阵营范围，而是整个西方国家都面临这样的问题，包括民族分离主义问题。所以亨廷顿又提出了一个"文明冲突论"，即不同的宗教集团在不同分界线上发生的冲突。其中包含了一些我们观察今天冲突当中文化因素的内涵，但是这个理论创造的基点是建立在维护美国的领导地位所做出的推论，将其作为文明冲突的必然理由，是缺乏科学证据的。

第二个问题，世界既然是如此，那么对我国产生了什么样的影响？

首先，我们需要把握的是苏联解体这样一个大的背景。其次，随着经济全球化的进程，中国的改革开放事业在不断推动自身融入世界，我们受到越来越多来自国际社会的交互性影响，而这种影响当中包含了民族问题。最后，西方国家也在利用民族、宗教问题对我施加影响，那种从殖民时代开始利用少数民族来实施"分而治之"的做法，今天仍以现代的方式和理念继续，也就是我们说的"西化"、"分化"战略，西方不会放弃包括利用民族、宗教、人权等干预和影响中国的图谋。

从最突出的问题也就是民族分裂的角度来讲，1990 年代以来我国主要面对着"台独"、达赖集团、"东突"势力和不成气候的所谓"南蒙古运动"。这些主要依托于台湾地区和境外的四股比较成形的民族分裂主义势力，是我国维护国家统一、领土完整、民族团结面临的严峻挑战。

一是西藏问题。西藏问题是英国殖民主义留给我们的一个历史问题，包括"西藏独立"所依托的"麦克马洪线"都是英国殖民主义制造的。所谓"麦克马洪线"这个区域，就是（我展示的）黄色这个图片，这一块现在称为"印控区"。这条线是依着喜马拉雅山的山脊划分的，山麓南部的生态环境、气候条件非常好，资源也非常丰富。现在中印两国在谈判解决这个问题，但是非常艰难。1959年之后，达赖喇嘛及其集团在印度达兰萨拉栖身，形成了一系列流亡藏人聚居点，构建了一个所谓"流亡政府"继续实施政教合一的统治。达赖喇嘛最近又在释放"退休"的消息，因为明年3月份"流亡政府"要进行大选，大选之后他要完全退出政界，形成一个政教分离的态势来继续推动"西藏问题"国际化。这个说法无论真假，至少他是在为自己及其"流亡政府"消除政教合一的色彩做出安排。

1980年以前，这股势力并没有太多的影响，1989年他获得诺贝尔和平奖之后，开始在国际社会中频繁活动，影响力也越来越大。在西方国家包括东欧这些国家的议会当中，都有支持"藏独"的议员小组，当然也有与中国友好的议员组织。这些"援藏"组织经常会向议会提出关于"西藏问题"的议案，一旦议会通过了就会变成一种国际性的声明，向中国施加压力。

达赖喇嘛以其政教形象，加上诺贝尔和平奖得主的身份，在国际社会上的活动空间非常大，每年都频繁访问、游说、演讲，会见很多政要。我国在对外宣传中，也会组织中国藏学家代表团在国际上宣传西藏，我也曾经数次带队出访，与访问国的政界、学界、新闻界、学校等进行接触，通过各种方式介绍西藏的历史与现实，驳斥和澄清达赖喇嘛及其集团势力制造的各种虚假舆论，通过对西藏经济社会发展、生态环境保护、传统文化保护、宗教信仰自由等多方面的事实，向世界展示一个正在不断进步的中国西藏。但是，也必须看到，西方世界，包括一些发展中国家，由于意识形态、社会制度的原因，也由于达赖喇嘛在宗教和"和平主义"等方面的影响，我们的对外宣传仍面临着严峻的形势，这需要一个长期的过程。

西藏的问题为什么这么复杂呢？这不仅是由于达赖喇嘛这20年来在国际社会中产生的影响，而且在于美国等西方一些国家借助达赖喇嘛这个身份来实现其内政和外交的需要。一般而言，美国等一些西方大国的新任总统，都要把会见一次达赖喇嘛作为其施政的措施，一是把会见达赖作为一种象征和姿态，来彰显其政治理念和道义标准；二是要应对国内反对党的压力和迎合选民的心理取向；三是要通过这种方式对中国施加压力。所以，这种会见既包含了他们内政的需要，也凸显了其外交的方针。

无论是中美关系还是中欧关系，经济、贸易、文化等方面的合作是毫无疑问的。但是，在政治互信，甚至影响到军事交往方面，你搞中国特色社会主义他就是不能容忍，而且你还发展得很快，国际影响力不断上升。西方国家让次贷危机、金融危机搞得焦头烂额，你这边还在以平均8%的速度增长，这是西方人不堪忍受的事情。一定要通过一些话题来遏制、丑化、弱化中国，甚至达到"西化"、"分化"的目的。当然他们也很清楚，无论是中国的经济实力、政治治理社会的能力，谁现在想从中国搞出去一寸土地也是天方夜谭，但是他不停地要为此制造各种各样的舆论，制造一个不良的国内的形象，恶化你走向世界的国际环境，这也是对我非常不利的。

二是"东突"问题。所谓"东突厥斯坦"就是一个地理概念，并非一个国家概念。但是，由于近代泛伊斯兰主义和泛突厥主义思潮影响，1933年、1944年，在新疆地区两次出现过"东突厥斯坦"的"建国"事件。1944年成立的所谓"东突厥斯坦共和国临时政府"是在苏联直接扶持下出现的。当时，苏联的卫国战争进入反攻阶段，同时也在经营中亚地区，其中就包括了对中国新疆的觊觎。这个政权的消失是在1945年，整个反法西斯战争进入了新阶段，在这种情况下，美英苏大国搞的雅尔塔会议，要求苏联出兵中国东北，以结束美国深陷其中的太平洋战争。苏联当时的要求是如果要我出兵东北，中国政府必须承认外蒙古的独立现状。在大国压力下，蒋介石政府答应了这个要求，同时也提出了新疆问题，苏联随即撤出了对"东突厥斯坦共和国临时政府"的政治、军事和人员的支持，这个临时政府随即垮台。新疆地区的斗争纳入到了"三区革命"轨道，中国共产党的力量进入新疆，最终实现了新疆和平解放。

但是，历史上的这两次"东突建国"事件，培植了一批民族分裂主义势力，并在新疆和平解放之际跑到了土耳其、中亚等地。这些势力的境外活动，包括中苏交恶时期苏联对我新疆地区的渗透影响，使新疆地区一直存在着一些民族分裂主义地下活动。但是，1990年新疆巴仁乡出现的武装暴力事件，则揭开了集"三股势力"于一身的"东突"组织在境内制造恐怖事件、从事民族分裂活动的序幕。

随着苏联解体和中亚地区国家的重组，伊朗、土耳其"重新绿化"中亚的宗教影响，也使境外宗教极端势力的各种派别对我新疆地区产生了影响。加之新疆地区在经济社会发展当中总体上滞后，自治区内部的区域经济发展也很不平衡，传统的农业地区发展尤其缓慢，在这种情况下年轻人就学、就业问题也很突出，一些极端教派的诱惑，甚至包括"圣战"理念下产生的雇佣军市场，也使一些人跑到了西亚地区，在塔利班、基地组织中接受训练，有的在外充当雇佣军，有的潜回国内发展组织制造事端。还有一些人通过投亲靠友、就学、经商等渠道移住于土耳其、中亚地区、德国、美国等西方国家。这些人中既有组织化从事分裂中国的人，也有受雇参与"街头政治"的散兵游勇。

境外打着"东突"名义的各类组织名目繁多，有几十个。2004年，在德国慕尼黑整合出了一个组织，即所谓"世界维吾尔大会"，简称"世维会"，声称代表世界范围的维吾尔人。2006年，"世维会"推出自己的代表人物，即被称为所谓"维吾尔人民精神母亲"的热比亚·卡德尔。一些西方人也为此吹号抬轿，甚至为其谋求诺贝尔和平奖制造舆论，试图制造第二个达赖喇嘛。

三是"台独"问题。"台独"要分裂的是什么？是中国、是中华民族。我们所说的民族分裂，就是指分裂中华民族。在这一点上，"台独"的分裂对象和目标，与达赖集团、"东突"势力是没有区别的。"台独"的政治理念就是构建一个与中华民族相对的"台湾民族"，就是要建立一个与中华人民共和国相对的"台湾共和国"。因此，邓小平在回答记者关于两岸为什么要统一的问题时，深刻地指出：这首先是个民族问题，是一个民族感情问题，凡是中华民族子孙，都不希望分裂。我们在看待民族分裂这样的问题上，一定要站在国家民族的层面来看。达赖喇嘛是不是要分裂藏族？东突是不是要分裂维族？不是，他们都是要分裂中华民族。同时，我们也要看到，分裂问题不是少数民族的"专利"，汉族中的极端主义势力也会搞分裂。

"台独"问题应该说也是由来已久的问题，1945年日本人离开台湾的时候，就想制造台湾独立。国民党政权接管台湾后，率先打击的就是"台独"。可以说，一直到1990年代之前，"台独"势力在台湾是无法容身的。李登辉执政以后，开始迎合1986年出现的民进党的"台独"理念，特别是其再度以"民选"方式执政后，就开始制造"住民自决"、"两国论"等分裂活动，造成了台湾政治生态的显著变化，为民进党在所谓"政党轮替"中取得政权创造了社会舆论基础。陈水扁执政期间的"去中国化"等"台独"行径，使台湾民众的国家、民族认同发生了重大变化。

我们从台湾政大1993~2003年进行的10年民调中可以看出，在"台湾人"、"中国人"、"两者都是"选项中，"台湾人"的身份认同上升了33个百分点，"中国人"的身份认同下降了19个百分点，形成了巨大的"剪刀差"。这个变化非常大，这种变化就是和"台独"势力在推行的"文化台独"、"法理台独"、"街头政治"等各类"台独"活动直接相关。虽然"两者都是"这条曲线有起伏，但总体上比较平稳，一般来说应该属于"外省人"范畴，也就是国民党政府1945年接管台湾、1949年退居台湾时带过去的大陆人。目前，国民党执政，马英九宣示了"不独、不统、不武"的方针，但同时也表示两岸同属中华民族，应该说这是目前两岸最大的政治共识。这也是实现中华民族伟大复兴的题中应有之义，如果没有两岸的统一，就不能达成中华民族伟大复兴的目标。

四是不成气候的"南蒙古运动"。这也是与我的家乡有关的一个问题。之所以说它不成气候，一是这个组织在境外并没有更久远的历史基础或代表人物，它基本上是1990年代苏联解体后的产物，与脱离了苏联的蒙古人民共和国在国家重建为蒙古共和国过程中出现的极端民族主义直接相关，即一度宣扬"三蒙统一"等极端思潮有关。这个组织主要在欧洲、美国、日本开展一些"街头政治"性的活动，也极力与达赖集团、"东突"势力等纠缠在一起，2008年也加入了所谓"联合国无代表的国家和人民组织"，就是前面谈到的国际性的分离主义组织。

这些问题虽然都属于带有外部环境特点和国际关系互动中的一些复杂问题，但是都直接关系和影响我国的内政和外交，必须要重视。特别是这些组织通过在国际社会中制造舆论，谋求国际各种"援助力量"和美国等西方国家政界的支持，通过网络等传播渠道对我境内渗透影响，挑起事端、制造动乱，都会造成我国外部环境和内部稳定的恶性影响。比如说

2008 年拉萨"3·14"事件、2009 年乌鲁木齐"7·5"事件，都包含了外部环境的影响。但是，这些问题并不代表中国民族问题的主题，民族分裂主义问题只是中国民族问题中的一些突出现象，而不是中国民族问题的主题。

第三个问题，当代中国民族问题的主题。

当代中国民族问题的主题是与我国社会主义初级阶段的社会基本矛盾相一致的，即人民日益增长的物质文化需求与落后的生产力的矛盾。可以说，几乎所有的社会问题，都是在这个基本矛盾的作用下或影响下产生的，民族问题也是如此。民族问题的主题是什么呢？就是少数民族和民族地区迫切要求加快经济文化发展与自我发展能力不足的矛盾。所谓自我发展能力是什么呢？对一个地区来说，就是你的经济生产能力，特别是财政能力所保障的对社会各项事业的支持程度，当然还包括了管理、教育、科技，等等。对一个民族来说，那就是体现在人的发展方面的教育水平、劳动技能、竞争能力等。因此，无论是西部大开发还是加快少数民族地区经济社会发展，甚至是跨越式发展，都强调了增强自我发展能力这一目标。中央对这些地区不断增大的财政转移支付，东部地区对西部地区的对口支援，全国支援西藏、19 各省区支持新疆，都是为了解决这个矛盾。所以，西部地区、少数民族地区的经济社会发展，不是一个简单的区域问题，而是关系国家全局的重大事务，必须通过国家、发达地区的支援来实现这些地区的发展，解决中国民族问题的主题。由此也就决定了我国民族工作的主题：各民族共同团结奋斗、共同繁荣发展。

我国民族工作的主题所体现的关键词是"共同"。这种"共同"在目前就是国家的大力扶持、东部地区的无私支援、西部地区的自力更生，这是一个三位一体的共同机制。随着第二轮西部大开发战略的推进，随着国家"十二五规划"的实施，随着国家对西藏、新疆和其他自治区加快经济社会发展和各项事业进步的重大决策付诸实践，这种共同性将会在更广泛的民间社会层面展开，广东也承担很多的援藏、援疆任务。目的是什么？就是要让全国各族人民共同实现 2020 年的全面建设小康社会目标，使西部地区、少数民族地区在 2020 年达到全国的平均水平。这是一个非常重要的战略目标，是关系到中国特色社会主义现代化事业全面、可持续推进的关键环节，同时也是最艰巨的任务。

自改革开放以来，特别是西部大开发战略实施以来，西部地区，尤其是少数民族聚居地区的经济社会呈现了快速增长的发展势头。2005年以来，中国的五个自治区都分别庆祝了40年、50年、60年的建区庆典，展现了经济社会发展的显著成就和西部大开发以来的发展速度。其中，最突出的就是内蒙古自治区。内蒙古作为1947年建立的第一个自治区，从2002年开始实现了GDP年均20%的增长速度。去年我国整个国家是保8%，去年内蒙古干到多少呢？在这样一个大环境和金融危机的影响下也干到了17%。当然，随着我国转变经济发展方式的要求，最近内蒙古自治区也提出了以提高质量为导向的经济发展目标。以资源开发和基础设施建设投资型拉动的GDP增长，是可以实现快速增长的势头，但是这只是发展的一个标志，不能够代表科学发展观所要求的以人为本、全面协调的可持续发展内涵。关键是人的发展，这既包括民生的不断改善和生活水平提高，也包括体现地区、各民族人民自我发展能力的提升。从这意义上说，我们对西部地区的发展应该有一个更加清晰的认识，它的艰巨性不容忽视。

西部地区占整个国土面积75%左右，在西部12个省区中包括了5个自治区和若干个多民族聚居的省，几乎所有的自治州都在西部。也就是说西部大开发战略与民族区域自治地方的经济社会发展关系极其密切，如果从我国民族问题的主题、民族工作的主题视野来观察，西部大开发战略的任务，就是要解决这一主题。

西部大开发10年以来，少数民族自治区和多民族省的经济社会发展取得了长足的进步，但是从可持续发展的区域经济社会比较来看，我们从这些指标的图示中可以很清楚地看到，2008年以来的全国排名统计数据基本上就是这么一个状况。其中包括经济发展水平、社会发展水平、教育能力水平、科技能力水平、管理能力水平的排名，构成这些排名的基本指数下面都有注释。总体上我们可以看出，这些省区的各项指标，除个别指标外都处在全国的中下游和末端。可以说，经济社会发展任务十分艰巨，任重道远。

经济社会发展的滞后性，也必然反映在社会各项事业的自我发展能力方面。例如，从今年上半年结束的全运会的奖牌榜也可以看到，这些西部省区同样排在全国奖牌榜的中下游和末端。从发展的角度来讲，如果经济社会的基础上不去，你的公益事业、各项事业就不可能跻身先进行列。虽然我们在西部地区可以看到很多现代化的因素，特别是基础设施条件、城市建设等，比如在拉萨也是道路宽阔、高楼林立，但是这些高楼大厦与当地少数民族农牧民、普通市民有多少关系？他们可能一辈子都不会去五星级饭店。这些现代化的标志，当然也包括了发展旅游业，接待国内外游客的需要，但是应该认识到现代化不是靠这些物化的标志来支撑，而是靠惠及民生的发展质量来实现的。

在西部地区的这种两极分化、贫困与过剩问题和东部的比较，应该说也是非常突出的。中心城市中的消费过剩和农村的贫困，这是现实存在的现象。中国现在是不是现代化的国家？可能有各种看法。什么是现代化？中国是不是已经是一个工业化的国家？我们还是以农村人口为主的国家。在现代的城市，包括广州、北京这样的大城市，现代化的水平，后现代的行为和意识都在增长。但是对整个西部地区来讲，基本上还是处在前现代的状态。

西部地区整个人均收入我们也可以看出来，低于东部地区几乎是一倍。我们现在提四大发展区域，西部地区、东部地区、中部地区、东北老工业基地，在这样的比较当中，西部地区仍然是非常突出，它的贫困问题、教育问题、退耕还林和退牧还草后的转产问题、就业、医疗、社会保障等一系列的问题依然突出。中央对这些地方给予了大力支持，地方也实施了安居工程等定居化的行动，比如说藏族地区和其他的一些地区，我们从电视上也可以看到，盖了新房子，使用煤气、沼气或者是太阳能，但是惠及的社会面仍旧有限，而且实现安居、定居之后也还面临着转产、就业等现实问题，也就是自我发展能力的问题。

从整个西部地区来看，城镇的数量和容纳度也非常低，这些地方在未来实现跨越式发展的进程中，如何适应人口的流动态势，主要是农牧业人口向城镇转移和流动？跨越式发展意味着什么呢？意味着超常规、加速度的发展，这些地方在超常规、加速度的发展过程中会面临很多问题，并不是可以绕过去的，发展是有规律性的。比如说在东部地区，农民变成市民，但是他所经历过的农民怎么失去了土地，怎么转成了城市居民，怎么去就业，在西部发展过程中同样会出现这个问题。而你又在加速度地发展，也就意味着发展过程中所造成的社会问题更集中地出现。因为你要浓

千禾学人讲演录（第一辑）

缩这个发展过程，但是浓缩这个过程并不意味着发展中不可避免的问题会自然消失，也不意味着你更有能力去克服和解决这些问题。西部目前已经面临这个问题了。

比如说西部地区要保持生态，比如说退耕还林、退牧还草，农牧民集中到某一个县城附近定居，建立一个新村，国家有补贴。在这样的地方集中设立医疗点、教学点、养老点、解决饮用水等，这些条件比过去偏远、分散居住的境况当然要好很多倍。但是，这些重新定居的农牧民要做什么？国家可以补贴几年，甚至更长一些，但是总要就业吧。我的孩子就业做什么？是种地还是当工人？这个问题没有有效解决。包括生态移民的问题，都存在这样的问题，生态移民以后，虽然现在不缺吃喝，但是有没有可持续吃喝的生计？这样的话，你要发展西部地区的城市，扩大就业渠道，当然还有农牧民转产的技能问题。城市的发展也不是平地起高楼，城镇的形成涉及资源环境、市场、人口、交通等一系列条件，现有的城市是否能够容纳西部地区在加快发展过程中的人口流动问题，尤其是就业和生计的问题？西部地区的人口的内部流动，已经遇到了城镇化的制约和发展环境的问题，同时也包括更多内地的农民工等流动人口到西部谋生计的问题，在这种情况下就业的竞争能力、个人适应城镇化、服务业等就业渠道的能力就会显现出比较优势，对少数民族流动人口来说还包括语言条件、劳动技能、行为方式、价值观念、宗教信仰、生活习俗等一系列现实问题。"3·14"事件也好，"7·5"事件也罢，为什么会出现这样的问题？在观察这类问题时，除了对境外势力的渗透影响给予重视外，我们也要从自身发展中去找原因，其中当然包括了生计、就业等方面的问题。

西部也有排第一的时候，西部的环境水平排第一。当然，大家看一下这个指标的指数是怎么构成的，是排放强度、大气污染。排放强度和大气污染意味着什么？工业污染程度低，没有排放。居民也没有普遍地使用塑料袋、电冰箱、空调等排放性家电。虽然你去西部地区，可以感受到空气清新、天空蔚蓝、星空低沉，但是这也表现了这些地区工业化程度低。虽然这些地方的环境水平很好，可是生态水平、环境抗逆水平却又返回到了原有的排名状态，居于全国中下之列。生态水平是指环境要素的变异性，显示了生态环境的脆弱性。抗逆水平则是人工和自然修复能力，这些数据表明西部地区的一些生态环境一旦破坏，你的修复能力很低。这就是在西部加快发展当中，普遍存在的重大问题之一。在这种情况下，加快发展、跨越式发展，都有一个用什么模式来发展的问题。是推动大型的工业化还是劳动密集型的产业化，还是科学发展观所要求的人与自然协调的可持续发展？什么能够支撑加快发展？加快发展不仅是GDP的增长速度，而是要解决自我发展能力的提升问题，其中财政能力就是地区自我发展能力的重要指标。财政能力的上升，意味着你创造着更多的财富。这种能够积累和提升自我发展能力的产业是什么？这都是西部发展当中需要探索的问题。

从总体来讲，西部地区的生态环境问题也是制约当前加快发展、跨越式发展的一个问题。我国目前的草原，主要分布在内蒙古、青海、新疆、西藏这些地区，但是基本上都属于退化型草原；全国的荒漠化土地也主要集中在西部地区；加之全球气候变暖等大环境的影响，冰川消融、雪线上升，都属于对未来影响重大的生态危机。这些问题都需要我们特别去重视。解决西部地区、少数民族聚居地区的发展问题，必须探索因地制宜的发展道路，而不是简单地把东部的发展模式、发展经验和方法移植过去就可以立竿见影。必须要在西部地区考虑到两个大的环境，一个是生态环境，一个是人文的环境。

第四个问题，对中国民族事务和民族问题的几点思考。

一是关于中国的民族事务、民族工作和解决民族问题的制度与政策，都具有我们自身的特色。在解决民族问题方面，我们有一个制度，即《中华人民共和国民族区域自治法》保障的国家基本政治制度之一，自治区域自治制度。但是，目前对这个制度应该也存在诸多质疑。特别是"3·14"事件和"7·5"事件之后，国外评论、国内舆论中有一种认识，即认为这套制度失败了。对这个问题，我有不同的看法。

在认识中国民族问题方面，一定要把握中国的历史和国情，中国之所以成为一个统一的多民族国家，有独特的历史。在今天中华人民共和国这样的土地上，古人类的遗体数以百计，旧石器时代的遗址数以千计，新石器时代的遗址数以万计，说明什么呢？这一块土地，从远古开始就是一个多样性人群、多样性文化起源的地方。

中国古代的国家观念是天下，天下有"五方之民"，即东夷、南蛮、西戎、北狄、中华夏。金庸把"五方之民"的格局和观念用得最好，学术界反而关注不够。"五方之民"的观念产生于先秦时代，它不仅是中国最古的民族志，而且当时就提出了非常先进的一种治世的理论，即和而不同的理念，就是"修其教不易其俗，齐其政不易其宜"，也就是古代所说的因俗而治，也可以理解为今天所说的因地制宜。这是先秦时期，百家争鸣、诸子百家留下的重要观念遗产。这里面体现了中国文化的精粹底蕴，指出了构建统一的多民族国家的治世之道。因此，我们需要把握在中国形成和发展过程中的三个关键词，一个叫"天下统一"，一个叫"因俗而治"，一个叫"和而不同"。

观察中国的历史，包括我们所说历史上的分分合合，大家最熟悉的是三国演义。三国演义的魏、蜀、吴是分裂时期，应该属于古代汉族割据政权范畴。但是，所谓三国谋求的是什么？谋求的是天下，谋求的是统一。少数民族入主中原目标同样是天下统一，这个观念在中国各民族当中渗透得非常深。秦汉、隋唐、元朝、清朝这四次大一统格局的形成，都包含了"四夷"的成分，甚至是主导作用。秦国的西戎之属、唐朝的北狄血统、元朝的蒙古族、清朝的满族，即便是北魏、辽金、西夏，也是统一能力不济形成的割据格局。你说这些朝代搞民族压迫政策，人分四等，对古代社会来说哪一个朝代不搞民族压迫政策？哪一个朝代没有战争？没有什么奇怪的，古今中外都是如此。在这个问题上，我们要把握一个基本的大势，而不是说纠缠在某些历史细节上。

二是西部大开发和解决民族问题。前面我们已经谈到了，西部大开发和我们解决民族问题的进程是直接相关的，不是一个简单的发展。而西部这个地区除了前面讲到的经济社会发展方面的滞后性外，本身又是国家能力的战略接续区，同时又是生物多样性、文化多样性的富集区。从生物多样性的资源来讲，西部地区分布得最多，种类也最多，在全国的自然保护体系中，国家级的自然保护区域在西部分布最广，面积最大的自然保护区都在西部，因为这是关系到整个中国乃至东亚地区整体环境的自然基础。国家为什么要花75个亿去保护三江源，这不仅因为它是"中华水塔"，而且它关系到很多周边国家的环境问题。生物多样性的基础就是物种的多样性。生物多样性是维护生态平衡的基础，这是一个公理。同样，文化多样性为什么一定要引起冲突呢？文化多样性应该成为维护世界和平、国家和谐、民族和睦的基础。

三是反分裂斗争的确是任重道远。2008 年和 2009 年出现的恶性事件使我国的反分裂斗争达到了高潮，出现了一种高峰。当然，这些事件的发生与境外分裂势力的策动、渗透直接相关，但是也包括了我们在发展中存在的问题。在内地每年数以万起的各类群体事件，也可以导致诸如图片所示的这种打砸抢烧的场景，前面我讲到除了民族、宗教、政治这样的影响因素之外，从经济社会的角度来观察的话，这些图片和内地所出现的群体事件没什么区别。但是像"3·14"事件这类在西藏地区和其他藏族聚居地区多点爆发，僧人带头走上街头实施暴力并张扬"西藏独立"，则突出了这一事件的特点，这是需要我们去研究这个问题的时候，特别予以关注的。必须要综合看待这个地方的历史和现实。

乌鲁木齐事件也是如此，乌鲁木齐事件之后有一个反弹，即当地汉族民众武装上街报复，这就是非常危险的事情。这就使这一问题变成了族别性非常清晰的冲突，这种族别性的冲突是最危险的，对社会的影响、民族关系的影响都很严重。在这方面，我们要关注出现这种恶性事件的国际环境，西方国家不能容忍中国特色社会主义取得如此辉煌的发展成就。利用你内部存在的各种问题来施加影响、挑起事端，是境外各种反华势力必然的策略，所谓"西化"、"分化"、"弱化"、"丑化"就是如此。

事实上，在我国周边、整个国际社会当中，的确存在图谋分裂中国的种种设计，这些"六块论"、"八块论"的"画饼充饥"，都反映了分化中国的图谋。所以对这个问题不可小视，必须引起高度重视，历史遗留给我们的民族问题尚未消除，西方国家延续的源自殖民时代的谋略仍在继续，我国的反分裂斗争依然任重道远。

四是要迎接这个挑战。出了这样一些问题，对民族区域自治制度、民族政策提出质疑、怀疑，甚至否定，或者把这些制度和政策比做"苏联模式"，以苏联解体来套中国，这都不是科学的态度。苏联解体包括了解决民族问题失败的原因，但不是唯一的原因。甚至可以说是在其他原因作用下造成的后果。早在 20 年前，苏联解体的悲剧发生后，国内舆论中就出现了对我国解决民族问题的制度和政策的"苏联模式"说，这些话语 2008 年后再度出现高潮，其中也包括了借鉴美国等国家的"族群化"、"文化化"等"去政治化"的新药方。但是，这些说法不符合中国的历史国情和现实国情。任何一个制度的确立，不会立竿见影地产生制度设计的优越性。西方国家发表《人权宣言》数百年了，是不是就不存在人权问题，或者已经实现了充分人权呢？世界上还没有一个国家敢于声称自己已经解决了人权问题。人权实现程度在不同国家存在着差异，这是与各个国家的经济社会发展、国民教育水平等一系列因素直接相关的。且不要说我们整个国家还处于人均 GDP 百名之列的现状，就我国社会主义制度的优越性、民族区域自治制度的优越性而言，没有丰厚踏实的经济社会发展成就的支撑，就无法解决包括民族问题在内的所有社会问题，制度的优越性就不可能得到有效发挥。所以，邓小平同志曾说过，实行民族区域自治，不把经济搞好，那个自治就是空的。我们现在进行西部大开发，加快少数民族地区经济社会的发展就是解决这个问题，只有切实提高少数民族自治地区的自我发展能力，才能使民族区域自治制度的优越性得到充分的发挥。

这一点，对我们整个国家和发挥社会主义制度的优越性来说也不例外。这就是坚持"发展是硬道理"、创造良好的外部环境和加快自身发展的原因。邓小平同志在改革开放以后，提出了一个什么样的问题呢？到2050 年，当中国达到了中等现代发达国家水平的时候，那个时候我们才有资格说我们是在搞社会主义，这个意思就是说，那个时候我们制度的优越性才能比较充分地体现出来。当然，我们的社会主义基本政治制度已经设计出来，现在的改革开放叫制度的自我完善，这种完善当中当然就包括民族区域自治制度。这是需要过程的，不是说你设计出一个制度，宪法里写了，就意味着实现了。几乎在所有国家的宪法中，都写着反对种族歧视、实现民族平等这样的理念，但是这并不意味着这些国家都实现了这些宪法理念，包括西方发达国家也是如此。

在涉藏、涉疆的斗争当中，我认为要把握一条，内因是变化的依据，外因是变化的条件，这一条哲学原理没有改变。某一些关系到国家利益斗争的时候，会更多地强调境外的影响。但是最后解决这个问题的时候，采取的是什么呢？中央第五次西藏工作座谈会，召开全国援疆工作会议，召开新疆工作座谈会，这些座谈会解决什么呢？就是解决自己内部的问题。所以必须要把握这样一个原则，政治和学术的互动过程中，从国家的角度讲一方面要应对一时一事的挑战，另一方面必须要立足自己内部的实际来解决问题。而这一点正是学术研究可以发挥建设性作用的着力之处。国家一再强调坚持和完善民族区域自治制度，这不是一句空话，通过经济社会的加快或跨越式发展，来为制度设计创造物质支撑，为发挥这个制度的优越性创造条件，这是非常实际和重要的步骤。

前面我已经就跨越式发展做了说明，我想进一步强调的是，第一，这种发展不可能是一个简单的东部经验移植；第二，我们要避免区域性的GDP增长掩盖下的人的发展问题。自我发展能力，包括区域的经济的自我发展能力，也包括西部地区、少数民族地区各民族人民的自我发展能力，说得最简单的一点就是你的就业能力、创业能力，这些问题都是需要我们特别注意的问题。

在这种发展当中我们面对的问题很复杂，除了生态、文化、教育。10月份我和欧洲人权委员会官员对话时，他们第一个问题就是关于青海藏族学生上街游行问题，即针对青海省教育部门关于落实国家教育规划纲要提出在五年内实现以汉语教学为主的双语教学。对这件事情，我不知道大家怎么看，事实上这就是因地制宜的问题，学习和掌握汉语文对所有的少数民族来说没有障碍和抵触。但是，他们同样关心本民族语言的学习和传承。如何在里面找到这个平衡，你要因地制宜，要从当地的社会语言环境、少数民族人口聚集程度等因素出发去进行设计，而不是想当然地"一刀切"。同时，这类问题也未必与政治有关，广东市民上街"挺粤语"，反对削弱广播、电视中粤语比例，这是同类的问题，也是中国在发展进程中各民族普遍遇到的问题。各个民族在这种经济社会发展的过程中，这个问题都会越来越突出。

在这一点上，我们在推进西部发展方面，必须坚持中央所要求的，问政于民，要考虑各民族人民的心理承受能力，这是中央十七届四中全会里面讲得非常明确的。如果地方上在推动发展过程中，想在简单的几年内就实现某种想象的目标，那你就要为这个社会留下后遗症。在西部的发展方面，今后如果大家做西部的研究性的课题，我觉得从大的方面一定要把握住这种态势，一定要因地制宜。一方面我们讲共产党是最讲实事求是的，另一方面我们也存在不从实际出发的现象，因地制宜就是最大的实事求是，就是从实际出发制定政策。在未来国家对西部大开发的政策实践中，国家的扶持、东部的支援、当地的自力更生，都要从实际出发来设计规划，这样才能使扶持和支援落在实处，也就是落在有利于西部地区自我发展能力提高和长治久安的实处。

我想强调对民族问题的看法，要对它的长期性、复杂性有充分的认识，民族问题不像其他社会问题，比如说人口问题国家制定了国策，只生一个孩子，有一套计划生育的政策。那这几十年这个问题就立竿见影了，就有成效了。你的人口就按照每一年千分之几的比例就控制住了，人口学家就能够根据现在控制的情况去推测下一年、未来十年的人口结构，甚至推测老龄化什么时候到来，你的人口红利什么时候失去，这些都可以计算出来的。但是民族问题不是可以推算的，比如还会不会出现类似"3·14"、"7·5"这类恶性事件，恐怕学界回答不了这个问题。由于民族问题与各类社会问题相交织、相作用，其复杂性特别强，而且是相当长期的，在不同的历史阶段、社会发展阶段有不同的反应。包括西方发达国家仍然存在分离主义、独立运动、文化冲突，甚至会出现突发性的严重冲突，这都表明了民族问题、宗教问题的复杂性与长期性。旧的问题解决了，新的问题接踵而至，在经济全球化推动下的世界，移民现象方兴未艾，民族大千世界正在不断加强、加深日益密切的互动关系，移民的触角在全球范围内延伸，移民承载的语言、文化、宗教、价值观念、行为方式也在更广泛的社会领域改变着各个国家的面貌，在这种适应和交流中，摩擦势必也会日益增多。

中国第六次人口普查数据公布之后，我相信会展现一个我国各民族人民交融互动的新格局。比如说在1990年第四次全国人口普查的时候，北京是唯一有56个民族成分的市，到2000年的时候，有18个省区。六普的数据出来后，可能全国绝大部分省区都有56个民族的成分。这表明什么呢？中国各民族在民间和社会更大范围地融散。但是，对整个西部地区来讲，本地区从农村流向城镇的速度会加快，西部地区、少数民族离乡离土地向东部流动的规模也在不断扩大，这实际上都是人类学民族学要关心的非常有意思的课题，这些国内各民族人民的流动，会在更广泛的层面、更广阔的社会环境中构建民族关系的新格局。在这种交流互动中出现的问题，不仅会影响到当地，也会影响到他的家乡。这些问题的复杂性需要我们在研究中加以关注和有所体会。

最后，对解决中国民族问题的政策体系、制度安排是好的，而且也是具有先进性的。但是，这种良好的、先进的制度和政策，需要通过经济社会的发展来逐步发挥优势。如果各民族、各地区存在着显著的经济社会发展的差距，你去谋求或要求一个统一的认同，这是不可能的。我们说要构

203
民族问题：世界与中国

建公民社会，公民社会不是想象的那么简单，诸如取消了身份证上的族别印记，是不是就实现公民认同或没有民族问题了呢？中华民族认同的基础是各民族一律平等，如果说这一平等理念我们已经在政治上、法律上得到了保障，那么就要在经济上、文化上也要得到实现，这样才能使各民族不分你我地交融在一起，相互尊重、相互吸收、相互认同，共同认同中华民族。实现这一个过程，是民族国家构建的长期任务，少数民族认同中华民族，汉族认同中华民族的基础首先是各民族之间的相互认同，实现各民族的相互认同，就要按照中央构建和谐社会提出的要求"尊重差异、包容多样"，但是要践行这八个字很不容易。但是我们能提出这几个字，也是很了不起的。

谢谢各位！

**主持人**：谢谢郝时远教授。因为时间关系，等一下要赶七点钟的飞机，没有时间提问了。时间过得很快，讲座信息量非常大，从国内到国外。我想，大家还是可以提几个问题的。

**（提问）**：我想问教授一个问题，台湾跟大陆签署协议之后，虽然在短期之内会有贸易上的联系，但是从长期的发展来讲，经济上会更加受到大陆的牵制。有学者认为这样会牵制台湾民主的发展，受到大陆的影响会更加多，就会削弱台湾民主对大陆……

**郝时远**：这样分析的观点我也曾经看到过，大陆利用经济杠杆来牵制台湾。在发展两岸关系当中，经贸合作是目前条件下最有力的推动方式，当然还有不断加大的文化和民间交流，但是经济的确是密切两岸关系的重要因素。至于说在两岸现行的政治体制下，至少大陆不会用我们的政治理念、民主认知去对台湾说教和施加影响。两岸在中华民族这一认同框架内讨论未来，我们还有"一国两制"这样的制度设计和港澳实践，所以并不存在对台湾的民主事务产生影响的问题。

**（提问）**：去年新疆乌鲁木齐事件的时候我刚好在西北的穆斯林社区调查，所以我感触很深。为什么新中国成立 60 年了，前 30 年经济各方面是比较差的，社会也是比较不开放的，但是民族间的矛盾没有像今天这么激烈。你刚刚提到民族的主要问题还是经济问题，如果按现在的标准来说现在更有条件来解决这些问题，为什么民族的矛盾会更加激烈呢？我想听一下您的意见。

郝时远：改革开放以后对我国的民族问题发展态势，我曾经概括为"增多趋强"，增多就是数量在增多，趋强就是表示的烈度，为什么会出现这种趋势？有两个原因，改革开放以后我们在经济体制方面的变革，促进了各族人民之间市场化的交流。而这种交流的密切程度越大，因相互适应而产生矛盾的概率也越高，这是毫无疑问的。但是只有在这样的磨合当中，才能相互理解，真正建立起尊重差异、包容多样的心态并付诸实践。所谓趋强的问题，就是1990年代以后，的确国外的影响力随着整个国家的开放呈现了多渠道的进入。包括西方现代性的理念，比如生态保护、文化保护、人权等，这些因素既有利于我们自身的发展，同时也成为境外各种势力借题发挥的话题。这些事物传到了国内，有些人也会打着这种旗号出来组织、模仿和参与这种活动。观察这类问题要从我国和世界的整体环境的变化出发，人际交流、族际交流、国际交流在改革开放前都是有限的，所以不能用过去我们相对封闭的状态来进行比较。

（提问）：某位教授曾经讲过，今天的民族政策或者今天大谈特谈民族问题，恐怕更多的是和今天"吃民族饭"的专家有关系，请问您对这个问题是如何理解的？

郝时远：首先，他自己也在"吃民族饭"。说这样的话，其实有些不负责任。人类学、民族学、政治学、社会学等学科，无论对我们这个多民族国家还是民族大千世界，都具有重要意义。面对事实上存在的民族事务、民族问题这是不可回避的，它关系到国家、民族的利益，必须有人去研究它，对中国来说就要有成熟的民族研究专家来从事族际事务的研究。

其次，我们的确也有很大的民族事务机构，也有民族教育体系在培养知识分子，来实施民族工作的管理，这个也是非常必要的。没有少数民族教育水平的提升，没有出现一批他们自身的精英，这个民族也是没有希望的。如果从事民族工作、民族研究都属于"吃民族饭"，那各个领域、各个学科也都是"吃某某饭"。所以我不赞成这种说法。如果说他觉得不应该"吃民族饭"的话，他首先就不要去"吃"，做出一个榜样。

主持人：谢谢！今天非常感谢郝时远教授在百忙之中来我们这里演讲。也谢谢各位的光临！

# 学术话语权与中国社会学<sup>*</sup>

## ——历史和现实

郑杭生

**嘉宾简介：郑杭生** 中国社会学会会长、北京市社会学会会长。中国人民大学社会学教授、博士生导师。教育部人文社会科学百所重点研究基地中国人民大学社会学理论与方法研究中心主任。著有《中国社会结构》、《二十世纪中国的社会学本土化》、《中国城市社会结构——现状、变迁及发展趋势》等。

---

\* 本文系根据郑杭生教授 2010 年 12 月 28 日在中山大学千禾学术论坛上的演讲整理而成。

**主持人周大鸣**：各位老师，各位同学。今天很高兴请到中国人民大学的郑杭生教授来参加千禾学术论坛。郑杭生是原来社会学会会长，现在是教育部人文社会学科百所重点研究基地中国人民大学社会学理论与方法研究中心主任，一级教授。郑先生的著作很多，我就随手拿了三本：《中国特色社会学理论的探索》、《中国特色社会学理论的拓展》、《中国特色社会学理论的应用》，郑先生还编过教材，发表过很多文章。他强调社会学在中国不仅仅是理论的研究，强调社会学在中国的应用，从理论的研究一直到应用，这是郑先生一直推行的。郑先生对中国社会学的发展有很重要的贡献，尤其是学科的发展，包括对中山大学社会学的发展，都有非常大的支持和帮助。

今天郑杭生所讲的是他还没有发表的一篇文章《学术话语权与中国社会学：历史和现实——以费孝通学术历程为例》。下面欢迎郑杭生先生讲话。

**郑杭生**：非常感谢周教授的介绍。今天非常高兴有机会到社会学与人类学学院跟大家一起研讨。刚才说了这个话题叫"学术话语权与中国社会学：历史和现实——以费孝通学术历程为例"，今天就这个问题做一些研讨，在研讨之前想稍微介绍一下自己，不是说有多少头衔。因为大家每一次碰见都会问几个问题：一、关于名字。我姓郑生在杭州，所以叫郑杭生。二、关于我的年龄：远看五十几，近看六十几，仔细一看七十几，大家就知道我的年纪了。三、关于我的头发，我们学校有一个历史学家，他说我是蒙了"不白之冤"，什么意思呢？他问我：你这个头发染过没有啊？我说没染过，是爹妈给的，是原生态的。他风趣地说：杭生，你是蒙了"不白之冤"。但准确地说，我应该是"不白无冤"。我就介绍这三点，也许大家有更深的印象。

今天关于这个题目我想讲几个问题：

一、权利与权力，学术话语权的实质和类型。

二、中国社会学百余年争取学术话语权的历程。主要是以费孝通先生的学术历程为例。

三、在理论自觉的基础上攀登学术话语权制高点。

在讲之前我有一个小引。在小引里面我想强调几个意思：

1. 话语权在社会生活当中无处不在。现在我觉得媒体、政界、商界、学界都有各自的话语权。各个学科，比如说政治学、经济学、社会学、传媒学等等，也有自己的话语权。日常生活当中也有游戏规则的规定，甚至喝酒有喝酒令的制定等，这都是话语权的体现。总之，凡是有人群交往互动的地方，话语权无处不在，无时不在。话语权是社会生活当中一种非常普遍的现象。大家想一想是不是这样？

2. 话语权是一种最重要的软实力。谁把握了话语权，谁就使自己处在相应业界、相应领域的思想、知识和行动的引领地位上。大家知道话语权之一的规则制定是什么吗？就是规则的制定权、规则博弈当中的胜负，我认为有时候它的作用胜过一个军团。这叫软实力转化为硬实力。

举一个例子，前段时间在一个企业社会责任的会议上碰到中国银行的副行长，他参加过制定国际银行运作规则的会议。在这个会议当中，西方的人提出来说要废除中国的图章，以签名为准。如果这个规则被通过，中国要遭受多大损失？如果图章废除了之后，就产生各种各样的问题，经济的利益损失不说，还有其他的各种损失，所以我们的代表都说不能取消。从中国历史到现实，图章对于防伪有作用，他说我也不说你西方有多大的优点，但是防伪这一点上绝对比你签名好。中国签名谁都能签，图章就不是了。类似这样的作用有时比几个军团都厉害。

上面我讲的是一般的话语权。我今天着重说说学术话语权，特别是社会学的学术话语权。

3. 学术话语权是最典型、最系统的话语权。我们首先从学术话语权的含义和类型入手，以大家熟悉的费孝通先生为中国社会学争取学术话语权的历史和现实为案例，做一个剖析。最后对如何在理论自觉的基础上努力攀登学术话语权的制高点，提出几点看法。

4. 正确把握学术话语权的重要意义。正确把握学术话语权是中国社会学"理论自觉"最深层的要求之一。深入探讨、全面分析学术话语权及其在中国社会学百余年历程中的体现，对进一步提高学术话语权意识，提升理论自觉度水平，促进社会学学科健康发展，构建中国特色、中国风格、中国气派的社会学理论和方法，对于推动中国社会学从世界学术格局的边陲稳步走向中心，让中华民族、中国人真正在学术上、理论上站起来，都有重要的理论意义和实践意义。

以上几点都请大家批评指正。

现在说第一个问题。

# 一　权利与权力：学术话语权的实质和类型

## （一）作为"权利"和"权力"统一的学术话语权

话语权中的"权"有两重词意，既指权利（right），也指权力（power）。

"权利"指某种资格或能力。它可以是硬性的权利，也可以是软性的权利。社会学上把法律、纪律等视为硬控制手段、硬规范。硬性的权利是通过法律的形式予以确定和表述的，并且是与义务相互制约的。社会学上又把风俗、道德、信仰、信念等视为软控制手段、软规范。软性的权利是由这些软规范加以表述和支撑的。但是不管是硬性的还是软性的，权利内含了行动主体的自主性，即行动主体能够做出或者不做出一定行为，以及其要求他人相应做出或不做出一定行为的许可与保障。因此，权利是一个行动主体拥有的自主性、选择性，意味着一种资格或能力，也意味着他的义务和责任。一般来说，学术话语权是一种软性的权利，因而是一种软实力。

"权力"，在社会学意义上一般是指社会主体控制和影响他人、使他人按照一定方式进行活动的能力。权力同样可以是强制性的，也可以是非强制性的。传统上，强制性曾被视为权力的基本特征，也是体现权力的主要方式。今天，权力的非强制性特征越来越受到重视，非强制性权力的运用也变得更为常见和有效。权力是一种非常丰富的社会现象，其内涵是多重性的和多侧面的，权力的表达既可以是刚性的也可以是柔性的，权力的类型既包括物质的、有形的，也包括无形的、思想的和符号的。一般来说，学术话语权是一种柔性的权力，因而也是一种软实力。

无论是权利还是权力，都离不开社会主体的行动过程，这也决定了权利与权力之间的现实联系。譬如，行动者的自主性、选择性以及动机、意图，等等，既可以表达自己的资格或能力（权利），也可以表现为对他人的控制和影响（权力）。同时，由于行动者面对的时空场所、社会情境以及体制和制度环境的具体性，行动者对自我资格或能力（权利）的显示，或对他人施加控制和影响（权力），也会作出具体的调节。再者，社会行动总是在一定的社会关系网络中展开的，每一个行动者的权利表达或权力反应会发生相互作用和反馈，从而形成互换的和互构的过程。

再进一步，还可以从主客关系、己人关系来分析上述的权利和权力。大体可以说学术话语权中的"权"对己和对人是不同的：对己是权利；对人则是权力。即是说，"权"有两个方面：权利着重指行动者自我作为主体所具有的行动自由；权力则着重指主体对客体施加的影响。"权"的这两种含义，既不能混淆，也不能割裂。权利（right），即"对己是权利"指行动者主体的资格，表现为主体有资格、有地位、有能力说话，也就是有"权利"说话。没有话语权利，可以是指主体没有资格说话，没有资格提出话语，或者是指说话的资格被人为地忽视、取消甚至剥夺。权力（power），即"对人是权力"指行动者主体对客体的支配性的影响，表现为说话有某种权威、起特殊作用，有一种让人听从、服从、不容反驳的影响力。而没有话语权力，是指话语没有权威能让人服从、依从，或者是指话语权力人为地被忽视、被取消甚至被剥夺。

总之，所谓"学术话语权"，简要地说，就是在学术领域中，说话权利和说话权力的统一，话语资格和话语权威的统一，也就是"权"的主体方面与客体方面的统一。这可以看做对学术话语权的简明的规定。

下面我们就分别考察一下作为"权利"和作为"权力"的学术话语权。

## （二）作为"权利"的学术话语权

学术话语作为权利，是一种以学术话语的方式所表现的权利。在实际中，它有不同的形式和类型，例如创造更新权、意义赋予权、学术自主权等重要的方式和类型。

**创造更新权**。所谓创造就是通过自觉的探索，产生出人类生活中未曾有过的事物的过程。创造总是开创性的，创造也意味着发明。创造对人类社会有深远的影响。同时，创造与更新是离不开的。所谓更新意即变更、变革、革新，也是常说的除旧布新。创造可以带来更新，对既有事物进行改造也会带来更新。因此，创造和更新被视为最能够体现人的自主性和能动性的一种不同寻常的能力。

更新是一种赋予创造性的过程。同时是不易的。我 1981～1983 年在英国布里斯托尔大学留过学，进修现代西方哲学和社会学。在布里斯托尔这个城市中有个叫 Michael Hill 的小山很有名。因为它是中世纪教会执行火刑的地方。当时教会规定祷告必须在教堂进行，随着工商资本的发展，大家都十分忙碌，所以有人主张在家里进行祷告。这部分人，当时就被正统的教会认为是异端，一抓住就押到 Michael Hill 的小山去当众烧死。就是那么一点点更新，也要付出这样沉重的代价。

创新被一些学者视为某种特殊类型的社会主体的典型行为。譬如，创新理论的率先提出者熊彼特（J. A. Schumpeter）即认为，企业家是创新的主体，企业家的独特任务正在于打破旧传统，创造新传统。他甚至认为，比起其他类型的人来，企业家更加以自我为中心，有征服的意志和证明自己比别人优越的冲动。[①] 这就把创新理解为特定个体或群体所独有的行为特征，是一种特殊的资格和能力，也可以说，创新被特权化了，被视为一种特别的权利。这里，指出创新理解为一种特殊的资格和能力是对的，但是把它只说成企业家的特权是不对的。

无论是创造还是更新，都要依赖于长期的知识积累、深入体验和反复实践，需要人们艰苦卓绝的探索。学术话语的创造和更新，要有特殊的学科专业基础，不是随随便便就能做到的。它主要以学者和学术团体为创造更新的主体。我前面说过，谁把握了这一权利，谁就有望使自己处在思想、知识和行动的引领地位上。

**意义赋予权。**意义赋予是人们对自然、社会、精神现象等给予判断和解释，并通过话语、符号的方式来显示其中蕴涵的道理、价值、象征、作用。意义赋予到处可见，今天下午我参观过你们的博物馆（人类学博物馆），从石器时代、青铜时代一直下来，周（大鸣）教授就捡回来好多石头，这些石头一般人看来不过是石头，但是在专家看来，这些石头是非常有意义的，你说这个石头是春秋战国时代的，当时曾经是生产的主要工具，你这样一赋予，这个石头就成为无价之宝。所以意义赋予特别的重要。意义赋予反映了主体与客体的关系，同时也反映了进行意义赋予的社会主体的动机、意向、意图、思想、观念等。

在学术话语权中，意义赋予权发挥着独特的作用，是学术话语权的一个重要体现。人们所赋予的意义总是指向事物或现象的深层，是蕴涵其中

---

① 〔奥〕约瑟夫·熊彼特：《经济发展理论》，商务印书馆，1991，第82～104页。

而尚未展开的基础性的、原则性的判断和解释。这类论断往往构成了对事物或现象的暗含的、隐性的核心论断。因此，意义赋予对于思想、理论和行动不仅具有前提性意义，而且以隐性的、"形而上的"、"演绎的"方式涉入了一个社会所倡导的价值体系和制度体系。这样，意义赋予发挥了一个潜在的"脚本"的作用，引导出预期的行动结果。

**学术自主权**。从社会行动的角度来说，可以将学术自主权理解为特定的学术主体在话语行动中的主体性、自主性、自抉性和能动性等资格或能力。

首先，主体性及主体性意识是学术自主权的基本要素，它是对自我作为利益主体的自觉化，从而使主体自我利益转变为自觉的利益意识并通过话语行动进行表达。其次，自主性及自主性意识是另一个要素，它保证了学术话语在社会行动的关系网络中自主展开和与不同主体的彼此互动，从而形成了话语行动的框架，话语行动的制度安排。很大程度上，说什么、谁来说、怎样说由这一框架来确定。再次，自抉性及自抉性意识同样是学术自主权不可或缺的构成。当今，话语资源的库存在迅速增加，对各种话语进行甄别、选择和使用极其必要。学术自主权作为一种以"学术方式"进行的话语实践，也体现为对话语的自抉意识和驾驭能力。最后，能动性意识决定学术自主权的可持续性。学术自主权是与话语的生产、创新和传播能力相联系的，这不仅要求通晓既有的话语库存资源，而且需要对之进行积极的、能动的反思，调整和修正其中的不适、偏见或谬误，以更新旧的阐述和解释，提供新的话语文本和系统。这种积极的能动性意识使学术自主权具有持续推进的活力。

## （三）作为"权力"的学术话语权

学术话语权作为一种"权力"，体现了权力的非强制性特征。运用权力的这一品质来传递符号、思想、知识、信息，能够以柔性的无形的方式来弱化强制和压力，消解权力可能引发的反感和敌意。这一过程造成了一种结果——行动者似乎是出于自我意愿而作出的选择，这就使权力具有了合法性，从而提升了权力的吸引力，降低了权力的代价和成本。在我们看来，作为权力的学术话语权，主要有指引导向权、鉴定评判权、行动支配权等类型。

**指引导向权**。指引导向权是指运用学术话语对思想和行动予以制约和规定，从而有效地影响（甚至左右）行动的取向及过程。指引导向权的关键功能就是将思想付诸行动、使话语进入实践，将最初的假设、预言演变为符合话语主体意愿的行动取向，使学术话语的"自我实现"得以完成。

指引导向权的运用前提，在于建构起一个因果性的逻辑链条。这一过程至少包含两级建构：第一是初级建构，即通过学术的生产和制作，概念、命题、象征符号和系统阐述等，形成学术话语体系；第二是次级建构，即学术话语的传播、复制以及再生产，使社会成员得到认可、接受并引发共鸣，由内在的思想形态外化为态度和行动等实践形态。两级建构的方向是相逆的：初级建构为"上行"方向，即由下至上的过程；次级建构为"下行"方向，即由上至下的过程。上述建构过程既使指引导向权获得了必要的前提，也使指引导向权的作用得以实现。在学术话语的指引导向权方面，西方经济学提供了一个典型。早在古典时期，经济学就以对经济现象的理论构想来影响和建构现实的经济过程，这也就是将"述"（阐述）转变为"行"（行动），使"述"与"行"合为一体的过程，也可称为"述行性"（performativity）。当代西方经济学理论对国家、市场、社会生活的"述行"和"嵌入"已大大超越了古典时期。事实上，整个西方社会科学都有很强的"述行"和"嵌入"能力。相对而言，中国文化和社会思想注重自然、自在和自足的品性，崇尚"贵无"，"以无为本"，因此侧重于初级建构和"上行"，而失之于次级建构和"下行"，思想被视为"在于"社会之中，而不是"嵌入"社会之中。这就弱化了学术话语的指引导向能力。所以我们要注重加强指引导向这一种学术话语权力，要加强社会科学的"述行性"。最近我们出版了一本叫《中国古代社会思想史新编》的新书，主要发掘这方面的思想，例如"知行并重"、"知行合一"中包含的此种思想。

**鉴定评判权**。所谓鉴定评判是指人们通过对特定对象（人、物或社会现象等）的优劣、是非、利害的区分或鉴别，对其价值、意义作出的评定。因此，鉴定评判权是指运用学术话语形式进行价值性判断，并将判断结果予以发布的权力。鉴定评判权表达了话语主体对实际影响的诉求。通过这一过程，话语主体确定了肯定或否定、赞成或反对、倡导或批评的结论，传递了"应当如此"或"必须如此"的重要信息，因而产生影响人们思想和行为的效果。

鉴定评判权体现在对于特定对象的评定，因而必须建立一个价值性的评价体系，然后以此为依据来展开鉴定评判的过程。由于鉴定评判权涉及对被评判对象的优劣、是非、利害等作出评判，为使评判结果获得合法性和正当性，这一权力及其运用过程的权威性非常重要，这主要体现在：主体权威性，即实施鉴定评判的主体具有权威身份；话语权威性，即鉴定评判过程应使用权威性的学术话语；机构权威性，即组织实施鉴定评判的机构应具有权威性的社会地位；等等。

**行动支配权**。这里的行动支配权是指通过学术话语，对社会生活领域形成无形的渗透性影响，从而达到对社会行动过程的支配性和控制性效果。也就是说，行动支配权是学术话语权所发挥出的一种实际的控制力量。话语主体以学术的方式表达了对行动的概括和解释，区分了社会行动的合理类型与不合理类型，明确了哪些做法是"应当"的和"必须"的，哪些则是"不应当的"和"要避免的"，从而引导出了一种结果："'让'什么'发生'，'让'什么'不发生'。"[1] 这就实现了学术话语权对社会行动的支配。

同时，我们说学术话语的行动支配权也是一种控制力量，这种力量具有持续性的特点。因为，"让"什么"发生"和"让"什么"不发生"不是一次性完成的，而应当是多次的、不断的。社会行动本身有着这样一种质性，即社会行动是一个"绵延的流"，源源不断的行动结果汇成了社会现象的持续系列。也可以说行动支配权的持续性能力正是来自社会行动的这种质性，对行动的可持续控制保证了行动可预期的结果。

稍微小结一下：与其他权力不同的是，学术话语权的行动支配效果并不是强制性的，而是以柔性的方式来实现的。学术话语向社会成员提供了话语、文本，以及符号、象征、价值观系统等共享性的资源，以共有的知识形态传递了对行动的指令，这就使得遵循和服从成为出自思想和内心的过程。因此，这种柔性方式在很多情形下是更有效力的行动"律令"。

以上种种话语权的类型，也体现在中国社会学百余年的历程和轨迹

千禾学人讲演录（第一辑）

---

[1] 〔英〕安东尼·吉登斯：《社会的构成》，生活·读书·新知三联书店，1998，第39页。

中。下面，我们就来看看第二个问题。

## 二 中国社会学百余年争取学术话语权的历程

明白一个问题的历史，是做学问很重要的一个方面。如果没有历史，一般来说就没有根基，缺乏底蕴，就不可能有持久的学术生命力。

从严复19世纪末20世纪初译述斯宾塞的《社会学研究》开始到正式出版其成果《群学肄言》算起，中国社会学已经走过一百多年曲折之路。如果以1949年新中国成立为界，它也已经经历了前期和后期两个时期。在这两个时期，中国社会学各辈、各派中的代表人物，在大力推进社会学本土化、中国化的过程中，在创造学术话语、把握学术话语权方面，走过了从不自觉到自觉的长期探索之路，积累了许多经验和教训，需要我们认真梳理、总结和提炼。

### （一）中国社会学前期的进程

#### 1. 初创阶段的初步尝试

中国前期社会学又可以以1919年五四运动为界，大体分为引进初创阶段和本土发展阶段。

在中国社会学引进初创阶段，严复（1854～1921年）和章太炎（1869～1936年）等即在社会学本土化和学术话语创新方面，进行了初步尝试。这里以严复为例。严复的尝试，主要表现在他对"群学"概念的定名和界定上。严复把斯宾塞的《社会学研究》创造性地翻译为《群学肄言》，开始了以"群学"来命名社会学的历程，他并在《译序》中对群学做了明确的界说，将群学看成一门研究社会治乱兴衰原因的揭示社会所以达到治的方法或规律的学问（学科）。严复对"群学"的命名和界说体现了以下的特点，第一，充分体现了中国由来已久的"经世致用"学术传统："故学问之事，以群学为要归。唯群学明而后知治乱盛衰之故，而能有修齐治平之功。"[1] 第二，严复力图为社会学在中国的生长寻找一定的思想基础，这个基础主要是中国传统文化中的荀子之学尤其是荀子关于群体的思想。第

---

① 严复：《〈原强〉修订稿》，载卢云昆选编《严复文选》，上海远东出版社，1996年第1版，第20页。

三，严复强调，斯宾塞的《社会学研究》与中国的《大学》、《中庸》有相通之处。应当承认，严复将社会学视为对社会治乱兴衰的探讨，既兼顾了社会的变迁问题又涉及了社会的秩序问题，发挥了意义赋予、指引导向等作用。我本人的社会学主导观点：社会学是研究社会良性运行和协调发展的条件和机制的综合性具体社会科学（1985年），就是在严复思想启发下加以发展而形成的。

然而，严复以"群学"一词代替社会学的做法在他以后并没有流行开来，他力图使社会学思想与儒家文化相融合的做法也未获得他以后的社会学者的普遍认可。原因何在？在我们看来，19世纪末和20世纪初以后的中国社会，现代因素不断增加，白话文得到了大力的推崇，文言文表述方式日渐式微，从日文版翻译而来的以"社会学"定名的著作日益增多。在那种情况下，"群学"一词因其古典味太浓，严复的译著又是以文言文译成，加之中文里的"群"一词与西方社会学所使用的"社会"一词含义上存在着一定的差异，故"群学"一词自然难以流行开来。另一方面，更重要的，19世纪末和20世纪初以后，伴随着中国社会结构的变迁和转型，千百年来对中国社会发生了深刻影响的儒家文化开始不断地暴露出它的缺陷和不足，儒家文化的主导地位开始动摇，尤其1919年五四运动后，儒家文化遭到了学术界的猛烈批评，在这种背景下严复那种试图使社会学思想与儒家文化相融合的做法也就很难得到中国社会学界的认同了。这里应该引以为训的是：严复看重传统，开发传统，但未能真正超越传统；他力图站在时代前列，也曾引领时代潮流，但未能真正与时俱进。

### 2. 发展阶段的大力推进

在1919年后的本土发展阶段中，中国社会学逐步形成了两大阵营的四个学派。这就是以李大钊、毛泽东、陈翰笙等为代表的马克思主义学派，以梁漱溟、晏阳初为代表的乡村建设学派，以孙本文为集大成者的综合学派，以吴文藻、费孝通为代表的社区学派。他们都对社会学本土化、中国化作出了各自的贡献，大力推进了本土社会学的发展进程。这里限于篇幅，我们以费孝通的社会学历程为例加以说明。费孝通经历了中国社会学早期的发展阶段，又经历了后期56个年头（1949～2005年）的全过程，非常具有典型意义。

费孝通对中国前期社会学所作的贡献，我认为，是他对社会学中国化所做的卓有成效的工作。他提供了影响广泛而深远的社会学中国化的具体成果和代表作：《江村经济》[①]（1939年）与《禄村农田》（1943年），《生育制度》（1947年）与《乡土中国》（1948年）等。正是在这些著作中，他提出了一些有原创意义的学术话语，"乡土社会"、"差序格局""生育制度"以及"双轨政治"等。这些现在都成了中国社会学界的集体记忆，成了我们宝贵的学术资源。他的《江村经济》对社会人类学"文野之别"的界限的相对化，把原来以"初民社会"、"野蛮社会"为对象的研究推广到对"农业社会"、"文明社会"的研究，受到了他的导师马林诺夫斯基的肯定和赞扬。由于上述这些著作很早就有了英文版，它们所表达的学术话语也很早就有了国际影响。这些学术话语，几乎不同程度地发挥了所有类型的学术话语权——创造更新权、意义赋予权、学术自主权与指引导向权、鉴定评判权、行动支配权的作用。

当然，由于时代和个人学术背景等方面的局限，上述著作也存在一些缺陷。对中国社会近代以来所发生的变迁，《乡土中国》显然反映不足。费孝通当时已经意识到了这一缺陷。同时《乡土中国》采用功能学派的观点和方法对中国社会结构进行剖析，缺乏阶级分析的观点和方法，因而难以揭示乡土中国社会结构的本质。同时应当看到，由于中国社会的急剧变迁，现在中国早不是20世纪30～40年代费孝通那时的"乡土社会"了。"乡"和"土"都发生了深刻的变化。费孝通生前也在不断反思。如果现在还用那样的乡土观念来剪裁当今的现实，无疑是不行的。这里我们要着重学习他的并不是那些关于当时社会现象的具体论断，而是他的精神实质，费孝通观察问题的理念、方法。

### （二）中国社会学后期的进程

费孝通在新中国成立之后，曾为呼吁恢复社会学学科而受到极不公正的对待；即使是在社会学学科被取消的27年中，他也仍然通过民族学、人类学曲折地为社会学默默地工作着；在1979年社会学恢复重建之时，又作

217

学术话语权与中国社会学

---

① 该书是以费孝通1938年春通过的博士学位论文为基础出版的。原论文题目是《开弦弓：一个中国农村的经济生活》。1939年Routledge书局出版该书时，易名为《中国农民的生活》。20世纪80年代中期，戴可景将该书译成中文，由费孝通定名为《江村经济》。"江村"是费孝通为开弦弓村所起的学名。1986年江苏人民出版社出版了该书的中译本。

为领军人物，受命于危难之际，发挥了无人可以替代的历史作用。为了分析的方便，我们可以把费孝通在社会学恢复重建后在 1995～1997 年正式提出"文化自觉"为界，分为前 15 年、后 10 年两段。可以认为，在正式提出前是一种自发的"文化自觉"，正式提出后则是自觉的"文化自觉"。

### 1. "文化自觉"提出前的努力

"小城镇理论"话语的意义赋予。社会学恢复重建后，费孝通不仅提倡调查研究，而且身体力行。费孝通四访江村时，"特别看到了农村的发展与小城镇建设的密切关系"。所以，1982 年决定调查研究作为农村经济、政治、文化中心的集镇。在他的论证下——也就是意义赋予下，"江苏小城镇研究"被列入国家社会科学六五重点课题。通过实地开展小城镇研究，费孝通写出了《小城镇，大问题》、《小城镇，苏北初探》等一系列著名论文，形成了他另一个著名的有中国风格的社会学理论：小城镇理论。随着农村改革的步步深入，小城镇及乡镇企业的蓬勃兴起，在这一理论的指引导向下，社会学界对小城镇的研究也形成了前所未有的高潮。

"中华民族多元一体"论的指引导向。1988 年秋，费孝通在香港中文大学作讲演，发表了《中华民族的多元一体格局》这一著名论文。2003 年出版了由费孝通主编的《中华民族的多元一体格局》修订本，在介绍该书时，把主要论点概括为 3 条，其中第一条是：中华民族是包括中国境内 56 个民族的民族实体，并不是把 56 个民族加在一起的总称。因为这些加在一起的 56 个民族已结合成相互依存的而不能分割的整体，在这个民族实体里所有归属的成分都已具有高一层次的民族认同意识，即共休戚、共存亡、共荣辱、共命运的感情和道义。这个论点后被陈连开引申为民族认同意识的多层次论。多元一体格局中，56 个民族是基层，中华民族是高层。这些内容可以看做对"中华民族多元一体格局"理论的意义赋予，是费孝通"半个多世纪以来研究中华民族结构的一个高度概括"①。这个理论至今仍然是我国民族工作的框架和指导，具有高度的指引导向和行动支配作用。

### 2. "文化自觉"提出后的追求

"文化自觉论"话语的多重作用。费孝通正式提出"文化自觉"是在

---

① 陈连开：《中华民族多元一体格局》修订本跋，《中南民族学院学报（人文社会科学版）》2000 年第 1 期。

1997年。但这不意味着是那时突然提出的。这期间有一段酝酿的过程。费孝通85岁，即1995年后，写了大量的回顾反思文章，从那些文章看，费孝通事实上已经开始了自觉的"文化自觉"历程。这些回顾反思文章是他一生经验的总结，毕生智慧的结晶，对我们后学来说，具有很强的启发意义。自那以后，费孝通多次论述"文化自觉"，不断强调"文化自觉"。"文化自觉"是他在生命最后差不多十年时间中所念念不忘的论题。他集中指出了探讨"文化自觉"不可或缺的五个主要方面，即"文化自觉"的内涵、使命、目标、艰巨性、重要性以及达到"文化自觉"的途径。这些对中国社会学的"理论自觉"提供了多重启发。正是在文化自觉论的总题目下，费孝通进一步提出了"社会学传统界限扩展论"①、新型文化文明观等新的话语。

"社会学传统界限扩展论"的震撼作用。在这一理论中，费孝通在肯定"社会学是具有'科学'和'人文'双重性格的科学"的大前提下指出：社会学的价值，不仅仅在于这种由科学性决定的"工具性"，还在于"社会学的人文性，这都决定了对社会学应该投放一定的精力，研究一些关于'人'、'群体'、'社会'、'文化'、'历史'等基本问题，为社会学的学科建设奠定一个更为坚实的认识基础"。社会学传统界限扩展论，可以看做费孝通回应世界社会学反思、重建的潮流，而做出的一种具有鲜明中国特色的贡献。保持"科学"与"人文"适当的平衡，相互借鉴，对一个国家社会学的繁荣是非常重要的。同时，费孝通的观点，在把社会学当做经验科学、以某种新面目出现的实证社会学实际上占主流地位的中国社会学界，具有振聋发聩的作用。随着和谐社会和科学发展观的提出，费孝通观点的重要性会更加突出。

"新型文化文明观"的巨大活力。费孝通在《重建社会学与人类学的回顾和体会》等文章中说过四句极具美感而又含意深刻的话语："各美其美、美人之美、美美与共、天下大同。"费孝通的这四句话十六个字，实际上提出了一种有中国气派的、符合时代精神的、切实可行的文化文明观，它告诉我们应该如何去对待、处理不同文化、不同文明之间的关系。它贯穿了和谐对话、双赢互利的内涵，表达了与西方强调文明冲突不同的

---

① 这一理论集中表达在费孝通《试谈扩展社会学的传统界限》一文中，见《北京大学学报（哲学社会科学版）》，2003年第3期，第5～16页。

文化文明观念。这种新型的文化文明观，随着现代性全球化趋势不可阻挡地扩展推进，随着我国综合实力的增强、影响的扩大，将会越来越成为文化文明关系中的主导话语，实现自己的话语权。

费孝通是个与时俱进的学者，他根据当代中国的实际情况，在对过去反思的情况下，提出了一些表现新理论的新学术话语，恐怕我们对这些问题的认识还不够，特别是他提出的社会学具有科学和人文两重性质的"社会学界限扩展论"、新型文化文明观等更需要我们充分地加以再认识。

应当指出，费孝通的学术案例只是中国社会学百余年历程的一小部分。但是即使这样，也已表明：中国社会学在推进学术本土化、把握学术话语权方面的进展是有成绩的，是值得我们加以珍视和发扬的。上个月（2010年11月）在伦敦经济学院纪念费老诞辰百年的学术会议上，我曾指出，费老代表中国社会学的一块丰碑，一条轨迹，一个时代，也代表中西学术交流和沟通的一座桥梁。费老的著作最早是用英文写的。作为后辈，我们也应该在学术话语权上做出适合自己时代的努力。

下面，我们就来看看第三个问题。

# 三 在理论自觉的基础上攀登学术话语权制高点

历史和时代给我们学界提出了新的更高的要求，这就是掌握更多的学术话语权，并在理论自觉的基础上努力攀登学术话语权的制高点，使中国人不仅在政治上站起来了，而且在学术上也真正站起来。这是中国社会学从世界学术格局边陲走向中心的一条必由之路。

为此我们需要进行这样几方面的建设性的反思批判。

## （一）认真总结中国社会学百余年历程的重要启示

上述以费孝通的理论为主要案例的中国社会学百余年历程已经向我们表明，凡是在学术话语权上有所创造更新的，都有这样的经验可依、轨迹可循。概括说来，大体有这样三个方面：首先，有正确的路径。这就是"立足现实、开发传统、借鉴国外、创造特色"。处理好其中包含的三种关系，即社会学与中国社会现实的关系、社会学与中国传统学术的关系、社会学与国外，主要是欧美社会学的关系。其次，有广阔的视野：立足本土，超越本土；看重传统，超越传统；汲取西方，超越西方；把握时代潮流，坚持与时俱进。最后，有理论的自觉：虽处边陲，不甘边陲；主动地担当创新责任，而非被动地亦步亦趋；力争成为自己理论的创新者，而不甘只做西方理论的捐客。中国社会转型的广度、深度，是前所未有的，为我们创造了这样的现实条件，也使我们能够在新历史条件下承继我们前辈社会学家的宝贵学术遗产。

## （二）充分认识学术话语权对社会生活的重要作用

要增强学术话语权意识，除了把握它的实质和类型，还要了解它的重要作用，以及我们在这方面的相应存在的问题。学术话语权的实际作用是多方面的：社会发展的引领、社会现象的解释、社会实践的建构、判断标准的制定和学术规则的设置等，就是其中的几个主要方面。

对社会发展的引领作用。社会科学家以科学和理性的语言发布社会蓝图，并对社会现实进行批评和引导。自西方启蒙运动以来，依托于生产力、科学技术和社会科学的领先地位，一个新兴的社会群体——西方知识分子——勃然而起，迄今已历数百年。他们以明确的使命感构建和阐述西方的社会理想，发布和传播西方的学术话语，并论证其全新性、进步性、"普适性"的价值。这应当是西方学术话语能够对社会发展发挥引领作用的主要原因。这一过程也确立了西方学术话语的强势地位，从而在学术话语上逐渐形成了一种东西方结构性的不均衡格局。对西方学术话语的崇尚也就成了较为常见的心态。改革开放以来，我国加快了对西方先进科学技术的学习、引进和移植，社会科学也经历了相类似的过程。在学术话语方面也出现了盲目"与国际接轨"的倾向，是否接受和使用西方学术的新话语是对一个学者的学术能力进行评定的尺度，也是对其学术观点是否正确、合理和具有权威性进行鉴别的尺度。这种倾向严重抑制了自己对学术话语的生产、创新和确立的能力。客观地说，目前，西方学术话语占主导地位的实际处境仍然没有改变，我们还要做出巨大的努力。

对社会现象予以解释。对社会现象进行解释是学术话语权的又一个重要作用。通过学术话语的解释，使特定社会现象的意义、价值以及真伪等显露出来。这一过程可以产生不同的结果：它既可以使某一对象获得真实性、合理性和正当性，同样道理，也可以揭示或说明另一对象的虚假性、不合理性和不正当性。不仅如此，在解释某一社会现象的意义、价值以及真伪的过程中，学术话语也加强了其本身的真实性或真理性。因为，如果一个学术话语所陈述的内容具有真实性和合理性，这一话语本身也就具有了真值性，也可以说它自身就是真实的。学术话语相对于自然科学来说，对社会现象的解释更为复杂。社会现象是与人们的精神现象和心智结构相联系的，是在社会行动过程中建构起来的，并且是社会主体之间互构关系的产物。社会现象因而是具体性的、特殊性的、多样性的和非重复性的，这也进一步凸显了学术话语对于社会现象的解释的重要性。话语主体的学术能力和技巧，对概念、命题、方法的把握和运用，对专业信息和文献的掌握，对特定对象的研究和阐述等等，都会影响到学术话语的使用效果。所以，学术话语对社会现象的解释作用仍值得我们深入研究。现在我们在这方面还做得相当不够。

对社会实践进行建构。社会实践可以有多种多样的建构结果，既可能是对立、冲突的，也可以是和谐、合作的。在我们看来，学术话语权对社会实践的建构性表现在三个层面，即社会层面、个体层面和心理层面。与此相应，学术话语权对社会实践的建构机制分别是制度化机制、社会化机制、心理偏好机制。从社会的角度而言，学术话语通过对社会系统的制度和规则的建构，形成社会行动的秩序体系（制度、规范、法则等），与此同时，学术话语对于社会价值体系的合法化作用，推进思想导向与行动过程的反馈和互构，从而促成对社会生活的安排。从个体的角度而言，学术话语向社会成员提供多种共同的资源，如话语、符号、象征系统等，这些共有的知识传递了共同行动的指令，这些无形的资源融入个人的内心，成为人格系统的组成部分，使得遵循和服从成为自然的过程。从心理的角度而言，学术话语在人们的内心偏好、心理定式、行为倾向方面的作用是无声的、渗透性的。借助话语、符号、象征系统等的广泛传播和复制，形成了社会性的熟悉过程，逐渐培育起习惯性的心理定式和行为倾向，熟悉和习惯能够增进人们对某类信息的偏好和亲和感，从而影响人们对知识和信息的选择和过滤。偏好机制是一种持续的心理机制，在特定的时空条件、社会情境和信息源的刺激下，偏好机制会自发启动，对特定的刺激源主动地作出选择或排斥。在这三方面的建构中，我们同样还要做出巨大的努力。

提供价值判断的标准。学术话语权的影响力不仅体现在它所确定的学术研究、思考和对话框架，也体现在它所提供的进行肯定或否定的评判标准。也可以说，学术话语权本身就内含了对于价值判断标准的诉求。一方面，学术话语权必然表达肯定的意见，譬如对于某类话语或社会现象的肯定，确定其具有的真实性、合理性。与此同时，学术话语权也表达了否定的意见，即认定另一些话语或社会现象等的负面性质，并对其表示不赞成。这种否定性的价值判断将产生排斥后果——这意味着某些话语或社会现象是不符合价值尺度的，是不可以说的或不可以做的，因为它们不具有合理性和正当性，没有使自己得以成立的理由和依据。学术话语权的价值判断标准在内容和形式上很广泛，比如，真与假、是与非、对与错、科学与非科学、先进与落后等的判断，都与之有关。在这方面，我们往往自觉不自觉地接受西方学术话语权导引出来的价值判断标准，而很少问个"为什么"。

制定学术活动的规则。学术话语权，实质上也关系到学术活动的规则以及体制、秩序这样一个问题。学术活动也是在一定的社会关系和社会网络中展开的，这些关系和网络体现了学术的共同体，其中也有集体性或群体性的活动规则。学术话语权对于学术活动规则的形成和制定有着重要的作用，可以说是对学术活动进行的"立法"。学术活动规则的功能范围是很普遍的，除了表现在对真与假、是与非、对与错、科学与非科学、先进与落后作出区分，还涉及对正常的与不正常的、规范的与失范的、健康的与病态的等划分界限。在学术领域中会涉及所谓真问题与假问题的讨论，即哪些问题是真实的、有意义的，因而是可以成立的、可以研究的，哪些问题是虚假的、无意义的，是不成立的、没有研究的必要。这一讨论实际上设置了学术的门槛，也是一种研究的可进入性，将影响到后续的学术活动——提出概念、划分类型、命题陈述、方法运用、理论阐述，以及话语和文本等能否被认可、被接受。所以，规则是一种十分特殊的软实力。用奈的话来说，软权力不仅仅是文化实力。软权力有赖于议程制定和吸引力。[①] 奈还认为，如果一国能够建立与其社会一致的国际规范，它就有可

---

① 〔美〕约瑟夫·奈：《硬权力与软权力》，北京大学出版社，2005，第157页。

能更少改变自己，而且无须使用强制性的硬权力从而降低自己的代价。①因此，规则本身十分重要，某种意义上甚至可以说是一种战略性的资源。学术话语权涉及的学术活动规则，有着明显的现实含义。现在我们学界在制定学术规则上的影响还不是很大。

从上面的论述中，我们可以看到学术话语权的重要——它是一种无形的实力，是非常珍贵的社会资源。没有学术话语权的学术，注定是平庸的没有强大生命力的学术。

### （三）深刻领会学术话语权与理论自觉的正相关性

理论自觉是学术话语权的前提。争取学术话语权的问题与提升理论自觉度的问题是正相关的，可以这样说，中国社会学的理论自觉提升到什么程度，中国社会学对学术话语权的把握和争取也会到什么程度。过去我们往往是自发的理论自觉，在笔者 2009 年正式提出后的自觉的"理论自觉"。今后还要不断增强对理论自觉的再自觉，提高理论自觉度。现在，在某种程度上甚至可以说，中国社会学进入了"理论自觉"的新阶段，即自觉的"理论自觉"的阶段。这是因为，"理论自觉"范畴一经形成和提出，就有这样那样的方法论意义，其中之一就是既为回顾，又为瞻望，也为观察中国社会学的成熟度，提供新的概念工具、新的理论视角。用这一观点来回忆笔者近 30 年的社会学历程，可以这样说，社会运行论、社会转型论、学科本土论、社会互构论、实践结构论等的提出和论证，其实都是"理论自觉"的一个一个的轨迹点、支撑点。这些理论都是运用世界的学术眼光，立足中国的社会现实，开发中国的传统学术资源，借鉴国外的社会学前沿理论，对自己进行反思，对别人加以审视，从而提炼自己特色的结果。而这样的提炼过程也不能不导致一系列学术话语的提出，例如"社会运行"、"社会转型度"和"社会转型势"、"社会学世界格局"、"社会互构"等。

理论自觉是将费孝通的文化自觉从一般的文化领域贯彻到特殊的社会学理论领域。因此它们既有联系又有区别。一方面，"理论自觉"同样也有自己的内涵、使命、目标、自己的艰巨性、重要性以及达到"文化自

---

① 参见约瑟夫·奈《硬权力与软权力》，第 118 页。

觉"的途径。正是在费孝通的启发下，笔者相应地对中国社会学的理论自觉做了五点说明①。另一方面，社会学理论自觉的内容、实现途径又不是完全相同的。例如，我们认识到，首要的理论自觉是自觉到我们的目标是世界眼光中国气派兼具的中国社会学，而不是西方社会学某种理论的中国版。又如实现"理论自觉"的主要途径，我们联系中国和国际的实际指出了这样几个方面：对"两类挑战"②做出自己的理论概括；对"传统资源"做出自己的理论开发；对"西方学说"做出自己的理论借鉴；对"中国经验"做出自己的理论提升；等等。

学术话语权与理论自觉度的问题，在当代中国尤其重要。为什么重要呢？因为现代社会科学基本上都是"西学东渐"的结果，我们的学术制度、学校制度、高等教学的制度都是按照西方的规则建立起来的。在从鸦片战争正式开始的中国社会的被动转型中，在西学中学的对阵中，主动进攻的西学越来越占优势，最后占了压倒性的优势；被动应战的中学，可以说是节节败退，地盘越来越小。这样在包括社会学在内的现代社会科学的世界格局中，欧美社会科学处在中心地位，垄断了社会科学的学术话语权，中国则处在边陲地位，在学术话语权方面处于被支配的地位。此后，特别是现在，越来越多的中国社会科学专家是学习西方社会科学出身的。20世纪前半期的专家还有深厚的中学基础，他们出国留学回归后，成为学贯中西的一代。现在则出现了一代对中学知之甚少、处在文化断层边缘的社会科学专家。他们往往养成一种根深蒂固的"边陲思维"，即对外国理论照抄照搬、亦步亦趋、拔高甚至神化，还自以为站在社会学的前沿，往往习惯于用西方的概念来裁剪中国的社会现实，而不善于用正确的立场观点方法把西方社会科学中的精华用来分析快速转型中的中国社会的实际问题和理论问题，还自以为走在正确的路子上。现在，确实是到了大声疾呼"争取学术话语权，提升理论自觉度"的时候了。

## （四）真正破除学术话语权长期被西方垄断的局面

中国社会学自恢复重建以来，我们在积极引进西方社会学的同时，也

---

① 详见拙文《促进中国社会学的"理论自觉"——我们需要什么样的中国社会学?》，《江苏社会科学》2009年第5期。该文《新华文摘》2009年第24期全文转载。
② 这里所说的"两类挑战"指世界性的"人类困境"和本土性的"六大挑战"。

进一步推进了社会学的中国化。这个调子是费孝通当年定下的。他在《建立我国社会学的一些意见》中，十分明确地指出："恢复社会学这门学科在中国社会科学里的地位和重新在大学里设立社会学课程和社会学系，并不等于恢复这门学科旧有的内容。就这门学科的内容来说，还有待于努力、创建，使之成为一门以马列主义、毛泽东思想为指导，密切结合中国实际，为社会主义建设服务的社会学。这是在本质上有别于中国旧时代的社会学和西方各国的社会学的。"① 社会学的发展方向是中国社会学恢复之初就首先遇到的问题。费孝通很好地把握了这个方向，这个问题是中国社会学此后健康发展的基础。

但是不可否认的是在西方垄断社会学学术话语权的情况下，有些话语也对中国社会学的发展产生了一些影响，有的影响还不小。例如，在1980年代中国，"价值中立"曾被当做不言而喻的金科玉律，当做评判懂不懂社会学的试金石。不仅如此，"价值中立"还被看做普遍的方法论原则，被用来规定整个社会学的性质，社会学被说成一门"价值中立"的学问。又如，在1990年代到21世纪初，后现代的解构性话语也产生了不小的影响。对后现代提倡"个人述说"、反对"宏大叙事"这样极端的观点，我们有些学者、学生受此影响，就盲目地以为所谓"个人述说"不言而喻地"正确"，而所谓"宏大叙事"则百分之百地"错误"。再如，在21世纪初，新布达佩斯学派的一些话语，曾一度大行其道。有人把前社会主义阵营各个国家的转型称为"第二次大转变"，而且认为这一转型是对社会学理论的一个大挑战②。有人则把"共产主义的衰落"视为一个"发给社会学家的请柬"，并由此提出了所谓"新古典社会学"的"研究议程"，旨在研究和说明后共产主义的转型国家如何"打造没有资本家的资本主义"。现在，上述情况已经大大改观了，诸如此类的话语的影响也已经明显缩小了。

当代中国是各种思潮的集聚点。各种思潮，包括代表各种思潮的各种学术话语，都在顽强地表现自己。近几年，布洛维以所谓"社会学马克思主义"面目出现的自由主义观点和话语，影响有所增加。看来有些关键点

---

① 费孝通：《社会学纪程 1979～1985》，《社会学通讯》1982 年第 3 期。

② Burawoy, M. (2000) The Sociology for the Second Great Transformation. in *Annual Review of Sociology*.

我们不能不察。首先，在布洛维那里，马克思主义、社会主义是与市场经济截然对立的，两者在内容上是不可以融合的。所以他认为，马克思主义、社会主义对市场经济是天然否定和拒斥的。这样一来，我们就走进了一个"二选一"的过程：要么选择马克思主义、社会主义，要么则选择市场经济、资本主义。按照这样一种逻辑，一个社会主义国家中如果存在不同经济成分，实行了市场经济及相应的生产、管理、组织技术，就应当被视为资本主义。这正是自由主义、新自由主义的逻辑。其次，他的自由主义观点还突出地表现在社会三大部门的关系上。他把社会与市场、国家截然对立起来，提出"公共社会学拒绝与市场和国家的共谋"[1]。这种主张，通俗地说，就是让国家（政府）走开，也让市场走开，剩下他那个万能的"社会"，即他的"公民社会"、"能动社会"。这种主张很激进，但是根本做不到。这种观点根本不符合中国的历史和实际。"社会"无时无刻不是在处理与政府、与市场的关系中实际运行着。最后，布洛维把他的"社会学马克思主义"与历史唯物论对立起来，他指出，社会学马克思主义揞弃了历史唯物主义——每种生产方式的运作规律和生产方式间的线性更替（引者注：这是对历史唯物主义的歪曲）——而是以在一个世界经济体中，多种形式的资本主义和新兴的社会主义的共存来替代这些规律。[2] 一种"揞弃了历史唯物主义"的所谓"社会学马克思主义"不可能是真马克思主义，而只可能是打着马克思主义旗号的别的什么主义，就布洛维的情况来说，就是社会学的自由主义。现在有一种把布洛维抬得很高的倾向，甚至提出要用布洛维的"社会学马克思主义"来"引导"中国的社会建设，这离中国社会的实际实在是太远了，不能不说这是一种无根的观点。

现在还需要我们警惕的是，一些旧的学术话语，例如社会人类学中的"文野之别"虽然当年在学术上被相对化了，但是其中包含的根深蒂固的欧洲中心主义、西方中心主义并没有消除。如现在一种最盛行的话语：西方欧美人懂得自由、民主、自由，包括中国人在内的东方人则不懂，等等，这不是一种新形式的"文野之别"吗？是"文野之别"一种现代版

---

① 〔美〕布洛维：《社会学和社会的命运》，《公共社会学》，社会科学文献出版社，2007，第59页。

② 〔美〕布洛维：《走向社会学马克思主义——安东尼·葛兰西和卡尔·波兰尼的互补合一》，《公共社会学》，社会科学文献出版社，2007，第225页。

吗？对此种种都需要用相应的学术话语去破解。

现在，上述情况已经大大改变了，诸如此类的话语的影响也已经明显缩小了。当代中国是各种思潮的集聚点。各种思潮，包括代表各种思潮的各种学术话语，都在顽强表现自己，争夺自己的话语权。这是需要我们加以注意的，对此种种都需要用相应的学术话语去破解。

可见，中国社会学攀登学术话语权制高点的进程，正是与逐步打破西方垄断学术话语权的局面相联系的。这是一个问题的两个方面，对这两方面都不能忽视。

关于学术话语权我们最近做了研究、思考，并且写成了文章，这个文章还没有发表，开始我写了将近 2 万字，后来压缩到一半。你们要的话我可以把没有删过的给你们进行研讨，这里面有一些不是很成熟，学术"话语权"这个问题在中国还没有很系统地探讨，也许我们可以算做在这方面开了一个头。欢迎大家批评指正。今天晚上我就说到这里。谢谢各位！

**主持人**：好，谢谢郑杭生先生精彩的演讲，郑杭生今天这个话题，看起来是讲学术界的话语权，对我们来讲各个领域都是很重要。过去 30 年可能是一个经济发展的 30 年，物质的基础已经打下来了。今后的发展，在十七大报告里面就是讲以社会发展为重点，强调社会发展的重要性。其实我想很重要的一点，如何提高中国的软实力，这是很重要的话题。

郑杭生就这个话题提出他很多重要的理念，对在座的各位老师和同学都是很有启示的。怎么样尊重传统但又要超越传统，这是很重要的。另外郑先生也以费老的理论作为个案，来看社会学的发展，来说明话语权建构的过程。英国在西方也是很有代表性的，在为一个东方的社会学者来举办一个庆典活动，而且把它作为一个纪念日来看待，我认为是很重要的信号。

1995 年在首届社会学与人类学高级研讨班里面费老提出文化自觉的问题，当时提出这个文化自觉是很有意义的。过去我们只是强调对自身文化的批判，对自身文化的反省。其实费孝通先生提出文化自觉，很重要的两点是：一、有文化的自信；二、很多人被忽略的，就是要有文化的自主性。近代以来中国的文化长时间处于很被动的地位，都是跟着别人走，别人制定规则，我们跟着别人的规则走。现在我们要有主动性，就是要有话语权。从适应别人的规则，变成我们成为一个规则的制定者。这个很重要，这就不是几个军团的问题了。我认为"文化自觉"今天我们再一次提出来，这也是加强我们话语权很重要的方面。

下面还有一点时间，看看在座的各位是否有什么问题或者评论，大家抓紧时间，机会难得。

（提问）：我想问一下郑杭生先生，我不知道我这个问题是否恰当，我感觉现在中国是一个典型的刚性社会，是害怕冲突、容不下冲突的，只要发现有一件小冲突，如果压不了的话，就很容易会被激化变成极端。中国现在提倡和谐社会，这种和谐是只允许一种声音发声，对此您怎么看？

郑杭生：中国社会是一个刚性社会还是一个弹性社会，对于这个问题，我在人民论坛发表过文章。刚性社会与弹性社会这两者是不可分割的，完全刚性的社会不可能，完全弹性的社会也不可能，现在关于维稳刚才大家听我说了，只是治标比较多，没有从根本上解决问题。现在确实面临这样的困境，越维稳群体性事件越多。而且现在群体性事件有这样的特点，我们把它叫做"燃点多、燃点低"，一句话就可以引起大的群体性事件。我认为要改进，中央并不是没有看到问题，现在提出社会建设就是要探讨这些问题，如何来改进社会管理，如何改进社会服务，如何使政府转向服务型的政府，从全能的政府变成治理的政府。现在正处于转变的过程当中，在这个过程当中，有很多的问题需要我们研究，今天就是要针对这些问题，从建设性的角度来加以改进。这是我们的使命。

针对这种种问题，我认为学者可以有两种态度，一种是指责这种现象怎么样，就是发牢骚，如果发牢骚能发出真实的和谐社会，那我们整天发牢骚就行了。问题是这样不行。我们学者要根据这样的情况提出治理办法，这才真正起到学者的作用。对于这样的现象究竟怎么看？我们作为社会学家是不回避的。话又说回来，任何社会进步的时候哪一个社会没有问题？如果抓住这个问题说我们社会就是不好，那你错了，你肯定错了。中国进步到这样的地步，我认为非常不容易。我当然承认我自己也提过意见，改革开放以来我们政府有些社会政策是有问题的，比如说对青年学生，旧社会、改革开放之前师范生都是免费的，改革开放以后把教育也市场化，我认为这是一个很重大的失误，引起现在很多青年学生在这一点上有意见，不像我们五六十年代，享受减免费用，我初中、高中后来到英国都是国家资助的。我自己对党、对国家有一颗深深的感恩之心，没有它我们怎么会成为现在这样的呢？现在的学生谁培养的？他们的回答：这是我们家庭付出代价的结果。当然，你自己的投入是一部分，不过不是全部。但是这一点也成为"愤青情绪"的一个根源，再加上这些年一些后现代思潮的影响，加上一些老师也在某种程度上受这种影响，加强了这种情绪。

你问你这个问题提得是否合适，在我看来，一般地说，提问题好像没有是否合适，都可以探讨。但是你的观点，在我看来，在一定程度上受到这种思潮的影响。其实，你可以反过来想想，国家应该怎么做才行，怎么制订方案政策。如果社会问题那么容易解决的话，谁不能来治理？根据我自己的经历，中国发展到现在这个程度非常不容易，如果中国这次机会再丧失，中华民族大概再没有翻身的机会，这是我的看法，不一定对，谢谢！

（提问）：郑教授既是学术大家，讲话也有领导的风范，在现今的中国大陆，学术话语权是否是政治话语权的代言呢？

郑杭生：你这个问题提得很好也很尖锐。学术与政府毕竟是两个领域，但是这两个领域是既有联系又有区别的。我今天所说的学术话语权有一般性，同时从历史上来说，像费老是民主党派不是共产党员，我们现在之所以推崇他、欣赏他，很多地方学习他，我想这个过程首先我们尊重历史、尊重事实这是一方面。另外一方面话语权与政治的区别，确实是相对模糊的。像西方的民主自由人权，是政治学的话语，是一种学术话语，但同时更重要的它是一政治话语。你要把它完全区别开来也是不行的，谁要能做到这一点，我就佩服他，但是做不到的，世界上哪一个过程，你要说学术与政治一点都没有联系，我想是很难举出例子来的，这是我的看法，谢谢。

（提问）：郑老师，您好！刚才前两位问题都比较注重宏观方面的问题，我想针对您刚才讲座中比较具体的案例提一个问题，刚才您说到最近您在北京市做了一个关于大民政的课题，大民政开始体现出把社会资源和社会机会向民众倾斜，给了多少钱为北京市民提供福利。这样做固然兼顾到了北京市这个城市的城乡地区差异性问题，但从全国来看是否加剧了地区的差异，更多的人想移居到北京去，这样北京房价更高，车更堵。有一些学者提出：不要仅把资源集中到大型城市，中小城市或者二线城市的发展，可能会成为第二个拉动中国的契机，针对这个问题，我想听听您的看法。

**郑杭生**：北京市的做法并不是要别的城市学它具体的标准是多少，而是要学它的做法中贯穿的理念。别的地方在学外地经验时，一定要研究本地发展的程度，制定与自己相适合的标准。比如说北京 65 岁农村户口的补助 200 元，你可以是 100 元也可以是 75 元，现在确实有一些干部舍不得把钱花在民生问题上。我们提出"倒逼效应"——通过增加用于民生的支出，来迫使减少与民生无关或关系不大的支出，就是要转变这些官员的思想。

地区差别是个复杂的问题。我同意不仅要把资源集中到大型城市，中小城市或者二线城市的发展也很重要。现在正在进行区域规划，把大城市和中小城市的发展连接起来，以大城市带动中小城市，努力做到一荣俱荣，一损俱损，而不是把它们对立起来。不可否认，地区差异是个事实，缩小地区差异是个动态过程，不能让北京市被动等着别的城市赶上来。其他城市也要努力做好自己的事情，以超过北京市发展的步伐，逐步缩小差距。

你提出一个实际问题——堵车问题。最近北京市也受到这样的批评，首都是"首堵"，这个问题要治理。现在的办法是出台限制买车的措施。这又引起另外一个问题，这就是抢购，迟一点买不了。社会上的事情就是这样复杂：这个问题解决了，另外一个问题又产生了。不管怎么样，我认为你提的问题是非常好的，谢谢！

**（提问）**：费孝通老师提到的"双轨政治"有一个观点就是从县级以下本身乡土经济里面有一个自主团体的自治，在旧中国传统里面有帮派这样的力量，这种力量其实是被政府力量压制、打击，给压下去了，结果就造成了乡土很多传统的问题存在。现在民间也感到压制力量很强，比如说不让发出乡土这方面的声音。原来费孝通老师在观点上也说到，事实上是压制导致了民间问题的出现。为什么现在政府还是不准发出这种声音，既然是双轨政治，而且面临这些问题，过了这些年了，为什么不能把那个轨道再建起来。

**郑杭生**：对于这个问题我个人是这样看的，因为现实当中社会组织的问题是非常复杂的。我参加过一些座谈会，座谈究竟怎么对待民间组织。

学术话语权与中国社会学

现在政府确实有一部分人，分不清 NGO 与 AGO，就是非政府组织与反政府组织。总结苏联的解体经验教训以及现在"颜色革命"的经验教训，这些事情基本上是由民间组织来搞的。这个不能不影响到高层的决策者，这是他们必须面对的现实，你也不能装作看不见。

当然，社会的进步不是一下子都很理想，实际过程每一个进步都要付出代价，不付出代价的进步是没有的。在现代化过程中，有些过程都是非常残酷的。美国开发西部的时候，大家从牛仔片中看到，朝前开一枪，倒下一个人，朝上开一枪，掉下一个人，杀人如麻。这事实上是以文艺的形式反映了美国开发西部的时候那种非常残酷的情形。

1998 年我不当人大副校长以后，受聘到日本一所大学做一学年客员教授，开设关于中国社会转型的两门课程。当时我碰到一个非常尴尬的情形，就是我国从福建偷渡去日本的非法船民，天天出现在日本的电视上。作为一个中国人看了之后觉得十分的丢脸。我感到选我课的日本学生都在看着我，质疑我是不是敢涉及这个问题。我想到这么一个办法，说得他们哑口无言。我说任何一个国家的现代化过程当中，都付出了巨大的代价，美国我就举上面开发西部的例子。关于日本，我说贵国明治维新的历史也一样。我们看过《望乡》之类的电影，它反映了那时日本向东南亚输出妓女。该片作者为了调查那时日本海外卖春的情形，到当年输出卖春妇最多的九州岛原及天草采访。通过描写一个海外卖春妇的一生，来看明治时期的日本女性史，另外也尝试从这个角度来看日本现代史，并以这不幸的、没有人性的近代女性悲史，严厉地控诉日本军国主义与资本主义的罪恶。

我以上面的例子说明，在电视上露面的来自中国偷渡的非法船民，作为一个中国人，我觉得很丢脸，但是作为一个学者，我觉得很平常，因为这同样也是"阁下的故事"！我说，大学生都是社会的精英，受过教育，如果你们是一般的日本老百姓，用这个问题看不起这些中国人，我可以理解，但是你们是日本的大学生，是社会的精英，如果因此看不起中国人，那我就不能不认为你们是无知。说得他们哑口无言，我自己也解脱了。

学者的看法，与一般人的看法当然有相同一面，但是应该是完全相同的，谁叫你是学者，谁叫你受过高等教育，谁叫你是博士。我想应该是这么来看才对。当然学者要把这些代价完全避免也是不可能的，我们的责任是增进社会进步，尽量把代价控制在最小的范围里面，这是我们的责任。谢谢大家！

（提问）：您刚才说我们的社会是复杂多样的，有两条路，从很多样的东西抽取一个很简单的模型、概念，还有一个是很细微的研究，以写一个"村"来概括中国所有村的情况，还是把所有村都调查完，每一个村都写。您对这个有什么看法呢？

郑杭生：两者都要兼顾。周老师不是写了凤凰村，从一个村开始？我认为这一种研究方法，只要研究者明白这种方法的弱点，不把它无限推广，我认为还是有道理的。你去做一个村，不同的学者做不同的村，然后去归纳。现在有人提出来个案的扩展，企图解决这些问题。但是个案的扩展是很难的，我别的也不能说什么，看你怎么扩展，无限地扩展肯定是不对的，适度的扩展我也没把握。

这个问题的解决首先必须考虑到宏观背景，你讲这个村的时候，把这个村讲得那么特殊，特殊到与宏观背景都不相符合的时候，你肯定错误。你考虑的时候必须考虑这个村的历史，现在宏观存在什么阶段，这个是弥补个案缺点最主要的办法。你要写个案的时候，没有宏观的把握，你把宏观把握错了，你把时代精神都弄错了，你要知道历史，历史都搞不清楚，这种个案也是有问题的。我的建议就是你写毕业论文的时候，首先要把宏观背景搞清楚，社会发展到什么阶段，是怎么发展过来的，你要了解得比较清楚，你这个个案也许会非常好的。将来给人归纳的时候，提供一个非常有根据的东西。

主持人：因为时间的关系，最后一个问题。

（提问）：郑老师，您好！一直困扰我的一个问题就是以社会学代表的社会科学的处理方法，以数学代表数理思维的结合点。我对社会学不了解，请您给我介绍一下，一个科学之所以成为科学必然是定量、精确、精准的，在社会科学当中的科学性是怎么样体现的？

郑杭生：社会科学一般遵循大数定律、统计规则，因此有一定的模糊性，很难完全做到定量、精确、精准。要求这样做，这正是社会科学中实证主义失败的地方。比如说我们这个房间里，你要找到一个人，几个指标你就能找到，穿什么衣服、脸形怎么样、是否戴眼镜，等等，你就能找到。但是你要精确到他有多少根头发、有多少个细胞，一辈子都找不到。

社会的各种力量、各种趋势相互作用形成一个合力。社会科学一方面是科学性，一方面是人文性，这两者完全脱离了，就不是社会科学。社会科学对社会现象，都有一个意义赋予的问题，这就是建构性，这是主客观结合。既不是纯粹客观的也不是纯粹主观的。

因此社会科学既要有科学精神，又要有人文关怀。我在武汉搞过调查，前几年给我印象最深的，是他们治理"摩的"时的"依法行政，有情操作"八个字。武汉市一共有37000辆摩的，导致交通混乱。广大市民要求进行治理，这个治理得非常好，一个月里面解决了问题，并且没有出任何的问题。一方面，他们采取"赎买政策"，每一辆车政府以补助的形式赎回，提前交的还有两级政府的奖励；另一方面他们在社区里面做了很多的工作，对每一个开"摩的"的家庭进行调查，如果是零就业的给他进行补助。依法取缔、依法行政是科学精神的体现；关心弱势群体是有情操作。因为几乎所有的车主都是弱势群体，如果你不解决他们的问题，37000辆"摩的"是几个坦克军团，只要有100辆车闹，就受不了。武汉市的做法是很感人的。谢谢！

**主持人**：时间过得很快，两个半小时一下就过去了。今天郑杭生讲到很多问题都可以引起大家深思，有一点在座的各位要记住，我们是研究社会科学的，在大学里面受过教育的人，应该跟一般的人分清，与在社会上发牢骚的人有所差别，你要理性地看待问题，要为解决这些问题来思考。我们做一个受过高等教育的大学生或者更高的研究生，我们想到的东西、看到的东西应该更深、更复杂、更远，这是郑先生给我们的很重要的一个启示。

千禾论坛能够请到郑先生来是我们很高的荣誉。最后感谢郑杭生先生的精彩演讲，谢谢大家！

# 近代以来人种概念
# 及其知识传播<sup>*</sup>

## 孙 江

**嘉宾简介：孙江教授**　日本东京大学博士，静冈文化艺术大学教授，著有《近代中国革命与秘密结社》等专著。

---

＊　本文系根据孙江教授于 2010 年 12 月 24 日在中山大学千禾学术论坛上的演讲整理而成。

**主持人麻国庆教授**：各位老师、各位同学，早上好！今天非常高兴邀请到著名的历史社会学专家，也是对人类学领域有非常多研究的日本静冈文化艺术大学的孙江教授。孙江教授是在南京大学读的本科和硕士，在东京大学拿到了博士学位。他的著作很多，近年出版的代表作是《近代中国革命与秘密结社》。

今天这个讲座借助社会学和人类学复办三十周年，由千禾基金支持我们的千禾论坛。我们把话筒交给孙江教授，大家掌声有请。

**孙江**：同学们好！我和麻老师是多年的朋友，为什么我们能成为朋友呢？因为大家都喜欢背着对方说好话。可能是主持人的原因，今天他破例在我面前说了我一句好话。记得多年前有一个美国学生向我请教，他问我如何研究中国历史。我说：英文26个字母里哪一个最重要呢？最重要的是"M"。在中国，首先要懂马克思，马克思影响中国很深，形塑了当代中国人的历史意识。第二个"M"呢？马尔库塞（Herbert Marcuse）。要想理解新中国，还有世界新左翼运动，非学习马尔库塞不可。第三个"M"是谁？毛泽东，这不需要我多说。对我个人来说，还要加上第四个"M"——麻国庆。这是开玩笑，但对我来说，我对社会学和人类学发生兴趣，确实受到麻老师的影响。

最近重读柏拉图的《国家》，我对其中苏格拉底说的一句话很有同感。苏格拉底说自己随着身体的衰弱，对说话的兴趣越来越大了。我虽没有苏格拉底那么老，却早已养成了苏格拉底的习惯——好说故事。人是活在故事里的。今天我就给大家讲几个故事——关于人种概念的故事。

很多年前，英国学者冯客（Frank Dikötter）写过一本影响很大、到现在还被奉为经典的著作，叫《近代中国的人种话语》（*The Discourse of Race in Modern China*），还有汉译本。这本书从中国文献中广搜滥求各种人种记述，网罗了一大堆奇奇怪怪的描述，然后把这些和来自近代西方的人种概念串在一条线上，构建了中国近代的人种话语。书中有一段提到客家关于人种起源的传说，给我留下了很深的印象。传说上帝（太白）用泥土造人，将人捏好后，放进窑里烘烤。上帝将烘烤好的人拿出后，发现烤煳了，将其扔到非洲，于是有了黑人。第二次烘烤时，上帝比较审慎，取出得早了一点，火候不到，于是将其扔到欧洲，这就是白人的起源。第三次，上帝吸取前两次的教训，拿捏好火候，烤出一炉既不黑，也不白的人，这就是黄种人的起源。

很黄，很暴力！

冯客将这个故事放在书的扉页，表明了他的学术立场：你瞧！中国人不分黑白，统统歧视，至少和有着种族主义劣迹的西方同罪！真的是这样吗？在书的另外一处，冯客引用了晚清徐继畬《瀛环志略》关于人种的描述，书里头说，西方人"居中土久，则须发与睛渐变黑。其男女面貌，亦有半似中土者"，并评论说，这再一次让人确认在天朝住久了，野蛮的外国人也会半人性化。读到这个地方，我觉得很奇怪。因为《瀛环志略》和魏源的《海国图志》都是近代中国人看世界的启蒙之作，在人种叙述上，徐继畬的叙述要比魏源地道，都是西方知识，怎么会歧视白人呢？我查了原书，原文是："或云居中土久，则须发与睛渐变黑。其男女面貌，亦有半似中土者。""或云"表明，徐继畬不一定全信。更重要的是，在这一段长文之前，徐继畬称："欧罗巴一土，以罗经视之，在乾戌方，独得金气。其地形则平土之中，容畜沧海数千里，回环吞吐，亦与他壤迥别，其土膏腴，物产丰阜。其人性情缜密，善于运思，长于制器金木之工，精巧不可思议，运用水火尤为奇妙。"他对欧洲人赞誉有加，怎么会歧视他们呢？

方法决定材料取舍，理念决定结论。冯客说的故事其实在回族里也有。美国学者杜磊在一篇文章里也提到了上帝怎样用不同颜色的土来造人的故事，他通过这个故事来讲人类起源的混合性（hybridity），完全是另外一种解读。客家关于人种传说的时间和地点以及文本，这些不搞清楚的话，就很难简单断言它到底是一个少数族群对被歧视的抗争呢？还是歧视他者的话语呢？当然，在中国文献里，关于人的一些可视性的身体特征，比如毛发、肤色和骨骼等，一直都存在很多歧视性描述，如昆仑奴、红毛番等。不过，这些和近代形成的关于人种的系统化、意识形态化的知识根本不是一回事。对后者来讲，人的高下等差是先天的、自然的，所以也是不可更改的。

让我对冯客的人种话语起疑的还有另外一个原因，就是中国有尚"白"的传统，你看，"冰清玉洁"，"闭月羞花"，"温泉水滑洗凝脂"，全都是白的！怎么会歧视肤色白呢？当然，白骨精不算在内。实际上，中国人不仅尚白，而且还被认为白呢！大家知道，那个明朝时期不远万里从欧洲来到中国的利玛窦（Matteo Ricci）在《中国传教史》中清楚写道：中国人色白。比他早三百年的同乡——可能从未到过中国的乌有先生马可·波罗（Marco Polo）的《东方见闻录》则说日本人色白。

空即是色。

白色的中国人和日本人怎么就变成了黄色呢？我们一方面认同自己是黄种人，黄颜色在中国文化传统中曾经是高贵的颜色，但同时我们又在鄙视黄色——黄色书刊、黄色工会，这个悖论说明了什么？下面我想通过黄帝是怎么被重述的故事谈谈人种概念的生产和再生产问题，也即"色"是如何自"空"而来的问题。

先让我们来看几张图片。

图1和图2是晚清文明书局出版的丁宝书编《蒙学中国历史教科书》里的黄帝像。

图1里的黄帝头戴冕旒，脸部被长须遮住，介于文武之间。图2画像模糊，面部轮廓粗犷，头包方巾，浓眉深目，鼻梁高挺，胡须浓密，孔武有力，很像狩猎部落的头人或酋长。图1和图2头像上方都题了字"征服部落之黄帝"。关于黄帝叙述的文字也基本一样：太古汉族，由西北移居于此，人口渐次繁殖，分众部落，酋长中有黄帝，征服诸部落，遂作文字，制舟车，定中国统一政治之基，渐启文化之端绪，此由酋长而渐变为君主之局。丁宝书按照文明进化的观点，把中国古史分为两个时期：一个是部落酋长时期，一个是君主统治时期。黄帝继往开来，是最后一个酋长和第一个君主。比较这两幅图，如果说图1代表了黄帝的君主身份的话，那么图2反映了黄帝乃中国历史上最后一个酋长的属性。

图1

图2

《蒙学中国历史教科书》收进去的图片非常罕见，和现在历史教科书中的黄帝像截然不同，现在的图像如下：

图 3                    图 4

图 3 中的黄帝服饰齐整，头戴冕旒，有文明之君的气象。这幅画来自明代王圻编纂的《三才图会》。图 4 中的黄帝冕服裹身，作引导群氓的样子，旁注：黄帝多所改作，造兵井田，垂衣裳，立宫宅，象征农业定居生活。

历史是没有底本的抄件。丁宝书书中的图像来自何处，不好找。不过它们所反映的内涵也不难挖掘出来。下面几幅图曾经登在清末东京出版的革命派杂志上。

图 5                 图 6                 图 7

图 5《二十世纪之支那》（1903 年），黄帝被表现成京剧里的武生。图 6 登在《江苏》第三期（1903 年），从图 6 这里又派生出《黄帝魂》

（1903 年）、《国粹学报》（1905 年）和《民报》（1905 年）等。但是，图 6《黄帝魂》的黄帝像不单单是抄袭，还有创造。

比较上面这七幅图像，撇开第三、第四幅不讲，其他几幅都可以称为传统的再创造。日本学者石川桢曾经想搞清楚这几幅图像的来历。他根据《江苏》杂志编辑曾到图书馆查找黄帝图像的底本，怀疑受到日本的明治天皇肖像的启发，结果没能找到证据。也许大家知道，明治天皇有一张有名的标准像：坐在一张椅子上，右手扶桌子角，左手拿了一把剑。如果看过英国维克多利亚（Victria）女王像就知道那是模仿英王的造型。顺便说一下，1793 年，马戛尔尼（George Macartney）使团来华时，随团画师亚历山大（William Alexander）没有资格谒见乾隆皇帝，他根据其他人的回忆和记录，画出坐在英王乔治三世的王座上、戴着清朝官员帽子的乾隆，样子很搞笑，不过也很有文化诠释意义。我认为，黄帝图像绝不会仿照明治天皇肖像，因为在"文明开化"语境下，日本巴不得快一点脱离这句话的隐喻境地——没有文明开不化，天皇肖像上没有一点象征部落酋长的粗犷特征。更重要的是，从图 6 到图 7 可以发现，黄帝的特征越来越清晰，很像是来自西亚或中亚的人。如此一来，那么，中国人不成了中亚人或西亚人了吗？回顾历史，我们知道，20 世纪初曾流传中国人起源巴比伦的说法。

有一个法裔英国人叫拉克伯里（Terrien de Lacouperie）的，他在香港生活了 20 多年，回到法国后不久转赴英国，加入英国籍，致力于研究中国人种和文明的起源。1894 年，他出版了一本很厚的书，叫《中国上古文明的西方起源》。在这个书里，他构筑了一个故事：公元前 2285 年，有一个巴比伦的国王叫 Nakhunte，Nakhunte 率领了他的族民 Bak Sing 不远万里跋涉来到了中原，开疆拓土建立中国文明。拉克伯里是从语言、文献和文物三个角度来论证"西来说"的。他很自信地说，自己使用的是"语言科学"和"历史科学"的研究方法。这是当时英国学界盛行一时的"经验主义"研究方法，促使这种方法流行的是有关巴比伦研究的亚述学（Assyriology）。作为同时代的人，拉克伯里也受到了这种方法的影响。

大家知道，欧洲关于中国文明的"西来说"可以追溯到明末清初来华的耶稣会士。耶稣会士想通过将天主教历史和中国历史的附会与调和，为天主教在中国的传播找到合法依据。18 世纪的法国曾兴起中国文明源自埃及的"西来说"。但是，阅读拉克伯里的著作就不难发现，早在他之前，即 19 世纪 40～60 年代，法国汉学界就普遍在讨论汉字起源问题了。拉克伯里直接从这些研究中得到了启发。

对于拉克伯里的故事，西方汉学界反应冷淡。拉克伯里在书中透露，翻译过中国"五经"的牛津大学教授理雅格（James Legge）对他关于中国文明源自巴比伦的说法表示不屑一顾，他讥讽拉克伯里的比较语言方法竟然把早出的中国文字说成受晚出的文字之影响。但是，拉克伯里的假说却引起了日本的关注。1894 年 2 月 23 日，德富苏峰主持的《国民之友》杂志"海外思潮"一栏刊登了一则名为"支那人乃巴比伦人也"的短消息。拉克伯里著作出版后一年，年轻的东洋史学者桑原骘藏（1870～1931 年）表达了不同的意见。1896 年 3 月 14 日和 21 日，《国民之友》连续刊载了桑原骘藏的《论关于支那太古东洋学者的所说》一文，在论文的开头，桑原说"时间和方位实际上乃是历史学之两大经纬"。最后，桑原引用德国著名的地理学家里希特霍芬（Richthofen）的话，主张中国文明起源于中亚。长期关注拉克伯里学说的三宅米吉（1860～1929 年）在同年 8 月《史学杂志》上发表了《拉克伯里关于支那古代开化起原学说》。三宅在文章中说，拉克伯里认为中国文化在四千年前不是渐渐发生的，而是突然开花结果的，这说明支那文化"不是所谓圣人之发明，必由他国输入而来"。在日本东洋史研究历史上，白鸟库吉与内藤湖南齐名。民国初年兴起的"疑古派"史学明显就有白鸟库吉的影子。白鸟的著述中就频频出现拉克伯里的名字，白鸟不但和桑原、三宅一样都关心拉克伯里的"西来说"，而且对拉克伯里的著作有过细致的阅读。他不断批判拉克伯里关于匈奴是政治集团而非民族集团的看法以及其他观点，但同时也在接受拉克伯里的部分观点。

从桑原到三宅和白鸟，他们对"西来说"有反对，也有赞成，这反映了 19～20 世纪之交正在形成的日本中国历史叙述所存在的歧义。在方法论上，桑原等人倾向于基于中国文本和语境的历史叙述，而白鸟等人不仅把中国文本相对化，还导入了"西来"的因素。不过，知识在媒体层面的传播并不完全由知识界的主导意见所左右，所以，当围绕"西来说"真伪的意见分歧还没有解决时，"西来说"已经悄悄进入了大众媒体。1900 年 6 月，白河次郎和国府重德合著的《支那文明史》即采用了"西来说"。这本书是博文馆出版的"帝国百科全书"的其中一种。在讨论拉克伯里"西来说"对清末中国的影响时，很多论著都提到过《支那文明史》，但是清末民国围绕"西来说"争论的当事人中居然没有一个人看过拉克伯里的原著！他们都是借助对于《支那文明史》的翻译和转译而了解到这种学说的。

《支那文明史》一共有十一章。书的第三章介绍了拉克伯里的"西来说"，描绘了公元前 14 世纪以前黄帝西来的故事。首先讲黄帝的由来。Nakhunte 就是近世的 NaiHwangti，相当于黄帝。黄帝迁入支那后，成为巴克（Bak）民族第一个酋长。黄帝率领民众达到支那土耳其斯坦后，然后沿喀什（Kashgar）也就是塔里木河（Tarym）而到达昆仑（Kuenln），"花国"（Flowery land）的东方。昆仑就是"花国"，因为丰饶，后世支那用"华"这个字来命名国土。另外，巴克族虽然是在一个酋长的统治之下，但是，也有没有到达支那本土的，他们各自拥戴酋长，然后与北西藏民族结合成一个部族。其次是关于文字的由来。支那的文字来自楔形文字。再次是关于年代的计算。根据皇甫谧的计算，黄帝年代在公元前 2332 年，这和 Elamite 的历史中记载的 Kudur Nakhunte 年代相同，其他 Sargon 和神农的年代在楔形文字碑文中也是相同的，因此，巴克族从 Elam 和巴比伦移居到东亚应该发生在公元前 23 世纪。

黄帝竟然是从巴比伦来的！具有反讽意味的是，我手上这本日文书原收藏在名古屋大学图书馆，以前的持有者在扉页上盖了印章：滥读杀学问。拉丁有个谚语：Distrahit aninum multitude librorum（多读乱心）。撇开是非不论，这些知识是从哪儿来的呢？看来需要进行知识考古。

这些年，我提倡"概念史"研究。"概念史"（Begriffsgeschichte）这个词最早出现在黑格尔的《历史哲学》中，指的是基于普遍观念撰述历史的方式。在德语世界里，该词主要被用于语言学和历史辞典的编纂上。在当代德国学者的努力下，概念史研究已发展成为一个关于哲学方法论的研究领域。概念与语词相对应，但是语词未必能表征概念。单个的语词都有明确的意义，而概念不一定有明确的意义。概念是通过词语表现出来的，但是比词语拥有更为广泛的意义。一定的社会的、政治的经验和意义积淀在特定的词语并被表象出来后，这个词语就会成为概念。在这里，我没有说"观念史"。近年国内经常谈"观念史"、"关键词"，这和"概念史"还不是一回事。简单地讲，比如说我们说山的观念的时候，这个山是不变的，固定的。但我们说是山的概念的时候，什么是山？从高原来的看到平原地带的人叫的山他觉得很奇怪，那不是山。山可能表示成丘陵、小山、大山、泰山、高原，等等，这些东西都需要纳入我们的实验里面来进行研究。回到刚才的拉克伯里提出的这个假说，以及它在日本引起的反应，就可以发现黄帝从西方来的这种观念所依托的知识的基础都需要考古。

"黄"从哪里来的呢？最早提到黄种人的是好像是孔德（Auguste Comte），但是孔德并没有说黄种人就是亚洲人。之后经过了很长的时间，到了19世纪，人类学的创始人，就是把人分成五种的这个人，布鲁门巴赫（J. F. Blumenbach），把人分成五种：白的、黄的、黑的、棕的、红的。在他之前还有很多人讨论过人种，有个法国人把芬兰人和中国人归为一类，属于黄种人系统，把日本人归在白种人的类系里面，很混乱。直到很晚才出现人分五种的说法。人分五种具有非常大的意义。布鲁门巴赫给不同人种注入了文化，这五种人是有差异的，白种人是最文明的，黄种人是半文明的，其他的就是等而次之。这样的人种知识不会被西方传教士关注，传教士既然宣播上帝，就不可能制造歧视。在中国，直到1890年代这个知识才被《格致汇编》所介绍。傅兰雅（Fryer）是一个不合格的传教士，但却是个很重要的西学传播者。回顾中国历史，尽管从汉籍中不难找出很多关于人种的叙述，但是在19世纪末20世纪初的知识空间里出现的近代人种叙述有着清晰的来历：裔出欧美，转译日本。

1868年，日本开始明治维新。第二年，获得文部省认定的教科书有福泽谕吉编译的《世界国尽》一书。这本教科书由五卷和附录一构成，初版于明治二年（1869年）。在第一卷"世界人民之事"里，福泽采用了当时流行的人分五种的说法。《世界国尽》编译自美国人的著作，因为适应了明治政府"文明开化"之需要，问世后一版再版，阅读人数不亚于福泽的启蒙名著《劝学篇》（《学問のすすめ》）。他关于不同人种文明与野蛮的叙述，后来也成为之后人种叙述的范本。大家不要把启蒙家想得那么神圣，这些人都很会算计的，福泽谕吉在他的日记里面写得很清楚，今天翻译了多少字，赚了多少钱。启蒙是有价格的。梁启超、严复都有这个问题。

意味深长的是，在福泽的叙述中没有指出日本属于五个等级中的哪一个。对福泽来说，日本虽然推翻了幕府政权，开始了明治维新，但封建积习还没有除掉，百废待兴，还不能和英美强国平起平坐，在某种意义上来说，日本当时和中国差不多，都处在"半文明开化"的状态。但是，如果你去考察日本书籍，你会发现当时的日本人有一个绕不过的问题，什么问题呢？就是"万事一系"的天皇的不变性和人类进化之间的矛盾。既然要文明开化，天皇为什么不文明开化？如果天皇也需要文明开化，那以前的天皇是什么呢？这是一个很大的矛盾。所以日本人在介绍这些人种知识时，经常出现日本不在场的现象。那么日本是什么时候才回到现场的呢？是在中日甲午战争后，当时日本对清朝战争的胜利使得国内民族主义一度高涨起来。金港堂书籍株式会社编辑所的《小学外国地志》称世界人民分为四等：野蛮之民、未开之民、半开之民和文明之民。文明之民"崇尚礼仪，精于学术技艺，农工商兴盛，广开交通贸易，系人类中最高等，谋求快乐生活。吾之国民即此也"。日本俨然已经到了"文明开化"的境地。而20世纪初日俄战争中对俄国，也就是对白种人的胜利，更让日本社会陶醉于人种胜利的快感中，地理研究会编纂的《新地理·中学校用概说之部》称："亚洲人口约为五亿八千万，该人种古代势力颇大，曾席卷欧洲大陆东部，现除我大和种族，其势力趋于衰弱，乃至屈居于欧罗巴人种之下风。"这种高扬的日本文明开化话语实际上反而证明了此前日本的"半开化"状态，算得上是以白种人为尺度的文明观的另外一种表现形态吧。

清末中国人对近代人种知识的接受主要是从日本来的。和日本一样，人分五种的人种差异话语被教科书普遍采用，这是清末教科书人种叙述的另外一个突出的特点。钱承驹的《蒙学地文教科书》说，"动物类中之最占优等者曰人，人种有五，一黄色人种，二白色人种，三红色人种，四棕色人种，五黑色人种"，"黑种最下，生于斐洲及绕赤道诸部，所谓黑奴是也"。在清末，明显推崇白人种的文字并不常见，有些甚至还强调黄人种的优越性。比如陶浚宣的《地学歌》甚至还说，"五方之土中央黄，黄种贵于白"，"亚洲本为文明祖"。一般来讲，清末教科书关于人分五种的叙述，各有不同的分类法，不过结论倒是很清楚：白种人高，黑种人低。作为一种知识体系，它在中国得到了知识界的普遍认可，因为它既可以用来解释中国由于积弱而受列强侵略的现实，同时还可以激发人们救国图强。

再回到黄帝身份问题上来。据我研究，1900年，《支那文明史》在日本出版后不久，就引起了东京和上海的中国知识人的关注。1903年，先后出现节译本《帝国文明史》、《中国文明发达史》和《支那文明史》等，最著名的是《新民丛报》上刊登的观云（蒋智由）的《中国人种考》，文章第二部分涉及拉克伯里的"西来说"，参考了《中国文明发达史》的中文译文。有意思的是，虽然蒋被说成"西来说"的首倡者，但是，蒋本人对于自己所介绍的内容并不完全相信。他在介绍拉克伯里"西来说"后曾表示："其是否，未敢论定。"对"西来说"做出热烈响应的是《国粹学报》和光复会周围的一些知识人，出现了直接附会"西来说"（刘师培、章太炎），区分两个"西来说"（陶成章），以及篡改"西来说"（黄节）等变化。1905年后，质疑"西来说"的声音越来越强。比如主张排满革命、倡导黄帝纪年的宋教仁在《汉族侵略史·叙例》中称："太古之汉族，自西南亚细亚迁徙东来。"但在一年后，宋教仁在1906年12月29日的日记中写道："观《中国人种考》，系诸暨蒋观云所作，搜罗众说颇众，但不免失之支蔓而已。至其主张汉族西来说中，黄帝系迦勒底帝廓特奈亨台与否之问题，汉族系丢那尼安族与否之问题，神农系塞米底族之吾尔王朝之沙公与否之问题，则犹无确切之解释也。"仅仅一年，宋教仁就告别了"西来说"。大约在同一时期，章炳麟也开始对"西来说"提出了质疑。1907年，章炳麟开始在《民报》发表文章正面批判"西来说"。他在《中华民国解》中说："世言昆仑为华国者，特以他事比拟得之。中国前皇曾都昆仑与否，于史无明征，不足引以为质。"这不仅彻底否定了"西来说"，连"中亚起源说"也否定了。之后，在其他文章中，章炳麟也反复重申了这一观点。民国以后，章炳麟再次修订《訄书》时，将赞成"西来说"的内容——"征之六艺、传记，盖近密合矣"，改为"征之六艺传记，非也"。

为什么宋教仁、章炳麟等人要放弃原有的主张，对"西来说"反戈一击呢？从他们的话语转变来看，我想是因为汉族本真性和外来性之间的矛盾。所谓"本真性"，指的是跨越时间的中国人种和文化所具有的不变特质，它被认为出现在既往辉煌的文明史上，尘封于当今的浊世中。而"外来性"是指起源于西亚的巴克族，就是说汉族所具备的自我进化和与欧洲人一样的征服和同化能力。对章炳麟来说，在进化论语境中强调汉族的"外来性"，足以证明汉族在文明—野蛮序列中具有优胜劣败的强势。但是，如果这一前提成立，征服的外来民族汉族就缺乏将同样是外来民族的满族从中原驱逐出去的正当性。当察觉到汉族的本真性与外来性的矛盾后，章炳麟便毫不犹豫地放弃了曾为之激动的"西来说"。1910 年 5 月，章炳麟在《教育今语杂志》上撰文，强调中国的学问不应跟着他人走，而要在本国语境和自我本心中追求。他说，"法国人有句话，说中国人种，原是从巴比伦来。又说中国地方，本来都是苗人，后来被汉人驱逐了。以前我也颇信这句话，近来细细考证，晓得实在不然"。"西来说"的坚持者丁谦在《穆天子传地理考证》中将故事修改为巴比伦发生了叛乱，黄帝不得不率众避祸来到中国，"不然，奈亨台王时代，国势正强，何忽弃其安乐之故乡，于万余里外，别求栖息地耶？"

去过美国纽约自然史博物馆的人都知道，该馆陈列了人类从史前文明到近代文明的进化历程，这一历程的最后是各种有色人种的生活史。在感叹人类壮观的进化历程之后，人们会发现展厅里偏偏没有陈列白人种的生活史。这种白人的"不在场"提醒人们，有色人种的近代历史是一部在"他者"（other）视线笼罩下"被写生"的历史。另外，需要指出的是近代人种知识在日本和中国的再差异化问题。对于人种的再差异化的表述日中之间略有不同，日本是通过对其他有色人种，特别是对黄人种的"再差异"化而将自我提升到一个与白人种同等的位置。中国却是一个反面教材，中国在循着同样的路径展开说辞时，对于其他有色人种也进行了再差异化。印度、阿富汗以及中国国内以苗族为代表的族群是内外不同的两个范例。这是"人种西来说"得以喧嚣一时的背景。民国成立后谋求族群融合的政治要求又导致后者的参照系作用从人种叙述中脱落。

可以发现，在优势文化传播过程中，某一种知识能否被广泛传播和接受，并不取决于这种知识在当时具有多大的先进性，倒是更多地取决于它能否满足接受者的需要。有时候受客观条件的限制，接受者宁愿舍弃知识的"政治正确"（political correctness），而选择被证明是错误的、过时的知识。所以，近代人种概念不是生物学上的概念，而是近代形成的"政治概念"。政治可以消释人种问题，也可以将人种差异化。

色即是空。

谢谢大家！

**主持人**：刚才孙江老师讲了一个大故事，把很多小的故事串起来，还是可以看到社会史和文化史或者叫新史学的魅力所在。对于人类学系里面的同学来说，当要面对历史、社会、文化等东西的时候，我相信大家从孙老师这里一定会得到很多的启发。随着这样的叙述所带来的概念和背后理论上对话，他没有去讲理论，这些我相信在孙老师的报告里面，大家是可以感受到的。下面还有一点时间大家有问题可以提出来。

**学生**：您之前讲"黄种人"和"黄色"在中国是比较矛盾的词，能否扩展讲一下？

**孙江**：关于这个问题，中国人民大学的黄兴涛教授最近刚写了一篇很好的文章。简单地说，在 1920 年代以后，"黄"开始变成贬义，这和共产党的政治话语有关，革命者造出了黄色工会等带"黄"的名词。他的这篇论文已经发表在《历史研究》上了。

**学生**：我想问两个问题，由于时间关系有很多东西您没有展开，特别遗憾。第一个问题是您提到知识考古，不知道跟历史考古之间有什么样的关系？第二个问题，我一直研究中国古代人种，也看了一些关于人种的问题，在上课的时候也跟同学讲一些种族主义，在中国我看中国的历史书里面，有一些但是确实不多，多数也偏向于文化和政治性的，我觉得这些在某种程度上也可以作为中国内部的文明歧视的例子。有一个故事说有一个年轻人辍学跟他父亲到了南洋，被一个大风浪冲到一个岛上去了，他们当中最丑的人被当地人认为是最美的人，一个长相清秀的人被当地人认为是最丑的，这个反映当时中国人对于南洋人的排斥。

**孙江**：如果你有兴趣的话，希望你关心一下《新史学》（中华书局）第四卷，马上要出来了。这一卷的编者、作者和责任编辑全是女的。对于你第二个问题，我同意你的观点。首先必须承认存在基于人的身体特征而来的歧视，但是，在古代中国并没有形成系统，和近代的种族主义的人种观念、人种知识更不可同日而语。

第二个问题，知识考古和历史考古有什么差异？我认为很相似，但后者在方法论上有多大自觉，我不清楚。福柯提出知识考古旨在打破既有的直线性排列，把已知的话语知识置于特定的情境中去检索，在谱系学上重构叙述。

**学生**：中国历史基本上按照五行颜色深浅来选择颜色，在 1949 年之后基本上剩下一个红色，这个颜色的选择是否跟历史上的五行有关系？

孙江：超出我所能回答的范围。有一点，我还想向你们请教。以前我写过一篇关于想象的血的文章，谈到"血"——红色问题。今天女孩子结婚要穿红色的，大家认为喜庆，其实，原来的含义是驱走邪气的意思。这是红色原有的功能。

学生：刚才讲概念史让我想起了我们说的关键词，如果把概念置于时间和空间中如何研究呢？

孙江：举一个例子，关于宗教的概念。现在讲宗教史或者宗教学的学者，应该对宗教概念没有什么怀疑。但是，如果问宗教史是如何被建构起来的，构成其核心的宗教是什么的时候，我们就要面对很多问题。首先，作为名词，宗教是何时出现的，还有其他类似的表述吗？其次，在历史情境里被赋予了怎样的政治、社会意义。后者比较复杂，需要研究一定的社会政治历史，这里不谈。就前者而言，作为名词的"宗教"出自中国佛教典籍，本意为宗旨和教派。明治日本以"宗教"一词来对译 religion，绝不是单纯地借用佛教词汇，堪称新发明的名词。19 世纪来华传教士是用"教"来翻译 religion。但是，以"教"来翻译 religion 似是而非，汉语的"教"是教育、教化的意思，而 religion 是信仰的意思，二者不可互译。1893 年，彭光誉在芝加哥万国宗教大会上，将 religion 音译为"尔厘利景"。从构词的角度看，其意思是"厘定而利于景"。此处的"景"指"景教"，彭对 religion 的理解是儒家式的，将宗教局限为基督教。无独有偶，20 世纪初，严复在翻译亚当·斯密的《原富》时译为：鲁黎礼整。"鲁黎礼整"含有"对野蛮未开施以礼仪而规整"之意，"礼"、"整"有儒家教化意思。意味深长的是，与彭和严立场不同，强调儒教即宗教的康有为，则使用了"厘利尽"这一音译，意思为"去利于尽"。康有为在《日本书目志》中曾一度沿用来自日语的"宗教"。但考究"宗教"一词的来源和构词法后，产生了如严复以"教宗"来翻译 religion 的声音，出现了康有为那样先迎后拒、反对使用"宗教"一词的态度。我最近做了一篇关于宗教的一篇文章，就是讲这些内容的。

学生：那篇文章是用中文发表，还是英文发表的？

孙江：用英文，但不久会有日文版和中文版。

学生：听了您的讲座我觉得知识考古就是研究知识不断被生产的过程。按照这种知识考古的视角，黄帝是自古以来就被生产的吗？

**孙江**：是不断被建构出来的。关于黄帝，一派以沈松桥教授为代表，强调黄帝的近代断裂性，沈教授的文章很有名，网上能找到。另一个是人类学家王明珂的连续说。我试图调和二者。

**学生**：这几幅图感觉像西方人，鼻子很高。

**孙江**：有可能。

**学生**：这种特征最低程度是混血的类型。

**孙江**：我曾将图给德国学者看，他看了后直呼是从威廉大帝演变而来的。

**学生**：有点像耶稣的样子。大家仔细看一下，欧洲人的形象，鼻子、眼睛、颧骨，中国人的脸是很宽阔很扁的，欧洲人才是这样子的。这个形象是不是从民国的时候受到西方照相的影响？

**孙江**：你的提示很好。根据当事人回忆，当时反满革命党人曾去日本国会图书馆找图片，但是，那时国会图书馆还没有建起来呢！可以肯定是有底本的，应该往西找。

大家是否还有其他问题？

**主持人**：那好吧，也许大家一会儿在走廊上会比较愿意和孙老师交流，这是我们的一个特点，也是我们教育很糟糕的地方，学生心理上觉得自己提出来的问题不够水平，怕掉价，这是最不好的。

感谢孙教授给我们的精彩演讲！

# 关于推进中国考古学发展的几个问题<sup>*</sup>

### 张忠培

**嘉宾简介：张忠培** 中国考古学会理事长，故宫博物院前院长。致力于考古学文化谱系、社会考古学、考古学理论与方法等方面的研究，成果丰硕，著有《元君庙仰韶墓地》、《中国北方考古文集》、《中国考古学——走近历史真实之道》等。

---

* 本文系根据张忠培教授 2011 年 1 月 5 日在中山大学千禾学术论坛上的演讲整理而成。

**主持人麻国庆教授**：时间带给我们期待，正好3点整。今天是广州近一个多月来最冷的一天，我们敬爱的张忠培先生的到来使我们这个冰冷的冬季在人类学的马丁堂变得温暖起来。我们的热情也跟着张先生的情感、对学术的关怀纠结在一起，让我们再热情一下。我们今天非常荣幸请到中国故宫博物院前院长、中国考古学会理事长，一直致力于中国考古学文化谱系、考古学文化与方法等研究，成果卓著的张忠培教授前来人类学系做讲座。张先生的著作很多，我在西北大学读考古的时候就读过张先生的著作，像张先生的《元君庙仰韶墓地》，当时我的老师王伟林就让我们读张先生的著作，必读的东西，包括考试也从这里抽题出来。当然张先生的著作还包括《中国北方考古文集》，《走近历史真实之道》（《中国考古学——走近历史真实之道》），等等，我们本次讲座是千禾学术论坛的一部分，也是中山大学社会学与人类学学院复办三十周年系列讲座的一部分。千禾学术论坛试图搭建一个长期的学术论坛，本论坛为广东省千禾社区公益基金会捐资，中山大学社会学与人类学学院举办的学术交流活动，为庆祝人类学复办三十周年，千禾论坛特推出中山大学社会学与人类学复办三十周年系列讲座，我们在这里将会聚国内外社会学、人类学、考古学的顶级学者、教授为各位献上精彩纷呈、充满魅力的讲座，我们现在请敬爱的张先生为我们讲演，他讲的题目是《关于推进中国考古学发展的几个问题》，有请张先生。

　　**张忠培**：刚才，用最敬爱的不好，是可爱的。我能成为一个可爱的人，我就很高兴。我是上世纪的人，不会用电脑，也不会拿着一个喇叭走着讲，只能坐着讲。我三上中山大学，我记得比较深刻的是刘志伟教授请我过来讲过几个晚上，把我那些年的一些新的成果给各位朋友汇报一下。今天我讲这么一个题目，就是刚才麻教授说的《关于推进中国考古学发展的几个问题》。

　　关于推进中国考古学发展的几个问题，我今天想与在座的朋友们交流一下。我出了这么一个题目，为什么出这么一个题目？说实在话，我当了考古学会理事长，我觉得我当考古学会理事长要做点事。

　　第一，要推进学科的发展。

　　第二，学术队伍的建设。学术队伍的建设就是我们应该提倡做实事求是的学问，务实求真的学问。现在做学问比较毛躁，急功近利，抄袭得很厉害。我的那本《中国远古时代》，苏秉琦主编的，我和严文明合写的，被人家抄袭得很厉害。我在武汉开会的时候，一个老同志找我，他写的关于楚文化的书的一部分被抄袭得很厉害。我说这个要打官司，你找学会不行，上海人民出版社找我签个合同，要带我们去打官司，为什么是上海那边？因为我的那个书是在它那里出版的，损害它的利益了。我要遇到这个事情，我就表示一下气愤，我不会去打官司，我没有那个精力，没有那个时间。所以，这个是学风问题，是学科的建设。

第三个就是学科的组织建设，就是要搞民主。比如我们的学会一年开三次或四次常务理事会，五年一换届。三年要开一次会，那就是把一些学会的活动都汇报一下，最后做出决定，体现民主。

第四个，我要搞一个自由的、讨论的氛围。就是学术一定要有自由，学术有权威，那是大家信不信的问题，那不是造作出来的。而且学科的发展要一代权威被另外一代权威代替，长江后浪推前浪，是后浪的浪尖推过前浪的浪尖，不是所有的浪。在座的各位，我看有一两个能够超过苏秉琦，超过夏鼐，我就阿弥陀佛啊。要是你们所有的人超过夏鼐、苏秉琦，那不可能。要是有一个，我就阿弥陀佛，那是中山大学最大的荣耀。你要知道我说这个话不是看不起大家，孔子是中国第一圣人，我昨天讲第二圣人是孙中山。孔子培养的弟子有三千，有名的有 72 个，平均 100 个人出 2.4 个。还有一个是，中国有句话说，人才是培养出来的。我说这是放屁，没有培养成才的，只有自学成才的。我是苏秉琦的学生。大家在我的著作里（可以看到），我是含着激情，感恩之情来提到苏秉琦的。苏秉琦给我带过路，指引过方向，但不能说完全是苏秉琦培养出来的，还是我自己努力。大家仔细看，我和苏秉琦还是有些区别的，苏先生生前也知道。有时候我给苏先生说："苏先生您是这么写的，我能不能这么理解呢？"不是说："苏先生您这个说法我不同意，哪里说错了。"我只能心里说他哪里说错了，或是说得不是很准确。只是说："先生您这么说，我这么来理解如何。"我这样一句话就表示我不同意。所以呢，我们在这么一个很好的大学，你们新的校长对中山大学感到非常骄傲。但是不能说中山大学能培养出院士来，所有的教授都不是学校培养的，都是从学校走出来、自己闯荡出来的。你就是把老师那套东西背得滚瓜烂熟，那也不是你的，那是鹦鹉学舌，还学不好。学问这个事情，它不是培养泥瓦匠，不是培养司机，有一套现成的规程，你按着这个学就可以盖房了、开车了。一个老师能培养你养成思维的方法，你思考问题的方法，遇到问题从哪些方面思考，有这么一个领会就学到家了。你自己的学问就要看自己的兴趣，自己去学习。有些同学一进大学，笔记记得很好，背得也很好。但是我要说任何学问都是时代的产物，随着时代的过去它也就过去了。我从小学开始没有养成做笔记的习惯，在大学也没有做笔记。老师讲的东西我还记得一点，大部分记不得了。

这些话先不谈了，我今天讲呢，要推进学科发展，我设定了一个主题。我们分两段来讨论这个主题，前半段我来讲，后半段大家彼此讨论，也可以超过这个主题。

我想推进中国考古学发展这个问题是一个庞大的问题，需要在座的所有人的努力才能推进，还有全国的，不光是全国的，还有全世界的研究中国考古学的学者们。也不光考古学自己门类的事情，还包括其他学科门类、相关学科门类的视野，但是主要的由中国大陆的考古学界提出。这一点，我从 80 年代以来一直有这么一个信念。我觉得我们中国考古学不但不是不如世界考古学，而且是走在世界考古学的前列。这不光是资料的积累，而且包括理论的探索。我们中国考古学在方法与理论方面应该说在世界上是走在前列的。中国的田野考古学是走在世界考古学的前列的，世界上没有哪个国家的考古学是像我们这样的，我们的遗址是软遗址，我看希腊罗马的遗址是硬遗址。世界上没有哪个国家搞田野考古的水平达到我们这个水平。我到过一些国家，到过一些现场。田野工作我们有信心。

中国考古学，我们这一代人吃过教条主义的苦。我们这一代人是怎么活过来的？我们这一代人最大的荣誉就是我要证明马克思主义理论是放之四海皆准的理论，而且我再一次证明马克思主义是正确的理论，这是最大的荣誉。后来我写元君庙（《元君庙仰韶墓地》）的时候发现了问题。在 80 年代我就响亮地提出要反对教条主义，那是 1987 年，也要反对洋教条主义，怎么办？务实求真，不要让材料牵着鼻子走。要反对两个教条：代死人说话，把死人说活。

今天我提出四个问题。

第一，要清楚认识考古学研究的对象与学科的属性，明确考古学研究的基本主题。

第二，要提高层位学和类型学的水平，科学地运用层位学进行研究。

第三，充分认识和把握好考古学和与其相关学科的局限性，将能做的学术研究做好，尽量努力突破学科的局限性，做前人和同代人不能做的事情。还要站在当代学科的最高水平上，不能做力所不及的事情。意思就是要打破以往学科的局限性，要去服从当代学科的局限性，做我们能做的事情。

第四，要站在学科的制高点上，寻找或者确立研究课题。

这四个问题讲起来可以写本书，我今天只提要点。我抛个砖头，希望能引玉来，或者我筑个窝，希望能够引凤凰来。

现在我们进入主题。

第一个问题：要清楚认识考古学研究的对象与学科属性，明确考古学研究的主题。我这个问题又分为三个小问题。

（1）考古学的属性

考古学属于广义的历史学，广义史学涵盖史学（狭义的史学）、考古学、体质人类学、民族学即文化人类学、语言学。这五个学科都是研究人类正剖面的，也是研究人类的横剖面的。但是研究的侧重点不同，那文化人类学来说，它主要研究的是横剖面，当前世界的民族。这个学科事实上使用社会学的理论和方法对民族进行研究。这个学科，如果我是汉人我研究我们现在的汉人叫社会学，研究少数民族叫人类学。这个是我50年代学的概念，不知道现在社会学怎么讲的。就是站得高一点，先进的民族去研究落后一点的民族，方法都一样。它实际上是研究世界上它所处的那一个剖面，人类怎么划分族群，这些族群的状况。研究后按照进化论排个序，像摩尔根那样，或者还搞个民族史。

体质人类学那就是研究人的时空变异，时间和空间的变异，时间是从猿发展到现在的人，空间是蒙古的、欧罗巴的，中间还有很多小人种。这个就是体质人类学。这个有活体的研究，运用到考古里面还有尸体，保留骨架，摩尔根取了个名字叫骨骼人类学。

语言学站在现在的时间看空间，地域变异，就分为语系、分语族之类的。分完之后它还有各种语系语族、同一语系语族的关系。它为什么是历史学科呢，比如说甲骨文中一个字它是什么含义，到了汉代又是什么含义，到了唐代是什么含义。这里就包含了语言的含义的变化，包括很多的历史。这个我没有充分地展开，因为这个东西有很多包含在语言的、人类语言的过程上、保留在语言的痕迹上。但是古代没有录音机啊，只有字块啊，包含了字的演变，这里就包含了历史。这方面可以写很多的，但是我没有看到这方面的著作。这里有一个很大的空白。

这五个方面就构成了大的历史学科。那考古学和史学就不必说了。大家都明白了，它是属于这样一个学科。如果现在要讲一级学科，我就讲历史学科是一级学科，下面五大系统是二级学科。现在高校搞了一个世界史是一个一级学科，中国史是一级学科，考古学是一级学科。那要勉强来说把历史和考古学作为一级学科是可以的，但是不能把世界史和中国史作为一级学科。那就有一个问题了，那就是中国史不属于世界史。昨天我和刘（志伟）教授说，他说这个是争夺资源，我说这个争夺资源可以理解，骗那些官僚，多捞点钱。这个我觉得对学科发展终究是不利的。我们不能说以希腊罗马为中心，我们也不能说以我们为中心，世界史应该怎么编写应该讨论，这是学术问题。

（2）考古学研究的对象

考古学是广义的历史学。这五个学科相互联系、相互渗透、相互借用、相互关联，但是前提是相互独立。考古学研究的对象，传统的说法是我们研究的是实物资料。我80年代就提出这个不对，我们不能说历史学研究文献，历史研究的是历史，我们是以文献作为根据作为资料，透过文献去研究历史。我们考古学研究的也是历史，我们的历史有没有特征呢？我琢磨应该是考古学文化。我们透过考古学文化界定的是人类共同体。这个定义可以提出来讨论，我们不能说是研究遗存，研究陶器、房屋。房屋应该放在一定的范围来进行研究，范围就是文化。民族学研究的时候看不到民族，它研究的是城镇、村落。我们考古学也是一样，我们研究的是聚落、墓地、城等等，来研究考古学文化。考古学文化既有空间的区别，也有时间的区别。

我们是研究考古学文化时空变异的学科，或者进一步说是研究考古学文化界定的人类共同体，或者族群的时空变异的学科。这个问题我提出来和朋友们讨论，但是你们可以问我，旧石器呢，新石器以后有陶器，但是旧石器没有陶器，以什么东西来划分呢？过去有时间上的划分，空间上的也提出来探讨，在欧洲提出过探讨，在中国，裴文中、贾兰坡、张森水等学者也提出空间的变异，还不成熟。在后段那好办，我们说这是唐代的，是唐代的渤海的，还是唐代的汉人的，这好办，这本身就有考古学文化内涵在内。就像邹衡说的，当我们不知道那个族群的时候我们叫某某文化，当我们知道那个族群和文献上对应出来的，我们就叫某某族文化。

（3）考古学研究的基本主题是什么

我看三个方面：第一个是考古学文化所处的社会阶段的研究，这里面包括人地资源（关系），人与人的关系和人类社会、考古学文化界定的人类共同体的社会结构研究。这个马克思说得好，生产力、生产关系。第二个主题是考古学文化的文化研究，考古学文化的文化源流和不同的考古学文化交往的关系。实际上拿人类学来说就是姻亲和血亲的关系。第三个是研究考古学文化界定的人们共同体的精神领域、宗教信仰。这个是考古学三个永恒的主题。这三个可以概括为两个方面，一个是社会制度，一个是文化。文化包括后面的两个东西。我昨天发表一个演讲：《文化杂交——广东的过去与未来》。我在开场就讲，我是运用考古学文化的概念。苏秉琦和我提出的概念，苏秉琦提出的中国文化多元一体。我给苏先生说，您说得对，但是我可不可以这么来理解，同一个考古学文化是一元为主的多元的文化谱系结构，就从细胞里面解决这个问题了，如果细胞不是一元为主多元的谱系结构，您那个中国文化的多元一体的结构就很难。后来我又提出，多元一体在中国来说，它就走向政治一体，文化多元了，在一统格局里面我们应该文化多元。这个有两个历史，西周的分封制和秦汉的帝制，我就不在这里展开了。这是我对于考古学的理解，这是考古学的第一个问题。

第二个问题：我们要提高以层位学和类型学进行考古学研究的水平，这个才能保证我们的研究站在一个制高点上。

层位学和类型学还是考古学的基本方法和理论。因为任何事物离开时间和空间就什么也不是。咱们搞考古发掘就知道任何时候的遗存都处在一定的层位之中。就像我们翻一本书要找什么东西是一页一页的，这样一本"书"——我们往往是研究地下的这本"书"——它也是一页一页地装订的，但是不像现代的书装订得那么整齐。还有一条它和现代的书不一样，我们这本书是从屁股往脑袋来读，反过来解释。

我们研究的遗存，它有一个基本的特性是形态，这就是为什么说类型学是考古学的基本理论。

那么层位学和类型学又是考古学遗存的基本属性，所以研究遗存一定要放在它自在的时空，才知道它的价值。我在这里一坐，你们知道我是20世纪的人，你们是21世纪的人。比如说我不会电脑，你们都会电脑，你们都会上网，我不会上网；你们的手机是花溜溜的，我的手机就是能接电话和打电话。我们坐在一起，实际上不在一起。你看那个铜器墓，在妇好墓里面，有夏家店文化的玉器，甚至还有红山文化的玉器。你看（它们）是在一起的，那这个墓是怎么定年代的？是按照最晚的定年代，但是器物要分开放，然后把它们按照原来的时空分开，你要是不了解的话你提不出这样的问题。回到这个问题，我觉得层位学和类型学是确定考古学遗存的理论和方法。层位和形态是考古学遗存的基本属性，那么层位学和类型学就是考古学的基本理论和方法。

那么我们怎样把握考古学的层位学呢？第一，单位就是层位，就是一个灰坑、一个地层。第二，光考虑灰坑、地层还不行。我们遇到房屋还要考虑使用时期的堆积、废弃时候的堆积、废弃以后的堆积。要划分这些单位。第三，在目前的考古学层位学，要把握遗存的地面或活动面。

为什么要把握这个呢？我举个例子：这里有地层①、②、③和灰坑、房屋，这里有五个时期的堆积，但是这还不够，实际上这里还有一层，这就是地面、活动面，这一层考古学家要去挖的时候，很薄的一层，不像现在的马路。这里有一层地面，有时候古代已经破坏了，有时候是考古学家挖掉了。实际上这个问题就多了，复杂了。这层为什么重要？我们人活动的基本空间是在地面，挖的时候挖破了地面，到了下面去活动了，我们从这个地面往上面一走，就要到楼房里面来了或者到空间了，或者要坐宇宙飞船了。砍树的时候，按照它的根部来确定它的地层，按照挖下地面去确定它的层位，大概是这样。像这座房屋，陆地面又形成了一种活动面，我们都是打破这个活动面去盖房子的，我们是按照这个活动面的年代来确定这些房子的年代。只能到这一点为止，我们说这些房屋是处在同一时间的空间，比如说中山大学的房屋处在同一时间里，我们是根据地面这一层来确定的。这才能让我们用层位学把房屋的年代掐得更加精确，这个很重要。如果这么一掐的话，原来算的年代就不一样了。依托地面的这一层是怎么形成的，现在考古学家要研究，过去就不一样，就是人活动过程中形成的堆积，这是大错特错。我们的层位学要精确到这个地步，谁把年代掐得更准确，谁把同一时间的处在一定空间的布局搞清楚，谁就最有学问。我觉得层位学要这么来研究，刚才我画了一个图，我们就是这样，现在很多考古学习都没有这么研究。

考古学家没有从层位上把握，再从类型学上去把握，这个就更糟糕了。类型学在年代上的分期，在史前时期可以有250年到150年。到商代是70年一期。当时的泥巴房子哪一个能够留存70年呢？那样去研究，就差以毫厘失之千里，要是研究聚落，只能越研究越糊涂，把祖宗几代的人口都记在一个时间里面。本来应该一代人是一个地面，却把几代人弄到一个地面上去了。但是没有办法，只能这样研究，搞考古学的时候就要把握好。层位学要精确到这个地步，单位是层位，还要抓地面。单位还要划成不同的层面。

第二个，类型学应该把握到哪里？谱系的研究。任何一个考古学文化都是一元为主体，多元的谱系结构。比如说某一个女孩子她一定有爸爸妈妈，她的爸爸是她的祖父祖母结婚产生的，中国以男性为本位，它是以男性为主的谱系。与不同姓氏的一方结婚传宗接代了，这样的 DAN 就是1/2、1/4、1/8，男性这一条一直可以追下去，女性要追的话就会追得很远，那就很复杂了。我们应该按照谱系的观念来研究考古学文化的结构，用这样一个观念进行遗存的形象类型的谱系研究。

我在这里讲过鬲，大家看是三条腿，我一看复杂得很，都是不同谱系的，但是形态上很相像，那怎样去追源溯流，了解不同谱系，这就要去搞研究，那就形成了一个中国自有鬲以来的一个网络。这个学问就大了，很多人不懂。回过头来看我写陶鬲和别人写某个器物就不一样。我写陶鬲，不只是说陶鬲，在说考古学文化。通过一个陶鬲把黄河中上游所有的鬲用考古学文化的关系，把它们时空的变异说清楚。为什么会这样，我知道考古学的研究不只是器物的研究，我要放在整体的研究里面，而且这个器物要有代表性。学问看来是很小的题目，但是打开来是一个宽广的世界，这样的研究很有意思。

那么有一个问题。考古学的基本理论和方法是类型学和地层学，那有个问题就是我们的遗存不只有形态，还有材质、功能。功能这个问题好办。我们从源到流，从流到源去研究功能。但是还有一条，比如说我们研究这个东西为什么是这个器物，我们去比较，比如在墓葬中的位置，同其他器物的比较，从使用痕迹等来看功能。比如说钺为什么代表权力，我们研究石钺是有使用痕迹的，但是玉钺都是没有开刃的，而且每个墓葬只有一个玉钺，有几把甚至于几十把石钺，它们发生共生关系。那就说明了石墓主人是他手下的亲兵使用的，玉钺是象征兵权的。

你们会问使用痕迹，这个好办。我们用常识就可以确定，也不好确定。所以要仔细地观察。要知道是玉还是石，所以这个材质的研究还有其他性质的研究我们就需要用到自然科学。这就是说考古学要有多学科的参与。为什么说层位学和类型学是其基本理论呢，那是因为这确立了时空。

北京科技大学（北京钢铁学院）有个冶金史研究组，现在是中国研究青铜器的权威机构，他们研究后认为齐家文化既有纯铜也有合金的青铜，后来我写的一篇有关齐家文化的文章说它的纯铜在前、青铜在后，它是一个独立的从纯铜到青铜的演变。他们就问我为什么研究得这么精确呢，我说我比你们多一点本能。我年代划得比较细，我按照陶器划。我说你们研究这个东西，一定要把年代划得细一点。我对纯铜、青铜、砷铜也做过一些研究，做过解释，我都是比人家的文化划得准确一点，年代搞得仔细一点。然后把这个关系一扯开，我就谈到文化关系了，谈得天花乱坠，人家就服气了。我觉得要这么搞，才是搞文化的研究。不然的话，如果不把时空这个周期表搞好就做不好研究。

有很多人说见我的报告说哪个地方有新发现，我说你不要说，我大约知道你的新发现是什么，我一说就差不多。他说你怎么知道？我说我脑袋上有一个周期表啊，知道你这个元素应该在这个地方。无非时空比人家搞得准确一点，这个时空遗存一定要深入了解，甚至是全身心地了解，你对它形象了解的时候，你会得到很多知识，它的功能、质地，包括质地和功能在时空的变异。

如何把年代划分得仔细一点，那就要抓层位，所以我们说考古学的基本理论和方法出发点要站得高，最后一定要有熟悉层位学和类型学的经验，所以层位学和类型学是考古学的基本理论和方法，这个也不讲太多了。

第三个问题：要充分认识和把握考古学及相关学科的局限性，将能做的学术研究做好。这是一句话。第二句话，尽量努力突破学科的时代局限性，力争做好前人所不能做的事情。第三句话，要站在当代中国最高水平上，切忌做力所不及的事情。考古学有局限性，我从美国回来，一听要搞断代工程，我就火了。我说中国有两个思想阴魂不散，一个是"以阶级斗争为纲"的思想阴魂不散，另一个是"大跃进"的思想阴魂不散。现在不是要搞科学的"大跃进"了吗？不顾学科的局限性，要搞断代工程。

我回来以后北大请我去讲座，我就觉得断代工程搞不成，为什么搞不成？就是我在那个文章里面说的，他们说要发表我看不行，我把我的问题已经讲完了。后来有一个学者叫孟华平，在湖北省考古研究所，他写了一本书《长江中游史前文化的结构》，他想让我写序，他知道我回国了就打了个电话给我，说我答应了给他写序。我一想这个学生我很喜欢，我不能给他写序，我不能给他做广告，他应该自己去闯荡江湖。你要我在你前面摇个旗，招摇撞骗，我不干这个事。他就答应了，说我过去说的话也不算数了，现在我听你的，我自己去闯荡江湖吧。到了晚上我也不能这么干活了，就看了一个武打片，看完之后白天的事情都不想了，洗完澡就睡觉了。躺在床上之后，睡不着，就想这个事情。结果 12 点起来，就写了《考古学的局限，断代工程搞不成》，这篇文章影响很大，变成第一个反对断代工程的。它现在搞不成了，就是因为有局限性。

考古学有局限性我会从这几方面说：第一，考古学研究的是物质的东西。比如说研究宗教，都能看到宗教的遗迹，并不能看到宗教的教义，只能确定它是哪一派宗教，确定是什么教义则很难。但是有一些东西，比如说佛教和天主教的遗迹不一样，那好办，但是要研究史前的宗教，那就很难了。第二，考古学研究的是遗存，它不是完整的东西，要去复原，有的复原不了。第三，考古学研究的遗存还具有片断性。比如说我们研究一个墓地，这个墓地是完整的，这些人都是死后被活人安葬的。要研究这个墓葬墓主的生平事迹，怎么生下来，经过哪一个事件，那就难了，咱们做不到。考古学去研究一个墓地，这个墓地是完整的，但是我们下去挖的另外一个墓地，年代比这个晚一点，我们并不能确定那个墓主是这个墓主的后代，只能说年代上是他的子孙。第四，考古学难以准确地确定遗存的时空。

我举个例子：大家知道我们怎么划分先商和早商。郑州二里岗是早商，郑州二里岗有些鬲，H9：36这个鬲之前是先商，这些鬲之后是早商。后来邹衡据此来划分先周和早周。前面我发表一篇文章谈二里岗的若干问题谈到这些鬲。殷墟可以分为四期，将近70年一期。按照一般的原理，越早的鬲时间越长。商汤在位有60年，这个鬲是商汤当王之前还是之后产生的鬲？他灭夏的时候是这个鬲的发生年代，还是晚期？这个考古学琢磨不了，碳十四更是一塌糊涂。它把三期的鬲测定为一期。所以我说了一句话，绝对年代不绝对，相对年代却是绝对的。你说这个鬲之前是先商的，那是可以的，但这个鬲有可能是先商的，也可能是早商的。所以我们最后还不能根据这些鬲来发现先商和早商，本来我准备写这个文章来扫断代工程的尾巴。有了这个脑袋，知道这个局限，就知道把问题精确什么程度，能够回答什么问题，不能回答什么问题，能把问题回答到什么程度。这不好吗？更加接近历史的真实。我一再说我们历史的研究只能接近真实，永远不能走进。我这本书写的是走近历史真实之道，就是这个道理。

至于为什么说不能确定空间呢？这个空间不是现在的空间了，我以前在这里讲学还是这个教室，但是周围环境发生变化了，时空变化了。这里的人也发生变化了，我那时候来讲课的时候，是8年以前，在座有很多人还在念初中，有的还在念小学，这就是时空变异嘛。任何人不能在不同的时间跳到同一条河里面，时间和空间是连接起来的。我们要完全了解殷墟时期或者商代的时空吗？很难。你们可以看看《中国考古学——走近历史真实之道》这本书，我也不在这里讲了，我写到了113页，后来写了几页，还没有写完。我今天就不能仔细讲了，没有时间了。

第四个问题：我们要站在学科的制高点上，寻找和确立研究课题，就是我们要知道考古学科的局限性，我们要知道从哪里下手，我们从哪里研究，研究到什么程度，研究的结论处于什么样的接近历史的真实程度，这才是一种科学。那个断代工程最后搞不成，对考古学没有一个基本的认识，对碳十四的能耐估计太大。碳十四还有个偏差范围。像商汤灭夏它就搞不出来。它后来又搞一个花粉孢子分析，我们现在花粉孢子取样就是每二十格一取样，没有地层，更没有我说的那个地面。现在咱们知道那个沙尘暴，一飘移就几百里。咱们还要挖洞呢，把早期的花粉孢子挖起来。这里面蚯蚓趴窝，耗子打洞。就是在生土层上的第一层，这个第一层就是破坏生土而形成的堆积，把人还没有活动的生土带上来的，又有问题了，能不能保留全？在历史研究遗存中，如此类推，这些局限性都能看懂。

我们要看到考古学的局限性，也要看到相关学科的局限性。现在我们搞学科合作，有人说我这个地方发现了多少仰韶遗址，有些人说搞花粉孢子，说那个时候环境好，但是搞着就成了环境决定论了。我要问是环境变化快呢，还是人类社会发展变化快呢。现在还提出灾异变，莫名其妙。搞什么文明起源，水灾啊，胡扯。30年代就有人讲洪水，讲治水工程，现在还把它做新学问。那要说起来，那个水灾带来文明。我说中国在公元前3300年进入文明时代，他们不信。我在良渚看到一些东西，我提两个东西，一个是年代提前，一个是良渚进入文明时代了，现在看来是对的。他们后来说是的，说发现了城。实际上，我说不能把城看成文明的标志，四大标志和五大标志是已知文明的标志，这是去研究未知文明的标志。我说这个要抛开，要实事求是。国之大事，在祀与戎。既要抓枪杆子，也要抓笔杆子，就是法统和道统，这个是国家的本质。研究社会是长期的，时空框架放好，做一个比较，看看所产生的这个东西，这个东西发挥到什么水平，这才是根本的东西。我1994年写的文章，1995年发表。冷落了10年，没有人说对，也没有人说不对。孤独啊，我感到孤独。这孤独呢，人家觉得你写得错了呢，觉得你是个老同志，照顾你。现在大家都相信了，但是还是老调子，没有改变它的方法论，还是灾异变。那我问因为那个洪水才进入了文明，那以前有没有洪水呢？以前也有洪水的啊，怎么没有进入文明呢？我们要搞环境的研究，但是不能搞成环境决定论。要从人类社会自身的社会结构研究。

这也是最后一个问题，要站在学科的制高点上，寻找和确立研究课题。

第一条：不要跟着热门话题做研究，更不要跳到那个烂泥去跳芭蕾舞，做学问要坐冷板凳。

第二条：要深入了解学科的历史和现状，但不要从学术史面上找出主题，要扎实到资料里或者扎扎实实地搞研究，要到田野里发现问题、研究问题。研究的问题，确定的问题是前人没有确定的，做到这一点，在题目上就创新了。去研究历史和现状，找到生长点，去找课题。但是不要夹缝子，这个说也对的，那个说也对的。什么说法对，那还得研究研究。总的来说，我们一定要把握好一个生长点，一个学科的生长点进行研究，从点到线、从线到面进行研究，来做一个系统的梳理。这样的研究最后会有成绩的。

这一点我举一个例子，邹衡。邹衡有两本论文集，里面有三篇文章是核心文章，论郑州、论殷墟、论郑亳。这三篇文章就梳理一个商代的，从先商到商代完蛋的结构。这样往前和往后，夏商周就连起来了。

第二个我举一个自己的例子。我先写一个中国通史，1990年的时候，我就发现，在没有王权的时候就有神权。那半坡文化，房子下面埋个罐子，罐子里面有小孩的脑袋，还有祭祀的东西。1994年我写过一篇文章，就是有关良渚的。神权和王权是辩证的，先有神权，后有王权，还有王权和神权辩证，这就建立文明了。

到殷墟的时候，负责占卜的是王的助理，那时神权衰落，王权进展。商朝汤王说天命玄鸟降而生商。到刘邦的时候，他还说他妈做梦梦到龙和她发生关系。以后就基本上没有这个东西了。这个就是王权神授，这个里面还有神权，王权是主体。后来就进入帝国了。那么神权经过两个阶段，后来到辛亥革命就成为"党国"体制。中国国家体制的演变从城邦治国，到王国，到帝国，到"党国"，我这个体系就出来了。下面"党国"也有变化了，你们自己去体会。从点到面，系统性、整体性地进行研究。

我以前带博士生，打了几个剖面，第一个是半坡文化到西阴文化，第二个剖面是半坡四期到泉护二期，第三个是龙山时代，第四个是二里头的横剖面，第五个是西周的剖面，这么几个剖面。那中国从文明的起源到文明的形成，从神权到神王权，到王权，这么一个演变可以做一个系统的梳理。中国历史的普遍性就可以看出来了。

我再说瓷器的研究。过去金石学研究一点瓷器，后来就调查瓷窑，60年代就开始挖窑址了，我说要做工艺的研究，那就不是说挖一个窑址了。我最近找了一个朋友，他是搞窑址的，我说你要上升到窑业的研究。我也找到搞冶金考古的人，我说你要搞一个中国冶金业的研究。如果将来能够搞一个瓷器的研究，再搞个奢侈品产业的研究，这样就分门别类的，这样来看中国，既看工艺的发展，又看围绕某一种工艺生产关系和社会关系的变化。我研究过玉器，有过这个体会。

我现在精力不够，研究不了，只是出个题目，希望有志者去研究。

但这个学科面很广，研究的问题在某一个方面很神奇。中国的社会和马克思所说的，和斯大林说的封建社会是不是一样？人家概括的是欧洲社会，我看就不一样。现在说的半殖民，我看要全部拉倒。中国的历史，我觉得我们知道得还很少。而我们现在自以为知道的，我看很多是错的。比如什么叫做资本主义，比如什么是社会主义，我们都说不清楚。史前社会是不是平等时代？你说不平等，不是平等时代，只是生活在很艰难的自然环境里面。这些问题我觉得我们知道的东西确实很少，未知的世界很多，对我们知道的很多东西，恐怕要重新思考。我出出题目还是可以，做研究就不行了，拜托在座各位年轻朋友好好干，把中国考古学推向前进。

我今天讲了两个小时，留一个小时给大家讨论。

**主持人麻国庆教授**：非常感谢张先生充满学术智慧的讲座，我从张先生讲座里面体会到，张先生这一代学者的学问是自己做出来的，用自己的思想总结出来的。包括最后面上升到皇权和神权、国家和人民这一方面的讨论，感到是把一个特殊性的研究和普遍性的概念结合在一起。我觉得这一点，各位同学一定要慢慢琢磨。

第二点涉及方法和方法论的问题，很多研究可能是考古研究，但是它不一定是一个考古学的研究，很多的调查可能是考古调查但不是考古学的调查。张先生讲的概念本身是考古学范式研究的个人经验，如何把它推向问题意识，解答一个宏大的世界，那是涉及部分和整体之间如何衔接的问题。这一点对大家都有很大的渗透力和影响力。在我看来有很多人类学的概念在里面。

第三，刚才所讲到的各种文化事项，包括考古学文化时空观念的问题，就想到在可观察的文化现象和不可观察的文化现象之间，如何通过我们的研究使得在时空转化概念里面，能够达到对问题解释的框架，即一个接近历史真实的解释框架。

我的感想很多，但我要把时间留给同学们。再一次感谢张先生。

（提问）：张先生，我不是学考古专业的，提一个非专业化的问题。最近看了一本书，里面讲到谢里曼在希撒利克进行挖掘，挖掘特洛伊城，他看到《荷马史诗》以后，觉得自己对《荷马史诗》描述的特洛伊这些古希腊国家产生了一种幻想，所以他在希撒利克进行特洛伊挖掘。经过他的挖掘，因为他没有很专业的考古训练，所以他极大程度损害了特洛伊。关于他的做法，现在学术界对他的褒贬不一。我问一个非专业化的问题，作为一个从事考古专业的人，他的信仰是什么？第二个问题，跟考古没有什么关系。像您刚开始的时候说现在大学生特别浮躁的风气，您认为怎么样对大学生浮躁风气进行调整？

**张忠培**：第一个问题，他去挖掘、去求证，科学里面有一个大胆假设、小心求证。我们是根据已知的材料，提出假设，仔细地求证，这是必要的。不是说你事先都回答好了，学术的研究是从已知探索未知。从已知里面得出一个意思，这个意思可能是不对的，得出一个问题去探讨。

第二，如何摆脱大学生的浮躁，就研究学问来说，我觉得做学问是求知、求真。搞企业是求利，搞企业如果不求利，他是一个笨蛋的企业家，他就会一天都活不下去，他会完蛋。资本这个东西，是要24小时每时每分每秒都要膨胀的，不膨胀不行的。我们做学问是要求真，和求利是两回事，我们做学问是要求真，不能去求利，道理有"道"，不要搞错"道"，搞错"道"就会浮躁。

求真可能一辈子都求不了真，可能失败。比如说"666"（是一种药），搞了665次都失败了，第666次才成功，前面的失败是不是对"666"的求真有作用啊？有作用。如果要进这个门，要走这个行当，就要遵守这个"道"。不遵守这个"道"，走到别的"道"上去了，就不对了，就会有浮躁心理了。

**（提问）**：老师，您好！有一个学者这样说：一切历史都是当代人的历史。我觉得每一个时代的考古学家或者历史学家，都有他自己认为是合理的一种推理方式，我认为就是一种求真的方式。在各个时代拥有自己推理方式、论证方式的过程当中，我们如何保持历史进程当中的"真"和"客观"呢？我就想了解这个问题。

**张忠培**：这个问题在我的文章里说过，你仔细看我的文章就知道了。有两种说法，一种说法是任何历史都是当代史。还有一种说法是历史是史料的历史，我们不是真正去研究历史。我们是根据史料去研究历史，保存下来什么史料，我们就要在个史料上活动，去探索这个历史。

"任何历史都是当代的历史"这句话可以这么理解。因为任何历史都是当代人的历史，就要受当代思潮的影响，是站在当代的思想上、遗产上去看问题，就要把这两个结合起来，不能摆脱当代的一些思潮，但是有一个什么办法呢？就是让材料牵着鼻子走。在这两个对历史意思解释的矛盾里面，走一条特别的道路，在我的文章里面讨论过这个问题，大约在90年代我就注意这个问题了。最好是回到历史的真实，站在历史的那个面去考虑问题。

我说最好要用史料，这能不能让我站在当代的遗产上？刚才那位同学说的特洛伊的发现，他站在当代，但是要求证就要回到历史的原点，事实的原点不一定是历史的原点。在这两个观念里面找一个，保持让材料牵着鼻子走，我说的既要反对传统的教条，又要反对新进口的教条，让我们被材料牵着鼻子走。替死人说话，把死人说活。

（提问）：张先生，您好！中国是如何从氏族向国家过渡的？您认为应该用什么标准来衡量？

张忠培：我刚才回答了，你没有仔细听我的话。这个问题我的文章里面谈得比较细。

（提问）：张先生，您好！我问一个问题，傅斯年先生谈到华夏文明与东夷文明特定的联系，您对傅斯年先生做的学术论证有什么看法？

张忠培：傅斯年当时提出这个话，在当时来说推进了史学研究的进步，今天从考古学来看，有一些失误的东西。有一部分道理是对的，但是当时是很大的进步，在当时的历史情况下，影响很大。

（提问）：您对渤海国怎么看？现在有一些韩国的学者论证，在唐朝的时候有一个渤海国非常大，面积和中土的面积一样大，整个东北地区都在渤海国的范围内，东北现在还有一些遗迹，比如说高句丽很大，您对这个问题怎么看？

张忠培：这是他们不了解民族是历史的变化，唐代的渤海国是中国范畴的一个国家，中国有一个体制，统治者我们叫做皇帝，他们那里叫国王，皇帝和国王是不同级别的。这是一个问题。

第二个问题拿这个事情来证明现在中国东北是它的领土，因此它要这个领土，那是更荒谬了。那时候渤海要是和朝鲜有关系，那还可以理解。高句丽确实和朝鲜有关系。但是在高句丽没有形成之前，高句丽的地区就已经属于辽东郡。你说的这个问题很好，那我们是不是要回到汉代的管

266

千禾学人讲演录（第一辑）

理，把乐浪收回来呢？这个东西要算历史账，算来算去算不过中国。因为中国的历史连绵不断 5000 年，这些就别来了。我们不能拿着清朝时候的版图去要土地，不能搞这个东西。

我们有近代中国，中国是一个历史的中国，是一个发展的中国，我们不能像外交部那样去确定，说××地方自古以来就是中国的，那就天下大乱，不行的。民主国家都有一个发展的过程。

还有一条，在欧洲的民主国家有很多都不完全是，比如说比利时也有讲华语也有讲比利时语的，单一的民族国家不能说没有，但是很少，很多都是多民族国家，民族是一回事，国家是一回事，国家就是行政管辖权的问题。

最后算历史账，一算就天下大乱。最后美国就没有了，朝鲜就归中国了。越南也是，缅甸、泰国都是，我们不能搞这个，我们要搞科学。

（提问）：张先生，您一直坚持的是考古学要让材料牵着鼻子走，您如何看待美国在新考古学阶段提出的解释材料的问题？

**张忠培**：我写过多少篇文章，按照他们那个东西我写过几篇文章，一篇是为朝鲜人讨论的，花了一个晚上凭一股激情写出来 5000 多字，第二天就送到《中国文化报》。第二篇文章，就是考古学和民族学的关系，就谈到了这个问题，新考古学本身提出的问题就不是跟考古学一样，我们怎么站在考古学的高度，我们要在材料里面提出问题，不要在考古学里面提出问题，你可以受别的学科的启发，但是你的问题最后要提出来，作为一个问题来说，你要研究一下考古学的历史和现状。要在田野里面找出来，这确实是一个问题，本身很多的想法只想求证，都是在民族学上面去谈。我们考古学研究的问题要以考古学的材料来论证、举证。你可以去看我的文章。

**主持人**：同学们要记住，张先生是正儿八经在民族学里面待过来的。

**张忠培**：我是最早在中国搞民族考古学的，我后来把民族考古学知识作为一个资料的引证，不作为举证。我任何考古学的结论，你去翻我的著作，有人给我统计了一下，说在我的学术里面，引证了五十几个民族学的资料，我写母权制的私有制问题，我把世界母权制的材料翻了一遍，然后选取了 10 个民族学的材料来研究这个问题，最后得出了这个社会不是平等的。我跟马克思说话不一样，我是作为辅证，考古学还都是要举证的。研究民族学的问题，就要用民族学作为举证，研究考古学的问题，就要以考古学作为举证。他们那个出发点就不对，但是我要说一句话，我翻过他们翻译的几篇文章，翻译得一塌糊涂，我都不明白，因为我也搞过民族考古学，当时不叫民族考古学。

（提问）：张先生，你好！我想问一下在历史时期考古学文化族属判断的方法，这个问题以前老师跟我讲过，说邹衡拿殷墟陶器找到早商，也说他通过鬲的研究……

**张忠培**：我明白了，你不用说了。

那就是跟文献考古结合起来，比如说这个殷墟是商的东西，不是邹衡说的，这个要搞清楚，殷墟是商人的，殷墟是谁说的？是王国维、罗振玉，罗振玉他们大约在20年代，很可能在1917年（我没有考证出来），王国维的《殷卜辞中所见先公先王考》，那是1917年写的。在这之前罗振玉发表过两个著作，甲骨文就考证出来了。甲骨文是在殷墟考证出来的，他对甲骨文做了一个考证。再参考《史记》，就提到殷墟，这是一个基点。为什么在殷墟挖掘，是先知道殷墟是商，那是根据王国维、罗振玉的观点。在殷墟的挖掘证明了王国维以及罗振玉的说法。这就是当时中国考古学，我要找一个基点，在已有的研究基础上去探索，就证明了这两个人说得对。

1952年前后就发现了郑州二里岗，这个陶器在类型学一比那就是鬲谱，二里岗的陶器可以分为四期，简单来说分为两期，按照形态上一比，是和殷墟的陶器是同一谱系。当时没有谱系观念，谱系观念是我提出来的，我为什么提出谱系，就是因为我搞过民族学。然后就把这个谱系推到他爸爸的年代，推到他祖父的年代，在70年代有两个重要发现，一个是磁县下潘汪……就发现这个像殷墟早期的，脖子又长一点，又不是很像。邹衡这个时候受两篇文章的启发，就把郑州说成郑亳，把这两个陶鬲确立为先商的。为什么确定先商的？实际上邹衡在大约1957年的时候，你们去看他的简报，他已经发现了先商，但是他没有认识出来的。后来看到这两个陶器，这还是聪明，就基于他的周期表的框架，这就是先商，找回郑州了。他就是从已知求未知，建立一个商人的鬲谱，从先商到商代、商王朝的早期到商王朝的晚期，这样的话就把商人确定了。

那周人也是这样，最早发现周人的遗迹是苏秉琦，他已经分期了，他挖了九座墓，这九座墓是先周的，但是他没有说他排除了年代关系，他也没有说这个鬲的谱，他最早是研究鬲谱，中国最早的人有谱系思想，他说和商人的谱不一样。到了 1960 年写《中国考古学》的时候，北大的《中国考古学》有一个红皮本和蓝皮本，我被拉去了写哪部分呢？写西周还有商周时期的青铜文化，但是因为苏秉琦的排队，这个时候我们根据一些墓葬已经发现了，那个鬲是康王的时候，早于康王的东西就是先周，所以文王不好确定，文王就先周时期了。最早提出先周的是谁呢？就是张忠培。后来就吵架了，考古学里面毕竟不是搞断代工程，有人说是邹衡的，那都是放屁，最早是我说的。后来我也不必争这个东西了，因为无所谓。你们爱怎么争就怎么争，就这么一个问题。

下面也是这个问题，结合文献，有一个时空框架。我就提另外几个问题，但是我觉得我研究不够深，就没有写文章。关注的问题要比研究的问题多，研究的问题一定要比写出文章的东西要多得多。所以我那个半吊子的东西还不少，但是我不去写文章。

（提问）：请问一下文化在扩大过程中会否出现文化变异？

张忠培：这个问题比较大。打个比方，毛泽东是中华人民共和国的人还是中华民国的人，明白这个道理就明白了。考古学文化年代的变化、更替和政权的更替是两回事。

主持人：时间关系，各位同学肯定还有很多问题要提出来，张先生传播考古学的思想和认识问题、意识方法中的概念，一定会在大家的细胞里面不断地生长起来，让我们以热烈的掌声再次感谢张忠培先生。

# Asset Building: A Project in Social Innovation and Research[*]

## Michael Sherraden

**嘉宾简介：迈克·谢若顿**（Michael Sherraden） 美国华盛顿大学（圣·路易斯分校）社会发展中心的创始人和主任。2010 年 5 月被美国《时代》杂志评为影响美国的 100 位年度人物。谢若顿教授在美国福利政策研究上造诣颇深，他发明并创立了资产积累福利理论及个人发展账户（IDAs）策略。他的"美国梦示范工程（American Dream Demonstration）"自 20 世纪 90 年代以来在美国联邦政府及 40 多个州政策层面推行，惠及低保人群，在将社会救济由"输血"转变为"造血"上卓有成效。

---

[*] 本文系 Michael Sherraden 教授于 2011 年 5 月 6 日在中山大学千禾学术论坛发表演讲的提纲。

# ABSTRACT

Social innovations to meet large and long standing human challenges are not innate or automatic—*they always have to be figured out, tested, and implemented.* This requires both creative insight and disciplined effort. In other words, *social innovations* require *work.*

This *social work* consists of knowledge building and application for development. Below, I discuss the development of the social innovation of asset building and the role of research in this development. I conclude with lessons from the asset-building experience for other social innovation and research.

Development of households and families depends on long-term asset accumulation and investment—in emergency savings, financial investments, education, homes, land, and enterprise. Asset holding creates material conditions, as well as outlooks and behaviors, which promote household stability and development. This applies to all families, rich and poor alike. Globally, more of "social policy" is being delivered via asset-building. However, the poor do not have the same opportunities and subsidies for asset accumulation. One possible direction is to include a focus on asset building for the whole population—not just those at the top. Asset-based policy should be viewed as a complement to income and social support policies, not as a replacement. An inclusive-based policy can be the basis for family development, and at the same time provide a foundation for social and economic stability and development. Even small assets can help create stability and opportunity.

A policy strategy for asset building is Individual Development Accounts (I-DAs). IDAs were proposed in 1991 as a universal policy (everyone has an account from birth), with greater subsidies for the poor in the form of matches for deposits. Over the past 20 years, IDAs have been implemented as short-term (3 to 5 year) demonstrations targeting low-income households, mostly in community-based projects. A major research project on IDAs in the United States, the American Dream Demonstration (ADD), found that the poor can save. This finding set the stage for discussion of asset building by the poor in social policy. Today, in both developed and developing countries, the phrases "asset building" and "asset-based policy" are common in discussions of social policy and international development. This change in language and policy debate is perhaps the most important contribution of asset-building research so far.

A major focus in development has been on assets for livelihoods, but increasingly attention is turning to assets for education. Child Development Accounts (CDAs), which start as early as birth, have been introduced to facilitate savings and asset accumulation for children's education and completion, and to serve as a foundation for a lifelong asset-based policy. Savings for Education, Entrepreneurship, and Downpayment (SEED) tested the efficacy of a national system of savings and asset-building accounts for children and youth in the United States. The SEED for Oklahoma Kids (SEED OK) experiment, a large-scale study with randomly-selected newborn children, is currently underway in the United States. SEED OK assesses CDA feasibility while investigating short-and long-term impacts on savings for children, parents' expectations and behaviors, and children's developmental outcomes.

There are many examples of asset-building programs and policies worldwide that are informed by asset-building research. In China, policy discussion of asset building began with 2004 and 2005 conferences and publications. Subsequently, assets were mentioned in the government's five-year plan and other government policy statements. The asset-building theme has continued to be developed at a local level. For example, in Hutubi, Xinjiang, assets in a rural retirement security scheme have been used for agricultural investments such as machinery or livestock or seeds. The "Hutubi Model" is being copied in other provinces. The Sichuan Project of the Hong Kong Polytechnic and Sichuan Universities is developing asset-based responses to the destruction and upheaval caused by the 2008 Sichuan Earthquake. The Sichuan Project aims to create a training institute on disaster management and reconstruction; contribute to the rebuilding of homes; and identify and develop assets that can sustain livelihoods.

As other examples in East Asia, South Korea has created CDAs for all insti-

千禾学人讲演录（第一辑）

tutionalized children, and an IDA project in Seoul won a Public Service Award from the United Nations in 2010. In Taiwan, Family Development Accounts have been successful in Taipei and several other cities.

The asset-building example offers the following lessons on social innovation and research:

- Identify a clear and simple concept with direct practical implications.

- This should be articulated in a testable formulation that might have large implications. For example, look for a "strong independent variable" – an independent variable that might have *multiple positive effects*.

- However, avoid strategies that are too expensive or impractical to "go to scale", i. e. , reach millions of people.

- Put the concept "on the map" with a key book and/or major conference.

- Also use the book and/or conference to develop a multi – faceted agenda for building knowledge, including large applied research projects.

- Create capacity to sustain this work via research centers or institutes.

- Also create partnerships and division of labor with policy and advocacy organizations, so that researchers can continue to focus on research.

- Expand research across populations, regions, and national borders; build international partnerships.

- Enter evidence into policy and practice via multiple forms of publications (reports, briefs, journal articles, news articles), and multiple venues for discussion.

- Be prepared to inform and advise governments, NGOs, and private sector organizations to expand the innovation, taking advantage of opportunities as they arise. The timing of application is not predictable, but cannot happen if the innovator is unprepared.

# 社会人类学调查中的历史<sup>*</sup>
## ——从个人的东亚田野调查经验谈起

末成道男

**嘉宾简介：末成道男**　东京大学荣休教授，现为东洋文库研究员、东洋大学亚洲文化研究所客座研究员。曾任东京大学东洋文化研究所教授，东洋大学社会学部教授。

---

\*　2011 年 1 月 7 日，末成道男教授应中山大学社会学与人类学学院、中山大学历史人类学研究中心邀请，在中山大学马丁堂二楼讲学厅发表了题为《社会人类学调查中的历史——从个人的东亚田野调查经验谈起》的演讲。末成教授围绕人类学与历史研究的关系，结合自己的田野经验，对人类学调查中的历史视角进行了阐释。本演讲稿由中山大学人类学系姜娜博士根据录音及末成教授提供的资料翻译，并刊载在《历史人类学学刊》2011 年 4 月第九卷第一期上。

自 1922 年社会人类学创立以来，欧美人类学就以实证科学的面貌示于世间。与此同时，随着长期调查这一个研究方法的采用，人类学调查中便渗入了"历史"的成分。这个"历史"与历史学研究对象的历史的性质有所不同。究竟应该如何对待这个"历史"，我们还没有充分地探讨。一直以来，人类学的"历史"只在人类学内部使用，如果人类学继续创造这样的历史，这一学科就不会有所发展。因此，在这里我打算以自己在东亚的田野调查经历为基础，对社会人类学调查中有关历史的应用，及其遇到的问题进行讨论。

# 一 历史在人类学各学派中的地位

我这里所说的历史，是指通过记述而流传后世的历史事件，其中以文字形式进行记载的是"文字史"，以口传形式的是"口传史"。我于 14 年前发表《人类学与历史研究》[①]一文，对人类学与历史学的关系进行了简单的总结。人类学这一门学科，19 世纪时在欧洲成立，经历了进化论、传播论的发展阶段，再到以英国社会人类学为核心的现代人类学，历史在学科中的地位经历了变化。有关其变化的线索，我今天的想法还是与从前一致，所以在这里，请允许我列举其中的要点。

### 1. 人类学成立前民族志的历史价值

大多数地区的人对于异文化的认识，都是以自我为中心，不重事实，而靠空想。但这也有例外，在人类学这一学科成立之前，有一些人已经带有人类学的理念和感觉，首先要提到的是希腊的希罗多德，他被称为"历史学之父"。从人类学的角度来讲，他也可以被称为"人类学之父"或者"人类学的开山祖"。他所著的《历史》，其中就运用了许多人类学的视角，即使称该书为一本民族志也不为过，这是因为希罗多德经常去欧洲以外的地区旅行，进行调查，采用了实证性的写法。这部学术著作内容并不枯燥，里面有很多风土人情的描述，包含了很多对周边民族的习俗的民族志记述。作者将所见与所闻区别开来，采用文化相对主义的研究方法。在东亚，司马迁四处游历观察，根据亲身经历撰写了《史记》，也与此相似。

---

① 末成道男：《人类学と历史研究》，《东洋文化》第 76 号（1996），1~36 页。（按：这一期《东洋文化》是"东亚的人类学与历史"特集，由末成道男主编，该文是特集之序）

## 2. 进化论中的"历史建构"

人类学成立于19世纪的西欧，而不是在西欧以外的世界，这是什么原因？我们很有必要对这个问题进行思考。特别是东亚，历史悠久、文化底蕴丰厚，绝不低于西欧。在思考人类学、东亚人类学、历史人类学的学术史时，我们应该先要找到人类学于西欧发源的根据，这样我们的人类学才能得到发展。

中世纪时处于锁国状态的欧洲，因为地理大发现而接触到很多"未开化"社会，对于他们来说，应该如何在人类史上定位这些社会，成了一个问题，这对于人类学的成立，产生了重大的影响。人类学成立之初，最初的指导理论是进化论，并非相对主义。进化论假定了人类从初期的野蛮状态，到未开化状态，从而进入文明阶段的人类进化史。但是，这只是"坐在安乐椅上"的学者，把真假难辨的资讯与当时的常识相结合的一个结果，他们将距离西欧文明程度较近的社会视为"上"，较远的社会视为"下"，这种以远近程度来排列的方法，假定人类社会是由下而上进化的，很明显这不是根据实证得出的历史，而是建构出来的进化史。比如说婚姻制度，当时一夫一妻制在西欧已经比较流行，而与之相比，没有明显婚姻制度的情况被视为最原始的阶段，再经过有很松散的婚姻制度的未开化阶段，直到现在一夫一妻制这种所谓的文明阶段，就构成了一个婚姻的"进化历史"。

随着人类学家对"未开化"社会的调查的开展，并从中取得大量的有用资讯，到了19世纪末期，西欧的人类学家也逐渐明白这个进化史不是真实的历史。其中，美国人类学家摩尔根的《古代社会》全面地对人类社会的进化阶段进行了总结。他对亲族关系、技术等问题进行了详细的讨论，特别是指出生产技术的重要性。他是一位优秀的人类学家，虽然他的理论并非完全是以实证为依归而起家，他也不是劳动阶级唯物论者，但却被社会主义理论所采纳，今天的社会主义理论中还包含着很多进化论的思想。

## 3. 传播论中的"文化史"

19世纪后半期，以德意志、奥地利为学术中心的传播论诞生。持传播论者认为，文化的多样性不仅源于进化，还源于传播。在批判文化进化论的同时，他们勾画了以传播论为基础的"文化史"图式。简单来说，首先是一次社会，它与其他文化圈相互融合而形成二次社会，二次社会再与其他文化圈融合，而形成更上一层次的社会。但是，这个文化史本身也只是随意假定文化要素后推测而来的。而且，随着"二战"后西亚考古学发掘的展开，人们找到畜牧社会并非总是先于农耕社会的证据，由此，人们也失去了对传播论中的"文化史"图式的信任。

### 4. 美国文化人类学的"文化区"

在美国，博厄斯（Franz Boas）以其在北极圈对爱斯基摩人的长期参与观察经验为基础，注意到实地调查以及相对视角的重要性，他构想了一个包括考古学和语言学在内的综合文化人类学，并以此努力培育后进。威斯勒（Clark Wissler）则对当时正处于濒危状态的美国印第安人文化进行了系统性的复原操作，从而提出了以社会和文化观察为基础，以物质文化、考古学发现、语言等要素构成的"文化区"概念。这一概念与传播论的图示相似，但它并不是以整个世界为舞台，而是在美国大陆的一个地域范围内，根据收集到的证据，进行历史复原，可以说这个概念可信度较高。但是，由于没有得到决定性的证据的支持，这只能算是一个可能性很大的假说，距离历史尚有一步之遥。

日据时期在台湾出版的《高砂族系统所属の研究》（1935 年），就是在这一个"文化区"概念影响下完成的巨作。这本书主要以台湾少数民族为研究对象，当时有九个比较明确认定的少数民族群体，加上已经汉化的，总数有二十多个。三位人类学家走遍了九个少数民族村落，得到了很多家谱、口述资料及传说等资料。他们以此为基础，撰写了有关民族系统的报告，这是一个我们现在都无法想象的艰辛历程。这个报告的撰写没有依靠文字记录，而是纯粹利用口传资料，因为历史根据不够充分，对于其迁移的系统推定也只算是推测。但是，由于内容是由熟悉口传资料的人类学家所记录的，并且记录了与文化、社会相关的访谈内容，所以资料的可信度还是很高的。直到现在，这些资料对于社会人类学来说还是十分有用的。另外，还有一点值得注意的是，撰写这部报告的其中一位学者——马渊东一，他不仅关注民族属性，他还带着社会人类学的感觉进行调查，因为他受到欧洲民族学和美国文化人类学的影响，并通过阅读大量最新的书籍来学习英国社会人类学。在当时的日本，能够重视英国社会人类学理论方法的只有两个人，马渊东一是其中之一。这三位学者虽然用了三年时间对当地的村庄进行调查，但事实上还不是英国人类学意义上的长期调查，只是属于多次性的短期调查，因为当时的台湾的研究环境并不允许长期调查。由于马渊东一非常了解英国人类学的研究方法，所以尽管是短期调查，他还是获得了很多人类学资料。这一个研究的目的虽然是研究该民族的系统关系，但是报告中包含了很多质量较高的现代人类学资料。这也可以说，在 20 世纪 20 年代，日本在人类学研究领域上，亦取得了很大的成就。

### 5. 现代社会人类学中的历史

马林诺斯基（Bronisław Malinowski）和拉德克里夫·布朗（Alfred Radcliffe-Brown）根据各自长期的实地调查而撰写的民族志，于 1922 年出版，这两部民族志的出版可以说是人类学历史上的一个分水岭。之所以这样说，是因为人类学从此确立了人类学家亲自前往田野进行长期的田野调查，使用当地语言，与当地人一起生活、一起行动从而进行参与观察的研究方法。自此以后，这种研究方法便成为人类学界的标准，相对于坐在安乐椅上的人类学家，他们开始了性质完全不同的调查研究，一举克服了思辨方面的局限。不过，真正做到这一点的只有马林诺斯基，因为拉德克里夫·布朗并没有使用当地语言，他使用的是英语。当时没有安达曼岛语的翻译，所以就先将英语翻译成印度斯坦语，然后再请翻译把印度斯坦语翻译为安达曼岛语，也就是说他是在双重翻译的帮助下进行调查的。这里我还想说，现有译成中文的马林诺斯基的著作，当今的人类学家已经不太引用。他的以交换和咒术为主题的民族志（1922 年，《西太平洋的航海者》）以及以生产和技术为主题的另一本很好的民族志 *Coral Gardens and Their Magic*（1935），是理解社会人类学的首选入门书，特别是后者，尚未有中文译本。

拉德克里夫·布朗和马林诺斯基在处理人类学与历史学关系的问题上，基本没有什么贡献。拉德克里夫·布朗受法国学者涂尔干的影响很大，涂尔干对历史不是很感兴趣，拉德克里夫·布朗也是如此。马林诺斯基则认为，进化论、传播论的历史建构是建立在不恰当的研究方法之上的，所以是假的历史，但到底如何把历史纳入人类学研究之中，对此他并没有什么建树。如此一来，在 1922 年到 1950 年之间的社会人类学中，形成了忽视历史的学术氛围。因此，这一学派曾有一段时间被视为是反历史的学派，但是他们的民族志里也有很多历史变化影响社会的内容，所以这其实是一个误解。埃文斯·普里查德（Edward Evan Evans-Pritchard）在

1950 年的演讲中明确地指出了这一点，他提出了很多有关历史的正确的而且有见地的看法，他与马林诺斯基有何不同呢？不同之处在于马林诺斯基想把人类学发展成为自然科学，而普里查德则希望将人类学引向人文科学。那时，人类学的研究对象多包括经验、道德等内容，而非通过客观观察才能够得出结论的事物。不过，他强调人类学与历史学的关系的重要性。人类学与历史学的研究对象可能有所不同，但是在研究方法上却有相似之处。历史学的研究对象是文字，人类学的研究对象是文化和社会，从这一角度来说，两者之间似乎没有什么联系，但是双方都是通过观察具体事物或者解读记录而进行记述和分析。当时人类学的潮流，是寻求一个从"未开化"社会向文明社会发展的理解方式。所以当有关现代文明的研究越来越多的时候，也出现了人类学与历史学的合作研究，或者部分采用历史学方法进行调查研究的倾向。在此之后，英国的社会人类学也开始以印度、中国等文明社会作为调查研究的对象，最为有名的是 1958 年弗里德曼（Maurice Freedman）在广泛涉猎文献之后总结而成的《中国东南的宗族组织》。当时，虽然费孝通在英国人类学的影响下对中国社会进行了研究，但是由于众所周知的原因，外国学者想要在中国大陆进行实地研究还是很困难的。他们在大陆周边的香港、台湾等地进行现代人类学的实地调查，其中许多学者都利用历史资料。

列维·施特劳斯（Claude Lévi-Strauss）的结构主义在美国人类学界很受欢迎，它比英国的拉德克里夫·布朗的结构理论更适用于解释社会和文化现象，所以影响力更大。但由于他的实地调查方法和资料处理方法不是很好，所以名声虽大，在英国社会人类学界却评价一般。尽管他的结构概念当中没有包含历史的成分，不过，在有关区别文明社会与"未开化"社会的考察中，他提出了"冷社会"/"热社会"、历史参照点"多"/"少"以及历史可解释性的"强"/"弱"等对比观点，这些都涉及人类学与历史的很有兴趣的问题。

以上我对人类学史进行了很简要的说明，接下来我将以自身的调查体验为基础，来看历史如何体现在田野调查之中，其间又出现了哪些问题。

## 二 我的社会人类学调查

我的专业是英国学派的社会人类学，大学阶段的学习则是在东京大学文化人类学研究室。这个研究室是"二战"后以美国学派的综合人类学为基础而设立的，所以我也接受了很多美国人类学的教育。那里有许多老师是接受上文提到的欧洲民族学说的，也有接受英国学派人类学教育的中根千枝老师等。那是一个很好的学习地方，由于研究室是以综合人类学为基础，所以在本科学习阶段里，我接触了语言、社会、考古以及体质人类学等范畴。那么为什么我要说我的专业是英国社会人类学呢？因为我对社会很感兴趣，而英国社会人类学正是以社会为基础来考察文化现象的最好方法。

其后，我使用英国学派的社会人类学方法对东亚社会，包括对日本、中国大陆和台湾、韩国、越南等地行了长期的调查。因为我从没有感受到这30年来出现的后现代思潮的本质上的重要性，所以把时间和精力都用在了1922年开始的现代人类学调查之上，主要关注的是对社会运行机制和文化的记述分析。由于我没有接受过历史学的基础训练（资料批判），采用的基本上都是人类学的研究手法。

接下来我以人类学与历史的关联程度为主要脉络，简单回顾我到目前为止所进行的主要调查研究。

### 1. 日本村落调查

1959年，我参加了东京大学文化人类学社会调查实习，该实习由一位指导老师带领本科生及研究生共计二十多人，以合宿形式在日本东北地区最僻远的一个村庄进行调查，为期一周，其间从学长那里学到很多东西。我到现在还记忆犹新的是，在访谈时我曾经提问一些时事问题，之后被提醒不应把政治带入调查之中。当时，有关历史的资料记录也只限于户籍的誊写。人类学家多认为这种官方的记录在编纂时会有误差，也多以自己的访谈资料为基础，制作家族系谱表。但是，日本7世纪时开始引入唐代的户籍制度，中间经过数次修改，更于1872年开创近代的户籍制度，直到现在，户籍记录都是以资料簿的形式保留下来，这些材料可以用来复原有着百年历史的家族的系谱。户籍记录的信息量远远超过了人类学家通过访谈所能获取的资料，所以，在日本及台湾，包括我在内的人类学家，都经常利用这些资料。在我的学生时代，想要通过口头调查获取这些相关资讯基本上是不可能的，所以我在台湾进行长期调查的时候，都会到当地的政府部门进行一两个月的户籍资料调查。现在，个人隐私是一个很严重的问题，除非征得当事人的同意，我们是无法获得相关资料的，即使我们强调这些资料只是作为研究之用，这些资料也不会为我们公开。

　　我在 1961 年至 1962 年进行硕士论文的调查，当时主要研究的是日本的同族问题，特别关注的是本家与分家的系谱关系。所谓同族，与中国的宗族相似，但是木质上是完全不同的。为什么要选择这一个题目呢？那是因为日本与欧美一样都认为人类学是一门研究异文化的学科，所以研究生多选择国外课题。但是，在我读本科时，美国芝加哥大学博士研究生 Keith Brown 来日本的岩手县水沢市附近的一个村庄进行原佃农村落的调查，他对同族问题颇有蕴蓄深奥的研究，当时我提供了帮助，由于对该地相对熟悉，我将田野点定在了该市一个曾经有"名子"（含有日式恩情的家内奴婢）制度的下柳村落。以社会地位来说，"名子"比佃农的地位还要低，但在下柳村落里却同时存在同族，他们也有本家、分家的关系。

　　Keith Brown 选择佃农村落进行同族研究，是非常正确的。当时日本的社会学界，对"同族论"已经有了一个固定的说法，认为同族之得以存在，是因为有一个强大的本家，只有本家强大，同族才会强大，这也就是"经济决定论"。但 Keith Brown 选择佃农村落进行研究，却发现即使是佃农村落，也存在着同族。

　　现在回想起来，我的硕士论文题目《同族の存在条件——农地改革前后の岩手县水沢市近郊农村におけるエドゥシについて》与农村的阶级分化也是相关的，与日本史也有一定的关系。如果我用人类学独特的资料来进行分析，可能会在社会学、历史学方面作出一些贡献。这篇论文本有可能指出佃农和长工村落也存在同族的事实，来推翻一直以来以地主阶层为核心的"同族论"的论述。当时同族研究的主流是有贺所强调的有实力的本家之存在的"经济要员重视说"，而喜多野的"亲族组织重视说"其实也是妥当的，只是缺乏有力的具体证据。但是，由于我的疏懒，迟迟没有动笔撰文发表。而"同族论"在随后的学术讨论中也渐淡。

### 2. 台湾少数民族调查

　　1965 年，我在台湾南部山地的排湾族 M 村进行过一个月的短期调查，那是我的首次海外调查，所以印象特别深刻。

　　M 村共有 100 户居民，在逗留期间，我对全部居民进行了调查。我的论文重点是分析当地的"长子赠予习惯"（*pasadan*），即某一家庭所收获到的东西中最好的一部分，给予该家的第一个孩子，家庭财产由长子来继承，这是了解当地社会的关键线索。另外，当地还有严格的阶级制度，我将两者结合起来进行了细致的讨论，虽然是短期调查的产物，没想到却得到学会奖。这一成果可以说是一个短期调查效率的好例子，不过，我没有进行长期的实地调查以对生活和祭仪的各个方面进行研究，也没把一个整体描写出来。

1966年我前往美国芝加哥大学研究生院留学一年。为了撰写博士论文，我前往台湾东海岸平地的卑南族R村进行了一年半的调查。当时我们都无法拿到自己国家的研究经费进行调查，所以很多研究生都去国外留学，以外国的研究资助去海外进行调查，我也不例外。

R村大约有200户人家，我在那里住了一年半，与当地人保持着良好的关系，所见所闻均很新鲜。当时台湾的经济不景气，很多从大陆跑到台湾的官兵向当地民众抽重税，民众生活越来越困苦。此外，台湾岛内农民与汉族农民之间也有着激烈的生存竞争，岛内经济一直处于低迷状态。一方面，汉族农民、商人不断从岛内农民那里取去大量的土地，另一方面，当时逃往台湾的国民党的富有官兵，用钱娶少数民族的女儿为老婆，这导致岛内的男性少数民族找不到妻子。在这个情况下，要是撰写民族志的话，就只能以贫穷化为论述核心了。虽然这是一个有意思的课题，可是由于涉及很多个人隐私，我估计即使将之写成学位论文，也很难发表，所以就将田野研究点改为一个阿美族村落——石溪（假名）。

石溪居民不足100户，勉强算是一个村子，在清朝反乱时代，村民开始在这里定居，历史不算长。基本上可以根据记录和口传资料，复原乡村的历史。村里的继嗣法则是双边都可以继嗣，但由于婚姻习惯是从妻居，所以可被列入带有母系特征的亲族集团，年龄阶梯集会所还在发挥作用，这些条件都使得民族志资料的搜集变得相对容易。在此我开始认识"人类学调查中的历史"，比如说，我看到他们从汉族那里引进了祖先牌位，牌位上写有汉字，日常生活中也使用很多文字，所以我们不可以称之为"未开化"社会。但是，与他们历史相关的部分都在口传资料中显现出来。虽然我只进行了9个月的调查，但是获得了不错的成果。这种"短期"调查，在社会人类学研究中绝不是带有积极意味的词汇，这只是在被告知可能无法在当地进行长期调查后，才做出这个选择。另外，之前在R村进行过一年半的调查，两者都在东海岸，从这一角度来讲的话，在R村的调查可以算是一个为石溪调查而做的前期准备吧。

### 3. 韩国亲族组织调查

在 1972 年日韩关系紧张的背景下，日本人能否在韩国进行调查研究是一件不确定的事。我在学位论文的阿美族调查、撰写上，得到当时在京城帝大宗教学担任助手的泉靖一教授以及文化人类学教室的韩国客座教授的帮助，在这些老师们的帮助下，我得以在韩国农村进行了一个月的研究。以热诚待客为传统的韩国"两班"①社会接纳了我这个远来的客人。我在一个家族的族谱中发现了韩国特征，从养子的例子来看，采取严格父系制度的韩国的养子制度与日本完全不一样，因为日本可以把亲弟弟或者非血缘关系的人收为养子。再加上若干访谈资料以及观察，写出了一篇有关父系集团存在形式的论文。该文将族谱置于社会人类学的亲族论框架下进行分析，这是有别于传统的历史学研究方法。

在 1979 年就任大学后的第一个长期研修假，我选择了去韩国东浦进行调查。在此之前，我已经通过在星州等地的短期调查，对"两班"阶层的亲族组织和祖先祭祀有了一定的了解。在东浦这个普通老百姓阶层的渔村里，意外地发现了与"两班"阶层有关的祖先祭祀和父系亲族集团结构的规范，虽然没有那么严格，这些规范基本上与其他"两班"阶层的规范是一致的。他们都是在王朝时期受到歧视的常民，这一点也是在观察他们祖先祭祀的基础上，加上文献资料的研究才弄清楚的。

通过对韩国的人类学调查而进入历史领域研究的学者，嶋陆奥彦是其中一位，他进行长期调查和研究，将族谱与田野资料进行比照、细致分析。其他一些学者则在一方面保持自身学科研究方法的独特性，而在另一方面参考另一学科的方法进行研究。

### 4. 汉族村落调查

由于声调语言和复杂的人际关系，我曾经没有勇气进行汉族调查。但经过对台湾少数民族的调查后，我才感觉到研究是可以进行的，再加上也有感到有从那些被少数民族称为"坏人"的视点进行观察之必要性，我也就开始了对台湾汉族村落——社头村（原籍福建漳州）的调查。当时我携家带口租住在红瓦房，这样可以观察到住房内的日常生活、祖先和神明祭

---

① 编者按：两班（양반）是指古代高丽和朝鲜的世族阶层。

祀，以及祠堂祭祀等活动。这个研究，虽然时间短，却成为以后汉族调查的基础。在资料方面，宗族共有财产的资料是关键性的，除此以外，我还可以手抄老人的手写笔记，这些对其后的调查都很有帮助。

在1985年至1986年的第二次研修假期，我决定调查台湾的汉族，此前已经在社头村对福建籍人进行了调查，所以这次的选择是客家村落，除了研究住房内和祠堂的祖先祭祀外，还调查了全乡规模的祠庙和所有供奉伯公（土地神）的小庙。

我住的聚落是赖家，他们与苗栗的谢家曾经发生过械斗，据老年人描述，这是两家人的战争，而赖家取得了辉煌的战果。双方开战时，赖家一族的守护神王爷现身并施展法术，使赖家的军力看来增加了好几倍，吓得对方仓皇而逃。他们在王爷的帮助下打败了对方。根据对这场战争的描述看，本以为墓地里会埋葬了很多因械斗而死的人，但实际上只有一人。口传与实际之间的差异真是可以让人诧异，不过我们不能以此认为口传资料是错的，或者是太夸张，我们应该理解这是赖家对械斗的象征性表达。这种口传与实际情况之间的差距，对于考察记录与实际情况之间的差距应该也是有益的。

在苗栗县西湖乡五湖村的调查结束后，1988年初，我利用在北京讲座的机会，前往客家的原乡——梅县进行田野调查。在梅县，黄遵宪纪念博物馆和市博物馆的有识之士接待了我。在住房空间布置、埋葬后要由佛教僧侣进行开眼仪式的功德礼仪等方面，我找到了一些与苗栗客家不同的地方。总的来说，仪式上的供品和设备虽然简朴，却很有根源的视觉冲击力。

我在22年后回访梅县，带着以前调查时拍摄的录像，希望听一听当地人的感想，这也是人类学调查中进行历史探究的尝试吧。与社头、五湖和梅县的汉族调查有关的文字资料十分丰富，也有很多族谱、宗族共有财产资料、科仪书等材料，而相关研究论文对于我们这些门外汉来说，更是数不胜数，看不过来，也只能随机应变地使用了。

### 5. 越南村落调查

1996年，我在越南调查的村落是潮曲。20世纪90年代初，越南对外国人的限制趋于缓和，允许历史学和考古学的调查，因此我得以前往调查。我从前的东亚社会调查经验，在这里都有用处，于是就开始了真正的调查。在最初的 3 年，还是不能进行人类学的定点调查，仅限于对京族和少数民族村落的访问旅行，偶尔也会被允许住在村子里，但是很难在一个地方停留超过 5 天。原则上，外国人是不可以在越南村落里住宿的，我住在外国语大学专家楼，位于调查村落的附近，每天骑自行车往返进行调查，这样才实现了定点观察，前后共计 6 个月，对家族等方面的情况有了具体的掌握。

潮曲与其他越南北部传统村落一样，地方文字资料非常丰富，我参阅了土地、村志、兵役、捐款等村落文书，以及家谱、科仪、祭文、对联、匾额等文献碑刻材料，对这个超过 8000 人口的村落进行了有效的调查，并在 1998 年撰写了民族志，可以说是一个描写了北部村落的典型案例。

20 世纪末，我基本上对北部京族村落的情况有了大体上的掌握，于是从那时开始，又对越南中部的顺化进行调查。原则上，这里也是不允许外国人住宿的，2003 年开始，我利用退休后的空闲时间，持续进行以参与观察为核心的人类学调查。我由市区前往七公里外的清福村，中途经过华人的明乡村。我之所以对这些村落进行研究，是因为它们具备中部地区村落的特色，还有当地历史学家编纂的村志，以及大量的记录资料。在这里顺便一提的是有关历史资料的解读，由于越南专家人数比较少，相对的，现在日本的历史学家已经着手进行解读。如果我们能够充分利用这些成果，这些研究可以成为两个领域进行调查的结合点。

## 三  人类学与历史学的关系

与 14 年前相比，今日历史学与人类学两个学科之间的交流更趋密切，但是这种交流很容易陷入没有主见的融合或者混合的状态中。我们希望看到的是活用两者特点，充分认识各自的优点、缺点及限制，以此进行交流和研究。接下来，请允许我在这些经验的基础上提出几个问题。

### 1. 长期与短期调查

现代人类学调查之所以不可以轻视历史，是因为随着调查的长期化，其结果是调查中就已经包含了历史。

首先谈谈长期调查与短期调查的分别。即使是短期调查，很多情况下也可以发现研究对象的社会结构，所以看起来好像很有效。但是在短期调查的情况下，收集到的资料相对的少，并不能够进行充分的多方求证和反复核对，相对缺乏根据，有时候还会发现是错误的。因此，短期调查无法取代长期调查。

长期调查不仅仅是短期调查的延长，一般来说，都经历这样的一个过程：研究开始时，以外界的眼光来看，什么都是好的，什么都是新鲜的，但是习惯了之后，一切看起来就变成是同样事情的重复，研究者陷入了一个低迷的状态。只要我们能够跨越这一状态进入最后阶段，所有的问题都会迎刃而解。就我的经验而言，调查要点一般在调查初期就显现了出来，但要在调查过程中才会逐渐明白它的含义和重要性。在短期的调查中，一般都不能体会到这一个过程，这也是短期调查无法取代长期调查的一个原因。

那么是不是调查时间越长就越好呢？因为有着上面提到的一个认识过程，所以经过了一定的时间（一般为两年），事物就会变得很单调，从外部看的他者感觉也变得迟钝，资料的密度也变得单薄。所以，我们还想要继续进行调查的话，还是先回国整顿一番，再行出发，或者整理那些已经获得的资料，从中寻找新的调查视角。

其次要谈的是多次回访调查。如果我们受到限制而只能进行短期调查，可以选择多次回访调查的调查方法。这是以马渊东一为首的日本学者比较常用的方法。这虽然没有了前面提到的"回圈"过程，而且由于调查的不时中断而导致人际关系持续减弱等原因，使得多次回访调查无法代替长期调查。但是，多次回访从另一方面却可以建立长期的信赖关系，因此，它可以比长期调查的时间有更大的幅度（上文提到 Keith Brown，他进行调查的时间长达 50 年[①]），若将两种方法结合起来，就有可能取得更好的效果。

### 2. 人类学家与历史学家的现场调查

以越南研究为例，日本历史学家先于人类学家开展研究工作，最近，

---

① 从 1961 年开始，Keith Brown 在日本水沢市农村进行了长达两年的田野调查，并以调查为基础撰写学位论文。其后，他每年夏天也基本上会利用假期到该地进行一个月左右时间的回访。在那一段时间里，他还对水沢市的商业街和原有"士族"（日本明治维新后期，明治政府对于原武士阶层的称呼——译者注）进行调查。约十年前，我随其前往他的田野点，从他与路上相遇的人打招呼时的表现，我发现他可以清楚地记得对方的家庭、亲属关系。能够与田野点的居民保持如此密切关系的调查，真是不多。

有一些年轻的人类学家也开始了相关的研究。在实地调查时，历史学家与人类学家的关注点完全不同，在对生活方面进行访谈的时候，两个领域的研究者在当地的行动和注意点也是完全不同的。比如，当不同领域的专家走在一起，每年利用两至三周的时间对百谷村进行调查时，我从中体会到，历史学家比较专注于对文献、对联、墓碑等文字资料进行摄影或者誊写，即使是访谈，问题也比较直接，不太注意对方的表情和回答的背景等。这种通过文字进行理解的态度，与通过聊天逐渐探寻社会结构线索的人类学家的态度，形成了鲜明的对比。其实，两者之间的差异，不仅表现在这些外显的行动之上，还表现在如何看待"历史"这一本质问题上。

### 3. 人类学与历史学的口传资料使用

在台湾，有关荷兰、清朝、日据时期的口传资料，大多没有确切的依据，在研究的层面上，与历史学者的文字资料相比，处于劣势。但是，在人类学调查中，也搜集到很多与这些口传资料相关的资料，它们与口传资料可以整合起来应用。虽然它们缺乏决定性的证据，但是否也可以成为提高口传资料可能性的根据呢？我想，这些"口传片段"完全可以被写在文中的说明部分。

以荷兰统治时期的卑南族 R 村为例，荷兰一方有这样的记录：当时有官员反抗荷兰，便将其诛杀，并派遣讨伐部队。而尽管这些已经是 400 多年前的事情，R 村还流传着当时有关荷兰人的一些传说。

i）他们看见荷兰人吸烟，以为他们在吸"火"，就把荷兰人杀了。但发现对方身体内部，特别是肺部很干净，于是 R 村的人也开始吸烟了。

ii）荷兰人拼命做手势请求饶命，所以就放过了他们，他们把石头做的车轮送给我们。就在不久前，我们还在使用这种车轮。凭车轮声，我们就能判断出那是谁家的牛车了。

iii）一个荷兰人向村里的一位姑娘求婚，即使被拒绝，他还是不断地请求，后来姑娘的弟弟陪着姑娘一起嫁了过去，但之后杳无音信。不过，老人说，荷兰人的文字和那位姑娘的文身很相似，老人们认为，荷兰人的文字很可能就来自这些文身。①

iv）从荷兰人手中夺过来的大炮，用于对抗清军，但他们受到正面袭

---

① 末成道男："A Preliminary Report on Puyuma Language"，《"中央研究院"民族学研究所集刊》，第 27 期（1969 年春季），141～164 页，其中用卑南语、日语对其进行了记载。

击，损失很大。

这些口传资料，也许只是没有任何证据的传说，但是将其与荷兰的记录相对照，就会发现 R 村与荷兰人之间，不仅存在着战斗、杀害俘虏、释放俘虏这样的敌对关系，还存在着婚姻关系的情况。这些资料也是思考卑南族如何解释吸烟、荷兰车轮、文字等文化传播过程的好线索。当然，荷兰统治期与清军的讨伐之间有着近 300 年的历史，很难想象荷兰的大炮还可以保存到那个时候，我们当然不能把其当做完全的事实而不作任何批判。但是我相信，这些绝不是没有任何根据的故事。

### 4. 人类学与历史学资料的分别

历史学家对于人类学家的作品感到疑惑的是，无法在文中明确获得资料的日期及场所，有些时候连调查地点和报道人的名字都被模糊处理。这也就是说，在历史学中，资料只有具备这些资讯才能够成为科学的根据。人类学则不同，因为大部分获得的调查资料都是层次不同的个人资料，如果都详细加以记录的话，等于公开了田野笔记，在考虑被报道人的隐私的情况下，人类学家通常不会无条件地公开这些资讯。但是，人类学的资料，由于参照点多、密度大，其资料可信性是可以通过反复验证而得以确认的，所以可以说，人类学资料和历史学资料一样都是经历过严格审查的。但是，在向第三者提供资料根据的可视性方面，人类学的能力则比较低。

在这些资料的基础上撰写的论文或者是民族志，在历史学中又起到怎样的作用呢？举个具体的例子来说，《阿美族民族之社会组织与变化》中论及有关义务劳动时，我的描述是在日本殖民统治期，每家都是被半强迫性地派出若干男丁去从事道路建设等公共事业，或者民间企业的工作，这使得出生率降低，给家族和亲族组织带来很大的影响。文中我并没有提供个别事例的资料，尽管读者很难验证我的结论，但仍然可以从亲族的资料中推测其可信性。我很想知道历史学家对于这些没有标明出处的论述资料的有效性是如何考虑的。

### 5. 人类学家的自身历史

在现在这个变化频繁的时代，有很多对记录调查地的变迁状况的研究，再加上回访这样的调查手法，对研究者自身结构变化的研究，也进入了学者的视野。尽管这些成果未必能够满足历史学家所要求的标准，但它们却利用了历史学难以采取的试验方法来进行细致的观察。这样的成果到底是一种没有固有地点和日期的"伪历史",还是一种展示精密社会文化系统的作品呢? 这些作品是历史? 还是另类的历史? 又是否可以被列入非虚构的类别之中呢?

## 四　结语

综上所述,由于"未开化"社会的消失和对文明社会的研究的开始,人类学家的身份不再是"未开化"社会的专家,而是进入了历史资料生产者的行列中去。这一点在资料数量的增加和新特质的出现方面,是受到欢迎的。但是,人类学田野调查所取得的资料的密度和广度,与在没有外界渗入下,处于原来状态的资料密度相比,有更多的参照点。而且,调查人还会对资料进行筛选,并在社会科学或者人文科学的理论指导下进行分析、整理、统合,从而写出论文或者民族志。在人类学与历史学的交流中,这种新的历史资料在历史研究中是否有意义? 如果有的话,又是怎样的意义? 我们有必要对此进行讨论。特别是上面提到的第四点和第五点,我相信今后人类学和历史学应该联合起来进行课题研究。

# 市场经济化与中国文化<sup>*</sup>

## 渡边欣雄

**嘉宾简介：渡边欣雄**　日本中部大学教授，日本东京都立大学名誉教授，日本文化人类学会会长。

---

\* 本文系根据渡边欣雄教授于 2011 年 3 月 11 日在中山大学千禾学术论坛上的演讲整理，由河合洋尚（中山大学人类学系助理研究员）进行现场翻译，姜娜对整理稿进行修改。

今天我演讲的主题——"全球化"——是人文社会科学和自然科学都关注的话题。我最近关注的问题是以中国为中心的全球化。虽然我不太能确定，在严格的意义上我说的全球化是否适合于今天的全球化概念，但是我最近对中国的全球化问题很感兴趣，所以着手相关研究。在中国，有关科学技术方面的全球化问题的研究较多，但是人类学是一门界限模糊的学科，我对这个问题也感兴趣。

我首先提及全球化中的中国。中国也许一开始受到了新自由主义的影响。在世界上，也有些国家否定新自由主义，但目前以美国为中心的新自由主义的影响力相当大。例如，现在美国发生了金融危机，其影响范围很广。世界范围内同时发生的很多问题都源于新自由主义的政策。那么，中国如何面对市场经济化呢？其实，新自由主义能加速市场经济化，我研究了其中的文化问题。今天我将发表相关研究成果。

数年前中国开始社区建设。社区建设是中国从 21 世纪开始的社会建设工作，其政策相当于日本的"町内会"建设。我从几年前开始研究社区建设和"町内会"建设。

我在北京进行田野考察时，北京刚好要举办奥运会。在北京首都国际机场看到的广告牌让我大吃一惊，上面写着："文明北京　走进奥运"（照片 1）。我当时真的很吃惊，因为我一直都认为中国早已有"中华文明"。难道北京还没有"文明化"吗？

照片 1

"文明"这一词最近在中国非常流行。但是，我个人觉得，这个单词应该被翻译成"礼貌"或者"道德"。我今天的结论是强调市场经济化中"礼貌"和"道德"的不可或缺性，但是，在市场经济化的过程中最容易出现问题的恰恰就是"礼貌"和"道德"，有关这一点我会在最后详细论述。奥委会和中国政府已经察觉市场经济化进程中"礼貌"和"道德"的重要性。

众所周知，中国的市场经济化从 1992 年开始。实行市场经济化的首要问题是，应该把哪个部分进行市场经济化，亦即需要限定市场经济化的对象。

照片 2 上展示的是北京的城市规划图，是为了迎接奥运而制定的城市规划。其中，划分了红、紫、黄、绿等若干保护区，不同的颜色代表不同的保护等级，有些保护区的开发受到严格的限制，有些则不允许开发。另外，没有涂颜色的地方是可以开发的区域，北京现在就是用这样的方式进行城市化建设。也就是说，如果不"市场经济化"，就不需要这样的规划。

照片 2

北京以四合院闻名于世，这可说是一座由四合院构成的城市，能够让人忆起清朝。传统民居遍布全城，民国之后开始开发。随着现代化的发展，传统民居越来越不适用于现代生活。过去只有大约 100 万人口的北京现在已经发展成为人口超千万的大城市。虽然最近北京已经在开发郊区，但如果不开发老城区，就会妨碍整个北京的经济发展，因此，现在也在着手开发老城区。

就这样，市场经济化的场所也分为两种情况，一种是积极开发的区域，另一种是在保护的同时按照时代的需求进行市场经济化的区域。

照片3就是现代北京开发区的样子。原来这里有传统的平房建筑，现在则变成了高楼大厦。请大家注意这里。为什么我们知道这里是开发区？因为这里保留着"胡同"这个名字。作为地名，胡同仍然保留下来。北京的马路基本是像棋盘一样横平竖直地整齐规划的。但胡同的巷道是弯弯曲曲的，是老百姓住的地方。不过，现在却变成这个样子了。

照片3

同时，现在的北京还有这样的地方（照片4）。

照片4

这是胡同。原来不是这么漂亮的巷道。这个胡同是后来重新整修的，现在北京有很多这样的巷道。我们在这里能看到日常生活的情形，以前有人在这里走街串巷卖东西，现在单车连成一排，还有人在此卖酒、收垃圾。这里是比较漂亮的胡同。

　　这个地区是保护区，也就是不能破坏四合院这种传统民居的地区。可是，又不能原样保存、生活在其中。因为要是跟以前一样的话，这里的居民会觉得生活很不方便。因此，最近有人将四合院利用为旅游资源。例如，用三轮车载游客游览四合院。就这样，通过旅游的方式应对市场经济化。这里是保护景观整体面貌的地区。

　　照片5是利用四合院作为旅游资源的一个例子。四合院的形状是口字形。作为传统的建筑结构，它被原样保留下来。但是，仅仅这样做是无法维持下去的，有人就想出了另一种方法，那就是活用为宾馆。用宾馆的形式，把传统民居保留下来。还有的四合院是作为餐厅保留下来的。总之，在可以开发的地方，很多大厦被建设起来。另一方面，有些地方则采取了保护传统民居吸引游客的政策。

照片5

　　结果，连街上的公厕也变漂亮了。那么，这里的公厕为什么变漂亮了？因为，现在有了每天打扫公厕的专职工作人员。现在北京的公厕是由区政府来管理，区政府雇佣的职员每天打扫公厕，而且这些工作人员就住在公厕！

　　可是，为什么住在厕所呢？因为，随着市场经济化的展开，很多人到北京找工作。虽然有户口的问题，但是外来工可以在北京工作。不过，外来工很难买到自己的房子。因此，区政府就想办法一方面为外来工提供工作机会，另一方面提供住处。上面提到的就是其中一例。公厕既是外来工工作的场所，又是生活的场所。据说，公厕清洁工的工资是500元，住宿免费。就这样，新的公厕诞生了。

请看照片6。这是一则出租四合院的广告。对日本人来说，住宅的买卖是很正常的一件事情。但是，在北京买卖房子是市场经济出现后才开始的。这是市场经济化的一个例子。这个四合院位于钱粮胡同，单间。面积只有15平方米，坐北朝南，没装修。没有水气，可能也还没通电。月租600元。广告上还特别注明"无厨房"。两三年前我在北京做调查的时候，北京的平均工资大约是2000元左右，而月租是600元。我觉得这里的房租相当贵。一般的市民很难买套房子。

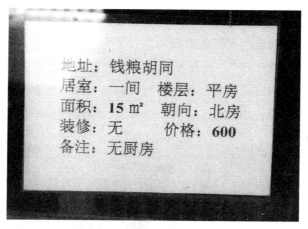

照片6

下面是关于社区建设的照片。这十几年中国开始建设社区，居民也积极参与。照片7里的大叔、大妈们是通过选举当选为委员的。现在中国有这样的选举制度。中国的选举制度是依据"社会主义市场经济"原则而展开的。市场经济与民主化之间是否有因果关系，这是今后需要探讨的问题。但是可以说，至少"选人"这个行为本身，确实是根据"竞争"原理展开的。

两三年前北京举办了奥运会，还建了"奥林匹克社区"，这是利用奥运会突出个性的社区。以前东京也举办过奥运会，但是东京没有建设"奥

照片 7

林匹克社区"之类的特色活动。社区建设之前，在中国，负责管理地区的工作的是居民委员会。社区建设以后，居民积极参加活动，从而促进了社区的个性化。请看照片8。这照片是为了销售健身器材而举办健康讲座的情景。这样的情景在日本到处都能看到，但是居民委员会很少搞这样的活动。而现在，这样的情况在中国越来越多。

照片 8

到此我讲的是北京的个案。下面，我们离开北京看看中国的农村。目前，中国的农村也处于市场经济化的过程中。我们先看两张对比鲜明的照片。在中国的农村，贫富差距非常大。

请看照片9。这是福建一个依靠外出打工赚钱的村落。这些农家到底有几层楼？一共有五层。因为这是冬天拍的，所以在照片上看不到田地，但这千真万确是农村。这些农民赚到钱后改旧宅建新楼。我们再看照片10。这是湖南的某个村落。因为听说这里的村民仍然过着传统的生活，所以前去考察。这里几乎没有通电，过着落后于市场经济时代的传统生活。

照片 9

照片 10

　　人类学者更喜欢对后一种村落进行调查，因为那里还保留着很多传统的东西，我们希望了解它。我也问了很多有关"传统"的东西，可对这些农民来说，所谓的"传统"并不是他们想要的生活，保留传统并不是他们的本意，他们更希望过现代生活。但是，因为没有钱，只好过传统生活。因此，我们在"写传统"的时候一定要注意这样一个事实，那就是人类学家所关注的传统是当地人很想摆脱的一种生活状态。

　　下面，我想介绍一些很有意思的市场经济现象。我在福建一个庙宇中看到了这样一个告示牌。上面写着"热烈欢迎日本国琉球长官阁下前来参

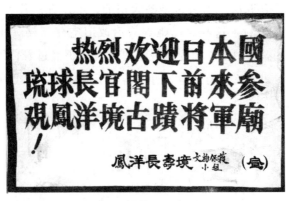

观凤洋境古迹将军庙"！这是一座祭拜琉球神明的"将军庙"。我们日本人从古以来祭拜观音等来自中国的神明。可是，中国居然也祭拜日本琉球的神明。这座将军庙的将军是"琉球金将军"，是中国人想象出来的神明。可是，"琉球长官"是谁？是不是将冲绳县长看做琉球长官了？反正，我捐了1000元。在这座庙的石碑上应该刻有我的名字。我的名字永远留在那里了。大家都知道，庙本来是祭拜神明的设施，可是，告示牌上却写着"欢迎游客"，市场经济使得宗教设施也变成了旅游胜地。下面的照片，是福建泉州有名的佛教寺院（照片12）。现在这里的宗教活动十分繁盛，这里还有超度的仪式。一座庙的维持离不开香客的捐款，请看这座庙的"捐款者一览"（照片13）。其中有"新垣"的姓，这个姓在冲绳很普遍，冲绳有很多从中国去的"渡来人"，他们在冲绳被称为"唐荣人"，是1392

照片 12

千禾学人讲演录（第一辑）

年以后为了建设琉球国，从中国来到冲绳的人的子孙。他们认为自己的根在中国，所以到中国寻找自己的祖先，并捐款给寺庙。

照片 13

现在，这样的交流在中国很流行。台湾、东南亚都有人来中国大陆捐款，特别是以东南亚为中心的许多华侨都到中国投资，不过连日本人都支持中国的宗教活动，这件事很有意思。

我个人认为，在市场经济发展过程中，最有利可图的是宗教活动。因为，资本主义是以追求利润为目的的体系。也就是说，从卖价中扣除成本，赚取余下的利润。宗教成本低利润高，因为宗教本身有"灵验"这个附带价值。以护身符的例子来说，假定它的成本是 5 元，由于它本身的附加价值，可以卖到 1 万元，利润达到 9995 元。这样计算的话，在中国最能赚钱的、最应该投资的就是寺庙活动了吧。

下面的宗教活动在日本是不存在的。有人生病了，因为担心，所以到"保生大帝"这个治病的神明那里看脉。照片 14 是神明看脉的样子。接下来，这个人抽签判断他要去内科、外科还是儿科。他把抽签的结果给员工，员工给他一张纸。这张纸上写着"到这个药店买这个药"，纸条上还写着治病的方法。在庙里请神明看脉、

照片 14

抽签、去药店买药的过程正是市场经济的路线，市场经济是一个能够把宗教和医学结合起来的体系。

下面是"成为文物保护单位并由此募集捐款的家庙"。虽然是庙，但是同时写着"长汀县文物保护单位刘氏家庙"。所以，这座庙除了是供奉祖先牌位的家庙以外，还是文物保护单位。据说，这座庙本来是用作宗族祭拜祖先的场所，但是因为共产党曾经在这里召开与国民党对战的会议，并以此为基地展开活动，所以，1997年它被指定为文物保护单位，接受政府的资助。在市场经济化过程中才出现了这种情况。

这座庙供奉牌位的方式十分有趣，不同的位置有不同的价格。本来，中国是按照昭穆秩序的原则决定牌位的位置。然而，市场经济化以来，这座家庙放弃了昭穆秩序，转而根据钱的多少决定安放牌位的位置（照片15）。例如，如果要把自己祖先的牌位放在最上面的好位置，要付几千块。可是，如果不在乎牌位的位置，付几十块就可以。因此，连牌位的安放位置都受到了市场经济化的影响，这里已经没有传统的昭穆秩序了。当然，这座庙也接受来自外面的捐款，随着市场经济的发展，宗族的祖先崇拜也发生了变化。

照片15

同时，我调查了这座家庙的历史资料，发现，这个家庙在民国时期就已经是一个经营单位了。民国时期，这个宗族有"族田"，族田是宗族的共同财产，从族田经营中获得的钱用来维持家庙、给宗族的孩子发奖学金。在中国，这样意义上的市场经济化明朝就已经存在，所以我认为，中国早就有"资本主义"要素。有资本积累和财力，才能建设家庙、进行教育投资。换个角度来看，这不就是资本主义的原理吗？所以我认为，资本主义的起源论也值得怀疑。因为，起源论主张资本主义是于16世纪从欧洲开始的，但是否在那之前的中国就已经有资本主义了呢？这么说的话，我可能会在经济学界变得很出名，不过，今天我只从文化人类学的角度提出以上看法。

下面是"黄泉"的市场经济化。

在中国，有为过世的人把纸钱送到"黄泉"的习俗。日本有些地区也有把"六文钱"（日本的一种纸钱——译者注）放在棺材里的习俗。可是，跟日本不同，在中国要给黄泉的祖先烧相当多的纸钱。请看照片16，这个写着"寿衣花圈"的店是寿衣店，在这里可以买到丧葬用品，包括纸钱、用纸做的房子等。现在寿衣店还出售

照片 16

"电脑"、"自行车"、"西服"等，黄泉的生活用品比现实生活中的高档很多。

另外，如果不请风水先生的话，不能建坟。过去，只有经济条件允许的人才看风水。可是，随着市场经济的发展，很多人富裕起来了，看风水的人也开始变多了。结果，风水先生天天要看风水，我几乎没有机会在他家中向他细细询问，最后终于有机会在坟场对他进行了访谈。

看坟墓的风水要花很多钱。照片17的坟墓是看风水之后所建。这坟墓呈龟甲的形状，因为乌龟代表长寿，福建人是这么认为的，过世后也希望长命百岁，这逻辑有点矛盾，不过不管怎么说，这个坟墓真的非常气派。

现在中国的宗教越来越市场经济化了。这是卖罗盘的店（照片18），它位于以手工制作罗盘闻名的村落里。招牌上写着"占卜"，这样的风景在农村随处可见。这个人双目失明，但可以用各种各样的工具来占卜人的未来。被神灵附体的巫师向问卜者用祖先或神明的声音来传达神意。占卜的费用大概是20到30元。由此，我们看到市场经济已经渗透到了农村。

照片19是2002年或者2003年建的客家人的家庙。这座家庙不是普通的

照片 17

照片 18

家庙，而是祭拜客家所有姓的统合型家庙。如我们刚才看到的那样，本来家庙是按照不同的姓分开建的，然而，随着市场经济化的进行，客家意识，也就是说自身与众不同的身份意识加强。并且，由于客家人越来越有钱，他们自己举办"世界客家恳亲大会"，其结果就是，在江西赣州建了统一祭祀客家人祖先的庙。照片19上的庙就是全体客家人的庙——客家宗祠。数以万计的客家人从世界各地聚集到这座庙，进庙后到自己姓的牌位那里祭拜。这里有很多姓的牌位，这些牌位是各个姓的始祖，也就是说各地的客家家庙的根源。我第一次在中国看到这样的案例，把全体客家人的牌位放在同一个祠堂的想法，在以往的中国宗族制度里是没有的。另外，这座庙里还祭祀有"黄帝""炎帝"这两个汉族的祖先。普遍认为，汉族是"黄帝"和"炎帝"的子孙，客家人试图通过这种方式来加强族群的团结。

于是，客家民系的圣地就这样被旅游化了。我不清楚过去的客家姑娘是

照片 19

否真的穿这样的衣服（照片20），反正她们是穿着照片上的衣服接待从外面来的华侨的。现在客家土楼在江西也出现了，原来江西没有土楼民居，建客家宗祠时同时建了土楼型建筑。圆形土楼本来是福建西部特有的民居，现在那里因被指定为世界遗产而成为旅游胜地，这些普通的民居被宣传为客家特色的建筑物，包括日本人在内的很多旅客到土楼旅游。结果，连土楼的祠堂都变得很漂亮。以前我没见过这么漂亮干净的土楼（照片21）。

照片 20

照片 21

　　下面看看政府主导的公共福利与市场经济化的关系。北京有"北京市社区工作处"，这里是加强社区活动的部门。这里都开展怎样的社区活动呢？按照工作处张贴的广告，社区是为人民服务的机构，主要负责老人护理、残疾人保护、绿化等无法市场经济化的以福利为目的的活动。就这样，在市场经济进程中，社区担负着带动无法市场经济化的侧面的发展。

北京雍和宫，最近也成了旅游胜地。请看下面的门票规定：离休人员凭离休证免票，残疾军人以及身高1.2米以下的孩子也免票。大中小学生凭学生证门票半价优惠，老年人也凭老年证享受半价优惠（照片22）。进行市场经济化时不能让所有的人都参与市场竞争，因为，竞争时也会出现不具备或缺少竞争条件的人，所以才会出现谁能享受优惠这种确定市场经济化对象的问题。这问题与老年人政策相关。日本同样如此。

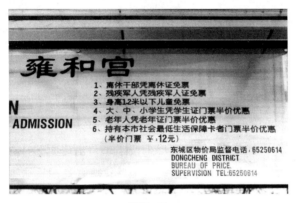

照片22

我刚才提及北京的都市规划把保护地区和开发地区相区分的情况。光从单纯的市场经济角度是很难理解这样的规划的，所以，我在此提出"道德经济"这个观点。我用这个概念主张，经济发展需要"道德"因素的支撑。例如，以食品为例，我们销售食品的时候除了价格和营养之外，还要考虑安全的问题。如果没有道德不考虑安全问题的话，食品很难卖出去。所以，在市场经济化的过程中道德是不可忽视的要素。

因此，以后我们需要探讨"道德经济学"这个问题，并且，由于现在"道德经济"也全球化了，我们还需要关注"世界道德"，也就是"道德经济"扩大化的问题。"世界道德"是的的确确存在的，如果没有"世界道德"，就没有全球经济。但是，问题是"道德经济"中"道德"的标准在哪里？美国的"道德"是标准吗？我认为今后应该以中国为例来探讨道德经济的问题。演讲的最后，请允许我再次强调道德经济的重要性，我的演讲到此结束，谢谢。

千禾学术论坛中山大学社会学、人类学复办三十周年系列之九

# 汉藏边界的边缘化和认同*

丹增金巴

**嘉宾简介：丹增金巴** 毕业于波士顿大学人类学系，主要研究领域涉及藏区社会文化、公民社会与社会变迁、基层政治（群体性事件）、文化遗产保护与持续性发展、民族旅游等。其著作《置于东女腹地：汉藏边界的边缘化与认同》即将由华盛顿大学出版社出版。

* 本文系丹增金巴博士于2011年3月28日在中山大学千禾学术论坛上发表的演讲。

今天非常高兴有这个机会与大家交流本人对边界和边缘化问题的一些思索和心得。我这里所讲的汉藏边界指的是位于四川西部的嘉绒藏区。本人在嘉绒文化核心地区之一的甘孜藏族自治州丹巴县前后做了近两年的田野调查。从人类学的传统研究方法"参与性观察"入手，我以丹巴县S乡这样一个规模较小的社区作为基本研究对象，在长达两年的时间里以社会变迁和旅游发展对当地社会关系和族群、文化、政治、区域认同的影响为研究主题。同其他的人类学调查和研究一样，我所关注的不仅是一个村、一个乡或者是一个县的认同和边缘化问题，甚至它所涵盖的区域和话题也不只是汉藏边界以及该地域边缘化的问题。它同样反映了本人对世界各地边境（界）地区认同的复杂性和多元性的关注以及有关边缘化的理论性探索。

丹巴县境内主要分布有四种藏语方言，全县在主体文化和认同上都属于藏族的一个重要分支——嘉绒藏族。嘉绒地区的北边位于阿坝藏族羌族自治州，西边在甘孜藏族自治州境内，南边相接于凉山彝族自治州，东南边为雅安地区，东边延伸至成都地区。而就其在藏区的位置而言，它坐落于安多和康巴两大藏区之间。这个地区总面积达16万平方公里，比台湾要大4倍多，人口有37万左右。但是有这么大面积和几十万人口的嘉绒地区并不为很多藏区的百姓与藏学研究者所了解，甚至有些人就连嘉绒这个名称都没有听说过。即使知道嘉绒的人有时还会问：嘉绒人究竟是不是藏族？这个事实实际上已经折射出嘉绒人在藏族认同当中的边缘化状态。

从宗教和文化特征的角度来讲，嘉绒文化主体确实是藏族的，藏传佛教和苯波教在当地的影响是根深蒂固的，而且嘉绒人的生活习惯和文化传统与其他藏区的农区是极其相似的。但是嘉绒又接受了大量汉族文化的因素，比如很多嘉绒人也很重视春节、清明节和中秋节等源于汉族地区的重要节日。总之，从嘉绒的文化形态上来讲，它同时受到汉、藏文化极其深远的影响，但是从另一个层面来讲，它既不是"纯粹"藏族的也不是"纯粹"汉族的，也就是说，至少从表面上来看，它处于一种非藏非汉、既藏既汉的状态。这种状态就决定了嘉绒位于汉藏的边缘，从地理位置上讲它是边缘，从文化形态和认同上讲它也是属于汉藏的边缘。

首先我想简单地为大家介绍一下嘉绒的历史沿革和族群认同变迁等基本情况。据史书记载，该地区在历史上就有自己的土著居民，如汉代的冉骁、隋代的嘉良夷以及唐代的西山诸羌部落等。而在公元 7 世纪至 9 世纪此地为日益强大的吐蕃帝国攻陷而成为其属地，在 100 多年的统治当中，嘉绒地区也就实现了全面的"蕃（藏）化"。在吐蕃政权瓦解后，该地区继续处于中央王朝的统治之下，但是当地的土酋拥有很大的自主权。元、明、清时期朝廷前后在此地分封了 18 名土司。土司对中央政府负有政治、经济和军事等各方面的义务，但在各自的领地上他们俨然是一个个高高在上的"国王"，制定有完整的司法体系和赋税差役等制度来实施对百姓的有效统治。自乾隆时期起，中央政府即在嘉绒地区开始推行改土归流的政策，即废除土司的特权而由政府派遣官员直接进行管理。在清末、民国时期便完成了对嘉绒全境的改土归流，但事实上大部分土司的实际权力和影响依然存在，一直到解放初期即民主改革时期土司特权才得以完全废除。

自 1950 年起在全国范围内展开的民族识别过程中，嘉绒人因其独特的语言和民俗而被划分为一个单独的民族——嘉绒族。其实民族学家和语言学家对嘉绒语（俗称"嘉绒官话"）是否藏语或者为藏语的一个分支是有着很大争议的，但是当时绝大部分的专家支持嘉绒语为一种相异于普通藏语的独立语言的立场，因此嘉绒人最初并未被官方认可其藏族的认同和地位。但是在当地上层人士和百姓们的强烈呼吁下，中央政府于 1954 年决定取消嘉绒族这个民族称号而将其正式并入藏族的范畴之中。这个举措就揭开了我们在此讨论的嘉绒人藏族边缘化的序幕。在此之前，嘉绒建立有独立于其他藏区的地方政权中心，其族群身份也是相对模糊的，但是官方对其藏族身份的确认一方面意味着嘉绒人已成为了藏族大家庭中的正式一员，而从另一方面来讲，既然嘉绒藏族认同的模糊性依然存在，其异质性便使得他们成了这个新的大家庭当中最边缘的成员（之一）。

而另一个对嘉绒（藏族）边缘化产生重要影响的因素是与行政区域划分直接相关的。嘉绒主体分布在阿坝藏族羌族自治州境内，而作为嘉绒文化中心之一的丹巴县却在行政关系上隶属于甘孜藏族自治州。甘孜州的主体认同是康巴藏族，因此在自我的定位和对外的宣传上都是以康巴文化的核心区自居。这对丹巴人的认同产生了深远的影响，很多当地人也开始向康巴认同转移。而 S 乡村民在这方面是表现尤为突出的群体之一。S 乡人的母语不同于嘉绒语或嘉绒官话，虽然同其他康巴人基本无法进行正常交流，但因其词汇和语法特征与康区方言比较接近而被认定为康区的一种

"地脚话"（土语）。这样S乡人就为自己向康巴认同的转移找到了最好的客观依据。由此，很多当地人宣称他们才是正宗的藏族而其他的嘉绒人不过是羌人（族）或者是藏族血液不够纯正的人群而已。

此外，对嘉绒认同及其边缘化产生了深远影响的就是现代化背景下的社会变迁。我在这里所讲的"现代化"表现于当地商品经济和市场的极大发展，网络交通方面的巨大进步以及对外交流的日益频繁。旅游便是当地人与外界交流互动的一个重要途径。直到20世纪末前往丹巴观光旅游的人还不是很多。当时有些本地人还无法明白大山里面究竟有什么东西吸引了这些来自现代化大都市的游客。但随着与游客的接触增多，越来越多的村民开始意识到自己独特的民族文化是吸引游客的主要因素之一，因此加强了对传统文化的认同感。同时，他们经常要面对游客对其是否藏族以及与其他藏族在建筑、服饰、语言及风俗习惯等方面有何异同的询问。这对当地人强化其藏族意识是有直接影响的，而同时他们对自己与其他主流藏族的差异性也有了更多的感性认识和思考。当然，这种情况的出现也同嘉绒人通过越发便捷的媒体和日益增多的直接接触和交往等方式对其他藏族有了进一步的了解是分不开的。总之，这种认识和了解的结果之一便在一定程度上强化了嘉绒人不同于其他藏族和处于藏族边缘的意识。

说到旅游的发展，丹巴在国内旅游市场的影响日益扩大，2005年被国内媒体评为"中国最美的乡村古镇"。丹巴县的三大旅游品牌为：藏寨、古碉和美人谷。丹巴的甲居、中路和梭坡等地为代表的藏式民房依山而建、错落有致并与周围环境浑然一体，很多游客赞叹丹巴的寨子确实是名不虚传、值得一游。丹巴另一非常有特色的建筑便是已列入世界文化遗产候选名录的藏式古碉。高高耸立的古碉掩映于精美别致的藏寨和绵延不断的绿茵之中，常常给人一种难以名状的震撼力。而S乡拥有全县最多且最为壮观的古碉，因此丹巴"千碉之国"的美誉与S乡是分不开的。其实，丹巴的名气更是与当地处处可见的美女有着非常紧密的联系。20世纪末当"驴友"们在丹巴看到很多身材修长和气质优雅的本地女子以后，便通过网络和其他媒体向外界大力推介"美人谷"这个概念。他们试图解释为什么当地"盛产"美女。于是，有人就称丹巴人为西夏的后裔。据说，西夏被蒙古铁骑灭掉以后，大批皇亲国戚和后宫嫔妃逃到了丹巴，在此安顿下来并繁衍生息，所以作为拥有皇室高贵血统的丹巴女子出落得是天生丽质和超凡脱俗。但是这种说法因没有太多直接的证据而显得相当单薄，这样，"东女国"这个概念的出现似乎为丹巴女子娇美的面容和优雅的气质找到了重要的甚至是不可辩驳的证据。而我对汉藏边界边缘化和认同的探索便立足于对"东女国"之争现象的剖析和阐释。

什么是"东女（国）"之争呢？它指的是 S 乡村民与一山之隔的 Z 乡争夺"东女国"这个名号。首先，究竟什么是"东女国"呢？关于"东女国"的记载主要见于中国古代的四部历史典籍《隋书》、《北史》、《旧唐书》和《新唐书》当中。"东女国"这个称谓同时指代过两个不同的政权，一个位于喜马拉雅地区，今天西藏的西部；而另一个位于川藏之间。但是关于川藏"东女国"的统治中心究竟在何处是有很多争论的。有学者称它位于西藏东部的昌都地区，而又有人称它在四川大渡河上游的金川一带。后来有学者试图调和这两种针锋相对的观点，宣称随着吐蕃帝国向东扩张，位于昌都的"东女国"举国迁徙至包括丹巴在内的金川（嘉绒）地区。但是，关于"东女国"的都城究竟建于何处也没有什么定论。

大家从四川与云南的"香格里拉"之争中可以看到，"香格里拉"这个品牌能带来难以估量的经济和社会效益。而"东女国"也同样蕴涵着巨大的经济潜力，如能对其进行有效的开发和利用，这个"金字招牌"所带来的经济收益是相当可观的。所以，阿坝藏族羌族自治州和金川县的旅游文化部门于 21 世纪初开始打造"东女国（都）"的品牌。而与此同时，甘孜藏族自治州和丹巴县也加紧了"东女国（都）"在丹巴的宣传攻势。甘孜州委某重要领导对"女儿国"历史和文化非常感兴趣，他在丹巴调查一番后宣称"东女国"的中心就在丹巴县。为了寻找直接证据，丹巴县有关部门要求各乡镇收集相关的资料。当这一指令到达 S 乡政府时，乡长便指派一名本地的干部来完成这项任务。据该干部讲，在此之前他从来没有听说过什么"东女国"，一时不知从何开头。但是他知道当地有很多关于女王的传说。据说，很久很久以前，一位来自远方的女王带着她的眷属来到了今天的 S 乡，经过三次迁都，最后在一个悬崖峭壁处修建了坚如磐石的宫殿，直到现在该宫殿的遗址还清晰可见。而女王被当地人称为"夏尔莫吉杰布"——"东方的尊贵女王"，于是这位乡干部断言"东方的尊贵女王"其实就是史料中所记载的"东女国"的女王，东女王的故都就在 S 乡境内无疑。

他为自己的这个重大发现而欢欣鼓舞，但是当时丹巴县政府已把"东女故都"的头衔给了Z乡，并上报将Z乡改名为"东女谷乡"。得知这一情况后，这位乡干部便多次去找县上的相关部门交涉，请求将该头衔"归还"给S乡。他的呼吁得到了大量本乡精英和普通群众的支持，他们通过集会、上访、网络媒体等多种形式宣称S乡才是东女国都的真正故土，强烈要求县委、县政府"主持正义"还给S乡应有的公道。在多次申诉无果后，村民们普遍相信导致这种结果的直接原因就是在县上有关部门担任要职的Z乡籍干部的百般阻挠。所以我们可以看到"东女国"之争的双方并不是S乡和Z乡村民之间的直接争夺，而是S乡人与县上所谓的Z乡利益集团和支持他们的"糊涂"官员。

但是S乡人的"东女之争"包含了自相矛盾的内容。我概括为三点：第一，非藏既藏。一方面他们宣称自己是非藏系的东女王的后裔，而另一方面又强调自己有着"纯正"的藏族血统。第二，非男既男。S乡（男子）精英一方面称本地女人比男人更有能耐和政治头脑，而另一方面则强调自己是以彪悍勇猛著称的康巴（男）人。第三，非忠既忠。这一点表现在对"高高在上、脱离群众"的地方政府的斥责和对正义纯净、一心为民的中央政府的讴歌。S乡人对党的纲领方针和民族、藏区政策是非常拥护的，但是他们却将不同级别的党组织和政府区分开来。在他们看来，正是因为当地有些官员沉迷于权术、结党营私而不把人民的根本利益放在心上，所以才会出现S乡在东女之争以及其他很多方面受到县上有关部门的冷落和压制。而与之形成鲜明对比的就是全心全意为人民谋福利的党中央，村民们称很多中央的好政策一到地方就全走样了。

那么，我们能否为这三方面自相矛盾的内容找到一个合理的解释呢？我提议通过"边缘化"的视角来看待这些矛盾和阐析其合理性。"边缘化/性"（marginality）是对在政治经济结构和文化地域认同当中与主流和中心相异性状态的描述。既然我在此谈论汉藏边界，那么边界和边缘化之间究竟有什么样的内在联系呢？"边界"（border/frontier）通常指的是与地缘政治、经济及文化主流和中心距离较远的地区。这样一来，"边缘化/性"和"边界"这两个概念都包含有与中心相对立而存在的内涵。

如果总结西方学术界对边界和边缘性的研究，我们会发现最为普遍的一种观点就是边界人群依附于强大的中心并受其排挤和打压。这种观点暗示边界人群的边缘化处境是注定的、很难或者说根本就不可能改变的。于是另一种观点就提出边界与中心处于连续有机的互动之中，边界以不同的形式贡献和反馈于中心。虽然该观点突出了边（界）缘人群的主观能动性，但是就能否进一步探索边界社会有没有可能利用自己边缘化的地位而由被动转化为主动这个问题而言，并没有引起太多学者的关注。总之，目前的很多研究还未对这些人群主观能动性的多样性有更为辩证深刻的认识，而这种局面与学术界还未脱离将边界看做中心的衍生物和附属品而陷于边缘化境地的框架是紧密相连的。为此我提出一个叫"交汇地带"（convergence zone）的观点来重新审视边界，不再将边界与边缘化直接画对等符号，同时这个观点也将有助于我们更好地了解边界（缘）人群认同的复杂性以及他们的选择模式和行为动机。

"交汇地带"的观点是在借鉴西方两种影响比较大的理论模式的基础上提出的。第一种是 Homi Bhabha 的社会文化"杂交"（hybridity）理论；第二种是 Ulf Hannerz 的"混生化"或"克里奥化"（creolization）理论。包括 S 乡在内的嘉绒地区在某种意义上就是杂交化和混生化的产物，作为汉藏两大文化中心的交界带，它的认同和文化形态都呈现出汉藏杂交和混生的特征。那么这两种理论对我们研究嘉绒认同和边缘性有什么样的贡献呢？"交汇地带"这个观点如何让我们走得更远？

哈佛大学著名学者 Homi Bhabha 的"杂交"理论对后殖民主义研究中将宗主国和殖民地作为完全对立两极的立场进行反思和批判。他认为，宗主国和殖民地、东方和西方或中心和边缘二者并不是简单的剥削与反剥削和斗争与反斗争的关系。这二者的历史文化相互交织，呈现出"你中有我，我中有你"以及双方原有边界模糊交汇的局面。所以我们不能抛开中心单独去讲边缘，必须充分意识到他们交错重合的历史和文化根本不可能从中一刀斩断的。而且边缘社会的认同和文化有着极强的韧性和生命力，不会轻易地就被中心吞噬和湮没的。印度被英国殖民了几百年的时间，但是印度文化的核心并没有因此而消亡，印度也没出现全盘西化的现象，印度人只是选择性地接受了英国文化并将其本土化。虽然这个观点揭示了边缘的活力和创造力，但是边缘人群和文化作为"杂交品种"其"不纯"性与中心"正宗"的主流文化还是形成了鲜明对比。在英国的殖民统治下，印度的精英分子接受了良好的英式教育，生活习惯也与英国人比较接近，但是这些印度人无法成为真正的"绅士",原因在于中心帝国的"绅士们"不愿意看到"野蛮落后"的印度人与自己平起平坐。

Ulf Hannerz 的"混生化"理论着重阐释的是全球化背景下西方和非西方(东方)、中心和边缘的互动。好莱坞电影充斥在世界的每一个角落,同样麦当劳、可口可乐等西方产品及其文化符号可以说无所不在。这些对东方和第三世界国家的文化和认同产生了极其深远的影响,本土文化的迅速消逝和"西化"似乎成了一股不可抗拒的趋势和潮流,但是在 Hannerz 看来,边缘社会"混生化"的文化并不是对主流文化的简单复制,它经历了一个本土人对外来文化重新解读和阐释的过程,从而使其在新的土壤上萌芽和发展。比如,hip pop 这种由美国传入日本的音乐形式,虽然它同样带有"street culture"(街头文化)和"gangster culture"(帮派文化)的特点,但是它却深深烙上了日本的民族性、社会矛盾以及中下阶层生活现实的印记。此外,Hannerz 指出,随着边缘社会的文化产品在全球市场上的影响不断扩大,部分产品有可能一跃成为某种主流以及中心人群追逐和模仿的对象。例如,非洲音乐元素成为了西方流行乐的宠儿。即便如此,"混生化"这个概念本身却隐含着在"混生"的状态下边缘社会独立认同和本土文化面临消失殆尽的威胁。

从上面的论述中我们可以看到这两种理论模式都比较强调边缘的主观能动性以及中心和边缘的有机互动,但是它们也有不足之处,即二者都强调中心的统治地位和边缘的"不纯性"和衍生性。而"交汇地带"这个观点采纳了这两种理论关于中心和边缘辩证互动关系的基本看法,又避免了他们对边缘能动性认识的不足。具体来说,该观点不再将边界地区的社会文化看做因其"杂交"和"混生"的"不纯"特性而成为中心的附属和衍生,而提出应该将边界社会文化看成是以自我为中心的、自成体系的,它与一个或多个中心进行着有机持续的互动。因此,这个观点突出了边(界)缘社会的能动性和自我中心的地位。

位于汉藏边界的嘉绒地区就是一个典型的交汇地带。汉、藏两大中心在此接合、交流、融汇和碰撞,由此对当地社会和文化产生了巨大的影响。但是,我们不应把嘉绒社会看做汉、藏的衍生物,而应该看到它与汉、藏中心积极地进行着持续的互动、交汇和融合。同时,我们还需看到嘉绒立足于自我中心来看待和处理同汉、藏两大外部中心的关系,这样嘉绒就成为了本地话语权下的活力中心（dynamic center）。总之，上述多重交汇的结果就是一个崭新、多元和生机勃勃的嘉绒文化及其认同。

在具体地谈论"交汇地带"观点对我们研究现代化背景下的嘉绒认同变迁以及嘉绒边缘化所带来的启示之前，我想有必要从更高更广的角度出发来讨论我们如何立足于"交汇地带"来审视中心——边缘关系模式及其边缘化这个理论问题。首先，我们应看到中心和边缘之间存在着一种辩证互动的关系，即中心和边缘的地位和相互关系不是绝对的，而是有韧性的（elastic），可沟通的（negotiable），视情况而定的（situational），甚至在某些情形下是可逆转的（reversible）。中心与边缘关系发生逆转的一个经典例子就是美国在西方世界地位的改变。最初美国位于西方世界的边缘，但是后来它却上升成为西方的政治和（流行）文化中心。我们也能够从嘉绒人（S 乡村民）的认同和选择当中来更好地理解中心与边缘的互动。

这种互动主要体现在两个方面。第一，从边缘走向中心。嘉绒人（S 乡人）可以通过漠视、"遗忘"或摒弃自己处于汉藏边缘的地位而选择拥抱政府（权）中心以及藏族中心从而成为中心的不可或缺的一部分。S 乡人强调自己是毫无保留地支持党的民族、藏区政策及其他各项大政方针的，也将自己与一些支持"藏独"以及参与和同情骚乱的僧众区分开来。他们通过这种方式传达了一个重要的信息：作为党的坚定拥护者和中国基层公民，他们享有同汉族和其他民族一样的政治等各方面权利，所以类似"东女国"这样的合理合法的政治诉求应该受到国家法律的保护。这样一来，S 乡村民就不再是"无理取闹者"，而是为了捍卫国家中心和法制的神圣地位同地方政府的"不正之风"进行坚决的斗争。同样，他们也认同于藏族（康巴）中心。很多当地人有较强的藏族意识，时常会表现出一种作为藏族和康巴人的自豪感甚至优越感。此外，当地人也可选择突出自我的中心地位。许多 S 乡人认为"东女国"是世界独一无二的，而巍然屹立、造型精美的古碉以及其他的自然文化遗产，如当地的"锅庄"（传统集体圆圈舞）和民歌等也是中国及藏区其他地方不可多见或根本就无法与之媲美的。

第二，从中心走向边缘。我使用了"自我边缘化"（voluntary marginality）这个概念来揭示 S 乡人的政治策略。作为一种不同于常规的边缘化，"自我边缘化"的重心不是表述在社会政治结构中处于不利地位而远离中心的状态，而是侧重于描述"社会实践者"（social actor）为达到一定的政治和经济等目的而主动地与中心和主流保持距离。S乡人的"自我边缘化"表现在如下两方面：a. 给予S乡特殊照顾的丹巴县政府"沦落"为"罪魁祸首"。在过去5年间，县政府和相关职能部门为S乡提供了很多的优惠政策。在县上的大力支持下，S乡的M村成为甘孜州境内的少数几个"中国历史文化名村"之一。同时该村也成为丹巴县配备有大量资金的"社会主义新农村建设"项目两个试点村中的一个。政府也筹集巨资为该乡修建一座通车的大桥和数条村道。村民还享受了很多福利政策和贫困资助。但是他们还是口口声声地称S乡是全县乡镇里最不受重视的一个地方。那么他们为什么要这样主动边缘化自己呢？其实道理非常简单，他们是为自己在"东女"之争中所采取的反复申述和上访等行为寻找合适的理由。这样县相关部门的"官僚主义"和"任人唯亲"等"不正之风"使得"东女"之争变成了"正义之战"，他们的这些行为也就具备了合理性和必要性。

b. 本地男子对所谓"女强男弱"的"东女"遗风的鼓吹。很多男性宣称本地女性比他们更有能力和魄力，所以女人才是家庭和当地社会的顶梁柱。引用最多的例子就是20世纪50～60年代S乡三位杰出的女性进京受到毛主席的接见，而全乡没有一个男性享受如此殊荣。据他们讲这并不是什么偶然现象，这种情形的出现是源于"东女国"延续至今的"重女轻男"的传统。至少从表面上来看，S乡的这些男子放弃了康巴人血性阳刚的男性特质而选择弱化和边缘化自己。但实质上这种自我女性化只不过是一种表象而已。为什么说它只是一种表象呢？我们想一下，究竟什么样的男人才算是真正的男人呢？一个在当今世界放之四海而皆准的答案就是：只有真正懂得尊重女人的男人才是男人中的男人。所以，S乡男子不仅没将自己女性化或边缘化，反而把自己抬到一个他人无法到达的高度，也就是说通过对女人重要性的强调，他们向外界巧妙地传达出这样一个信息：相比其他的藏族人、汉族甚至西方人，只有他们才懂得如何正确对待女性，因此他们才是真正的男人和"文明人"。

因此，上面从中心走向边缘的两个例子说明S乡人不仅没把自己边缘化，反而通过这种方式强化了自己的中心地位。这样，我们现在再回头去看S乡人"东女"之争包含的几个矛盾，就会发现这个问题实际上已经得到了解决。在"非藏既藏"、"非男既男"和"非忠既忠"这三组矛盾当中我们看到的是中心和边缘的互动：一方面当地人强调自己作为坚决拥护党和国家的公民、作为真正的藏族人和作为以彪悍阳刚著称的康巴人的中心/主流地位，而与此同时，他们却又通过强调自己秉承了东女国"女强男弱"的遗风以及在丹巴受忽视和压制的地位而主动地将自己边缘化。而事实上，他们正是通过自我边缘化这种高明和特殊的形式突出其无人能及的"文明程度"和"东女"之争的合法性和正义性，从而实现了从边缘向中心的转化。

既然我一直在围绕着边缘化/性这个主题在讲，那么我们究竟应该以怎样的眼光来看待边缘化/性呢？显然，我们不应把边缘化/性仅仅看做迫使社会实践者处于政治、经济、文化等边缘状态的一种约束力和限制力量。相反，我们从 S 乡人通过自我边缘化而实现既定政治目标的这一案例可以看出，边缘性有可能会转化为获取某种利益的有利机会。我认为这种看待边缘化的新视角有利于我们进一步认识包括边缘（界）人群在内的社会实践者的行为动机和选择机制的复杂性。

目前我正在思索如何立足于现有的研究而走得更远的问题。首先，我关注的一个重要话题就是：女性在"东女国"之争和当地社会变迁中发挥了什么样的作用呢？"东女国"之争的积极参与者全是男性，那么如果像 S 乡男子所讲本地妇女能力非同一般，她们为什么并不是非常热心于这件事情呢？这究竟是一个偶然现象呢，还是反映了更深层次的有关性别角色和女性地位如何转变的问题？此外，我也在思考，汉藏边界人群的认同和边缘化问题的研究对我们研究其他的边界或边缘化人群会有什么样的启示呢？美国社会理论家 James Scott 提出 Zomia，即位于东南亚和南亚诸国边界交汇地带的语言文化各异的人群试图远离政治文化中心的影响和控制。Zomia 的这种"自我边缘化"和汉藏边界或其他地方出现的"自我边缘化"究竟有何异同呢？具体又是什么原因导致了这样的异同呢？总之，我的研究仅处于起步阶段，有很多的相关问题还需要日后更深入的探索。

# "主体人类学"概念提出及知识体系建构*

## 陈秉公

**嘉宾简介：陈秉公** 中央马克思主义理论研究与建设工程项目首席专家、"2007（首届）中国杰出社会科学家"、中宣部"社会主义核心价值体系实施纲要"起草组第二组负责人、吉林大学匡亚明特聘教授、"国家核心价值研究中心"主任、吉林省高级专家、吉林大学"人类文明与生存发展讲座"首席主讲教授。主要研究领域为人类学原理、马克思主义基本原理、教育学原理。主要著作有《中国人格大趋势》、《"千年期"人格通论》等。

---

* 本文系根据陈秉公教授 2011 年 5 月 6 日在中山大学千禾学术论坛上的演讲整理而成。陈秉公教授的《主体人类学原理——"主体人类学"概念提出及知识体系建构》，中国社会科学出版社 2012 年 3 月出版，已入选 2011 年"国家哲学社会科学成果文库"。

**主持人周大鸣教授**：各位老师、各位同学，今天下午千禾学术论坛很有幸请到了吉林大学的陈秉公教授。我介绍一下陈秉公教授，他是中央马克思主义理论研究与建设工程项目首席专家、"2007（首届）中国杰出社会科学家"、中宣部"社会主义核心价值体系实施纲要"起草组第二组负责人、吉林大学匡亚明特聘教授、"国家核心价值研究中心"主任、吉林省高级专家、吉林大学"人类文明与生存发展讲座"首席主讲教授。主要研究领域为人类学原理、马克思主义基本原理、教育学原理。主要著作有《中国人格大趋势》、《"千年期"人格通论》等。

今天陈教授给我们带来的讲座题目是《"主体人类学"概念提出及知识体系建构——填补"人的知识"空白与人类学知识体系重构》。有请陈教授。

**陈秉公**：人类学院的各位领导、老师、同学们，我最初来中山大学是在 1987 年，是教育部派我到珠江三角洲来考察，当时就用了我所说的一种人类学调查方法，但不是田野调查，我把它起名叫"主体调查"，方法也不一样。后来写出来的报告叫《时代的颤音》，反映当时珠三角人们价值观念和生活方式的变化。这份调查报告后来入选"教育部纪念十一届三中全会召开十周年理论研讨会"。

这次我受周院长的邀请，来做一场报告，感觉非常荣幸。我这个报告完全是探索性的，我个人很坚信，但是不见得具有完全的真理性。希望大家能够提出尖锐的问题，与我讨论。我提出和建立"主体人类学"概念和重构人类学学科体系这个问题，已追踪和研究人类学前沿 25 年了，算得上 25 载磨一剑。在这个意义上，我早就属于人类学领域的一员了，而且是执著的一员。25 年来研究成果一直没有发表，系统地谈这个理论体系，是第一次，是首谈。

25 年来我做了四件事。第一个是破译和填补了两个关于"人的知识"空白。第二，建构了"主体人类学"知识系统。第三，提出重构人类学学科体系构想，即建构中国人类学学科体系。第四，提出一种哲学本体论和方法论。

# 第一个大问题：关于填补"人的知识"的两个重大空白

25 年前我研究教育学，发现一个问题："人是什么"，即具体的"完整人"是什么？这是教育学的逻辑前提。因为教育是人类的教育，如果人是什么都说不清楚，那么，既说不清为什么教育，也说不清怎么教育。所以25年前我就开始攻"人是什么"问题。几年以后，又发现第二个重大空白，即普遍的"类群"是什么？5000年留下了这么两个大空白。

第一个空白——具体的"完整人"知识空白。5000年来，自从哲学放弃具体地研究人的任务，将这个任务交给具体科学以来，哲学就退居到研究人的本质。从这开始，哲学就成为研究人的本质的学科。而各门具体科学是怎样研究人的呢？是分门别类地研究人。各个具体科学把人切成"碎块"去研究。比如伦理学研究人的道德，心理学研究人的心理，法律研究人的权利和义务……所有学科对人的研究都是研究人的一个部分或一个方面，没有一个学科研究具体的"完整人"。所谓具体的"完整人"就是站在你面前的，能成为实践主体的，有特色的完整的个人。至今没有一个学科把它列为对象。因而，人类也没有这个具体"完整人"的知识。至今，人类对于"人"的知识，有如寓言——"盲人摸象"。这是第一个重要的知识空白——具体的"完整人"知识空白。

可是，人是以具体的"完整人"生活在世界上的，没有任何人是以碎块生活在世界上的。不论是男性女性、白人黑人都是以具体的"完整人"存在于世界上的。

那么，这有什么危害呢？这个危害就比较大了。我今天只谈两点：第一，人不再知道自己是什么。哲学人类学家兰德曼认为："在我们这个时代一切过去有关人的自我理解的形象，都已经崩溃，人不再知道他是什么。"这种关于人的形象（碎块知识）越多，那么关于人的形象就越模糊。今天我们只有人的碎块的知识，而没有具体的"完整人"知识，当然这种知识越多人的整体形象便越模糊。我们有各种关于人的知识，但人的形象反而越来越模糊了。所以关于人的碎块知识越多，人的形象反而越模糊。我们只能给人类提供碎块的知识，而提供不了具体的"完整人"知识。而人却是以具体的"完整人"存在的，这个危害很大。现在，我们说关于人的知识是最重要的知识，但又是最薄弱和最模糊的知识，道理就在这里。这是关于具体的"完整人"空白造成的。

第二，就是某些人文社会科学的人性假设不科学。由于我们没有具体"完整人"的知识，只有人的碎块知识，所以，某些人文社会科学的人性假设就是人的"碎块"假设，它的残缺必然导致很多人对社会科学的缺欠。比如，心理学假设、经济人假设、政治人假设、道德人的假设等，这其实是不可能的、不存在的、不科学的。

比如，你问一个农民：共产党好不好？他说：好。问他好在什么地方？他说，种地不交税，孩子上学不用交学费，还有医疗保险、养老保险等。他说的全是经济，一个政治性的都没有。可见人是"完整的人"。你无论刺激他的哪一部分，他都是用"完整人"的运作来回答你，单纯的"政治人"假设是不可能的。

人是以具体的"完整人"存在的，你无论刺激他的哪一个部分，他都必然以"完整人"做出回应，而不会以"部分人"做出回应。有时像是以"部分人"回应，实际也是以"完整人"运作然后回答你。可是，我们到现在还没有具体的"完整人"的知识，也没有这样的概念。这是第一个重大的关于人的知识的空白或空缺。

第二，普遍的"类群"知识空白。所谓"类群"是指在外界环境压力下，人类自觉建构的具有自我整合性组织结构和独立实践主体特性的生存共同体，是人类作为主体的一种普遍的存在方式。人是一个群体性动物，而且是组建类群的高手，所有动物都不如人。所以人不只以个体方式存在，还以类群的方式存在。人从一开始就这样。这是高等的哺乳动物、灵长类动物的特性。当然人的类群和猿猴的类群是有本质不同的，人的类群有内在自我整合功能，使他能够成为这个世界上的一个独立实践主体。猿猴的一切整合都是靠本能，而人是靠理性来成为独立实践主体。

提出"类群"概念之后，我就要说明普遍"类群"的知识空白。至今只有具体"类群"概念和知识，而没有普遍"类群"概念和知识。比如具体"类群"包括家庭、"组织"（正式组织）、民族、国家、国际组织等。我们至今只有上述具体"类群"的概念和知识，而没有普遍"类群"概念和知识。普遍"类群"是相对于具体"类群"来说的，普遍"类群"是具体"类群"的上位概念。普遍"类群"是上位概念，具体"类群"是下位概念。由于没有普遍"类群"概念和知识，下位概念（组织、家庭、民族、国家、国际组织等）永远无法说到位。这是关于普遍"类群"概念的空白。我们今天所有描述人的群体的概念，包括集体、群体等，都不能作为家庭、组织、民族、国家、国际组织的上位概念。你能说国家是群体吗？肯定不行。你能说国家是集体吗？显然不行。只有"类群"能够作它们的上位概念。

这个空白有什么危害？第一，缺少普遍"类群"概念，必然说不清具体"类群"概念。普遍的"类群"概念的空白，是人类基本概念、基本知识的重大空缺或空白，危害之大难以形容。不论你有多少关于家庭、组织、民族、国家和国际组织的知识，但由于没有普遍"类群"概念的知识，都永远说不到位。根据语言学的逻辑，在具有从属关系的一组概念中，只有下位概念而没有上位概念，只有种概念而没有属概念，那么下位概念和种概念永远说不到位。这是必然的，是人创造语言这种逻辑形式必然产生的结果。举例来说，在人的概念系统中，如果只有男人和女人的概念，或者只有儿童、青年、老年的概念，而没有人的概念和知识，你能把男人和女人说透吗？你可能知道男人是什么，女人是什么吗？你能把青年、老人、儿童说到位吗？那是不可能的。如果你没有房子的概念，却只有中山大学房子的概念，你能把中山大学的房子概念说透吗？那是不可能的。第二个危害是人类生存方式链条断裂，首先是人类的存在方式链条断裂。大家都知道人类的主体是三个，人类主体是由三种主体构成的。第一个是个体主体，我把它叫"人格主体"。第二个是全人类主体，这叫"类主体"。中间缺一个主体，也就是缺中间的"类群主体"。没有"类群"概念之前，人类主体链条是"断裂"的。创造"类群"概念以后，人类主体的链条完整了。这就是"人格主体"、"类群主体"、"类主体"。这使人类的存在方式链条一目了然。人类的主体链条就是这三种链条构成的。那么，人类存在方式链条是建立人的生存价值、生存方式链条的前提。人应该怎么生存？你首先得解决人是怎么存在的。由于以前人的存在链条不清楚，没法描述。人们往往以其中某一种"主体"为前提，建立一种文明。比如，西方文明，它就是以"人格主体"为本位建立的文明。在"人格主体"的基础上建立了西方文明。现在，有些哲学家感觉这个问题很大，以个人主体为本位，建立文明不行，科技越发达，人类越危险。你看现在是否危险？单纯以"类群主体"为本位也不行，单纯以"类主体"为本位建立文明也不行。人类必须按照人的基本存在方式三类"主体"，即"人格主体"、"类群主体"和"类主体"的统一链条建立文明。人类存在是三个主体的统一，即人格主体、类群主体、类主体的统一，人类就是以这三种方式存在。人类想生存下去，必须以这三种方式统一为前提，建立生存价值系统。单纯以其中一个为前提建立文明是不可以的。这样我就有了生存方式理性的前提，就是三类主体的统一，在这三类主体统一的前提下，建立人类的基本生存方式，建立人类文明。可见，以前由于人类存在方式链条断裂，造成很大的危害。

# 第二个大问题：提出主体人类学概念和建构主体人类学知识体系

## 一 人类学研究对象与学科体系"偏移"

一般而言，人类学概念是正确的。它是围绕关于"人的学问"或"人本身与文化"的学问阐述的。如：人类学是"研究人类自身的起源和发展，以及人类所创造的物质文化和精神文化的起源和发展规律的科学"。"从词的来源看，人类学是研究人的科学，而实际上，人类学仅仅是人类各种科学中的一门科学。""人类学是从生物学的观点和文化的观点来研究人类，涉及把人类当做一个动物那部分人类学称为体质人类学，涉及生活在社会里的人类所创造出来的生活方式那部分称文化人类学。""人类学就是研究人类。人类学家主要关心的是作为生物上单一种属的人，即智人及其祖先、近亲。""人类学的英文 anthropology 源于希腊语'人的学问'的复合含义。""人类学是研究人性和文化的学问。"如果仅从人类学概念看，人类学是研究"人的学问"或"人本身及其文化"的学问。这种认识并没有发生"偏移"。然而，人类学的"研究对象"和"学科体系"却没有严格沿着人类学概念的思路发展——研究"人本身及其文化"。人类学在经历了"生物人类学"以后，将核心视域转向了"文化"，忽视甚至放弃了对"人本身"的研究，产生了普遍性的人类学"研究对象"和"学科体系"的偏移。这主要表现在：

（一）人类学核心视域的"偏移"——关注"文化"，不关注"人本身"

200 年来人类学的核心视域大致经历了这样的转换："神学人类

学"——"生物人类学"——"文化人类学"。"神学人类学"将人看做"神的造物",主要关注的是神而不是人。到19世纪,随着进化论的出现,产生了"科学人类学",核心视域转向了研究"生物的人",将人当做一种自然的生物,通过人与动物的比较以及对人的生理现象的研究,确定人的特性。这与"体质人类学"的研究范围有某种重合。但是,它遇到了各方面的责难,认为这种方法无法说明"理性的人"。于是,人类学将核心视域转向了文化,创造了学派林立的"文化人类学",并成为人类学的主流,甚至有人认为"人类学"就是"文化人类学"。它将人当做一种"文化的生物",用文化现象及其演进来表征人和说明人。"文化人类学"丰富了人类学知识宝库,硕果累累,但同时也产生了一种至关重要的弊病——将"文化"等同于"人本身",认为研究了"文化"就等于研究了"人本身",以至于发展到用"文化"遮蔽"人"、代替"人"、反对"人",使人类学研究对象和学科体系发生"偏移",使"人类学"变成另一种版本的"文化学"或"社会学"。

（二）人类学研究对象的"偏移"——研究"文化",忽视甚至反对研究"人本身"

长期以来,人类学的基本研究对象是"文化",而不是"人本身"。人类学论著普遍将"文化"列为人类学研究对象与核心概念,围绕"文化"概念建立和展开知识体系。如:人类学最核心的概念是文化（culture）。我们主要关注的不是作为人群的"他者",而是文化意义上的"他者性"（cultural otherness）。如果以此为出发点考察,早期人类学家的田野工作是在试图解决本文化与他文化接触时出现的文化冲突与文化评价问题,而晚近以来的人类学家是在运用他文化的研究成果——"他者性"来反观、诠释与重构本文化。这是目前世界上不同版本《大百科全书》、著名人类学专著和教材对"人类学"对象与核心概念的基本描述。也有的说,"人类的本质:动物＋文化",误读了"人本身"。更有世界著名人类学家不仅忽略"人本身",而且蔑视和反对研究"人本身"。法国结构主义人类学大师列维·斯特劳斯只承认客观的"结构",不承认"人"及其任何主观能动作用。认为社会历史的"主体"是先验的"结构"而不是人。人只能无情地被溶化在客观化的、无个性的和无意识的"结构"中。他甚至提出"溶化人"的主张，说："结构主义必须抛弃主体（人）这个令人讨厌的宠儿，它占据哲学舞台的时间太久了。"① 另一位人类学大师是曾任美国人类学会主席，获英国皇家学会"赫胥黎"奖章，被誉为"20 世纪最伟大的人类学家之一"的阿尔弗雷德·路易斯·克鲁伯（Alfred Loues Kroeber），他提出了"超有机体论"文化观，认为，文化是"超有机体"的，不受较低有机体层次的影响。如：文化不受人的心理因素、遗传因素的影响。文化有自身的发展变化规律，人类学家研究文化就足够了，无须研究"人本身"。他在 1925 年发表的"十八条宣言"中说，"第六，个人或个体除了例证价值外，没有历史价值"。上述两位人类学大师的观点具有代表性，只研究"文化"，忽视甚至反对研究"人本身"在人类学界具有倾向性。

### （三）人类学学科体系的"偏移"——缺失研究"人本身"的学科

依据北美人类学学科体系，人类学大体包括体质人类学和文化人类学两大分支，而这两大分支以下又有若干小分支。体质人类学包含：古人类学、人体测量学、人种学；文化人类学包含：民族学、语言人类学、考古人类学。每个小分支下面又包含若干更细的分支或研究领域。如果将欧洲人类学学科体系与北美人类学学科体系结合考虑，人类学学科大致包括以下四个分支学科：体质人类学、考古人类学、语言人类学和文化人类学（或社会人类学、民族学）。"体质人类学或生物人类学探讨对古今人类生存的生物性基础，研究人类如何获得现今的形态和行为问题。""考古人类学的研究对象是人类社会的过去。""语言人类学是着重考察各地语言使用与文化关系的分支学科。""文化人类学……指研究与人的生物特性相区别的人类社会及其文化的一门学科。"从上述关于人类学学科体系的解释，可以得出以下结论：第一，文化人类学（或社会人类学、民族学）及考古人类学、语言人类学所研究的基本是人所创造并与人有密不可分关系的文化或社会，而不是"人本身"。第二，体质人类学研究的虽然是"人本身"，但是，基本研究人的生物性基础，是"人本身"的一部分，不能代表"人本身"。可见，人类学学科体系缺失研究"人本身"的学科，离开

---

① 转引自李青宜《阿尔都塞与"结构主义马克思主义"》，辽宁人民出版社，1986，第 77～78 页。

了人类学的"研究对象"——"人本身"。

人类学研究对象和学科体系"偏移"产生了严重危害性——以文化遮蔽人的主体性、人的知识的"空疏化"、人文社会科学"人性前提"的随意性、人类学被"边缘化"、人类学学科体系的残缺和扭曲等。

如：人类学被"边缘化"。一个世纪以来，人类学被无情地边缘化了。人类学不关心"人本身"，"人本身"也不关心人类学。美国人类学会会长詹姆斯·皮科克说："……人类学几乎完全为学生、学生领袖、家长、行政管理者、校友会、受托人、立法者及资助者所遗忘和忽视。""那么人类学的未来如何？让我们看三种图景：首先就是消亡……大学和研究机构把人类学这样的弱小项目列为（删除）首选。第二个图景：龟缩在自己的飞地里行尸走肉般地苟延残喘。第三个可能性则是学科的重整和发达，跃居社会的显要地位。"他还指出："……并不是社会造成了人类学的边缘化，而是人类学自己所造成的……它的存亡就在于人类学作出贡献的能力。"人类学边缘化的实质是"自我的边缘化"。"人类学冷落人，自然也被人冷落。"人类学"离人远去，特别是离现代人远去"，怎么能不被边缘化呢？

又如：人类学学科体系的残缺和扭曲。人类学是研究"人本身及其文化"的学问，而人类学的实际研究对象和学科体系却是文化，脱离了"人本身"。这引发了人类学学科体系的残缺和混乱。如：美国人类学学科体系包含两大分支：体质人类学和文化人类学。可是，这两个大分支无论如何无法包含"个体人类学"、"家庭人类学"、"组织人类学"、"民族人类学"、"国家人类学"，等等。这些人类学既不能归属于"体质人类学"，也不能归属于"文化人类学"。它们是关于"人本身"的学问，只能属于本文提出的"主体人类学"。无论将它们划归"体质人类学"还是划归"文化人类学"，都必然陷于逻辑的悖谬。这个问题，蒋柄钊教授曾尖锐提出过。1983年在中国人类学会第二届年会上，厦门大学蒋柄钊教授发表了一篇论文《文化人类学不等于民族学》。他认为，民族学包括不了文化人类学的研究内容，同样，文化人类学也包含不了民族学的研究内容。中央民族学院施正一教授主编的《广义民族学》主张，"民族学和人类学不是一门学科，它们是不能互相替代的"。可见，人类学研究对象和学科体系"偏移"给人类学学科体系造成了多么大的逻辑混乱。解决这个问题只有一条路——实现人类学研究对象和学科体系由"偏移"到"复归"（"人本身及其文化")。具体而言，就是建立"主体人类学"和重建"人类学学科体系"。

## 二 主体人类学的概念和研究对象

### （一）主体人类学的概念

阐明主体人类学概念首先要明确主体人类学的学科定位。主体人类学是为实现人类学学科对象和学科体系由"偏移"到"复归"而提出和建立的。这包含两个含义：第一，主体人类学以"人本身"为研究对象。人类学以"人本身及其文化"为研究对象，"主体人类学"以"人本身"为研究对象。主体人类学只有以"人本身"为研究对象才能实现人类学研究对象和学科体系由"偏移"到"复归"。第二，主体人类学是人类学的主要分支学科之一。依据美国人类学学科分类，人类学有两个主要分支学科——文化人类学和体质人类学。重构的人类学学科体系，包含三个主要分支学科——主体人类学、文化人类学和体质人类学。主体人类学是新人类学学科体系中三个主要分支学科之一。

鉴于主体人类学的学科定位，其概念可做如下表述：主体人类学是具体研究"主体—人"的基本存在方式和生存方式及其发展演变规律的学问。也就是，主体人类学是具体研究"主体—人"的基本存在方式（即人的特殊生命本质和特殊生命本体及其发展演变规律）和基本生存方式（即人的价值建构和人格建构及其发展演变规律）的学问。这个概念有以下要点：第一，主体人类学是具体研究"人本身"，即"主体—人"的学问。第二，主体人类学具体研究"主体—人"的基本存在方式，即人的特殊生命本质和特殊生命本体及其发展演变规律。第三，主体人类学具体研究"主体—人"的基本生存方式，即人的价值建构与人格建构及其发展演变规律。第四，主体人类学所研究和揭示的是"主体—人"的全部，既包括具体的完整的"人格"（个体）、具体的完整的"类群"（群体），也包括具体的完整的"类"。

### （二）主体人类学的研究对象

主体人类学作为人类学三个主要分支之一，研究对象是"人本身"

（"主体—人"），即具体地整体研究"人本身"（"主体—人"）的基本存在方式和基本生存方式及其发展演变规律。主体人类学的研究对象有如下要点：

1. 具体地整体研究"人本身"（"主体—人"）。这表现在以下两点：

第一，"人本身"（"主体—人"）的全部主体。人作为主体，基本包括三类主体。这就是：个体，在主体人类学称作"人格"。群体，在主体人类学称作"类群"。"类群"包括人所自觉建构的有自我整合性组织结构和社会实践主体特性的所有"生存共同体"。如：家庭、组织、民族、国家和国际组织等。[①]"类"即人类，在主体人类学亦称作"类"。

第二，"人本身"（"主体—人"）指每一类主体的整体。无论言及人格、类群或类都是指具体的完整的人格、具体的完整的类群和具体的完整的类。当然，主体人类学也研究人格、类群或类的部分或局部，但这是作为"具体的总体"的部分或局部，是系统整体中的部分或局部，而不是孤立的部分或局部。

2. 研究和揭示"人本身"（"主体—人"）的本质。一般而言，怎样认识人的本质就会怎样具体解释人的存在方式和生存方式及其发展演变的规律。主体人类学将人的本质归结为"实践的主体"，因而从"实践的主体"特性去解释人的具体存在方式和生存方式。

3. 研究和揭示"人本身"（"主体—人"）的生命本体。这是主体人类学研究对象的核心与主体。人的本质是"实践的主体"，人的本体则是"结构与选择"。要将"人本身"（主体—人）说清楚，最基本的也是最重要的是将人的生命本体——人的具体的"结构与选择"说清楚。也就是将"人格结构与选择"图型理论和"类群结构与选择"图型理论说清楚。

4. 研究和揭示"人本身"（"主体—人"）的生存方式。"人本身"（"主体—人"）的生存方式主要说明"人应当是什么"和"应当怎么样"。主体人类学所提供的"人本身"（"主体—人"）的生存方式，既是研究的

千禾学人讲演录（第一辑）

---

① "人格"指"具体的完整的有特色的个人"。"类群"指在外界环境压力下，人类自觉建构的具有自我整合性组织结构和社会实践主体特性的生存共同体，是人类作为主体的一种普遍的存在方式。如：家庭、组织（企业、学校、团体、机关等）、民族、国家以及各类国际组织等。"人格"和"类群"均是主体人类学的核心概念，"人格"是主体人类学重新界定的概念，"类群"是主体人类学提出的一个新概念。"人格"与"类群"二元对称。

结果，更是研究的过程，是开放性的，不会一劳永逸地完成。

由于主体人类学独特的研究对象——具体地整体研究人的存在方式和生存方式，它在众多学科群落之中具有无可替代的地位和价值。

# 三　主体人类学的知识体系

主体人类学的理论知识体系主要由以下四部分组成。

## （一）"主体—人"的生命本质与本体

### 1. "主体—人"的生命本质——实践主体

以往，由于方法论的限制，对"主体—人"的生命本质的认识只达到了"人是文化的生物"的高度。德国著名哲学人类学家 M. 兰德曼先生总结了以往人类学的发展历程，认为在他之前对人的生命本质的认识只达到了三个水平：宗教人类学、理性人类学和生物人类学。他提出了文化哲学人类学，认为人的生命本质是文化的生物，并坚信，"文化人类学是未来的人类学，过去的一切人类学只不过是它的前奏"。对于揭示"主体—人"的生命本质而言，M. 兰德曼的文化人类学显然优于宗教人类学、理性人类学和生物人类学，但是，仍然无法说明"主体—人"的生命本质，回答不了"动物的生命与人的生命有何本质区别""人为什么能够创造文化""人为什么能够掌握自己的命运"等根本性问题。只有马克思主义的实践理论才揭示了"主体—人"的生命本质——实践的主体，科学地回答了上述问题。马克思深刻地指出："可以根据意识、宗教或随便别的什么来区别人和动物，一当人开始生产自己的生活资料的时候，这一步是由他们的肉体组织所决定的，人本身就开始把自己和动物区别开来。"又说，"通过实践创造对象世界，即改造无机界，人证明了自己是有意识的类存在物……诚然，动物也生产……动物只生产自身，而人再生产整个自然界；动物的产品直接属于它的肉体，而人则自由地面对自己的产品。动物只是按照它所属的那个种的尺度和需要来建造，而人却懂得按照任何一个种的尺度来进行生产，并懂得处处都把内在的尺度运用于对象；因此，人也按照美的规律来构造。因此，正是在改造对象世界中，人才真正地证明自己是类存在物"。实践是"主体—人"的自觉的能动活动。实践的主体是马克思主义对人的生命本质认识的新境界，是解开纷繁复杂的"主体—人"及其生存发展之谜的钥匙。

**2. "主体—人"的生命本体——"结构与选择"**

"主体—人"的生命本质与生命本体具有内在同一性。在具体生活实践中，"主体—人"的生命本质必然表现为"主体—人"的生命本体。"主体—人"的生命本质是实践的主体，"主体—人"的生命本体必然是那种能够从事实践活动、具有实践功能的"结构与选择"。

在"主体—人"的生命本体问题上，经常出现两种片面性理论——结构主义与存在主义。结构主义肯定人的生命"结构"，否定人的生命"选择"。结构主义理论认为，在一定的文化背景下，社会结构和意识结构是固定的，只能服从或沿袭，不能改变。人的选择不起作用，所谓主体选择是无稽之谈。其代表人物是法国结构主义人类学家列维·斯特劳斯。① 存在主义：肯定人的生命"选择"，否定人的生命"结构"。存在主义理论认为，人的真正存在就是人的自由，人的本质是自我自由创造的。世界和人生没有任何客观规律、价值和准则可言，一切取决于个人的选择。其代表人物是法国存在主义哲学家让·保罗·萨特。上述两种理论将人的统一的生命本体"结构与选择"割裂开来，对立起来，不是用"结构"去反对和否定"选择"，就是用"选择"去反对和否定"结构"，难免陷于片面和荒谬。

"结构与选择"是"主体—人"的生命本体。"主体—人"既是"结构"的，又是"选择"的，是"结构"与"选择"的统一。"结构"与"选择"都是人的统一生命本体的有机组成部分，各具特定的地位和功能，互相支撑、互相渗透、互相转化，对立统一，缺一不可。这里的"结构"指构成"主体—人"的各种主体力量及其相互联系与相互作用的方式。这里的"选择"指"主体—人"为了解决自身与外部世界的矛盾而对自己行为的主观挑选，是能动地改造客观世界和改造主观世界的活动，是人作为主体的自觉的实践活动。人的"结构与选择"生命本体有诸多种规定性。如：第一，"结构是生命的基础，选择是生命的创造"，"结构与选择"是"生命基础"与"生命创造"的统一。第二，"结构是生命的既有，选择

千禾学人讲演录（第一辑）

---

① 转引自李青宜《阿尔都塞与"结构主义马克思主义"》，辽宁人民出版社，1986，第77～78页。

是生命的应有",“结构与选择"是“生命既有"与“生命应有"的统一。第三,“结构是生命的规定,选择是生命的自由",“结构与选择"是“生命规定"与“生命自由"的统一。第四,“结构是生命的传统,选择是生命的超越",“结构与选择"是“生命传统"与“生命超越"的统一。第五,“结构是生命的有限,选择是生命的无限",“结构与选择"是“生命有限"与“生命无限"的统一。第六,“结构"决定“选择",“选择"也决定“结构",“结构"与“选择"之间是相互支撑、相互限制,相互渗透、相互规定,相互联结、相互转化的对立统一关系。第七,“结构与选择"是在外界环境压力下,“主体—人"回应环境挑战和压力,改造客观世界与改造主观世界的基本方式,也是“主体—人"掌握自身命运,实现自由的基本方式。

### (二)“人格结构与选择"图型理论

揭示“主体—人"的生命本体——“结构与选择",必须具体解读人格结构与行为选择。

回顾人类文明史,杰出学者曾提出数十种著名人格结构理论。如:孔子的“三道说"(“智仁勇")人格结构理论、孟子的“四心"与“四德"人格结构理论、奥地利西格蒙德·弗洛伊德的“本我、自我、超我"人格结构理论、美国凯伦·霍妮的“真实我、现实我、理想我"人格结构理论、美国阿伯拉罕·马斯洛的“五种需要"人格结构理论、美国库尔特·萨德克·勒温的“动力学"人格结构理论等。他们虽然各有卓越贡献,但并未能真正解开具体的“完整人"之谜。“人格结构与选择"图型理论是对以往全部人格结构理论的“叠加创新"。

“人格结构与选择"图型理论的主要内容包括:

#### 1. “人格结构与选择"及其图型

主体人类学认为,人格结构基本由“三级结构八种力量"构成。(见图1)这就是:“三级结构"——“人格需要力"、“人格判断力"和“人格行为选择"。“八种力量"指在“三级结构"之中包含“八种人格力量"。其中,“人格需要力"包含三种人格力量——“生存需要力"、“归属需要力"、“价值需要力"(也可称“发展需要力")。“人格判断力"包含四种人格力量——“思想道德力"、“智慧力"、“意志力"、“反省力"。“人格行为选择"包含一种人格力量——“人格行为选择"。

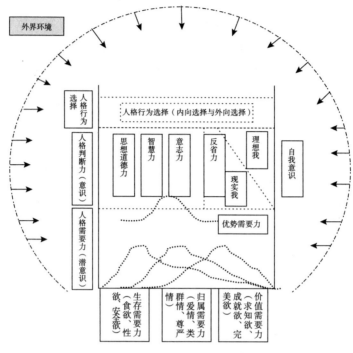

**图1 人格结构与选择图型**

"人格结构与选择"图型可做如下简要解释：第一，人格具有结构性。"人格需要力"基本存在于人格的潜意识之中，是人格需要和欲望的力量。"人格判断力"存在于人格意识之中，是人格的理智力量。"人格行为选择"是人格应对外界环境压力和挑战而产生的行为选择力量，是在外界环境刺激下，"人格需要力"与"人格判断力"共同运作的结果。一般而言，人格结构的运行机制是，在外界环境刺激下，"人格需要力"发动，经"人格判断力"判断，选择相应的行为——"内向行为"或"外向行为"。第二，人格结构形式具有"同构性"。世界上，所有人都具有大致相同的人格结构形式——"三级结构八种力量"。也就是说，不论男女老少，不论民族国家，也不论肤色，所有人的人格结构都是由"三级结构八种力量"所构成，没有例外。如果缺少其中的任何一个"层次"或"力量"，均为人格的"残缺"或"疾病"。但是，人格结构的内容是不同的。每个人的人格结构内容各不相同，没有两个人格结构内容完全相同的人。第三，人格结构的均衡性。在人格基本结构中，全部人格力量均具有重要地位和功能，不可或缺。对于人格的生存和发展而言，人格的"三级结构八种力量"都是重要的，不可或缺的，并应充分均衡发展。第四，人格结构关系的系统性。人格的"三级结构八种力量"之间基本是系统结构与功能的关系。具体表现为，人格结构内部要素与要素之间、要素与整体之间各具特殊地位与功能，并且互相联系、互相制约，共同运作，系统一致。第五，人格结构具有整体性。虽然它的结构要素复杂，并且与外界环境处于信息和能量不间断交换状态，但是，每时每刻均能以一个"完整人"出现，并以一个"完整人"进行行为选择。不论环境刺激了人格结构的哪一部分，人格均能以整体做出反应和回答。第六，人格行为选择是人格结构的基本功能。它贯穿在人格的全部生命实践活动之中，既包含外向行为选择，又包含内向行为选择。第七，人格行为选择主要有四种类型：程序性选择、表现性选择、真理性选择和不选择。人格行为选择对人格的起伏盛衰和命运具有决定性的意义和影响，甚至可以说，人格的起伏盛衰和命运是在一定外界环境下，由人格行为选择决定的。

### 2. 人格结构的形成历程

人格结构是一个在肉体基础上，特别是在大脑的基础上形成的完整系统。人格结构不是从来就有的，是自然界长期发展的产物，是由高级动物的无意识结构发展而来的。这是一个由混沌到有序的过程，其形成和发展经历了漫长的岁月。人格结构形成大致可以分为三个阶段。

第一阶段，"混沌初元"阶段。这个阶段大约处在猿人时期。在这个阶段里，猿刚刚转变为猿人，其人格结构在肉体发展的基础上，基本处在潜意识状态和水平，呈现一种混沌初元图像，意识（即人格判断力）刚刚产生，只是作为一个小亮点升起在混沌的界面中，多少照亮了一点混沌的精神世界，其行为基本上还是靠着潜意识的本能支配。

第二阶段，"雏形初具"阶段。这个阶段大约处在从早期智人开始至晚期智人前。早期智人已有了比较清晰的意识，意识与潜意识已开始分化，但意识还不够强大，在很长的时期内，仍然是潜意识占据支配地位。在早期智人的人格结构中，象征"自觉意识"的亮点已经亮了一片，但是，相比较而言，潜意识仍处于优势，占据着更为广大的一片，包围着意识。有时，意识能够决定行为，但是在多数情况下是潜意识决定行为，其行为有时清醒，有时昏暗。

第三阶段，"系统完形"阶段。这个阶段大约处在晚期智人时期。晚期智人的意识和潜意识的分化和组合已经基本完成。其人格结构是一个完整的系统，意识和潜意识是人格结构大系统的两个相对独立又相互联系和贯通的小系统。在这个时期，晚期智人的自觉意识已经完全占据了人格结构的前台，直接决定行为，潜意识已经全部退居后台，不再直接决定行为。这是人类发展史上了不起的飞跃，人类真正开始以人的"系统完形"结构去生活和行为。

依据"基本生物发生律"——"个体永远复演类的经历"：个体人格从出生到成年，其人格的成长过程复演了人类诞生至成年的全部历程。个体人格结构的发展也大体经历了三个阶段：第一阶段，婴幼儿时期（0~3岁）的"混沌初元"阶段。第二阶段，幼儿和少年时期（3~10岁）的"雏形初具"阶段。第三阶段，少年和青年时期（10~18岁）的"系统完形"阶段。

### （三）"类群结构与选择"图型理论

人类不只以"人格"的方式存在，同时也以"类群"的方式存在。所谓类群结构，指由制度确立的类群内部诸要素关系和行为规范所形成的有序系统，是类群内部"主体—人"之间关系、文化要素之间关系以及"主体—人"与文化要素之间关系所共同组成的有机系统。它是一个有生命的有机系统，具有自我整合功能，并能够在外界环境压力下做出相应行为选择。

#### 1. **类群结构的若干模式**

自古以来，特别是近代以来杰出学者曾提出大量类群结构理论。如：英国拉德克利夫·布朗的"文化功能"理论、法国埃米尔·涂尔干的"社会功能"理论、德国马克斯·韦伯的"社会分层理论"、法国布鲁诺·拉图尔的"行动者网络理论"、英国阿诺德·汤因比的"文明结构"理论等。从主体人类学角度看，现有类群结构理论，大体可以归结为三种模式：第一种，"文化结构论"模式。这种理论认为，所谓类群结构就是类群文化的结构，研究类群文化的结构就是研究类群结构，将类群文化结构等同于类群结构。这种理论比较普遍。第二种，"主体分层论"模式。这种理论认为，所谓类群结构就是类群主体成员的分层或分类结构，研究类群主体成员的分层和分类结构就是研究类群结构，将类群主体成员的分层或分类结构等同于类群结构。这种理论也比较普遍。第三种，"行动者创造论"

模式。这种理论认为，所谓类群结构是不存在的，类群结构就是"联结"，是人（包括物）的某种"联结"过程。这种理论将人的建构行动与类群结构对立起来，用人的建构行动否定类群结构存在。以往的类群结构理论和模式丰富多彩，贡献卓越，但并未能真正解开"类群结构"之谜。"类群结构与选择"图型理论是对以往全部类群结构理论和模式的"叠加创新"。

### 2. "类群结构与选择"图型理论的主要内容

"类群结构与选择"图型理论试图包容并超越上述理论模式。它认为，"类群结构与选择"是一个具有自我整合功能的统一整体，包含"类群文化"、"类群主体"和"类群行为选择"三个部分，是由这三个部分有机统一构成的人类"生存共同体"。"类群文化"、"类群主体"或"类群行为选择"只是"类群结构与选择"的一个组成部分，都不等于"类群结构与选择"整体，更不能企图用其中的一个组成部分代替"类群结构与选择"整体。主要包含：

（1）类群结构的构成要素。"类群结构与选择"是由"三级结构、七种力量"组成的有机系统。它既不是仅由"类群主体"构成的，也不是仅由"类群文化"构成的，还不是仅由"类群行为选择"构成的，而是由"类群主体"、"类群文化"和"类群行为选择"三级结构所共同构成的，是这三级结构以特定系统结构方式组成的有机系统。在"类群主体"、"类群文化"和"类群行为选择"三级结构中，每级结构又包含若干小的次级构成要素。（见图2）这就是：第一级结构，类群主体。"类群主体"基本包括三个构成要素："主体领导力"、"主体素质力"、"主体分层及认同势力"。这是由类群"主体—人"所组成的"类群主体"要素，是类群结构的最基本、最生动、最具活力的组成部分。第二级结构，类群文化。[①]"类群文化"基本包括三个构成要素："技术力"、"观念力"、"制度力"。"类群文化"是"类群结构与选择"的基本组成部分和基础。第三级结构，类群行为选择。这是类群结构作为一个有生命的主体，面对外界环境压力和挑战所做的选择与回应，是"类群主体"与"类群文化"相互联系和运作的结果。

---

① 卢之超在《马克思主义大辞典》中指出：一般而言，文化有广义和狭义之分。广义文化指人类所创造的物质财富和精神财富的总和，它反映了人类在一定历史阶段上控制自然界和社会自发力量所达到的程度，可包含科学技术和物质财富、制度和规则、观念和精神三个方面。狭义文化仅指人类所创造的精神文化。如：意识形态、观念和精神等。本文所言的文化取广义文化的含义，不取狭义文化的含义。

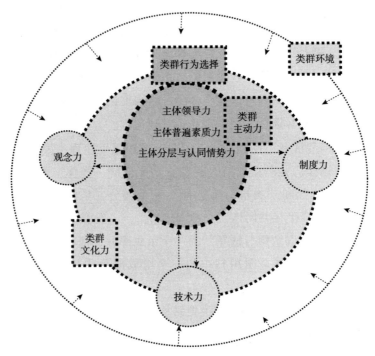

图 2　类群结构与选择图型

（2）类群结构的运行机制和类型。类群结构的一般运行机制是，在外界环境压力下，"类群主体"发动，并向"类群文化"求证和求索，而后由"类群主体"做出选择和决策。"类群行为选择"大致有四种类型：第一，"程序性选择"，指在外界环境挑战和压力下，为了生存发展的需要，"主体领导"依据类群决策程序而进行的行为选择。这是类群的普遍的、经常的、大量的行为选择。第二，"表现性选择"，指在一定外界环境下，"主体领导"以外的其他主体所进行的类群行为选择。这是一种特殊类型的类群行为选择。第三，"权威性选择"，指在外界环境挑战和压力下，"主体领导"由于各种原因未经类群决策程序，而仅凭自己的权力或权威进行的行为选择。这也是一种特殊类型的类群行为选择。第四，"不行为"，指在外界环境挑战和压力下，"主体领导"依据类群决策程序，决定不做行为选择。"不行为"的实质也是一种行为选择，而且往往是一种更加深思熟虑的行为选择。

## （四）"主体—人"的生存价值理论

主体人类学不仅揭示和解读"主体—人"的具体存在方式，而且探索和研究"主体—人"的具体生存方式。主要包含两个基本内容：

1. "主体—人"的价值系统建构。回顾人类文明史，可以得出这样一个结论：类群价值系统必须"高势位"建设。在不同时代，凡是建立了"高势位"价值系统的类群（家庭、组织、民族、国家和国际组织等），都能应对环境压力和挑战，正常生存和发展，以至走向高峰；凡是未能建立"高势位"价值系统的类群（家庭、组织、民族、国家和国际组织等），都很难应对环境压力和挑战，生存和发展遭遇挫折。所谓"高势位"的类群价值系统，指与同时代其他类群价值系统相比，不仅这种价值系统的知识层次高和范畴的位阶高，而且特别是它自身所内蕴的主体生存适应性、知识性、价值性、规律性和表现美等品质的含量也高，从而具有更大的势能和位能，表现出更强的凝聚力、辐射力、渗透力、影响力和征服力的价值观念和行为规范系统。

2. "主体—人"的人格建构。人类五千年文明史告诉我们，必须重视和进行"完全人格"建构。"完全人格"建构不仅是每个人走向成功与幸福的基础和条件，而且也是类群兴旺发达的基本保证。所谓"完全人格"就是人格结构充分均衡发展的人，也即人格的"三级结构八种力量"充分均衡发展的人。

## （五）主体人类学的方法论建构

马克思指出："不仅探讨的结果应当是合乎真理的，而且引向结果的途径也应当是合乎真理的。"建立主体人类学，实现人类学研究对象和学科体系的"复归"，必须实现方法论超越。

1. 建立"主体调查"方法。200年来人类学形成了自己的研究方法——田野调查，取得了巨大成就。田野调查是人类学家获取研究资料的最基本的途径和进行理论研究的最主要基础，同时也是民族志构架的源泉。对于传统的"田野调查"方法，应当"一分为二"地看，批判地继承。正如将民族和人看做"生番"和"非人"的殖民时代已经过去一样，适用于那一时代的方法也应当改造，创建适应于"全球化"时代的方法。这就是来源于"田野调查"又超越"田野调查"的"主体调查"方法，即"双主体"、"多主体"或"交互主体"调查理论和方法。

2. 登上辩证分析的台阶。"主体调查"需要以辩证分析方法作支撑，实现分析方法的三个超越。这就是，第一，实现由"本体思维"到"实践思维"的超越。第二，实现由"种思维"到"类思维"的超越。第三，实现由"形式逻辑"到"辩证逻辑"的超越。只有实现分析方法的辩证超越，才能通过"主体调查"的扎实而细致的工作，正确地解读人，理解人，为了人，否则，只能陷入"人的困惑"，望人兴叹。

# 第三个大问题：重构人类学学科体系构想

重构人类学学科体系是实现人类学研究对象和学科体系"复归"的学科基础。

## （一）重构人类学学科体系的基本框架

依据美国人类学界的共识，人类学大体包括两个大分支：体质人类学和文化人类学。

重构人类学学科体系的构想是：人类学应包含三个大分支学科：主体人类学、文化人类学和体质人类学。在这三个大分支下又有若干分支。（见图3）

## （二）重建普通人类学知识体系

人类学可称为普通人类学，综合研究"人本身及其文化"。重构以后的普通人类学应当涵容主体人类学、文化人类学和体质人类学的主要知识，综合阐述"人本身及其文化"的知识。

## （三）新建的主体人类学及其分支学科体系

主体人类学是人类学学科的三个大分支学科之一，它的下面包含若干分支学科。如：人格人类学、家庭人类学、组织人类学、民族人类学、国家人类学等。

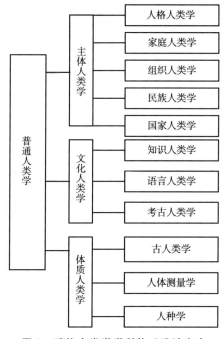

图 3  重构人类学学科体系设计方案

# 第四个大问题：关于人的生命的本体论、方法论和生存论统一问题

解决上述重大理论难题，必须有新的思维和方法，没有新的思维方法是不可能的。经过 20 年的探索，我提出来一种哲学本体论、方法论和生存论的统一。这也可称为结构选择论。这是一种哲学。我这个理论批判世界上两种影响力广泛的哲学主体论和方法论，一个是结构主义，另一个是存在主义。我是主张"结构选择论"本体论、方法论和生存论的。"结构选择论"认为，所有人的生命本体都是"结构与选择"，这是人存在于世界上基本的本体，没有例外，所以它是本体论。人的生命本体既是结构的，又是选择的，是结构与选择的统一。结构决定选择，选择也决定结构，结构与选择有 8 种统一关系，系统揭示了人的生命本体。

"结构选择论"即是人的生命的本体论，又是方法论和生存论。人（包括人格和类群）就是这么存在的，没有例外。"结构选择论"既是人的生命的主体论（存在论），也是认识和分析人的生命的方法论，还是人的生命的生存论，是人的一种生存态度和生存哲学。

## 第五个大问题：建立"主体人类学"与重构"人类学学科体系"的价值

### （一）为人类认识自己和掌握命运提供理论和方法

哲学人类学家兰德曼先生认为："在我们这个时代，一切过去有关人的自我理解的形象，都已崩溃。"主体人类学责无旁贷地担负着解读人、为了人的责任。可以说，"主体人类学的奥秘在'人本身'，'人本身'的奥秘在主体人类学"。主体人类学所提出和阐述的系统理论——人的生命本质（"实践的主体"）和生命本体（"结构与选择"）、"人格结构与选择"图型理论、"类群结构与选择"图型理论等为人类认识和掌握自己的命运提供了最基本的理论和方法。

### （二）为人类学实现"由边缘到核心"的转变提供学科基础

从世界范围看，"由边缘到核心"已成为人类学界的历史性课题。人类学的"被边缘化"是"自我边缘化"的结果，也即人类学研究对象和知识本体"偏移"的结果。"人类学冷漠'人本身'，必然被'人本身'冷漠！"建立主体人类学，重构人类学学科体系，必将产生"人类学关心'人本身'，'人本身'也关心人类学"的新局面，推动人类学实现"由边缘到核心"的转变。

### （三）为人文社会科学提供新的具体的"完整人"前提

一般而言，"人是什么"是人文社会科学的逻辑前提。然而，这个问题至今并未真正解决。如：哲学提供的"人性假设"是人的本质，伦理学提供的"人性假设"是人的道德，心理学提供的"人性假设"是人的心理……都是人的"碎块"，不是具体的"完整人"，而人却是以具体的"完整人"存在和行为的。正如兰德曼先生所言，"现代人具有关于人的世界的多方面的认识"，而"这种认识反倒使人的形象模糊了"。主体人类学提供具体的"完整人"假设，必将有利于人文社会科学更加科学、完备和有效。

## （四）为建立中国人类学学科体系提供理论基础

马克思说："问题就是时代的口号。"建立主体人类学和重构人类学学科体系就是"时代的口号"。这一重大理论探索工程必将推动中国人类学首先实现"由边缘到核心"的转变，为建设"中国特色、中国气魄、中国风格"的中国人类学提供理论基础和学科基础。我深信，这项具有历史意义的探索工程由中国首先发起，也一定能够由中国完成。

我深信，这一重大理论探索工程首先由中国发起，也必将首先由中国完全建立中国特色、中国气魄、中国风格的中国人类学学科新体系。

可能有很多错误，欢迎大家提问题。

**主持人**：谢谢陈教授非常精彩的演讲，今天听了这个讲座我有很深的体会。因为时间的关系，我们还是提一些问题吧，看看大家听了这个讲座有没有什么需要讨论的，或者不同意见也可以提出来。

**陈秉公**：肯定会有很多的漏洞和问题，欢迎大家提出来，我很愿意讨论的。

**（提问）**：陈老师，您好！今天听了您的讲座有一个非常核心的概念就是结构与选择，我想问一个问题，在社会学当中的结构二重性理论，我理解的意思就是结构对个体的行为是有决定性作用的，它们是相互影响的过程。我在思考一个问题，您提出的结构与选择这个概念，是否和结构二重性理论有相像的地方？还是说不一样的？我自己认为是很相似的。

**陈秉公**："结构选择论"是主体人类学哲学方法论。我刚才讲了，"结构选择论"既是人的本体论，又是方法论，还是生存论。不仅对个体是这样，对类群也是这样。就是说人的生命本体论是"结构选择论"，认识和解释人的方法论也是"结构选择论"，人的生存态度也应当是"结构选择论"。当然你说的那个社会学中的"结构二重性"理论，大概指的是英国社会学家吉登斯的理论吧？我们之间的差异很大。他的社会"结构二重性"理论指的是社会存在"社会建构个人"与"个人建构社会"的二重性。也就是"社会结构与人"存在相互建构的二重性。我的"结构选择论"与之根本不同。我的"结构选择论"指的是"主体—人"生命本体的"二重性"。也就是说"主体—人"的生命本体既是结构的，又是选择的，生命选择是生命结构的功能，结构与选择共同组成了"主体—人"的生命本体。吉登斯的"结构二重性"指的是"社会结构"（社会结构与人之间的相互建构），而我的"结构选择论"指的不是"社会结构"，而是人的"生命本体"，是"主体—人"的生命本体。"主体—人"的生命本体，不管是"人格"，还是"类群"，他的生命本体都是"结构与选择"。正因为这样，我的"结构选择论"才既是人的生命本体论，又是认识人的生命本体的方法论，还是人生态度和生存论。

（提问）：类群主体为什么和个体主体相同呢？他们有什么相同的地方？

陈秉公：因为人是以个体的方式存在的，又是以类群的方式存在的。类群是人类有目的建构的，有内在的整合性功能，并能成为实践的主体。类群组织结构有整合性功能，这使它能成为实践主体，这样的生存共同体叫类群。人格主体与类群主体有联系有区别。联系是，它们的生命本体都是"结构与选择"。它们的区别是：第一，一个是个体主体，一个是类群主体。第二，具体的区别。个体主体的"结构与选择"是"三级结构，八种力量"，见"人格结构与选择"图型理论。类群主体的"结构与选择"是"三级结构，七种力量"，见"类群结构与选择"图型理论。

（提问）：你是否认为三级结构和八种力量就是对"完整人"的定义？

陈秉公：是的。但应当这样说，是对具体的"完整人"生命本体的解读和揭示。

（提问）：并不是我们不想定义他，无论我们怎么定义都是片面的。无论从生理还是社会的角度去定义人。如果你认为三级结构和八种力量是对人完整的定义的话，这个体系应该还是比较有包容性的。

陈秉公：应该是这样，我觉得用"三级结构八种力量"去解读具体的"完整人"比较科学。但是对人的认识没有最好，只有更好，还有可能是更差。研究人是一个过程，但是我坚持我的主张。

（提问）：三级结构是否有高低、先后、主次之分？需要层次理论是有高低之分的。

陈秉公：当然有的，这个问题得细致讲。这在《主体人类学原理》中，用了5章，十几万字。

（提问）：您为什么要提出类群概念呢？我的理解就是只有明确了几个概念的属概念，才能更好地理解种概念。这个情况就出现一个问题，类群概念的属概念是不是也要理解？

第二个问题就是您提出的三级结构八种力量，这怎么认证呢？为什么只有三级？我觉得这个认证比较难一些。

**陈秉公**：非常难，讲起来可能要讲几天。人的概念确实有高级、中级、初级的。比如说类群，类群相对于具体类群（如家庭、组织、民族、国家等）来讲是上位概念是属概念，具体概念是下位概念是种概念。类群上面是否有属概念或者上位概念？有，是人。当你抽象到人以后，还可再抽象。如"属人世界"。"属人世界"还可再抽象，就是"世界"。抽象到"属人世界"再抽象就是世界。世界是由两个世界组成的，一个是自然世界，一个是"属人世界"。人的主体力量没有涉及的世界叫自然世界，人的主体力量涉及的改造过、改变过的世界叫"属人世界"。类群的规律要符合世界的概念和规律。它是有层次性的，到终极抽象就不能再抽象了，我们处在人类学层级上面的抽象。

（提问）：今天听了您一下午的讲座，让我大吃一惊，我觉得第一次可以这样理解人类学，让我觉得学了 10 年的人类学有点惭愧。我认为您今天的概念，今天所讲的人类学从头到尾跟我们所讲的学科上的人类学是两个概念。人类学从西方的古典精华论到现在一直发展下来是个奇迹。现在关于人类学学科的解释的内涵，学科包括的范围都已经是确定无疑，没有必要再进行重新分类。我认为您今天所讲的人类学，其实只是叫人学，这个跟人类学完全是两个概念。我认为您今天讲的人类学跟我们学科意义上现在的人类学是两回事，这是我讲的第一个。

第二个您提到关于"完整人"的知识空白，5000 年来没有人研究"完整人"的概念，我觉得这个提法有待商榷。这个关于"完整人"能否成为一个概念去包容对人的研究，本身就有很大的问题。另外您提到人性的假设不科学，我想经济学中的经济人等只是学科分析的手段。您这样去批评他们的不科学性，我觉得是毫无意义的。另外类群这个概念是一个知识的空白，人类学有一个已经可以替代类群的概念，那就是社会。

最后一个小的问题，我本人来自厦门大学，关于民族学和人类学的问题，因为我跟蒋老师有过交流。他的本意是说中国的人类学在学科体系下，应该重新重视人类学重要的含义。我认为您提这个问题应该对蒋先生的理解有误差。

我想讲的就是您今天的演讲对我们的启示就是我们的人类学确实如您所说，中国的人类学如果要想再走向一个深度的话，您的观点我们觉得是很有启发的。

**陈秉公**：你提的问题很好，我解释一下。我的主体人类学不是哲学，不是人学，人学是哲学。哲学回答不了具体的"完整人"是什么的问题。哲学确实研究"完整人"，但是它只研究"完整人"的本质，而不是具体的"完整人"。"主体人类学"主要是研究人特殊生命的本体，比如说我谈人格的生命本体是"三级结构八种力量"及其行为机制。类群的生命本体是"三级结构七种力量"。这个，人学是不研究的，人学要研究这个就不叫哲学了。我在十几年前曾与著名哲学家高清海教授讨论过这个问题。我说："高老师，您研究人学，为什么不进一步研究人的生命是由哪些要素构成的？这些要素是怎样运作的？它们怎样产生？又怎样产生行为？……"高教授说："秉公，这些是具体科学的研究对象，我不能研究这些。我研究这些就不是哲学了。"这些应该属于人类学，它是具体科学，不是哲学。这是第一。

包括孔子在内的过去的哲学家和研究人的现代哲学家提出的"完整人"都是完整的人的本质，不是具体的"完整人"。我说的是具体的"完整人"本体，他具有三级结构八种力量，是具体的，还有"人格结构与选择"图型。人学是哲学不研究这个，研究这个就不叫哲学。而各个具体学科虽然研究人的具体，但是都没有研究具体的"完整人"，研究的是人的某一个方面或某一个部分。哲学的"完整人"从古到今都有，但是不研究具体的"完整人"，而是研究"完整人"的本质。因此，以前缺少研究具体的"完整人"的学科，也没有具体的"完整人"的知识。我认为，研究"完整人"的学科只有两个，一个是哲学，它研究"完整人"的本质；另一个是人类学，它研究具体的"完整人"，它研究人的生命的本体。我是这样认为的。哲学不是人类学，人类学也不是哲学。我是研究人类学的。

至于厦门大学蒋教授的观点，我是按照发表的论辩性文章原话来解释的，至于他另外有什么说法我就不得而知了。民族学不等于文化人类学，文化人类学也包含不了民族学。他就是这么说的。至于他还有什么讲法我就不知道了，我只能看他文章。

另外，社会与类群不能画等号。类群是主体，它是家庭、组织、民族、国家等主体的上位概念，而社会不是家庭、组织、民族、国家等主体的上位概念。

**主持人**：由于时间关系，最后提一个问题吧。

**（提问）**：刚才您提到的高势位，据我所知国内现在很多理论都是不同的理论，你认为哪一种理论最适合中国未来的发展，其中有包括人类学方法论，你认为人类学在国内可以起到什么作用？第二个问题你刚才谈到中西方的差异，关于人类学的误导，你认为将来中国需要在哪方面提升人类学？

**陈秉公**：这个问题很好，高势位是这样的。在我的主体人类学里面第18章专门探讨类群意识"高势位"建构的规律。5000年文明史的经验是，类群，包括家庭、组织、民族、国家等所有这些类群，它的意识都必须高势位建构。高势位的类群意识会向低势位的类群意识流去，这是无法人为阻挡的。比如，今天国家的核心价值就是高势位建构，应当是高势位的，才能流到全国，还有流到全世界。假如国外的意识是高势位的，而我们的意识是低势位的，它就要流到国内来。你想阻挡是不可能的，这是由人类意识的流动性决定的。高势位是一套理论，我有一个详细的论证和论述，发了很多文章。高势位建构还有一套规律建构。如五条标准、"叠加创新"的方针等。人有逻辑思维，170万年发展起来的。人总要寻找一个最初的精神支点，然后从这个基点去建构和评价一切的理论系统。因此，人建构的观念系统都有严密的逻辑性，由知识分子建构的，因此只能是"叠加"，人类要高势位建构自己价值系统，不仅要叠加，而且要创新。叠加以后创造新的，而不是简单地认同和回归。

我主张的是叠加创新，创造世界上高势位的核心价值。这样你才能够成为强大的类群。叠加创新很需要研究理论，马克思主义中国化理论就是叠加创新的结果。因此，它是高势位的，包括以人为本。以人为本怎么解释？以人为本就是以人格主体为本，类群主体为本，类主体为本，三种组合加在一起为本。如果缺少一个都不是以人为本。大致解释到此。

**主持人**：好的，由于时间关系。我想今天的讲座到这里结束。祝愿陈教授身体健康、长寿。

**陈秉公**：谢谢大家！

# 多重现代性：中国的现代性究竟有多现代和多中国？*

阿尔贝托·马蒂内利

**嘉宾简介：阿尔贝托·马蒂内利（Alberto Martinelli）** 国际著名社会学家和政治学家，国际社会学会（ISA）前会长，现任国际社会科学委员会（ISSC）执委，意大利米兰大学社会学和政治学教授。其新著 *Global Modernization* 的中译本《全球现代化：重思现代性事业》，已于 2010 年由商务印书馆正式出版。

---

\* 本文系根据 2011 年 5 月 13 日 Alberto Martinelli 教授在中山大学千禾学术论坛上的演讲整理而成。

**主持人蔡禾教授：**欢迎大家今天晚上来参加千禾学术论坛演讲，今天非常荣幸邀请到了意大利著名的社会学家和政治学家，也是国际社会学会前会长阿尔贝托·马蒂内利（Alberto Martinelli）教授。阿尔贝托·马蒂内利现在仍然还是社会科学委员会执委，意大利米兰大学社会学和政治学教授。今天很荣幸请到阿尔贝托·马蒂内利，正好最近国内翻译出版阿尔贝托·马蒂内利教授的一本著作，中文叫《全球现代化：重思现代性事业》，他今天的演讲相当一部分内容是著作里面的内容。

下面大家以热烈掌声有请阿尔贝托·马蒂内利教授。

**阿尔贝托·马蒂内利：**各位晚上好！非常荣幸能够来到著名的中山大学，中山大学是中国最好的一所大学，也许可以称之为世界上最好的大学。今天非常荣幸跟大家共同探讨关于现代化和现代性事业。我认为中国走向现代性的旅程是最具有历史意义的实践，中国也是最重要的发展中国家。中国走向现代性的成功，不仅为中国人民造福，也为世界人民造福，因为中国的现代化和现代性事业能够为世界带来和平，促进世界各国的相互理解。

中国现代化进程的各个方面和各个维度都已经有专项的研究，与此同时我们有必要在中西方国家关于社会科学现存理论方法和体系等方面展开学术讨论。在四百多年前有一个非常著名的意大利人叫做 Ricci（中文名字是利玛窦），他非常有能力，并且说一口漂亮的普通话。我也希望今天我能说一口漂亮的普通话，但是如今我还做不到这一点，但是今天我们有更多的机会来进行合作。

现在的问题就是关于西方现代化的理论以及关于我批判性的阐释在何种程度上应用于中国的现实，这些阐释都是建立在西方国家的历史经验之上。今天讲座主要针对以下的问题：一、现代性的基本维度是什么？二、现代性是否已经成为全球的社会状态？三、走向现代性是否有不同的途径？四、实现现代性有哪些不同的方式？

首先我会讨论一下关于社会现实一些趋向法分析的表达，在我中文译本的书中，对全球现代化也进行了讨论，那就是现代化与全球化的关系。第二个我会提出关于我自己对多重现代性研究的看法，而且我认为是最适用于作现代化比较研究的；最后一点我会提一些关于中国现代性具有特点的一些问题，当然我也想听听各位的回答。究竟中国的现代性有多现代和多中国呢？

第一点是现代化和全球化，今天"现代"已经风靡全球，现代化和全球化是紧密相连的，原因在于现代化其实经历了很长的时期，当时是在西方社会开始发展过来的，而且是以前所未有的速度在发展，而西方的现代性今天在规模上也是非常宏大的。在另一方面，全球化是现代化发展的产物，并且现在的全球化也为欠发展国家和发展中国家的现代化创造了有利的条件。

关于全球现代状态一些主要特征的多样化，以及文化的多样性和各种当地制度的安排，他们是相生相伴的，这也是多重现代性研究方法的主旨，也是我对现代性分析的一个方法。我认为这个分析方法有一个特定的位置来进行分析，原因在于现代化是一个进程，首先实现现代化的国家为后来的国家提供了典范，但是我觉得这样的说法不太正确，因此我提出了多重现代性的研究。里面有一些重要的主旨，第一个就是现代化并不等同于西方化，虽然我们知道现代化源于欧洲，但是现代化并不等同于西方化。

其他国家和地区的历史也表现出了现代性，他们的发展是远远早于欧洲。比如说中国在 10 世纪就有着非常繁盛的各种制度，以及相当发达的社会经济，同时科技创新也快速发展。而这个时候西欧又发生了什么？这个时候西欧大概属于中世纪的时候。在 19 世纪的时候，西欧的发展在一个特定历史时期形成了一个类型的文化和制度的模型，并且进入一个大变革的时期。这也是实现这样一个大变革从而实现了欧洲的现代化。

在这样的一个进程中，一些结构制度和文化方面的因素塑造了一些新的文明，而这个文明就是我们所称的现代性文明。第一是社会角色的结构分化，在社会上有一些不同功能的领域分化出来了，比如说家庭与工作已经分隔开来；第二是西方文明文化的前提条件出现了（等会儿我会进一步阐释）；第三是形成了一系列的制度，比如说以市场为导向的工业资本主义、主权民主国家以及研究性大学等。

现在来解释一下现代性文化，第一点是对知识永无止境的追求和探索，主要体现在一些文学人物中，比如说但丁，但丁是 13 世纪末 14 世纪初的意大利著名诗人，他的代表作有《神曲》。还有荷马《奥德修记》中的尤利西斯（奥德西斯的拉丁之名，音译），尤利西斯是一个英雄，花了

10 年的时间才回到自己的国土,他也是追求知识不断创新的一个英雄。另外是 19 世纪的歌德,他是德国著名的诗人,也是追求知识的人物。这些都是欧洲世界文学的代表,同样也推动了文明的前进,追求知识,并且克服这样的限制,对知识有着永无止境的追求。

第二点就是个体自由和宗教包容,这两点是在伊斯兰宗教战争之后才实现的,比如说这些战争包括穆斯林的战争,那时候宗教自由是存在一定尺度的。在宗教改革之后,真正实现了个体的自由。

第三点是通过推动经济发展不断地变迁,也是一个积极的态度。

第四点是未来趋向和进一步的信念。

第五点是个人掌控自己命运的概念,个人掌控自己的命运这个概念当时有很多的因素。比如说基督教认为世界都是上帝来统治的,世界上还存在一些不稳定的因素,存在一些规模性的因素。但是只要我们秉持这样的信念,就一定能够改变现实,实现这样的结果。

最后一点是对科学理性和科学控制自然的信心,这两点也是为了满足人们的需要,也制造了一些矛盾。现代文化已经充斥着一些冲突和紧张,但是有一些冲突和紧张甚至是破坏性的,正如历史上的经验表明的一样。

现代性讲的内容是关于一些特定制度里面所凝聚的文化的态度,正如刚才所讲以市场为导向的工业资本主义、主权民主国家以及研究性大学,有些学者认为建立了民主制度就是建立了民主国家,建立了民主的国家也有不同的政体。在何种程度上这样的现代文化可以运用到中国的现实当中?现代性的文化并不只有一条道路或者一种形式,原因是哪些呢?第一,一个国家在经济和政治关系的世界体系中的结构定位,这对18 世纪的国家实现现代化来说是非常重要的,对 20 世纪二战之后的国家实现现代化也是非常重要的。第二,是国家特定文化遗产。文化遗产的定义是什么?文化遗产是否丰富?文化遗产越丰富,对现代化进程的重要性越大。第三,拥有文化和组织资源的个人和集体行动者所采取的策略,这些行动者有私人企业家、知识分子和各个民族的人士,甚至还有外国人,他们都是非常重要的,现在面对不同的问题不同的国家会给出不同的策略。例如中国所面对的城镇化、社会分工等问题,各个国家都有不同的反应策略,他们的文化态度和文化遗产是不同的,针对同样的问题有不同的策略,这也是现代化进程中最为重要的概念。现代化进程有多种的形式和途径。

现在让我们转向社会学和政治学的理论，比如说马克思以及韦伯他们也是研究了大变化的不同途径，他们都认为这样的进程是相似的，并且运用于全球。二战以后发展出一些不同的理论，在二战之前这些理论家提出了资本主义和资产阶级社会等概念以及关于现代性和现代化的理念，二战之后主要是发现了古典现代化理论，大多数是由美国的学者提出来的。他们认为现代化，尤其是欧洲的现代化是独具特色的，主要是有一些理论的原因和意识形态的原因。那时候苏联和美国是斗争的焦点，他们认为自己的现代化和现代性能够为一些欠发达国家和地区提供典范，以他们为标准。在16世纪晚期针对这些方法有了一些批评，我之前也讲过，这个时候有一些大家非常熟悉的理论家（人名），这些都颠覆了之前现代性独一无二的特点，也就是说现代性也有不同的道路，全世界、不同主权民主国家以及研究性大学都在探寻实现现代化和现代性的方法。我认为在不同的时间关于这些的理论讨论，主要是关于趋同和差异的讨论，有些人认为国家和人们已经越来越相似，而有些人认为他们仍然是不同的，这些是讨论的重点，而且讨论仍在继续。有些人认为社会是越来越相似，有些人说社会保持同样的概念。在这里我不是说社会越来越相似就停滞不前了，社会仍然在变化，在某一些程度仍然保持不同。

我们的研究包括如下：一、不同的现代以及现代化的社会有哪些多样性？二、这些现存的差异有多大以及未来的前景如何？三、从长远来看它们是长期存在下去还是逐渐消失？最后，如果我们都是经历了全球现代化的状态，主要是由于电子信息技术的发展和时空的收缩。如果我们都经历这样的状态的话，这是否意味着所有的社会都同等的现代呢？

现代化一旦启动的话，将走向确定一种类型的精神面貌和特定类似的制度秩序，在这样的历史时间形成特定的文化和制度秩序，我对多重现代性的这一方法有所赞同，但是我也提出了我的批判。与过去相比，这些现代化的国家以及发展中国家与已经实现现代化的国家表现出更大的相似性，这也是我想问大家的问题，现代性是否是一个新的文明？运用于新的中国当中又如何适应性地体现？是否体现出新的文明的趋向？

工业化、城镇化就是一个国家之内，乃至全世界之间流动结构的进程，与民族国家的市场经济、现代制度以及研究性大学紧密相连，比如说深入的文化态度是怎么体现的？比如说宗教文化，因为它是一个原始文化，人越来越作为个体而存在，而不是团体。还有工具的理性化，我们每个人有不同的理念，有自己的偏爱，我们都加以研究，加以分析解释，将事实和价值分离，这一点是把科学作为一个工具，我认为并不是说科学会控制价值的评判，而是说我们要运用科学进一步进行探索。另外还有知识的增长与真理的暂时性，这是非常重要的，因为社会的创新会带来真理，但是我们也知道真理并不是永恒的，都是由于知识的发展是暂时的可替代的。比如说过去大家都以为地球是太阳系的中心，但是事实证明并不是如此。因此我们必须要应对这样的变化，这些都是在现代看待不同事情的途径，我们应当分享这些文化的态度，从不同历史的经历和文化遗产中对这些加以批判和吸收。

另一方面，我们还在进行持续的选择，在阐释和在表述，并对西方的现代性表现出矛盾的态度。一方面要模仿，另一方面又要适应。我们身边也发生这样的事情，从其他的现代性中引入了观念和态度，选择适合自己的文化和观念加以吸收，以应对自己的问题，这种我们称之为选择性适应。

关于选择性适应举一个简单的例子，30年前邓小平同志开放了中国市场经济，使中国的经济走向了世界，这就是中国选择性适应的模式。当时中国的经济融入了世界的经济，但是没有引入政治这方面的制度，主要是因为这些政治制度不适应中国，不能解决当时中国的难题。这就是今天所谓的选择性适应，现在人们也在讨论在引入市场经济的同时，是否也应该引入政治、民主。中国在这两者之间做出了选择，也就是我们所谓的选择性适应。

另外，在一些现代化国家也存在这样的不同。大家都比较熟悉关于资本主义多样性的文学，在西方国家或者说在发达国家，都有很多类型的资本主义多样性，包括有自由的市场经济和市场为导向的制度，以及欧洲的一些制度，它们就是通过改革一些社会的制度，从而提升经济的竞争力。在日本和韩国有不同的模式，就是我们所谓的亚洲四小龙，这些政府在里面的角色和作用都是非常重要的，因此这些制度是很重要的，他们采取了这些制度之后就提出了不同的解决办法来应对相似的问题。为了应对现代化结构问题，人们制定了不同的策略，针对相同或者相似的问题有不同的应对策略。

现代社会的冲突过渡，需要我们在自己的文化中，包括了现代文化和传统文化中，找到资源，并提出新的实践。需要人们认识到自己已有的资源，看如何做得更好来解决社会过渡的问题。从这个意义上来说现代性就像波浪一样，后浪推前浪，逐渐吞食前面的传统文化，并且这并不是一波的波浪，要寻找到自己的资源和文化来运用到这方面。

接下来再讲 15 分钟，主要是我想留一些时间来进行问答，大家一起交流，这个我更加感兴趣。

我对多重现代性方法的主要的批判包括：一、对以前现代化理论较快地抛弃，这些理论有一些比较有趣，即便有一些是错误的理论。还有就是关于阶级分化的理论，现代性与宗教的关系，以及现代性自身有的冲突和紧张。多重现代性的一些学者的理论认为现代性是一个内在凝滞的体系，而没有想到冲突所在。这些临界门槛包括国家的建立，还有政治体系的发展以及行政效率的增强等，我自己在书中也发展了我自己的一套理论，就是关于社会发展或者社会现代化发展的临界理论。等一会儿我会做进一步的阐释。

现代化的进程就像一个障碍赛，当你们发现一个障碍的时候，这个障碍可能会变成一个危机，如果再不解决的话，就会变成挑战。比如说我讲的第一个临界门槛就是所谓的这些挑战，第一个就是人口的增长，一些现代化就意味着儿童死亡率的下降，人口的增长超过了资源承载的能力，因此一些发展中国家觉得发展是非常困难的，一方面他们的 GDP 在上升，另一方面人口的增长率居高不下。面对这样的问题中国要找到自己的解决办法，比如说独生子女政策。但是其他国家遇到同样的问题会有不同的解决办法，比如说妇女教育的提高，从而她们减少了儿童的生育。还有一些其他的解决办法，农村人口的减少也使新生儿的出生数也减少了。面临同样的问题不同国家会提出不同的应对策略。

第二个门槛是大规模的城镇化，这已经是在进行之中。大量的农村人口离开农村进入城市，因为城市有更好的生活质量以及更多工作机会，因此造成了人口从农村向城市流动。在某些方面来说这对发展是有好处的，因为农村人口减少了，意味着人们的就业率会有所提高。但是我的问题是：是否所有人都能够在城市找到工作呢？我们应该如何发展城市与农村的和谐关系，就有不同制度的反映出来了。有一些国家是通过改革，进行了农村的城镇化，为当地农村的城镇人士提供与城市相同的服务，就没有面临着更多被迫离开家园的压力。不同的制度的反应策略制定出来了，有一些策略是积极有效的，有一些策略是没有效的。因此，制度的策略会有不同的效果，这样的一个效果反过来又体现了制度的安排和一些国家所体现的文化的价值。

第三个例子是劳动市场紧张的加深，随着经济的发展，劳动市场某些部门发生了一些紧张的情绪，随着专门化的发展，一些工人的地位得到加强，他们需要有更高的工资，更好的工作环境以及更加安全的制度。在我国意大利等西方国家这样的要求导致了罢工的增加，同时我认为任何一个有民主政治体系的国家，他们是不想要革命的，因此他们会给工人一些权利，比如说政治的权利，比如说选举或者获得养老金、医疗帮助。中国也制定了不同的秩序的策略来应对这些问题，主要是想满足工人和农民的基本生活需要，这是非常重要的。而这些问题并不是中国现在独有的问题，在未来也会发生。

我的讲座到这里结束。现在就要进入第二个部分问答环节，欢迎大家提任何关于中国现代性的问题，欢迎大家提问。

（提问）：（略）

阿尔贝托·马蒂内利：这是一个关于权力和现代性关系的问题，关于现代化的一些行动主体，权力所有者包括掌控经济、政治、文化权力的集体和个人，他们有着非常重要的角色作用在发挥，并且指引着走向集体利益的道路。确实权力是非常重要的，在现代社会中会动员一系列的力量，这些动员力量在多元的社会比以前的传统社会要来得多。权力所有者会依靠其他所有人的力量来获得权力，是非常重要的，现代我们也有一些多元社会的发展。

（提问）：中国的现代性有一些是独具特色的，30年的改革开放以来，中国实现现代性独特的道理在哪些方面？还隐含什么其他因素？

阿尔贝托·马蒂内利：我觉得这一个问题是颇具有一些陷阱的问题，中国快速地发展和变化，我认为全世界的人都是大为感慨的，但是我认为我们不应该秉持这种自私或者过于乐观的态度，中国的国内生产总值在不久前几个月超过了日本，几年之后我想中国的GDP会超过美国。但是我认为更重要的是 30 年来人均 GDP 的增长，中国是有效地控制了社会不平等和环境污染的问题，并不是中国所独有的问题，因此我认为增长是有必要的，可持续增长和经济增长对保持社会的发展是更为重要的。我们要减少贫富的差距，另外我觉得在发展这一方面，中国和其他的国家可以相互借鉴。这样的一个社会的不平等会导致负面的影响，人们就需要积极的就业来扩大收入，社会也有必要培养具有企业家精神的人，否则这个问题会加剧，会挫伤社会的凝聚力，导致一些严重的环境问题。在未来的 30 年中国的发展可能会面临更加困难的条件和环境，但是我相信一定能克服这些困难，我也希望我们自己的国家在发展方面克服一系列的困难。

（提问）：我想问一个问题，传统对于现代化的影响究竟是决定性的还是辅助性的？如果是决定性的，对于各国现代化进程来讲就不是选择性地适应，而是选择性地使用。如果不是决定性的，那么这个多元化的理论本身就有问题，因为对于现代性本身来讲还是现代性的问题，并不是多元现代性的问题。

阿尔贝托·马蒂内利：拥有强权的现代制度及行为会对其他国际现代化进程的选择性适应存在一定影响，举一个例子就是殖民主义，尽管殖民所带来的现代化是不正确的，强迫的现代化比如说英国对印度的殖民，当时的这些殖民文化有强大的文明的发展，他们会坚持自己的方式和自己的理念，在新的地方进行再阐释、创新和确定，因此我们可以看到印度这个例子里面，民主的建立是借鉴了英国的经验，同时又带来自己的特色。

（提问）：我想知道现代化的基本动力是什么？在历史事实的背后动力是什么？是不是简单的只是历史偶然的堆砌再加上人们对更好生活的渴望推进了现代化的出现？第二个问题就是现代化这个概念里面是否有价值的因素在里面？第三个问题就是现代化不是西方化，按照现在已有的现代化理论来看，所有关于现代化的标准和模板我们所想的例子都是从西方国家来的，比如我们说现在的中国可以说经济上达到现代化了，很少有西方国家的学者认为中国的政治都达到现代化了。从所有标准和模板来看，我们看到没有一个例子不是西方化的。

阿尔贝托·马蒂内利：你所谈到的一个现代化发展动力的原因，在一些实现现代化的国家中，有设定自己的制度安排以及新的价值，比如说市场经济、企业的发展、工业化、民主国家的建立以及研究性大学在科技发展方面所发挥的作用，这也是帮助欧洲的现代化站住了脚跟。但是我并不是说这样的社会学可以在这方面得到很好的体现，因为欧洲当时是把这些科学的发展应用在战争和生产方面的，中国的现代化也是受到了当时欧洲的炮舰威胁而被迫开展的，这是科技的进步和经济的创新。

之后谈到经济和政治方面所有的竞争的动力，也使得后来欧洲还不是统一的帝国，但是已经实现了突飞猛进的现代化。主要是国与国、政党之间的竞争导致的现象。而后来实现现代化的国家，因为它们已经置身于现代化的社会，这些后来者可以输入已有的模式、理念以及制度，但是它们也有自己的优势，比如说它们可以避免前人的错误，在实现现代化的过程中做得更好，借鉴前者的经验。

至于西方确实为现代化提供了一些模式，但是我们并不认为仅有这样的途径，中国采取了很多不同的途径，即便现在中国的城市跟美国的城市看起来尤其相似，但是也有很多不同的因素。这些因素在相互模仿，并且进行再阐释和描述。中国和其他国家都可以相互借鉴和学习，这是相向的国家。我并不赞同这样的方法论，主要是有很多不同的方法来实现现代化。现代社会看起来相似，但它们是有基本的不同点的存在的。

**蔡禾**：非常感谢阿尔贝托·马蒂内利教授给我们一个非常有启发的课题，而且他也非常睿智地回答了大家很多挑战性的问题。大家用热烈的掌声来感谢 Alberto Martinelli 教授。也要感谢给我们这个演讲提供支持的千禾公益基金会。

# What Kind of Anthropology Do We Need: A Critical Reflection on Anthropology in Contemporary Korea[*]

## Kwang Ok Kim

**嘉宾简介：金光亿**（Kwang Ok Kim）　韩国首尔国立大学人类学教授，社会科学研究会副会长，韩国国家文化遗产委员会会员、韩国学术研究会执委、韩中战略合作委员会社会文化部部长。早年毕业于首尔国立大学，后师从埃文斯·普里查德学习人类学，获牛津大学哲学博士学位。曾任教伦敦大学，作客哈佛大学。著有《文化人类学概论》、《多文化研究方法》、《文化共同体与地方政治》等著作。

---

\*　本文系金光亿（Kwang Ok Kim）教授于 2011 年 5 月 20 日在中山大学千禾学术论坛上发表的演讲。

I am very glad and honored to have this opportunity to deliver a lecture at the prestigious university of Sun-yet sen University just a year before my official retirement from Seoul National University in Korea.

After almost 40 years of my life as a professional anthropologist, I have arrived at a very simple conclusion that the relevance of anthropological themes and knowledge is/and should be different according to society and people. Quite often we find out that a fashion in anthropological study in a society cannot fit or be adapted to another society. Although studies on Africa and South America contribute to the development of theory, it is not certain if these studies are relevant in the study of Asian societies. In a similar vein, trends, subjects, and forms of discourse of American anthropologist's study of China or Korea are found to be distanced from those of local anthropologists because importance of issues is differently evaluated in each society.

Needless to say, anthropologists have contributed to produce universalideas and values against any kind of local – and ethno-centric hegemony in dealing with particularistic knowledge. This statement, however, should not be confused with the statement against the relevance of anthropological practice evaluated within local context. Recently there have been many reflexive and self – critical discussions among anthropologists about American hegemony in the field of world anthropology which quite often ignores the question of local relevance.

Today, I would like to bring you some parts of my analytic review of anthropology in contemporary Korea. Through this, I would expect that we can find out some valuable ideas to find a way to discuss what kind of anthropology we need in the study of Asia or China on the one hand, and whether it is possible to discuss "Asian anthropology". Because of time limit, I will talk anthropology in Korea mainly since 1990's as there have been a series of radical changes in human resources and research subjects in the anthropological community as well as social position of anthropology since then.

## Trends of Anthropology in 1980s – 90s

This period is characterized as struggling time of anthropology between popular enthusiasm of cultural nationalism and globalization process. Throughout the 36 years of colonial occupation, the Japanese colonialists practiced violence of policies to distort and destroy Korean culture. After liberation in 1945, Korea was victimized again to be divided into two parts which was followed by war resulting in total devastation of the nation. In the course of national rehabilitation, the government implemented its absolute power to drive the nation into American – modeled modernization which inevitably denounced and destroyed further the Korean tradition that barely survived the colonial violence. Some intellectuals organized Society for Cultural Anthropology to excavate and preserve Korean traditional culture spiritual as well as material, and to compete and compromise with the government's excessive orientation toward economic development. As a result, the government implemented law of protection of cultural heritage as well as the committee of cultural properties.

The series of exciting experiences of successful democratization movement, rapid economic growth, and 88 Seoul Olympiad produced an explosive popular mood of cultural nationalism. Especially during the period of mid-80's – mid-90's, the whole nation was in fever of rediscovery of national cultural tradition under the slogans like "Ours is good 我們的好", "Body and Soil is One 身土不二", and "Expansion of National Power 國力伸張" as well as "The World to Korea, Korea to the World" and so on. In this enthusiastic popular cultural nationalism, many folklorists came out of the umbrella of the Korean Society for Cultural Anthropology and established various forms of "personal" society of folklore. These folklorists were mostly educated in the field of Korean literature (國文學) or Korean history (國史學). Under the flag of "National Studies 國學", scholars of this group emphasized the uniqueness and superiority of things Korean while anthropologists approached folk tradition from social scientific perspectives. So, anthropologists produced counter discourses against the problematic intellectual violence of emotional folklorists and provided scientific attitude toward national tradition.

During this period, some anthropologists introduced some theories of culture combined with those of political anthropology to study newly emerging cultural aspects of rapid process of social transformation. For example, young ambitious anthropologists, out of their moral responsibility, carried out vigorously ethnographical fieldwork to deal with social problems which were accompanied by radical structural transformation of the society. They focused on the issues concerning the process of urbanization, influx of foreign capital into local industry and market, disintegration of rural society, various new kinds of social problems resulting from political pressure and rapid – growth oriented development, religious movement as a response to social instability and rupture, new environmental problems, reproductive cycle of poverty, urban middle class, gender problems, family problems, and so on.

As a result, there appeared a social distance between anthropologists and folklorists. Anthropologists in their 40's and 50's of age in present Korea mostly obtained their doctoral degrees from abroad, especially from U. S. in the 1990's under the heavy influence of post-modernism represented by Clifford, Fischer, and Marcus, or post-structuralism of Foucault and Rabinow. The distinctive feature of their anthropology can be defined as theoretical inclination toward culture in the making or culture in process. Also, they are experts in area studies specializing China, Japan, South and Southeast Asia, Middle and South America, Europe, and Africa. There are also specialists of Central Asia, Eastern Europe, Russia, Turkey, America, and Pacific Regions. This means that numbers of Korean specialist are decreasing.

The distinctive feature of anthropology of new generation is the academic response to the increase of social demands to practical knowledge to apply for social and economic development projects, and to the emergence of area studies.

## Recent Trends of Anthropological Studies

The extensive process of globalization produced many new genres of anthropological research in Korea.

First, anthropology became the most popular subject for general education in colleges. Business networks have been expanded across the national boundaries and post-modern young people became interested in consumption of popular culture. College students are eager for knowledge and information about various places and peoples over the world. Each term, for example, Seoul National University offers 5 – 10 classes of general introduction to cultural anthropology in order to accommodate 500 – 1000 students. 11 universities have independent department of anthropology to run B. A. , M. A. , and Ph. D courses. In addition, anthropologists have secured their full-time professorship at general education departments, schools of area studies, and schools of international relations, and so on while more than 200 universities and colleges offer classes of anthropology. In addition, anthropologists play leading roles in various governmental and non – governmental organizations.

Second, anthropology is secured its position in the field of area studies. Previously, studies of foreign societies and people were under-developed while some students of international relations and international economy conducted sporadic and partial research on U. S. A. , Japan, and some European countries in search of relevant models for Korea. Since the 1990's and especially since the 2000's, however, social scientists have extended their concern for Africa, Middle East, South America, South Asia, and Central Asia beyond the traditional concern for America, Japan, and China. Anthropological perspectives and methods came to be recognized as the basic tools for the area studies. Hence numerous institutes were established for area studies which recruited professionals trained in anthropology.

Third, there appeared a sharp increase of trans-national migration. Some anthropologists focused on how Korean migrants in foreign country, especially in the U. S. , redefine, transform, and invent their ethnic and national identity in the process of adaptation into the socio-cultural environment of their host countries. Anthropological studies describe how Korean immigrants strategically manipulate and redefine family relationship, gender issues, language, folk tradition, religions, and so on, and express their new identity and position through art, literature, and religious activities.

Another group of anthropologists have carried out ethnographic research on how foreign migrants are defined and struggle in Korean social and cultural environment through meticulous observation on human right, family problem, discrimination and distortion they suffer as members of minority groups. In the context of cross-boundary flow of human resources, they noticed that there appeared transnational networks among migrants in Korea and their families in hinterland and returnees for trade and business of various kinds and sizes. Sociologists and NGO activists, governmental officials are benefited to get insightful ideas and knowledge from such ethnographic studies by anthropologists.

Fourth, there appeared many researches on the modes of production and consumption of popular culture. Especially the fashion of youth-culture has been popular topic. Youths in contemporary era are so radically different from their predecessor in their way of life and mode of thinking that they are branded as " new human being/ new race".

At the early stage of 2000's, some anthropologists carried out active research and discussion on Korean wave ( hanliu) , popularity of Korean popular culture in Asian countries. In addition to textual analysis of forms and contents of cultural products, anthropologists focused on consumers in order to explain how and what these people try to produce through their consumption of things Korean.

Fifth, anthropologists organized various workshops to discuss local relevance of global/Western anthropology focusing on questions of research subject and method.

Since I joined the faculty in Seoul National University in 1980, I have emphasized to develop anthropology relevant to the study of a nation or state society like Korea. To this, I proposed to overcome ahistorical and apolitical functionalism of the traditional Western anthropology derived from the studies of Africa. I and my student-colleagues have consciously paid attention to power, state-society ( of variously layered) relation, influence of ( local) civilization, people's historical consciousness, and so on which are supposed to exercise critical influence upon forms of cultural practice. I have tried to make ethnographic description on how heterogeneous social and cultural dispositions within a social and cultural community produce social dynamics through conflict, competition, compromise and even conspiracy. In this context, lineage organization, shamanic ritual, or folk religion, for example, have been approached from the perspective of political anthropology. Also, there appeared a fashion of study to deal with how political concerns at national level are staged and manipulated through various forms of cultural movement at local level society.

From the theoretical perspective of politics of culture, anthropologists try to understand folk custom through political, economic, and social context, and thus attempt a holistic and functional interpretation. Therefore, tension or uncomfortable relation would appear between the mode of anthropological approach and conventional folklorist mode of study that focuses on formal classification, search for so-called proto-type of a folklore item.

In the field of politics of culture, invention of tradition (Hobsbawm and Ranger), art of resistance (Scott), and conflict (Marxist) were adopted as core concepts. However, in such a society as Korea that has very long history of state, nation, and civilization, we can see not only competition but also conspiracy and cooperation between the state and society. In this regard, we need to observe the dynamics between resistance and conspiracy, between the formal and informal, and between the official and unofficial, which are chosen by people as agents. For the study of dynamics between the structure and habitus, or of dynamics between system and thinking, scholars turned their theoretical concern to neo-structuralism of Bourdieu and interpretation of culture offered by Geertz.

Anthropologists opened a new perspective to penetrate the fact that people of different dispositions and categories construct a symbolic national/local community in which they strategically and selectively revive their historical memories to define their social and political positions. Anthropologists became interested in people's history to discover interpretive dynamics in historical memories shared by various different sub-groups of people in a community. Instead of elites, anthropologists have focused on such periphery and marginal people as peasants, poor and lower class people, laborers, women, and so on, and attempted to bring memories of these social minorities into the sphere of public/official history. Narratives, or oral history, became a new method to excavate history, and students in the fields of anthropology, history, and literature carried out joint researches to excavate hidden and privatized narratives of muted people's memories mainly focusing on colonial experience, experience of Korean War, and collective trauma resulted from radical social transformation under the state power and so on.

At the same time, urban studies have replaced the previously dominated studies of rural societies and peasants. In 1980's and 1990's, such topics as relationship between local industrial sectors and multi-national capitals, rural – to – urban migration and de-structuring of rural society, urbanization and newly emerging urban poor, and so on dominated anthropological studies. The urbanization process was so rapid and radical that less than 8% of whole population is reported to be farmers in present Korea. Not only the urban-rural relationship, anthropologists pay attention to the culture change in rural area and making of classes in urban area and class-oriented cultures among urban dwellers.

One of the most distinctive features of anthropology in Korea is their leading role in the increasing study of development of heterogeneity of Korean society and multi-culturalization. During the past two decades, Korea experienced a rapid increase in the number of inter-national marriages ( mainly Korean husband with foreign bride) and temporal migration of labor workers into Korea. Over 2% of the residents are reported to be of foreign nationality. These foreign migrants build their ethnic villages or towns in and out-skirt of Seoul like Mongol village, Little China, Village without National Boundary, Multi-ethnic Community, and so on, while married-in women are dispersed into all parts of Korea. Accordingly, in addition to Chinese, Japanese, and Western restaurants, there appeared numerous new-type restaurants to serve ethnic foods of India, Turkey, Mongol, Vietnam, Indonesia, Uzbekistan, Russia, and even Bulgaria, and ethnic fashions are usual scenes. Korea has suddenly appeared as a multi-national and multi-cultural society in which people can enjoy their culturally wealthy life. But at the same time there emerge social problems of cultural conflict. Numerous NGOs and government supported organizations develop educational programs to help foreign dwellers learn Korean language and culture and to organize campaigns among Koreans to develop their cultural communication with foreign neighbours. Through detailed ethnographical studies, anthropologists made most influential contribution to locate problems of human rights in multi-cultural community and foreign migrants' social and cultural situation in their everyday life world. Ethnographical representations by anthropologists provide Korean people with stories of foreign minorities in their real life world that sociologist's model-oriented macro-level statistical analysis cannot present.

Multiculturalism reflects also the internal restructuring of Korean society and culture. The rapid social transformation since 1990's has produced radical cultural differences among classes and generations. Explosive growth of new middle-class, the huge gap between the wealthy and the poor, the gap between young people and their parents in terms of knowledge and information, life style, way of thinking in the era of IT and consumption. Previously culture was understood as a system of resources for production but it is now important as consumer goods. Culture of consumption related with tourism, leisure, food, fashion, health, body, popular culture, and sports, have become popular subjects of anthropology. Anthropologists are interested in cultural life of urban middle class families, young people, and urban workers in order to study the new kind of social category, class, networks being made. In this way, they raise a new question on how to develop anthropology to study newly emerging society which cannot be explained by vocabularies that they have used for the study of traditional world.

## The Future of Korean Anthropology: Prospects and Difficulties

As I mentioned above, anthropology has contributed to the development of methodology and ideas in the field of study of culture through the ethnographic representation of contemporary social and cultural situation. At the same time, however, due to the changes in research environment there are emerging a demand for new subject and method inside and outside of anthropological community, too.

We can see a positive prospect of anthropology from the fact that culture has become a core conceptual word over politics and economy in the process of globalization. Cultural conflict and harmony as well as inter-cultural communication and understanding have become more and more a central topic of public concern within and without a nation. This trend increases social demand for cultural anthropology in order to overcome the limit of conventional social sciences that have over emphasized statistical and structural analysis at macro level.

Transnational and cross-cultural movement of capital, technology, culture, and human resources is restructuring the global world. As Korea is defined to be a multi-national and multi-cultural community, social and academic demand for anthropology is increasing. In accordance of development of area studies and public concern for other people and cultures, therefore, social recognition of importance and usefulness of anthropology is highlighted.

At the same time, there are some difficulties waiting before us in discussing a new way to establish anthropology for the future mainly due to the traditional method of the discipline. First, there is a gap between the social demand of anthropological knowledge and the phase of production of relevant knowledge in the discipline. In a state like Korea where government and people are eager to achieve rapid development, all sub-discipline of science are evaluated their importance by practical immediacy of knowledge they produce. Anthropology has a strong tradition of long term fieldwork, local people's view over state's intention, ethnographic interpretation over itemized analysis in the form of briefing chart, and locally possible problem over the governmental expectation of a public project at national level. The government and business community have a critical tendency to this time consuming and problem oriented anthropological approach.

As a self reflection to the traditional anthropological method, therefore, contemporary anthropologists have an overt tendency toward short-term multi-sited research and analytic report at macro level with professional jargon mainly for intellectual readers. Anthropologists become more and more impatient about time and speed thus do not spend their time for a long ethnography. This impatience is enforced by the newly introduced evaluation system of academic achievements in the name of competitive edge toward the World Class University (WCU). This

WCU evaluation system doesn't allow anthropology to keep its traditional method of long-term fieldwork and ethnographic writing. Especially young anthropologists are under the pressure of efficient response to the current fashion of subject and quantitative production of research in the market of knowledge so that their academic independency and integrity are seriously damaged. In a word, we can see many effective and productive anthropologists but not a great academic achievement in terms of quality. It is not easy to expect an ethnographic monograph of considerable length and contents.

Third, anthropology is posited in a new situation of competition with neighboring disciplines as study of culture, traditionally held professional space of anthropology, is challenged by sociology, cultural studies, and humanities as the traditional disciplinary compartmental wall is demolished. Anthropology is no longer allowed to appropriate the study of culture and culture is not defined in line with anthropological concept any more.

## Conclusion: Anthropology Challenged

This challenge from neighbouring disciplines can be interpreted as a new opportunity and possibility of anthropology for making of a new dimension of the integration of sciences for the study of man, culture, and society. More than anything else, it is noted that the increasing concern of human agency redefines anthropology as the basis of inter-disciplinary approach and integrated discipline of humanities, social and natural sciences. Of course, it depends on whether anthropologists themselves will be properly prepared to accommodate this increasing social expectation and academic demand.

In recent years in Korean academic community, popularity of sociology has decreased while that of anthropology has increased as study of other culture becomes a fashion. But anthropologists at present are far outnumbered by sociologists and anthropological knowledge of traditional society cannot efficiently explain the contemporary society. As an unexpected by-product, studies of family, marriage, lineage, cultural system, and ethnological research of folk custom are mar-

千禾学人讲演录（第一辑）

ginalized in the field of Korean anthropology. Except anthropologist emphasis on the importance of micro-level and qualitative approach, the demarcating line between anthropology and other disciplines is becoming blurred. Sociologists with their well-trained vigilant intellectual response come to dominate TV forum and newspaper column thus dominate the newly emerging market of research fund and public discourses with invention and popularization of new jargons and problem hunting ability in the field of culture at national level.

Another problem to note is that the number of Korean specialists is still small and they are not fully trained to deal with history and historical materials in the study of Korean society. Partly because of the strong influence of American anthropological tradition that have focused on non-literate and non-state societies, majority numbers of Korean anthropologists have not developed ideas of historical process of society and culture. While they prove excellent ability in the field of narrative studies, they are weak in dealing with materials of traditional period written in Chinese which are decisively important in the study of Korea. To this, historians expand new field of their anthropological reconstruction of past life world with their mastery of Chinese-written documents. Folklore-oriented scholars also construct their own professional boundaries emphasizing the importance of traditional folk culture to which American trained anthropologists of younger generation do not have academic access.

Anthropologists of younger generation are rather social scientifically oriented in their area studies and thus unconsciously ignore traditional (folk) culture. They carried out competitively and efficiently many research projects on such contemporary issues as trans-nationalism, globalization, labor migration, multi-culturalism, urban middle class and poor, tourism, material life, food, body, health, and sports. Their empiricism-oriented ethnographic research carried out at micro-level have earned attraction from other sub-disciplines of social sciences as a source of alternative method to the conventional quantitative analysis at macro-level but at the same time their time consuming fieldwork and limited knowledge of traditional culture expose a limitation of anthropology for the study of Korea.

To this, some anthropologists attempted a new method through a series of multi-sited short term fieldwork, case studies and episodes, TV program analysis and on-line research instead of off-line field research. This is an important innovation to diversify subjects and methods of anthropology but there is a possibility of easily losing the sight of people as real actor and practitioner of culture as the researcher over-emphasizes his/her personal interpretation.

As mentioned before, the most serious problem is contemporary competition-oriented evaluation system in the field of academic research. Dominated by the philosophy of market economy, it is very difficult for a professional anthropologist, for example, to keep his/her special subject field for a long period of time. In the name of science – industry cooperation, scholars are required to be rather an administrator and public star outside academic community instead of productive professional in the academic society.

In this regard, it should be noted, popularity of anthropology doesn't necessarily mean the progressive development of anthropology as science. While anthropologists have come to enjoy abundant funding as their colleagues in other disciplines, many of them have also found themselves drowned in the flood of research projects. What I am worried at this specific time is that to become busy carrying out numerous projects does not necessarily guarantee a way toward great scholarship.

How to solve this dilemma may decide the future of anthropology in Korea. I would conclude my talk with a phrase of *Liji* （禮記）.

善待問者如撞鐘　叩之以小者則小鳴　叩之以大者則大鳴

I imagine Professor Zhou's name Daming is derived from this phrase.

# 求职过程的社会网络模型<sup>*</sup>

## 边燕杰

**嘉宾简介：边燕杰** 著名社会学家，美国明尼苏达大学社会学系教授，西安交通大学人文学院院长。边燕杰教授是关于中国社会分层和社会流动研究的国际社会学权威之一；社会网络研究的国际知名学者，华人社会人际关系和社会资本研究的国际权威之一；华人社会的调查研究专家。主要研究领域包括经济社会学、社会分层与社会流动、社会网络与社会资本、社会调查研究方法等。著作有《中国城市的工作与不平等》，编著《华人社会的调查研究》等。

---

* 本文系边燕杰教授 2011 年 5 月 27 日在中山大学千禾学术论坛上发表的演讲。

求职过程和结果是社会学的重要议题。这是因为，社会学者关心社会分化、分层和流动问题，而职业是综合反映分化、分层和流动的标志性地位指标，求职过程和结果则是研究人们如何获得这一标志性地位的根本视角。

自 2007 年以来，我提出了一个新的理论模型，称之为"中国转型经济与关系主义上升"，在国内外若干场合讲演过（Bian，2007；边燕杰，2010；Bian & Zhang，2012）。这个理论框架从三个方面把握我国宏观经济结构，即市场竞争程度、体制不确定性、关系主义规范化。研究假设是：一个经济体的市场竞争程度越高，对个体的相对比较优势的要求就越高，不但要求拥有人力资本和政治资本，而且要求拥有社会资本，所以求职过程和结果的关系嵌入程度就越大；体制不确定性越高，经济体内的社会网络作用空间越大，求职过程和结果的关系嵌入程度就越广；关系主义越规范化，即越多的人承认、默许、接受和使用"熟、亲、信"原则来约束个体行为并据此来与他人互动，那么，经济体内的关系拥挤程度就越高，求职过程和结果的关系嵌入程度就越深。这个理论框架要求多层次的宏观—微观互动模型，以便从数量关系上估计宏观经济结构对求职过程和结果的影响程度，其中变量测量是困难的，模型建构和统计分析需要精深的功力。

理论框架只是个前提。理论导向的实证研究，除了理论框架之外，数据的整理、变量操作化、模型的建构、分析策略的设计，每个具体研究环节都依赖数据分析者的执著努力和学术创新。因此我发起和组织了八城市社会网与求职调查，得到李友梅、蔡禾等教授的积极响应和大力支持，参加单位和各地调查负责人包括 1999 年"五城市调查"的吉林大学（王文彬）、南开大学（白红光）、上海大学（张文宏）、厦门大学（胡荣）和中山大学（梁玉成），这次增加了山东大学（林聚任）、兰州大学（冯世平）和西安交通大学（边燕杰）。国家科委（赵延东）也参加了课题组，并指导和协助吉林大学的调查研究工作。参与单位按照统一的理论框架和研究方案，分别负责所在城市的调查工作。

我为八城市调查提出最初的理论框架和操作化指标，经课题组成员反复讨论，最后形成统一的问卷。与本次发表的四篇论文相关的理论框架包括三个问题：①求职过程和结果把握几个关键环节？②微观层次的核心理论概念和测量是什么？③宏观层次的核心理论概念和测量是什么？

如何从理论上揭示受雇和自雇的微观过程及其结果的内在变动逻辑呢？就是说，当发现了个体之间在求职结果或经营结果上的差异时，用哪些理论模型去解释这些差异？我确定了两套理论模型：结构特征模型和社会网络模型。结构特征模型假定，求职者是一个独立决策的理性经济人。基于此假定，测量任务着眼于个体的人口特征、人力资本、政治资本、家庭背景、求职场域等方面的差异，并用这些差异解释求职过程和结果的差异。与结构特征模型不同，社会网络模型假定求职者是一个嵌入关系中的理性社会人。基于此假设，测量任务着眼于个体的社会联系、求职是否有人帮忙、与帮忙人的关系强度、从帮忙人获得的关系资源、关系资源的效应如何，等等。社会网络模型用个人社会关系的差异性解释求职成功与否的差异性。

求职的微观过程不是孤立进行的，而是在劳动力市场的大环境中展开的，也是在我国改革开放的大背景下发生的。这些环境和背景，一言以蔽之，称为宏观经济结构。社会学分析的根本要点不是宏观或微观本身，而是宏观因素和微观因素的相互作用和影响，特别是宏观结构特征对微观个体行为和态度的作用和影响。针对本课题来说，如果微观求职过程是嵌入于社会关系的，那么，我国宏观经济结构的哪些方面影响着关系嵌入的程度及其变迁呢？

今天，我就以"求职过程的社会网络模型：检验关系效应假设"来介绍我最近的一项研究。

求职过程和结果的重要衡量指标是入职收入。如果是初职收入，它标志着社会学所谓"自致地位"的初步状况和水平，预示着向上流动的前景；如果是流动后的入职收入，则标志着人们通过流动而达到的新的社会经济地位，以及由此进一步上升的空间。这两种不同的状态具有下列同一性：入职收入排斥了"内部劳动力市场"的约束和影响，因为它是人们从"外部劳动力市场"获得的地位结果。本文关心的是，影响这一地位结果的关系效应的性质和程度如何？如果能从理论上把握关系引发的是信息效应还是人情效应，并用实际数据测量两种不同效应的相对程度，那么，我们就对当前外部劳动力市场的关系嵌入程度形成一个清楚的判断，从而确定政策调整的方向和科学研究的任务。本文作者依据 2009 年八大城市求职网调查，对上述问题给以理论和实证分析。

# 一 理论背景与研究假设

经济学将工资收入视为劳动者生产能力的函数，而达到预期生产率的那些劳动者，将得到市场均衡工资（Javanovic，1979）。但问题在于，生产能力是劳动者的潜在素质，雇主没有条件观察求职者的这一综合素质，很难测量它。西方学者认为，在这一过程中，社会网络的作用尤为重要：雇主通过个人关系网络得到求职者能力的种种信息，择优录取（Stigler，1961；Akerlof，1970；Granovetter，1981）。理性主义导向的劳动力市场中，社会网络提供的信息越精确，非重复性越强，则信息量越大，质量越高，雇主对求职者的评价越接近实际，所提供的入职收入也就越高（Granovetter，1973，1974）。这就是入职收入的信息资源效应。

信息资源很难测量。以往研究受格兰诺维特（Granovetter）的影响，使用关系强度作为替代变量，而他的"弱关系"假设指出，越是交往不频繁、关系不密切的弱关系，交往者之间的地位特征差异越大，相互传递的信息的重复性越小，信息量越大，质量越高，所以使用弱关系找到工作的人，入职收入较高。林南（Lin，1982）发展了格兰诺维特的理论，认为通过弱关系更可能联系到地位较高的人，从而获得更加优质的岗位信息。在 Podolny（1993，1994）看来，能联系到地位高的关系人，这间接表明求职者本人的才能不低，因此是一种信号机制，向雇主传递了关于求职者生产能力的信息。总的说，由于信息优势，使用弱关系的求职者比其他求职者获得较高的入职收入（假设1）。

弱关系所预示的信息机制并非唯一的影响因素。交往频繁、关系密切、相互熟悉的"强关系"预示着人情机制，同样影响着个人的入职收入水平（Prendergast & Topel，1996）。当雇主接受朋友或同事的推荐时，不能完全排斥人情的影响，如果推荐人的地位高、权势大、财富多，这种人情机制将变得十分明显，雇主为此对被推荐人发生人情偏好（Rees，1966）。这种情境下，雇主受制于关系，即社会学所谓关系网络的"嵌入性"，从而不可能完全理性地进行劳动力选择（Granovetter，1985）。关系网络的嵌入性越强，雇主就越有义务感去照顾被介绍来的求职者，比如中国职业分配中的关系作用（Bian，1997）。在市场经济条件下，通过人情网络不公正地获得稀缺资源，事实上排斥了其他人参与竞争，这被称作社会网络和社会资本的负面效应（Portes，1998）。如果上述这些过程影响了求职者的入职收入，我们将之概括为人情资源效应。

如果信息资源难测，那么人情资源的测量是难上加难。这是因为，人情交换是背后交易，调查手段有限。研究发现，人情资源往往嵌入于强关系之中。例如在美国，由于亲朋好友向雇主施加了重要影响，求职者才能保证一个较高的入职收入，无论是学校毕业后的初职工资（Rosenbaum et al，1999），还是流动之后的工资水平（Coverdill，1998）。人情在日常生活中也存在许多例证，如在美国，求职者经常诉求于他人"打招呼"（Corcoran et al，1980）。而中国社会，强烈的关系主义文化背景中的一大特点便是人情交换（Hwang，1987；King，1994；Yang，1994；Yan，1996）。在这种背景中，强关系在职业流动中被频繁使用，且富有成效（Bian，1997；Bian & Ang，1997）。因此，由于人情优势，使用强关系的求职者比其他求职者获得较高的入职收入（假设2）。

用关系强度代替关系资源曾推动了经验研究，但也引起重大麻烦：关系强度不等于关系资源，替代变量既没有提供稳定的实证结果（Bridges & Villemez，1986；Graaf & Flap，1988；Marsden & Hurlbert，1988），也不能通过严格的数据检验（Montgomery，1992）。最新研究发现，关系强度对入职地位和入职收入的因果效应在美国数据中并不存在（Mouw，2003）。这提出了挑战：必须测量关系资源，而不能绕开它。事实上，我和张文宏（2001）提出了这个问题，并用中国数据做了初步探索，随后我和黄先碧（Bian & Huang，2009）作了进一步的分析。根据这些前期成果，本文提出如下研究假设：使用弱关系的求职者更可能动员关系网络中的信息资源，使用强关系更可能动员关系网络中的人情资源（假设3）。根据假设1、假设2、假设3，我们得知，从关系网络动员了信息资源或者人情资源的求职者，比其他求职者获得更高的入职收入（假设4）。

信息资源和人情资源的相对效应如何呢？我们从市场化的动态过程讨论这个问题。在市场化动态过程中，社会网络的收入效应是下降、持续还是上升？这涉及如何从理论上把握我国市场化动态过程的性质和特征。如果市场化机制的确立和完善过程是效率理性上升的过程，那么代表效率理性的人力资本将升值，而代表非效率理性的政治权力资本将贬值。这是"市场转型论"的核心假设（Nee，1989）。根据市场转型论，有的学者进一步假设，社会网络关系也是代表非效率理性的，市场化的发展越纵深，社会网络关系也将贬值。这就是"关系下降论假设"（Guthrie，1998）。

与此相反的观点认为，市场化机制的确立和完善过程中，由于政治体制稳定和"抓大放小"政策之后国有单位的持续强势，政治权力的作用将持续，甚至有条件地加强。这就是市场转型研究中的"权力持续假设"（Bian & Logan，1996）。在权力持续的社会分层体系中，可以想象的是社会网络关系作用的持续，因为权力运作往往增加了人为的成分，从而通过强关系寻找实权人物而得到人情回报的空间增大了。为此，在"体制洞"遍布转型经济的条件下，社会网络关系对职业地位和收入获得的效应不一定减少，很有可能增加（Bian，2002）。

本文采纳我最近的观点（Bian，2007；Bian & Zhang，2012），认为：随着市场竞争程度的提高和体制不确定性程度的提高，社会网络的收入效应将增加。这是因为，市场竞争越激烈，越要求行动者具有相对比较优势，而体制的不确定性越高，规则模糊、权力运作不透明、交叉制度的兼容性低，社会网络关系的作用就越大，越提高行动者的比较优势。随着中国加入世贸组织，虽然市场竞争程度不会消减，但是体制不确定性将逐步下降，特别在世贸组织影响力度较大的区域和部门，这种趋势比较明显，为此，社会网络的收入效应也随之下降。历史地看，改革开放以来，社会网络中的信息资源和人情资源对入职收入的效应随着市场化的深入逐年加强，但是进入世贸组织之后开始受到制约（假设5）。

## 二 变量操作化和描述

八城市调查数据中有6307个被访者曾有非农受雇工作经历，构成我们的分析样本（雇主和自雇不在其列）。分析样本的相关变量和描述性统计结果见表1。这里重点分析涉及的四个关键变量。

入职收入　是因变量，即被访者获得最近一份工作时的实际入职收入，平均月收入接近千元，标准差超过1500元，入职收入的不平等程度很大。由于该变量是右偏分布，所以取对数后进入分析模型。

关系强度　是自变量，指被访者获得最近工作时是否使用了关系，如是，与关系人的熟悉程度"熟极了"、"很熟"、"较熟"视为"强关系"，占 29.9%；"不熟"、"不认识"（间接关系）视为"弱关系"，占 29.5%；未使用关系占 40.6%。

关系资源　是分析的重点自变量，指关系人提供的求职帮助属于信息资源性质还是人情资源性质。根据深度访谈和前期研究经验（边燕杰、张文宏，2001；Bian & Huang，2009），区别两种关系资源的性质，其关键是看关系人是否与雇主发生接触，从而对其施加影响，获取人情偏好。为此，我们将提供就业信息、介绍招工情况、提出申请建议、协助整理申请材料等视为"信息资源"，而将帮助报名、递交申请、实名推荐、打招呼、安排面谈、陪同造访、承诺雇主要求、直接提供工作等视为"人情资源"。调查发现，有的求职者从关系人处同时获得不同性质的资源，还有的求职者不愿意说明所获资源的性质，为此产生了四种关系资源使用形态：信息资源，占 14.9%；人情资源，占 9.2%；包括信息和人情的混合资源，占 23.9%；关系资源不明，占 11.4%。没有使用关系的占 40.6%。

入职年代　是最后一个自变量，目的是看关系的作用是否随着改革的进程而发生变化，包括四个经济体制时代：①1956～1979 年的再分配经济时代，是改革前，25.3% 的受访者在此时代入职；②1980～1992 年的双轨制时代，是改革初期，入职者占 22.2%；③1993～2001 年的经济快速转型时代，是改革中期，入职者占 14.4%；④2002 年及以后的全面市场化时代，是加入世贸组织之后，入职者占 37.5%。

除了上述核心变量，数据分析还涉及了被访者的性别、年龄、户口、婚姻状况、受教育程度、政治面貌、工作单位及所在城市，均视为控制变量。单位部门的缺失值较多，占样本的 2.6%，也在表 1 报告。

# 三　假设检验

假设检验分三步进行。第一，检验弱关系是否更多地产生信息资源，强关系是否更多地产生人情资源（假设 3）。第二，检验关系强度对入职收入的影响程度（假设 1、假设 2），同时看关系强度的收入效应是否随着改革时代而发生显著变化。第三，检验关系资源对入职收入的影响程度（假设 4），同时检验关系资源的收入效应是否随改革时代而发生显著变化（假设5）。

**表1　分析样本的变量和描述性统计结果**

| 变量名称 | 统计量 | 变量名称 | 统计量 |
|---|---|---|---|
| 入职均收入（元） | | 户口（%） | |
| 均值 | 994.5 | 农业户口 | 8.6 |
| 标准差 | 1571.0 | 本地非农 | 82.9 |
| 入职月收入对数 | | 外地非农 | 8.6 |
| 均值 | 5.57 | 婚姻状况（%） | |
| 变量名称 | 统计量 | 变量名称 | 统计量 |
| 标准差 | 1.88 | 未婚 | 16.9 |
| 关系强度（%） | | 已婚 | 83.1 |
| 未用关系 | 40.6 | 受教育程度（%） | |
| 弱关系 | 29.5 | 小学及以下 | 5.1 |
| 强关系 | 29.9 | 初中 | 22.3 |
| 关系资源（使用关系者,%） | | 高中及中专 | 35.1 |
| 信息 | 14.9 | 大学专科 | 17.3 |
| 人情 | 9.2 | 本科及以上 | 20.2 |
| 混合 | 23.9 | 政治面貌（%） | |
| 不明 | 11.4 | 非党员 | 80.9 |
| 入职年代（%） | | 党员 | 19.1 |
| 1956~1979年 | 25.3 | 单位部门类型（%） | |
| 1980~1992年 | 22.2 | 体制外 | 67.3 |
| 1993~2001年 | 14.4 | 体制内 | 30.1 |
| 2002年以后 | 37.5 | 缺失 | 2.6 |
| 性别（%） | | 所属城市（%） | |
| 女性 | 54.0 | 长春 | 9.0 |
| 男性 | 46.0 | 广州 | 14.1 |
| 年龄组（%） | | 济南 | 10.3 |
| 18~29岁 | 21.4 | 兰州 | 14.5 |
| 30~39岁 | 19.5 | 上海 | 13.8 |
| 40~49岁 | 21.8 | 天津 | 15.1 |
| 50~59岁 | 24.4 | 厦门 | 9.3 |
| 60~69岁 | 12.9 | 西安 | 13.9 |

千禾学人讲演录（第一辑）

## （一）强关系和弱关系是否带来不同性质的资源？

答案是肯定的。表 2 模型 1 表明，如果使用弱关系获得信息资源的概率为 1（参照项，下同），那么，使用强关系获取信息资源的概率是 0.470，降低了一半。模型 2 同样以弱关系使用者为参照，其获取人情资源的概率为 1，强关系使用者获取人情资源的概率为 2.896，增加几乎两倍。模型 3 进一步证明强关系的相对优势：如果弱关系使用者获取混合资源的概率为 1，强关系使用者获取混合资源的概率是 3.061，差别超过两倍。这些结果证明假设 3 成立。这也说明，以往用关系强度代替关系资源的经验研究，是有事实根据的，但是前者不能替代后者，因为强关系对包括信息和人情的混合资源的动员作用也具有相对优势。获取什么性质的关系资源不受个人特征影响。不过，受教育程度越高，获取混合资源的概率越大。随着经济改革的深入，单纯使用人情资源的求职者变得越来越少。

表 2　关系强度对关系资源的二元逻辑回归分析

| 自变量和控制变量 | 模型 1 | 模型 2 | 模型 3 |
|---|---|---|---|
| | 信息资源 | 人情资源 | 混合资源 |
| 强关系（参照项：弱关系） | 0.470 *** | 2.896 *** | 3.061 *** |
| 男性（参照项：女性） | 0.981 | 0.986 | 1.004 |
| 年龄组（参照项：18～30 岁） | | | |
| 30～39 岁 | 1.022 | 1.077 | 0.850 |
| 40～49 岁 | 1.037 | 1.057 | 0.900 |
| 50～59 岁 | 1.106 | 1.748 * | 0.541 *** |
| 60～69 岁 | 1.526 | 1.309 | 0.595 * |
| 已婚（参照项：未婚） | 0.896 | 1.178 | 0.950 |
| 教育（参照项：小学及以下） | | | |
| 初中 | 0.778 | 1.337 | 1.570 * |
| 高中 | 0.727 | 1.067 | 1.678 ** |
| 专科 | 0.763 | 1.113 | 1.635 * |
| 本科及以上 | 0.788 | 1.067 | 1.905 ** |
| 党员（参照项：非党员） | 0.922 | 0.799 | 1.159 |

| | 模型 1 | 模型 2 | 模型 3 |
|---|---|---|---|
| 户口（参照项：农业户口） | | | |
| 本地非农 | 1.227 | 0.810 | 0.990 |
| 外地非农 | 1.033 | 0.894 | 1.078 |
| 体制外（参照项：体制内） | 1.088 | 0.973 | 0.960 |
| 入职年代（参照项：1956~1979年） | | | |
| 1980~1992 年 | 1.232 | 1.210 | 1.059 |
| 1993~2001 年 | 1.820** | 0.933 | 1.139 |
| 2002 年以后 | 1.769** | 0.648* | 1.537* |
| 样本量 | 3595 | 3595 | 3595 |
| 似然值 | -1948.65 | -1426.85 | -2225.49 |
| 拟合优度（Pseudo $R^2$） | 0.035 | 0.075 | 0.082 |

注：本表只包括使用关系的求职者，报告的是反对数 -1（即 odds ratio -1）；城市是控制变量，为简化起见，结果未列出；双尾统计检验水平：* $p < 0.05$，** $p < 0.01$，*** $p < 0.001$。

## （二）关系强度影响入职收入吗？

是的。表 3 第一部分结果显示，利用关系而成功求职的比例从改革前时代的 27.2% 飙升到改革后期的 81.6%，外部劳动力市场是一个不断嵌入社会关系的市场。第二部分总样本分析显示，当控制入职时代和其他变量的情况下，相对于没有使用关系的求职者来说，使用弱关系的入职收入高出 15.3%（$e^{0.168} - 1$），使用强关系的求职者收入高出 25.7%（$e^{0.293} - 1$），支持假设 1 和假设 2。强弱关系回归系数的差异，经 T 检验证实是统计显著的，强关系的收入效应高于弱关系的收入效应 10.2%（22.4%~12.2%），相当大。举例来说，如果没有使用关系的入职月薪取均值 1000 元，那么弱关系使用者的入职月薪是 1122 元，强关系使用者的入职月薪是 1224 元。这些人的个人能力和特征是相同的，但是关系使用导致相当大的入职收入差异。

随着改革年代的推进这些差异发生变化了吗？表 3 第二部分的分年代样本的分析帮助我们回答了这个问题。先看弱关系：改革前和改革初，弱关系的收入效应是正向的，但是统计不显著，视为零，没有效应；改革中期和后期开始发挥效应，但是比较小。再看强关系：改革前，强关系的收入效应比较大，而且统计显著；改革初期，强关系的收入效应增加，统计显著；此后，强关系的收入效应保持统计显著水平，但是效应规模缩小，低于改革前的水平。这个结果表明，深化改革之后，特别是进入世贸组织之后，劳动力市场对强关系的收入效应产生了很大的抑制作用。

**表3　入职收入的关系效应分析**

| | 总样本 | 改革前 | 改革初 | 改革中 | 世贸后 |
|---|---|---|---|---|---|
| | 1956～2009 年 | 1956～1979 年 | 1980～1992 年 | 1993～2001 年 | 2002～2009 年 |
| **一、描述统计结果** | | | | | |
| 求职使用关系% | 59.4 | 27.2 | 50.2 | 71.9 | 81.6 |
| **二、回归分析结果：因变量=月薪对数；数据是非标准化系数，括号内是反对数-1** | | | | | |
| 弱关系 | 0.153 *** | 0.041 | 0.092 | 0.153 ! | 0.095 * |
| | (0.168) | (0.042) | (0.096) | (0.165) | (0.100) |
| 强关系 | 0.257 *** | 0.262 *** | 0.343 *** | 0.215 ** | 0.139 *** |
| | (0.293) | (0.300) | (0.409) | (0.240) | (0.149) |
| **三、回归分析结果：因变量=月薪对数；数据是非标准化系数，括号内是反对数-1** | | | | | |
| 信息资源 | 0.224 *** | 0.190 * | 0.234 * | 0.221 * | 0.112 ** |
| | (0.251) | (0.209) | (0.264) | (0.247) | (0.119) |
| 人情资源 | 0.218 *** | 0.168 * | 0.289 ** | 0.232 * | 0.035 |
| | (0.244) | (0.183) | (0.335) | (0.261) | (0.036) |
| 混合资源 | 0.217 *** | 0.186 * | 0.329 *** | 0.154 ! | 0.120 ** |
| | (0.242) | (0.204) | (0.390) | (0.166) | (0.127) |
| 资源不明 | 0.154 *** | 0.027 | 0.005 | 0.155 | 0.186 *** |
| | (0.166) | (0.027) | (0.005) | (0.122) | (0.204) |

注：1. 为了节省篇幅，控制变量的系数未给出，包括表1中的所有其他变量

2. 回归分析结果，参照项为"未使用关系"

3. 回归系数的显著性水平：! $p < 0.1$，* $p < 0.05$，** $p < 0.01$，*** $p < 0.001$

## （三）关系资源影响入职收入吗？

这是本文的核心问题，相关统计结果见表3第三部分。总样本分析抛开强弱关系，引入关系资源变量，发现：在控制入职时代和其他变量的情况下，相比没有使用关系的求职者，使用信息资源的求职者平均入职收入

高出 22.4%（$e^{0.251}-1$），使用人情资源的入职收入高出 21.8%（$e^{0.244}-1$），而使用混合资源的入职收入会高出 21.7%（$e^{0.242}-1$），使用关系但资源不明的入职收入高出 15.4%（$e^{0.166}-1$）。这些结果表明两点：第一，信息和人情资源对入职收入都有提升作用；第二，关系资源不明的求职者，其中一部分人确实获得了信息或人情资源，另一部分人的关系作用不大，因为这组人的收入效应系数低于其他三组，但是高于没有使用关系的求职者。总的说，模型 1 的数据结果支持假设 4。

关系资源效应发生跨时代的变化吗？表 3 帮助我们回答这个问题。先看信息资源：四个时期的系数都是统计显著的，系数值从改革前的 0.190 提高到改革初期的 0.234，改革中期略减到 0.221，改革后期锐减到 0.112，低于改革前的水平。再看人情资源：前三个时期的系数值统计显著，从改革前的 0.168 提高到改革初期的 0.289，改革中期略减到 0.232；改革后期锐减到 0.035，统计不显著，视为零。最后看混合资源：趋势与人情资源系数类似，改革前低，改革初期高，改革中期下降，改革后期继续下降，四个时期系数都是统计显著的。我们在模型分析中保留资源不明一组，目的是保护样本的完整性，其系数不做解释。这部分的数据结果说明，一方面，市场导向的改革扩大了关系作用空间，提高了关系效应；另一方面，市场改革的纵深发展，特别是进入世贸组织以后，关系资源效应特别是人情资源效应受到很大抑制。这些结果支持假设 5。

## 四 结论与启示

本文选择入职收入作为分析重点，基于最新数据，系统验证了强弱关系理论和关系资源效应的研究假设。分析表明，经济改革前后，弱关系对入职收入均无显著影响，直到改革中期，特别是进入世贸组织之后，弱关系才开始对收入产生提升作用。强关系的收入效应改革前后一直很大，但是进入世贸组织之后，开始受到一定程度的抑制。总的趋势是，改革前和改革初，强关系效应大于弱关系效应，但是改革中期和加入世贸组织之后，前者在减弱，后者在增强。

社会网络研究者一直认为强弱关系对应的资源机制是信息和人情，而本文用最新数据验证了这一观点。八城市调查测量了求职过程中实际动员的关系资源类型，本文分析发现，使用弱关系有更高的概率动员信息资源，使用强关系有更高的概率动员人情资源，但是强关系有更大优势动员信息和人情的混合资源。这说明，在中国，关系强度和关系资源是统计相关的，但是不能互相替代，经验研究必须直接测量关系资源，不然就不能回答 Mouw 关于社会网络因果解释无效的质疑。研究结果显示，不论信息资源还是人情资源，都有利于入职收入的提升，与没有使用关系的求职者相比，提升效应在 16% ~ 19%，人情效应大于信息效应。

人情和信息效应的差距是有条件的，依改革时代的推进而变化。改革前，信息和人情的收入效应是存在的，这些效应在改革初期和中期迅速加强，但是进入世贸组织之后人情效应受到抑制，与强关系效应受到抑制相似。我们根据边燕杰最新理论来解释这一变化趋势：改革开放进程中，劳动力市场的竞争程度上升，与此同时体制的不确定性程度也在上升，"体制洞"充斥市场空间，使得社会关系网络和社会关系资源活跃其间。但是随着改革深化，特别是中国进入世贸组织之后，关系效应有所抑制，开始下降，特别是人情资源效应受到很大约束。这是宏观环境对微观关系机制的制约作用，分析证明需要借助宏观—微观多层次模型，请见本期梁玉成论文。

根据边燕杰的最新观点，宏观—微观模型可以考虑市场化竞争程度和体制不确定性程度两个向量。本文根据实证发现提出另外一个可能的向量和解释，即关系拥挤程度效应。我们发现，从再分配时期到改革初期，再到改革中期和后期，通过关系而求职和求职成功的比例逐期飙升。如果按年计算，我们发现，1980 年求职网使用率是 40%，1993 年是 60%，2002 年是 75%，到了 2009 年求职网使用率接近 90%。这就是说，劳动力市场的关系拥挤程度越来越大。关系拥挤程度是否对关系效应产生影响呢？应该。设定没有人利用关系成功求职，关系拥挤程度为零，则关系效应为零；但是设定拥挤程度是饱和的，即每个人都利用关系成功求职，则关系效应也为零。所以逻辑地看，关系效应随着关系拥挤程度的提高而加强，但是关系拥挤程度很高时达到拐点，开始下降。确定这个拐点，证明关系效应是关系拥挤程度的函数，是未来研究的重要任务。

中国改革开放以来，劳动用工制度和绩效工资制度不断重构，经济决策的理性主义在上升。但另一方面，改革尚未形成充分理性的市场经济体系，关系主义、人情机制在外部劳动力市场仍很活跃。所以市场化改革依然任重而道远。进入世贸组织之后的趋势令人欣悦：人情资源和强关系的效应日渐式微，信息资源和弱关系的效应在增加，从而加强和促进着劳动力市场的公平竞争。这种趋势在"体制内"和"体制外"部门可能存在差异，"体制内"部门是否秉承了再分配经济的多种特征，人情资源的效应较大，而"体制外"部门由于中小企业集中，体制规范程度相对较低，反而提供了广阔的关系作用空间？这些都将成为进一步研究的议题。

千禾学人讲演录（第一辑）

# 中国人类学之困境与未来[*]

## 刘　新

　　**嘉宾简介：刘新**　美国加州大学伯克利分校人类学系教授，英国伦敦大学社会人类学博士，伯克利中国研究中心前主任。主要著作有：*The Mirage of China*，《自我的他性》，*In One's Own Shadow* 等。

---

　　*　本文系根据刘新教授于 2011 年 6 月 1 日在中山大学千禾学术论坛上发表的演讲整理而成。

**主持人麻国庆教授**：各位同学晚上好！千禾学术论坛力图搭建一个长期、固定的学术交流平台，本论坛为广东省千禾社区公益基金会捐资、中山大学社会学与人类学学院主办的系列学术交流活动。为庆祝社会学、人类学复办三十周年，千禾论坛特推出"中山大学社会学、人类学复办三十周年系列"学术讲座，这里将汇集国内外社会学、人类学界的知名教授，为大家献上精彩纷呈的学术前沿研究！

今天我们为大家请来的主讲嘉宾是刘新教授，刘新任教于美国加州大学伯克利分校人类学系，毕业于英国伦敦大学（SOAS），曾任伯克利中国研究中心主任。他最近一本书也许可译成《中国幻象》，英文书名是 *The Mirage of China*。他此前一本书有中文版，叫做《自我的他性——当代中国的自我系谱》。他的博士论文是关于陕北农村的，英文版书名是 *In One's Own Shadow*。

**刘新**：极为兴奋有这个机会能到中山大学来，因为中山大学不仅是中国人类学之重镇，而且中山大学人类学传统和美国人类学传统一脉相承，更是让人浮想联翩。中山大学拥有许多非常优秀的人类学学者，本来轮不到我来做讲座，但麻国庆老师盛情难却，我只好班门弄斧了。

在进入主题之前，我想做两个说明。一个是，讲座最困难的地方就是不知道对方想听什么，能够接受什么。我先无的放矢，如果不着边际，你们可以随时提问题打断我，以便我们能够更好地沟通。另一个是，虽然我有一个详细的演讲提纲，但是我想放开思路讲下去。这样，虽然内容可能会略有重复，或者在细节准确性上会出一些问题，但整体感觉会更好。人类学做东西常常要有感觉，一个理论或一个概念在人类学手里应该是有血有肉的，因为在其理论与概念里应当具有人与文化的主观感受。

今天的内容我是这样想的，从两条线平行地讲，两个脉络各讲三个时刻。一个是西方人类学发展的脉络：它的起点、中间变化及今天的状态。同样我也会以这三个时刻讲一下中国。当然这仅是我所看到的，在座的老师们可能比我了解得更加深入，欢迎批评指正。中国这条线我对应着讲三四十年代的开端，80年代的重建，以及我们今天人类学所面临的问题。形成一个三三对峙，一二三变化的两个平行线索。这样，我们看到的不仅是西方或者中国人类学发展之历程，而且可以看到两者间步调是否一致，以便我们追问问题的本质，从更宽阔的视野中梳理学科发展的脉络。

当然，西方人类学并非铁板一块，美、英、德、法，四个人类学传统在问题选择上，在机构设置上都还有很大的区别。比如其中只有美国是把考古和文化人类学放在一起，再加上语言和体质（现在叫生物）人类学，形成四个领域。英国的状态很多地方跟我们很像（中山除外），考古专业是在古代史这一块，不在人类学系里。今天所讲不走到西方各个不同人类学传统里去，只涉及人类学思想史所面临的基本问题。

我先讲一下西方人类学第一个时刻，即专业的现代人类学之起点。从19世纪末开始，三个基本内容奠定了人类学成为一个独立社会科学分支的前提。第一，它有一个已经给定的好像自然而成的研究对象，所谓野蛮人，所谓未开化民族。比如当年一个人从欧洲跑到美国，第一眼看到的就是美国印第安人。从语言、思想、习俗等一系列表现上，美国印第安人和欧洲人的确非常不同，这个不同就自然而然形成了他们感兴趣的题目和研究对象，比如，印第安人的语言在结构和表现能力上与欧洲语言，比如英语，是非常不一样的。这就给了他们一个研究的先决条件，即研究语言与文化差异之联系。不光是美国，太平洋岛屿，还有许多其他地方，特别是那些前殖民地，非洲的或南美的，自然而然就形成了西方人类学的研究对象。我这里太简化了，因为这前面还有西方殖民主义历史，还有传教士到世界各处乱转的历史。总之，我的意思是所谓野蛮人的存在是形成人类学研究的一个客观前提。

第二，19世纪末，除了有这样一个历史原因之外，在西方思想史上，出现了认知论上一个非常特殊的时期，与18世纪截然不同。再往前看到15、16、17世纪，更是另一个世界。当然，19世纪的空调没有20世纪好（空调坏了，屋里热得要命）。我刚才开了一个玩笑，但是没人笑。我的玩笑谁都不笑。有一位法国哲学家伯格森，他写过一本小册子，翻译成中文可以叫《玩笑》。我在那本书里找到我为什么上课的时候开玩笑学生都不笑，因为笑和不笑有一定的社会关系在里面。学生之间随便说一句话，因为他们处于同一社会状态，大家马上就会笑出来。如果不在这个社会情境里面，其他的人跟你说半天，开玩笑是没反响的，因为跟我没关系。伯格森说这是因为你不在我的教区。这个东西的篇幅并不大，但是里边对玩笑社会性质的解释却是入木三分的。

现在回过头讲19世纪末的认识论。欧洲人不但发现了新大陆，还发现了新大陆和旧大陆之间时间上的关系，这是一个非常厉害的东西。如果我们往回看 18 世纪以前，他们对所谓野蛮人的看法，跟我们的儒家书里面说到野蛮人的状态是很像的，那就是有文化和没文化的区别。比如，船山论史里面讲到野蛮人并不是人，但是没有人逐渐要走到一个文明状态里的思想。对时间的感受，欧洲 19 世纪确实是历史上非常不同的一个时刻。对野蛮人的研究本身不可能是这样一个认识论的前提，这是我想说的第二点：人类学能够在西方成为一个独立科学，一个最基本的认识论前提就是进化论。当然我现在只能是非常简化地讲了一下，即 19 世纪和 18 世纪有完全不同的思想风格。看 19 世纪和 18 世纪可以看出非常不同的东西，比如 19 世纪我们熟悉的黑格尔，他所有的材料都是根据时间的概念来组织的。而 18 世纪的孟德斯鸠，他概念基本上是空间概念，最核心的想法就是气候对文化的影响。比如他认为太热的天气就不利于思考。从他的体系来讲，新加坡就很难有什么深刻的思想，因为天气太热了，大家都是处于半睡的状态。但是看一下黑格尔的历史哲学，可以看出他的时间概念和历史感，即文明的进程是历史的演进、反动、再前进的过程。做研究或思考一个问题的时候，除了一个眼前的具体项目，背后一定还有一个时代的思想脉络。没有 19 世纪的思想脉络，形不成人类学特殊认识论的科学前提，人类学也就没法形成一个独立的学科。所以人类学一定是在 19 世纪之后才能够真正成为一个独立的社会科学学科，19 世纪之前不可能成为这样一个学科。

第三，19 世纪末 20 世纪初，欧洲积累了相当的社会科学理论与概念，它也正是社会科学兴起的时期。所以当时有很多具体社会科学的假设、命题和理论构思都被提出来了，你们可能比较熟悉，美国人类学家摩根 19 世纪中提出的一些理论概念，我随便举几个例子吧。当时除了有认识论上的变化，还产生了大量可操作的理论与概念，这是其三。比如摩根当年想了半天为什么印第安人如此不同，他提出一些重要人类学假设。摩根本人是学法律的，印第安人没有一个成文的法律制度，他们是靠血缘来维系其生活状态的。但是从亲属称谓里面，怎么称呼父亲、弟弟、哥哥，在这样的东西里面能不能看到一定的所谓文化规范，相当于现代社会中的法律规范，就成了摩根关心的问题。像这样的问题提出后，到全世界做经验研究，到太平洋岛屿等，就形成了现代人类学的兴起。我们可以用具体的材料来验证这些想法，有些想法当年已经形成了，但是没有实证的材料。这就是我所说的第三个条件。如果把这三个条件加在一起，就可以看出现代人类学科形成一个非常独特的历史前提。它一定是以进化论为起点的，以社会科学理论为条件的，以野蛮人为对象的学科。摩根讲现代国家要占领土地，占领疆域，但在美国印第安人或者所谓的野蛮人中，基本的社会关系和理念都是通过血缘和非血缘的关系来维系的，不是以地域为前提的。他们的社会生活或者社会组织应该是什么样子，就是摩根为现代人类学提出的理论问题。如果已经有了这些概念，到其他地方做经验研究，找材料，试图在经验层面上证明这些想法，是现代人类学得以形成的第三个条件。

这三个条件在20世纪初把人类学变成一个真正的社会科学分支。这里面东西很多，可以提到很多19世纪的人，但他们的想法都不是关于特定社区的想法，都是关于一般人类历史和文化的想法。这些想法使人类学成立职业人类学之后，到世界各地调查来验证的。这是三个核心条件，借此形成了到20世纪初社会科学领域人类学的专业。后来有了开山鼻祖，他们写出一系列的民族志，使人类学写作形成了一个非常独特的，有点像文学作品的风格，介乎于社会科学理论分析和传记小说之间的一种状态。

现在回过头说一下中国，从这三个角度来看一下我们的最初状态。我们第一时刻不是面对着非洲人或美国印第安人，而是从最一开始就是面对自己。当时一些老师们，如费老师等人类学家，他们的目光都是看中国社会，写作的对象实际上是西方人。这跟欧洲学者的第一条件是不同的，正好相反。当然这个问题也可以另外讨论。

因为没有欧洲看所谓野蛮人的心态，我们当时把自己基本上也是放在自己看自己的怪圈里，不认为自己是走在历史最前面的。从进化论角度或者从历史观来讲，中国从明清到民国的道路，一系列大背景你们都很熟悉，我们从没有把自己放在进化的顶端。在认知上实际上从一开始就没有一个支点，这是一个困境，西方进化论的想法从今天角度来看，从我们今天立场来看，是要批判的。但是从形成学科角度来讲，当年如果没有进化论，没有以时间演进为前提的社会科学，就不可能形成现代人类学。所以从道德、政治、情感来讲我们当然要批判进化论，但从学术史考量的角度来讲要肯定它，因为它有相当的历史意义。相反，我们自己在这一点上并没有很清晰的脉络，很多出发点都是从研究中国问题而来，从把中国自一个比较落后的国家变成一个比较富强的国家出发，是个情感政治出发点，而不是新认知论的出发点。这是我们当年人类学研究的起点困境。

当时有些翻译，但是我们自己在建学科过程中，对一般社会科学理论与概念的积累，相比之下，非常薄弱。当年的东西很少留下，有战乱，新中国成立之后又有学科调整，学苏联，所以探讨学科形成的条件，几乎没有系统。我没有讲具体细节，但在讲平行的关系里，我们和欧洲大不一样。当然，并不一定说不一样就是不好，并不是说不一样后面就不可以总结出什么东西。但是我们没总结，现在我们正在做总结。

现在我们很多东西还是在向西方学习，有很多的翻译，做了很多工作，但是我们能不能体会到，人类学需要一个认知前提，以此而能把人类学和其他学术领域区分开，这是一个需要我们思考的问题。

第二个时刻是西方 60 年代以后，即 60 年代到 80 年代，而中国对应的是 70 年代末。还是先讲西方，殖民制度的解体，造成所谓人类学自然研究对象的消失，所以那个学科在实践上已经不可能像从前一样，依靠殖民政府统治到非洲去做研究。英国的人类学家跑去非洲做的时候，都是很自然就可以到英国殖民区域做当地的研究。但这个便利条件到这一时期没有了，美国战后到 60 年代所谓印第安人已经基本消失了，已经很少了，所谓印第安人自然生存状态基本上已经消失了。这是一个变化，一共半个世纪，所谓野蛮人自然生存状态几乎就没有了。

随着各个社会科学的发展，人类学家开始对 19 世纪形成的欧洲进化认知论提出非常强烈的批评。所以从 60 年代开始人类学基本上就处于自我批评的状态。人类学里面有一个人叫做费边（Fabian），他有一本书 *Time and The Other*，这本书到 80 年代初就出版了。他对 19 世纪欧洲思想把所谓野蛮人看成是一个滞后而不是平行的关系做了大批判。欧洲一定把其他大陆之间的关系看成是一个在时间上滞后的关系。再举一例，阿萨德（Asad）1973 年出版了一本书。他指出了人类学和殖民主义之间的必然联系，当时影响很大，这样就把学术弄得非常有政治味道。这就是七八十年代西方人类学总的走向：由学术导致政治上或认识论上的尖锐自我批评。这个跟原来经典理论有相当大的反差，"学术就是政治"是其基本假定。现在看后殖民主义研究基本上还是这个路数。原来 19 世纪形成进化论的思想，造就了现代人类学。到 60 年代末开始没落，20 世纪前半叶，是西方人类学发展最规范、最成熟的一个阶段。博厄斯（Boas）在美国哥伦比亚大学获人类学教职是 1898 年，这也是美国第一个人类学教授。这一时间后，到 60 年代，是现代人类学的黄金时代。之后，自我批评开始，很多人认为进化论是种族主义者的理论前设。因此从认识论上，现代人类学的理论前提受到非常严峻的挑战，批评人类学从 60 年代开始成为人类学一个主流。

这时也出现很多新的理论。60 年代是全球政治、经济、社会、文化格局变化的另一起点，"文化大革命"跟这个是完全平行着的。美国 60 年代是反越战，民权运动和性解放。因而从这一时期出来的社会科学概念非常不一样，一个大家比较熟悉的例子是萨伊德的《东方主义》。如果把阿萨德的思想一般化，我们可以说，没有一个学科里面不隐含着一种权力关系。科学地表述野蛮人的生活是完全不同的，非常不一样的下手方法，但这背后是西方的殖民主义和世界霸权。如果用哲学语言来讲述，可以想一想解构主义。其基本方法就是把西方理论概念体系分解，找出里面自相矛盾的地方。就是说，不仅每一种知识里面都包含了一种权力关系，而且在每一个正面的陈述里都暗含着对这一陈述的某种否定。这样做学问和我们推崇的马林诺斯基在其"西太平洋的航海者"里开篇就用了大概十几次科学一词，是大相径庭的。每个时代都有一代新人，他们都会把自己的精神带到作品里，一代人一代人之间的差别非常大，几乎是陌生人。"文化大革命"一代人，我们现在看觉得他们怎么这么可笑，但当年他们追求和渴望的也是真理。像我们一样，他们也相信他们找到了真理。看毛选，我们很容易就在这些文字里找到他们，同样执著，在自己的精神世界中找到了安身立命的地方。

这是西方人类学第二时刻，从 60 年代到 80 年代。现代人类学半个世纪的黄金时代迎来的是彻底的自我批评。很多自己建立起来的前提和想法都被彻底批判了。先是没有了研究对象，再是对进化论思想的彻底清算，最后形成了像萨伊德这些学者，他们对西方社会科学抱怀疑态度。这样，现代人类学垮掉了。

现在我们看一下中国 70 年代到 80 年代的状态，作为我们的中间时刻。第一个观察就是我们所面临的问题并不是研究对象消失的问题。我们所面临的最大问题是制度建设的问题，是一级学科和二级学科的问题。当时就争议人类学能不能成为一个学科领域，和民族学与社会学的关系应该是什么。这与六七十年代西方人类学面临的难题还真是不太一样。说到这，还要感谢在座的几位老师，中山大学能够保持一个独立的系，能够保持一个独立的阵地，是很不容易的。但是如果现在回过头到七八十年代看中国人类学建设的状态，我们所面临的难题，和西方当时是大不一样的。他们是研究对象逐渐消失的过程，而我们是怎么样在国家现行社会科学框架下，为人类学找到一个发展理由。新中国成立后，我们从苏联学到一些东西，和欧美分野了。现在又回来，向欧美学习。现在很多西方的史学家和人类学家都乐意做中国人类学史，有不少版本，从中可以看到我们走过的路。大家可以想一想，我们今天是怎样走到这一步的。

对应着西方对进化论思想的激烈批评，我们实际上在这一时期不仅没有批评进化论，而是在很大程度上接受了它。特别在政治经济上，所谓科学发展观的概念，就包含着适者生存的思想。特别是 70 年代末 80 年代初，我们看到我们落后，在经济上落后，相信民族与文化也有先进落后之分。这既是事实又是我们眼光变化。但实际上在"文化大革命"中，在毛泽东那个时代，大家并不去讨论这些，因为这些不是人们关心的主要问题。你们可以好好想一想，世界上有很多东西，眼前也有很多东西，但是你自己的注意力放在哪儿，这不是绝对客观条件能够决定的。在这个教室里我看到的就是空调太少，但是当我看到具体东西的时候，它会使我想起一些其他的东西，或者我故意要把我的注意力放在空调的上边，而不是注意到坐在前排的老师和同学。"文化大革命"时物质更贫乏，中国是一个经济上"落后的"国家，但大家根本不想这些事情，因为他们只关心政治。这个视野是怎么样形成的，为什么一代人有一代人的精神状态，为什么一代人只能够看到世界的一个侧面，这是我们与生俱来的命运吗？现在的状态，以及 70 年代末 80 年代初的心态都是很典型的，我们觉得必须要发展经济，除此之外，别无出路，把世界已经看死了。在经济学思想里面，这个"发展"的概念可以和进化论某些东西去对比一下，我们好像还是觉得自己是处于一种未开化或者未发展的阶段上，我觉得在这一点上，我们的心态可能并不是对人类学学科建设很有利的。这跟当时西方所形成的自我批评状态也是相当不同的。

改革之后，中国人类学者做了很多工作，其中包括新一轮对西方文献的翻译。大量地翻译西方文献，这倒是可以跟我们讲的西方状态做一个对比。当时西方的人类学也想要从人类学原来体系里面走出去。60年代以后，无论是美国、英国，还是欧洲大陆或其他地方，很少有人会说我还是想完全按照原来人类学传统去做；70年代以后，几乎没有人会用敬畏的口气再提到一些半个世纪前人类学的经典作品；到80年代以后，几乎没有一个人在作品中不提到新理论家福柯。这说明了人类学想要走出老圈子，到外面来重新思考。这是一个很好的尝试，但是可能也出现了一些问题。中国当时好多人都是学英语的，他们搞翻译，几个人合着翻译一本书。这是我们当时的状态，大家可以想一想这个状态和我们讲的西方第二时刻的第三条有没有区别。

第三个时刻就是现在，经历了六七十年代一直到80年代的自我批评，西方人类学做了一些新尝试，想把人类学带到另外一个方法论或另外一个做法上面去。有很多例子，我讲一个，比如70年代以来以芝加哥密歇根为主的人类学家，提出每个文化都有自己的历史。传统上人类学把别人看成野蛮人，而野蛮人是没有历史的，他们总是这样生活，几乎永远都在复制同样的生活方式。他人有没有历史，这是一个很简单的反思，但具有革命性。尤其是所谓野蛮人跟欧洲人交往的历史，现在还有很多人做研究，是自我批评之后人类学的一个变化。中山大学历史学的老师也在跟一些西方学者合作做历史人类学研究，但是他们的做法和我们今天在这里提到的还不太一样。

从70年代以来，经过自我批评以后，人类学在认识论上有了变化。Epistemology这个词有点儿法文味道，和英文的含义略有不同，我简单举几个例子。一个就是现在国内念得很多的福柯，后来大家把很多贡献都放在他身上，比如我刚才提到的权力和知识之间不可分割的联系，即所谓客观的科学的人类学也不过是一种西方和世界其他地方人之间权力关系的一种表现。如此说，推而广之，没有一种知识不是特定历史文化条件下的权力关系。这是一种新的认知论，和当年去太平洋岛屿寻找科学真谛截然不同。再如我们系那栋楼以克虏伯命名，他100年前到加州建立了人类学系，他研究的对象是美国印第安人。他就把自己看成一个科学家，他和一个印第安部落的人有很深的交往，这个人给他提供了很多关于自己家和部落里面的情况，但是作为一个科学家来说，他就希望把这个人的脑子能够切片保留下来，然后将来做分析。就像现在生命科学要到各个地方采样，探明基因构造。克虏伯当年希望解剖人脑，以探明人种区别。新一代人类学家都认为应该无条件地把当年的脑子切片还给这个部落的人，但克虏伯（早已去世）及其代言人则说不能还，因为这是科学研究的材料。他们现在还在争论这个问题，如果从自然科学家的角度来看，你当然可以把大家的基因或者是脑子，比如爱因斯坦的，切片保存下来，研究它是不是特殊的，这是很自然的科学研究。但要是按照80年代形成的学术伦理，从新道德立场角度来说的话，科学本身就成了问题。如果科学也是一种权力关系，那么人类学家应该意识到他们无权保留他人的大脑切片。这种做法即使当事人当时同意了，他也是在特定权力构架下答应的，未必是科学的客观的。这是一个当下人类学争论不休的话题。

新道德里面有很多都跟医学人类学有关系，医学人类学是今天西方人类学的一个生长点，也是其社会生活的反映。到美国可能看得更明显，他们很多东西都是被医药公司控制的，而且很多社会生活的必要内容都受医学科学进展所支配，包括人类强壮身体及美容等方面。所以新的认知论里面有一个非常重要的理念，即社会变化和发展不仅受理论制约，而且是一个身体受控的过程。医学人类学之目标就是想将这个道理揭示出来，即当下社会控制是在医学科学的幌子下完成的。也许和我们国内研究医患关系之出发点略有不同。将来生命科学说不定会跟我们吵，因为他们想着在人脑子里面放一个芯片，我们认为这不是科学进步而是社会控制。

人类学因此而面临一个新的命题，在认知上是一个很重要的问题，即我们能不能够用人类学的方法来研究比如说资本主义或者是当今世界的生活，也就是我们自己的生活。因为人类学形成的理论积累，都是针对所谓落后民族，都是针对所谓野蛮人而发展起来的，但这一套方法能不能拿过来研究美国社会，比如说其科学体系。比如说能不能用人类学的方法来研究所谓现代社会，所谓资本主义，所谓科学制度。我们系里有老师训练学生去做生命科学之人类学研究。生命科学在今天这种发展状态上能不能做一个人类学的研究，怎么做，是用传统的手法来做，还是用一个新的方法来做，这些都是问题。

我还是举个例子吧。我们系里面有一个老师，她是做医学人类学的。在全球化的前提下，她把医学人类学做成了一个新道德批评。她是一个道德感非常强的人，是一个是非感非常强的人，她研究在全球框架下，谁在卖器官，谁在买器官，谁在做移植。在印度、菲律宾有很多人卖一个肾，一大家人的生活就没有问题了。她追踪这个肾，先看谁卖这个肾，谁做中间人，谁买，最后是拿到美国还是日本还是欧洲，然后谁在做这个手术，一个接一个做采访，经常和人打架，起冲突，她有点像《水浒传》里面走出来的人，像鲁智深。你跟她在一块谈一个问题非常难，因为她永远都是激动不已，尖锐批评的。你们可以看一下她写的东西，她的田野是多地点的，要走很多地方，在方法论上有一定贡献。我觉得这是一个用传统方法研究新问题的经典案例，指出了跨文化道德的复杂性，但并没有解决人类学当下的困境。我们的困境是，人类学曾经是现代理性统治世界的重要理论基石，它还能成为今天我们对自身生存状态反思的知识生长点吗？

下面，我对应中国第三个时刻讲一下，也讲三点，但只是非常简单地提一下，留一些时间可以讨论。第一，就我看到的，中国在八九十年代做的，基本上是在学习西方经典人类学。因为我们中间社会科学处于被废弃的状态，重新开始，很多人去做重访研究。这个工作相当有意义，原来人类学家做的东西，因为战争和革命丢失了，重新捡起来。重访江村，一场静悄悄的革命，在总结这一系列作品的时候，有特别精彩的内容，但其中的理论问题是什么，我并不十分清楚。至少从西方人类学的角度来看，在认识论上似乎并没有什么贡献。90年代我们热衷的讨论，学者们不厌其烦，我也不知道是不是有真正的理论意义。比如说所谓西方理论本土化问题，好像除了学术民族主义的情绪宣泄之外没有太多的学术价值。

第二，80年代以降，我们讲所谓汉民族研究，但所谓汉民族这个概念本身应该是西方看中国的概念。社会学做的不是汉民族研究吗？这里面是不是能够找出成为学科支点的东西，应该是个问题。我在博士生答辩过程中也遇到这样的问题，人类学到底需要不需要找到自己的理论支点，它和社会学研究有什么区别没有，在方法论上，在认识论上，需要不需要再建一个学科，这是需要思考的问题。这一点我也不敢太深入。从研究内容来讲现在有很多变化，有很多新的作品出来，我们的研究愈来愈有政策研究的味道。至少我接触到的国内人类学学者，很多人关注现实，追求应用。人类学本身有多大的应用价值我不知道，当年弗雷泽在利物浦就职演讲时就说过，你们不要指望人类学能够帮助你们治病或盖大楼，或者赚大钱，它可能是最没用的知识。但是他认为知识才是人类社会生活的真正目的。现在因为国内有很多社会经济问题，学术指向应用，理所当然。但政策问题绝非学术问题。将来从人类学研究角度回过头来看今天，从下一代人眼光里，回过头来看我们这一代人做的东西，他们也许会怀疑我们对于知识建设的贡献。

第三，中国做了很多影视和艺术人类学研究，现在也有很多学生到其他地方做海外民族田野调查，整个的趋势从外部来看和西方很像，但是内在脉络则大不相同。我们也可以研究卖肾买肾，但我们是照葫芦画瓢，和他们走到这一步的内在逻辑不同。我不是说我们必须和西方一样，相反，我们完全可以不同，比如做应用，做农民工，但如果如此，我们就没必要过分强调人类学与农村社会学的区别。我的感觉是中国人类学希望成为科学，希望能比较规范，希望受到政府重视，希望具有比较强的应用性，这和社会学理念有区别吗？这跟西方人类学现在的精神状态（他们的第三时刻）很不吻合，当然不是说谁好谁坏，而是各有各的道理。

这就是我讲的三个时刻，从 19 世纪末到 60 年代，60 年代到 80 年代，然后再到现在，三个时刻对照讲了西方和中国的人类学状态。

我下面讲一点结论。比较这两个平行发展脉络的时候，最关键的一点是中国人类学没有一个清晰的认识论基础，就事论事比较多。西方的进化论是漏洞百出的，但作为学科的支点在理论上是清晰的，是有内在逻辑的。到底这些野蛮人他们是不是人，还是他们更接近动物的状态，文物思想内容是反动的，但是作为一种知识/逻辑结构，支撑一个具体学科在理论上的需要，它是当之无愧的。进化论奠定了人类学可以成为一个独立学科的基础。社会学、政治学、心理学其他学科不能进入它这个范围。相反，我们学科起点就不很清晰，后边西方人类学的内在逻辑变化，批评与创新，我们都是阴差阳错本末倒置的。到后来我们很多东西都是看他们怎么做，比如欧洲人怎么做，美国人怎么做，我们照葫芦画瓢也开始做。我们有实际层面的考量，做什么可以拿到经费，但在学术内涵上，人类学似乎并没有一个清晰的理论支点。

一个领域能不能成为一个独立的学科，并不在于我们能不能把它争取到。争取到非常显著的位置，为大家所重视，并不能解决学科的内在逻辑问题。人类学在西方开始的时候也是模模糊糊的，慢慢逐渐形成了一个在社会科学中很重要的位置，这个过程就是其学科逻辑逐渐地被社会认可的过程。顺便说一下西方大学的文理学院，它分成两大块，一块就是社会、历史、文化，对应着三个系，社会学系、历史系、人类学系。这是其最基本的教育，其中很重要的一部分就是文化。没有文化，或者光有社会、历史不行，文化不可能只研究麦当劳。另一块是经济、心理、政治，但是我个人觉得最根本的，对学生最基本的知识介绍应该是社会、历史和文化。而这三足鼎立的状态，每个鼎足都有一个认识论上的理论支点，所以大家可以分门别类。当然现在各个学科已经有点交叉感染，人类学在研究资本主义或生命科学的时候，渐渐失去自己的特色。但像我刚才讲到的医学人类学的做法，还保持了相当的人类学经典传统。我觉得这是一个值得讨论的问题，即我们学科的认识论或理论支点在哪儿？

如果现在中国人类学想往前走的话，是不是有一些方向可以试一试。我非常简单地提三点，如果有兴趣可以尝试一下。第一，我们能不能研究一下社会科学量化的过程。社会学已经离不开统计方法了，它通过统计方法把一个具体的社会事实转化成一个社会学分析。尽管我们很讨厌它，但是它是相当明晰完整的，但社会学自身对此是不可能有深刻反思的，因为社会学问题在认知上就是一个统计问题。这反倒是人类学能而且应该思考的一个问题。为什么我们的知识一定是算出来的？为什么经济学成了真正的显学？为什么社会学只能做经济学的弟弟？中国人类学要从现在这个状态里走出去的话，可能要花更多的时间来念书，要把中国的传统和西方的传统都念通，从那里面找出问题。当然这也不光是说人类学，但是人类学要比社会学，比其他社会学科面临更严峻的问题。因为我们时间更少，我们资源更少，怎样才能把两个脉络梳理清楚，以便能够作出不同的解读，这才有可能把学科的理论支点建立起来。

第二，我们应该努力把其他社会科学的理论支点，它们的认识论前提看得稍微清楚一些。比如中国社会的巨大变化给我们提出了一个新的经济人类学课题。经济人类学当年的任务是研究所谓野蛮人或少数民族的经济生活。但是我觉得如果现在要发挥经济人类学传统的话，我们应该去看一看为什么经济学理念现在变成了一般社会理念，这有研究价值。中国从七八十年代以来，怎么从"文化大革命"政治思想支配社会生活，一下子就走到了现在。现在很多问题包括一些政治问题都可以在政府思路里转化成一个经济问题，我觉得这不是简简单单去看一个地方经济发展状态，也不是研究农民工所能解决的。我们必须研究经济理念变成社会理念的一般过程。我不知道做这些东西有没有资源，但是我觉得这些是社会学、经济学本身需要研究但它们又研究不了的。一代人在看一个东西的时候有一代人的眼光，但是从自己的生存状态走出去再看，我们才能看清楚。现在要走出我们自己的世界去进行思考和分析，经济学是一个非常重要的内容，这不光是要念书，还要念很多经济学的作品，才能弄清楚我们当下的生存状态。

第三，作为历史人类学的题目，我们应该有勇气研究一下"文化大革命"。历史学家对历史细节真实性的追求或政治学家对政策或领袖行为的理性分析或社会学家对群众运动的一般理解，都不能替代人类学的文化历史研究。"文化大革命"就是我们的"西太平洋岛屿"，就是我们的"印第安人"，就是遥远的"野蛮人"。我觉得我们现在生活的这种状态就是当年的一面镜子。当年毛泽东那个时代我们认为我们找到了真理，现在我们又认为找到了真理，而前一个真理在今天看来是一个谬误，两代人格格不入。这两个真理之间本质差别是很大的。人类学一定要能够使我们看到别人看不到的东西，否则人类学不可能有一席之地。我不知道怎么能够走出围城，但是我想这是人类学的一个任务，让大家看到今天我们的困境，写出一个不同于过去的东西，我们自然而然就会有立足之地。

我就讲到这里，谢谢。

# Authorship in Western Ethnographic Film-making: A Selective History*

## Paul Henley

**嘉宾简介**：Paul Henley 剑桥大学人类学博士，专业电影导演，摄影师，英国曼彻斯特大学影视人类学教授，英国伦敦皇家人类学学会（RAI）会员，RAI 电影委员会成员（1993～1998，担任委员会主席），多次担任 RAI 国际民族志电影节主席，并担任其他民族志电影节评委会成员。研究兴趣：民族志电影制作的历史、理论与实践，亚马逊流域土著社会和邻近的南美洲低地，西班牙加勒比的黑人社会。目前研究：让·鲁什的真实电影，意大利托斯卡纳南部的田园风光与记忆。最新著作 Adventurer of the Real: Jean Rouch and His Legacy for Ethnographic Cinema。

---

* 本文系 Paul Henley 教授于 2011 年 6 月 17 日在中山大学千禾学术论坛上发表的演讲。

The notion of authorship in any form of documentary film-making is problematic, but it is particularly so in relation to ethnographic film-making. On the one hand, documentary film-making is associated with a rhetoric of truth and objectivity, of presenting the world as it really is. But on the other hand, as every practicing film-maker is aware, a documentary film is never simply a mirror held up to nature. Even the decision as to when to turn the camera on and off is an act of authorship. Deciding where to place the camera, what to film and how to film it are all acts of authorship. Back in the edit suite, over 90% of the material shot usually ends up, metaphorically, 'on the cutting room floor'. With every excision, an act of authorship is involved.

But the aspect of documentary film-making in which authorship is most made manifest is surely in the structuring of the rushes into a narrative. In this process, the real world is no longer merely being copied: the chronology and duration of events are changed and their sequence re-ordered so as to impart a particular meaning to the world as well as to engage an audience in that meaning. Nor does this only happen after the fact: experienced documentarists will start to think about the narrative shaping of their material even before they set foot on location. They will then go on thinking about it throughout the shoot and typically continue the process of shaping and reshaping the narrative as the editing of the material proceeds. As formulated by the doyen of British documentary in the 1920s, John Grierson, this narrative shaping is the defining feature of documentary as a genre of cinema. But the ambiguities implicit in his celebrated foundational definition of documentary as 'the creative treatment of actuality' continue to reverberate to this day.

In Western ethnographic film-making, the tension between the rhetoric of truth and objectivity associated with documentary and the unavoidable necessity of authorship has been felt particularly keenly. But rather than confronting the necessity of authorship directly, in this genre of film-making there has been a tendency to try to somehow get around it, to deny it, to minimize authorship as much as possible. The long history of this denial of authorship in Western ethnographic film-making will be the principal focus of this article. Inevitably, given the constraints of space, my treatment of this history will be highly selective. I will also restrict my attention primarily to developments in the English – speaking world. Within these limitations, my aim will be to show that in the course of the century or so since anthropologists first started to use moving-image technology for ethnographic purposes, both the rationale for seeking to avoid authorship and the means for attempting to do so have varied considerably. I shall be arguing that these variations have been the result partly of technological changes and partly of changes of a more political or intellectual character.

Fortunately, these doubts about authorship have been primarily a concern of academic theorists rather than practitioners. Since at least the 1950s, there have been many ethnographic film-makers who have simply chosen to ignore the anxieties of the theorists and have gone ahead and made highly authored ethnographic films. Their films have been acclaimed at international festivals of ethnographic film and continue to be so now. Even so, the sense that the exercise of authorship in ethnographic film-making is somehow problematic continues to linger in the literature of visual anthropology. Possibly the most negative consequence of this has not been to inhibit the making of authored ethnographic films as such, but rather to short-circuit a more general theoretical discussion about what kind of authorship is most appropriate to contemporary ethnographic film-making practice. This is a subject to which I shall turn very briefly in the concluding section of this article.

# The camera as scientific instrument: from Haddon to Margaret Mead

For most of its history, from the invention of moving-image technology in the 1890s until as late as the 1970s, ethnographic film-making in the West was a practice pervaded by the ethos of the natural sciences. Throughout this period, the moving-image camera was routinely compared to the hero instruments of the scientific world, the telescope and the microscope particularly, and its function was seen as being to provide an entirely objective documentation of reality. Until the 1950s, the making of ethnographic *documentaries* — if we define these as filmic accounts of the world structured by a narrative — did not really exist. Instead, moving-image technology was used to create visual ethnographic *documents*, i. e. a series of shots, not necessarily directly linked with one another, aimed at providing an objective record of certain events and situations. This form of film-making was often closely tied up with ' salvage ' anthropology objectives, that is, the preservation of a record of cultural phenomena that were threatened with extinction due to social and economic change. Anything that smacked of authorship in this form of film-making was regarded as a limitation on the scientific value of the material.

The first use of moving-image technology as part of an ethnographic fieldwork research project is generally said to have occured in 1898. This consisted of 4 minutes of dancing and traditional fire-making shot by Alfred Haddon, the leader of a multidisciplinary scientific expedition from the University of Cambridge in the United Kingdom to the Torres Strait, an archipelago between northern Australia and New Guinea. This material consisted entirely of performances put on for the camera at Haddon's request, and some of it involved the re-enactment of customary behaviours that had already long been abandoned. Three years later, acting on Haddon's advice, Baldwin Spencer, a professor of biology from the University of Melbourne, took a camera on a much celebrated expedition with Frank Gillen across Central Australia in 1901 – 1902. He used this camera to film some 50 minutes of Aboriginal ceremonial performances, a considerable advance on Haddon's efforts, not only in terms of sheer duration but also in terms of both content and technique. But although the textual publications arising from Spencer and Gillen's expedition had a profound impact on the developing Western academic discipline of social anthropology, the filmic outputs had virtually none. ①

For the next thirty years, ethnographic film-making for academic purposes was no more than sporadic. The cost and logistical difficulty of making films were simply too great relative to the perceived academic benefit of the results. In part,

①  For an analysis and comparison of Haddon and Spencer's work, see Griffiths, 2002.

this was a consequence of changing ideas about the nature of anthropology as an academic discipline as well as about the kind of fieldwork that was necessary to produce the results that this discipline required. Haddon and Spencer had been working in an era when anthropological fieldwork still consisted of 'expeditions' modelled on the field trips of natural scientists. On such an expedition, the researchers typically kept constantly on the move, never remaining long enough in any one place to learn the language of the subjects of study. This expeditionary form of fieldwork was also strongly associated with the collection of material objects, mostly artefacts, but also sometimes human body parts, which could be taken back and examined in greater detail later in university laboratories in the metropolis and then displayed in museums.

Cinematography, like photography before it, was initially welcomed by anthropologists as a means of showing artefacts and human activities in their original environments as well as being a means of bringing back copies of phenomena that were otherwise untransportable. But from around 1910, the itinerant expeditionary fieldwork model was gradually displaced, at least in English-speaking anthropology, by the intensive study of one particular community based on participant observation and competence in the local language. As a result of this change, the importance of detailed textual accounts of systems of belief and of social organisation increased and the collecting of material objects diminished. As the interest in collecting declined, so too did the importance of both photography and cinematography as fieldwork methods. [1]

This declining interest within academic anthropology in using visual media for recording the cultural diversity of the world was in marked contrast with the enthusiasm with which these media were embraced for this purpose in popular entertainment circles at this time. In the early years of the twentieth century, particularly in the United States and in France, an important strand in the newly created cinema industry developed around the genre of the 'travelogue', a filmic account of a journey to one or more exotic locations around the world, often featu-

[1] See MacDougall, 1997.

ring a celebrity presenter of some kind, either in person in the film theatre or, somewhat later, even in the film itself. Early fictional feature films would also be set in exotic locations with a melodramatic Western love-and-adventure story grafted onto an idealized but also often racist interpretation of local cultural realities. [1]

It was out of a combination of these genres, the travelogue and the exotic melodrama, that *Nanook of the North* emerged. Released in 1922, this account of the day-to-day life of a Canadian Inuit man and his family, directed by Robert Flaherty, has been identified by many, including by the leading figure of French ethnographic film-making, Jean Rouch, as the original ethnographic documentary. But Flaherty made this film for screening in popular cinemas, not for specialist academic audiences. Although he may have had a long-term personal acquaintance with Inuit life, his understanding of their social and cultural life was limited, as is clear from his writings. *Nanook* also involved much fabrication and re-enactment, to the extent that it is doubtful whether by present-day standards it could be considered a documentary of any kind, let alone an ethnographic documentary. What it did offer though was a particular method of film-making that involved the building of a narrative out of everyday life and, very importantly, close collaboration with the subjects. Rouch and other ethnographic documentarists would draw upon this method of film-making in their own work, though not until after the Second World War. [2]

Within academia, the most significant development in ethnographic film-making in the period prior to the Second World War was the project carried out in 1936 – 1939 by Margaret Mead and Gregory Bateson on the Indonesian island of Bali and in the Sepik region on the northern coast of Papua New Guinea. By this time, as a result of the development of 16mm technology in the 1920s, the relative costs and technical difficulties of making films were considerably reduced compared to the era of Haddon and Spencer. Over a three year period, with Bateson doing most of the actual shooting, Mead and Bateson shot some 24 hours of

---

① See Rony, 1996; Griffiths, 2002.

② See Winston, 1988 and 1995; Rouch, 1995, also see Henley in press.

material, two thirds of it in Bali, the other third in the Sepik. ①

Yet although this project was undoubtedly ethnographic in intention, it was not motivated by an ambition to produce authored documentaries with a narrative structure. Instead, Mead and Bateson aimed to use the camera in an entirely objective manner as a scientific data-gathering device, primarily to record mother-child interactions. They also shot material on the Tjalonarang, an example of traditional Balinese theatre, in which the performers go into trance in a very dramatic manner and which they chose to film because they believed that it represented the playing out of certain themes inherent to Balinese mother-child relationships.

It was not until some 15 years later, in the early 1950s, by which time Mead and Bateson had gone their separate ways both professionally and personally, that Mead began to order this material into a series of films. In total, she produced 7 films, all relatively short, between 10 and 21 minutes long. For the most part, these are not so much documentaries as illustrated lectures, with the visual images providing evidence for a verbal argument about mother-child relationships that Mead delivers through the sound-track. Somewhat different from the rest is the film about the Tjalonarang, *Trance and Dance in Bali*, released in 1952. It has certain documentary characteristics, even though the material had not been shot as a documentary in the first place. The most significant of these is that the footage from the filming of two different performances of the Tjalonarang has been amalgamated and presented as if there had only been a single performance.

This last film clearly represented a departure from the principle of using the moving-image camera as a device for recording the world in an entirely objective manner. As such, it was at odds with Mead's own methodological pronouncements, though she herself seems to have remained blithely unaware of this contradiction. As late as 1975, in the introductory chapter of the landmark volume, *Principles of Visual Anthropology*, she was still promoting the idea of the camera as a scientific instrument that could provide an entirely objective registration of the world. She even envisaged a utopian future when a fully automatic, 360 °

---

① See Jacknis, 1988.

camera could be set up in a central place within a village to collect large batches of material without this affecting in any way the behaviour of those being filmed. This filmic data-gathering, she argued, should not involve any sort of selection, either in shooting or editing. Nor need it be motivated by any theoretical purpose: the important thing was to get it done before the customs in question disappeared for ever. [1]

This idea of the moving-image camera as analogous to a scientific instrument such as the telescope or the microscope has proved remarkably resilient in the history of Western ethnographic film-making: indeed Mead's views were republished as recently as 2003 in the 3rd edition of *Principles of Visual Anthropology*. Yet despite its enduring appeal, it is an analogy that obscures the representational function of the camera. Although it might faithfully record what is in front of it, a camera clearly cannot determine the significance of what it records and it is this significance, rather than the mere existence of the phenomena recorded, that is of over-riding importance for any form of ethnographic practice. Once a film-maker seeks to ascribe significance to the material recorded, he or she is in the realm of authorship. As a recording device, the camera might provide an impeccable indexical account of the world, but as a means of representation, it is just as open to manipulation as the written word and its output just as subject to interpretation.

## Minimizing the author: John Marshall, Tim Asch and the event-sequence method

Margaret Mead was a major figure in US anthropology in the 1950s and her ideas about film-making had an impact on a number of the leading North American ethnographic film-makers of the period, including the late John Marshall. Mead was an acquaintance of Marshall's father Laurence, the leader of a series of expeditions by the Marshall family to study the Ju' /hoansi 'Bushmen' of southern Africa. John, who was only 18 at the time of the first expedition in 1951, was

---

① Mead, 1995: 9 – 10.

assigned the role of film-maker. On the basis of Mead's advice, Laurence told John that what he wanted was 'a record, not a movie'. ①

But after teaching himself the basic principles of film-making by reading the instruction manual that came with the camera, John went on to make a truly spectacular ethnographic 'movie', one that would become a major milestone in the development of the genre. This was *The Hunters*, mostly shot in 1952 – 1953 though not edited and released until 1957. In colour and 72 minutes in duration, it follows the fortunes of four Ju' /hoansi hunters as they track a giraffe through the thorny scrub of the Kalahari desert. After five days of hunger and thirst, and many frustrations along the way, the hunters eventually corner their prey and dispatch her with their spears. They then return home to their camp and, to the delight of their families, distribute the meat and tell tales of their heroic adventure.

Over the next 20 years, *The Hunters* became one of the most frequently screened of all ethnographic films in the English-speaking world. But gradually, various details about the making of the film began to emerge and it became apparent just how constructed it had been. It transpired that the hunt shown in the film as a single event had actually been made up of a number of different hunts, involving several different giraffes and even several unidentified hunters in addition to the four main 'stars' of the film. Instead of tramping through the scorching desert for five days, in reality the hunters had travelled around with John Marshall in his Jeep with access to food and water, and they had all gone back to the expedition camp most nights. Although the principal giraffe had indeed been finished off by the hunters with their spears, as shown in the film, it had already been wounded by a rifle shot some time beforehand, and it was this wounding that had slowed her up and had allowed the hunters to catch her. Perhaps most remarkable of all, in the sequence showing the final kill, the wide shots of the hunters standing around the giraffe, filmed in August 1952, had been intercut with close-up reverse shots of them hurling their spears filmed three years later, specifically for the purposes of the edit. ②

Authorship in Western Ethnographic Film-making:A Selective History

---

① Marshall, 1993: 19.

② Marshall, 1993: 36 – 37.

Within a theoretical paradigm in which an ethnographic film was supposed to provide an objective record of the world, this degree of manipulation was regarded as a source of shame and scandal. By the 1990s, Marshall himself was ready to acknowledge that *The Hunters* was 'energetically artistic' but pointed out in mitigation that it was, after all, only the work of a 'an American kid'. [①] But any experienced documentary film-maker would have been able to surmise most of the constructions involved in making of the film simply by looking at the filmic text itself. They would certainly not have been either surprised or offended since such strategies are commonplace amongst documentarists. They were particularly so at the time that *The Hunters* was made since technical constraints made it very difficult to film social behaviour, even in much less demanding environments than the Kalahari desert, without some sort of intervention on the part of the film-maker. It could be argued indeed that the problem with the film was not so much the naivety of the film-maker, but the naivety of some of its critics about the representational nature of the medium.

Nevertheless, in making *The Hunters*, John had clearly strayed a long way from his father's Mead-inspired injunction to make 'a record, not a movie'. As if in expiation, he then went on to make a number of shorter films that conformed more closely to the original brief. In doing so, he employed a method that allowed him to give a narrative shape to his films whilst at the same time remaining close to the actual chronology of the events that he was filming. This method was actually first developed by Timothy Asch who was then working with Marshall. Asch would later go on to become a leading ethnographic film-maker in his own right, but at this time, he was working as John's editorial assistant.

Marshall and Asch used various terms in their writings to describe this method, sometimes referring to it as 'event' filming, or more commonly as 'sequence' filming and sometimes 'sequential' filming. In the much-cited paper they wrote with Peter Spier, they used the rather misleading term 'reportage'. [②] Since none of these terms serves to identify the method with any precision, I shall

---

① Marshall, 1993: 39.

② Asch, Marshall & Spier, 1973.

refer to it here as the 'event-sequence' method on the grounds that the event that is the subject of the film is covered as a single sequence and without interruption by 'talking heads' or any other narrative devices.

The principles underlying the event-sequence method were very simple. It was presumed that on the basis of an ethnographic knowledge of the cultural context, it should be possible for the film-maker to identify certain events with a clear beginning and a clear end that could then be used to define the parameters of any film made about these events. Given that an event with an end and a beginning must also, by definition, have a 'middle', a film that followed such an event would have, as it were by default, a classical 'beginning-middle-end' narrative structure without any manipulations of the original chronological sequence being necessary. The event-sequence method did not entail making an entirely literal copy of an event since it did allow cut in the action to eliminate redundancies or moments of irrelevance. Moreover, in actual practice, it is evident from closely observing the actual films made by Marshall and Asch that there were some minor chronological inversions. But apart from this, the event-sequence method can be seen as an attempt to have the best of both worlds, that is, to develop a way of making films that featured a clearly structured narrative of the kind that one would expect to find in a 'movie', whilst at the same time offering a minimally authored 'record' of the world.

An interesting early use of the event-sequence method is to be found in *An Argument about a Marriage*, which is a mere 18 minutes long. Although this film was not released until 1969, it was shot only about a year after the release of *The Hunters* and involves many of the same protagonists. But it is very different in both content and technique. Whereas in the earlier film the Ju/hoansi had been presented in a highly idealized fashion, here they are shown to be just as subject to base and violent passions as any other human group. The argument referred to in the title of the film concerns a relationship that a young married woman has had with a man other than her husband when they were both being held, more or less as slave labourers, on a White farmer's estate. This relationship had resulted in the birth of a child and it is this that precipitates a crisis when they return to their own camp after being released from their enslavement through the intervention of the Marshall family. The argument culminates with the young woman's father boiling over with rage and threatening very crudely to kill her lover: 'You will die with an erection tonight', he declares.

This film featured a number of innovations of both a technical and an editorial nature. Far from suggesting that this Ju' /hoansi group lived in isolation, as *The Hunters* had done, the relationship to the wider world is central to the action of the film and many of the protagonists are wearing Western-style clothes that they had acquired whilst working on the White farm. Even the presence of the Marshalls is directly acknowledged when one of the protagonists curses them roundly. Although the sound is not synchronous, it has been so well edited that it appears to be so. There are also subtitles, which were still unusual in ethnographic film. [1]

However, the most significant innovation concerns the narrative structure. After an introductory sequence showing the arrival by truck of the group liberated from the White farm, there are then a series of still images anticipating the most significant moments of the argument that one is about to see. These still images are covered by voice-over narration in which the general social background to the dispute is explained. With contextualization thus provided, the argument is then allowed to play itself out with any further voice-over narration. It has to be said that in the case of this particular film, the technique does not work all that well. The network of social relationships described in the narration over the stills is so complicated that it is very difficult to follow and even more difficult to remember when watching the argument later unfold. But it is a technique that both Marshall and Asch would use more effectively later in their careers.

After working with Marshall, Tim Asch went on to make a series of over 40 films about the Yanomami of Venezuelan Amazonia. These were made in collaboration with the well-known Yanomami specialist, Napoleon Chagnon, over the

---

[1]  The very first example of the use of subtitles in ethnographic films appears to have been another Marshall-Asch event-sequence film, *A Joking Relationship*. This was shot around the same time as *Argument* but was released much earlier, in 1962.

course of two expeditions, one in 1968, the other in 1971. Most of these films were of no more than a few minutes' duration and showed simple, single-cell events such as a senior man telling a myth and children playing in the rain. Asch also attempted to apply the method to more complex events which he covered in a series of chronologically consecutive sequences. Perhaps the best-known example of the latter is the widely distributed film, *The Feast*, shot in 1968 and released in1970, which deals with the celebration of an alliance between two villages that until recently had been at war with one another. This too begins with a lengthy series of stills in which the context of the event one is about to see is explained. Then, as in *An Argument about a Marriage*, the event is allowed to play itself out without any further narration. ①

However, as the 1970s progressed, Tim Asch became increasingly aware of the limitations of the event-sequence method. These are made apparent in the *The Ax Fight*, a film that was released in 1975, four years after *The Feast*. This film concerns a violent dispute between the members of a certain Yanomami village, the euphoniously named Mishimishimabówei – teri, and a group of visitors who had overstayed their welcome. After an initial skirmishing between a few men armed with long clubs, a more general scuffle ensues, culminating in one man striking another with the blunt side of an axe-head, felling him to ground. But after a few moments, the victim gets up, staggers groggily away and the crowd disperses.

In common with previous event-sequence films, *The Ax Fight* features a sequence of shots summarizing the event accompanied by an explanatory narration, which is then followed by an edited version of the event. This explanatory sequence, narrated by Chagnon, is rather more elaborate than in previous event-sequence films, involving not merely stills but also slow-motion shots and diagrams. A smoothly edited version of the event then follows, with subtitles, but without commentary. But what makes *The Ax Fight* distinctive as an event-sequence film is that these two sequences are *preceded* by the original raw footage. This enables

---

① Asch, 1979.

one to see what has been excluded from the other two versions of the event presented in the film. The out-takes include various shots of Chagnon observing the event with what appears to be a certain nonchalance. We also discover that the smoothness of the edited version of the event has been achieved by various manipulations of the chronology, though apart from a general abbreviation of the event, these consist of little more than taking two redundant establishing shots from close to the end of the rushes and placing them near the beginning in order to cover certain deficiencies in the camerawork. Although much has been made about the 'slickness' of this final version, the chronological manipulations involved here are really not that extensive.

There is a tendency in the visual anthropological literature to hail *The Ax Fight* as some kind of masterwork. But in my view, it is more significant as an example of a particular methodological strategy than as an ethnographic film in itself. What is most interesting about this film is that by the simple device of allowing one to compare the raw footage with the two edited versions, it reveals the processes of authorship involved in its construction. Significantly, however, these authorial processes are not made plain in their entirety. It is only from the CD - Rom of this film, released many years later, that we discover that although the duration of the rushes presented in the film is 11 minutes, the event actually took place over a period of about 30 minutes. [1] One might ask therefore what authorial decisions resulted in most of the event *not* being filmed.

What was also revealed some time later was that since the all-important blow that the brought the axe fight to an end was hardly audible on the field recording, Asch later mocked it up in a sound studio by hitting a watermelon with a hammer. It also seems very likely that one of the reasons why the unwanted guests were hanging on, overstaying their welcome and causing tensions with their hosts, was that they were hoping to get a share of the trade goods that Chagnon and Asch had brought with them. [2] In this sense, one of the most significant moments in the material may be Chagnon's seemingly trivial comment on the soundt-

---

[1] Biella, Chagnon and Seaman, 1997. See also Biella, 2004.
[2] See Tierney, 2000: 115 – 118.

rack of the rushes that he had just been approached for the umpteenth time that day by a man asking for a bar of soap.

But all these various evidences of authorial influence on the event itself or on the way in which it was presented would only be disturbing to those still holding on to the illusion that an ethnographic film can deliver some entirely objective account of the world. Some years later, Asch would comment that as he was cutting this film, he had the feeling that the whole field of ethnographic film was beginning to fall apart before his eyes. [1] We should perhaps allow him a little poetic licence here, since there were other ethnographic film-makers at that time who had already long since abandoned any hope that film could rescue fieldworkers from the subjectivity of their fieldnotes, as one commentator put it. [2] But by revealing its own internal contradictions, what *The Ax Fight* certainly did do was signal the end of the road for event-sequence film-making and with it, an end to the whole tradition of event-based documentation film-making that stemmed not just from Margaret Mead, but from Haddon and Spencer in the earliest days of ethnographic film-making.

## The subject as author: reflexivity, participatory film-making and indigenous media

By the time that *The Ax Fight* was released in 1975, a major change was already taking place in ethnographic film-making in the English-speaking world. Not only was the concept of authorless, objective film-making coming under question, but many ethnographic film-makers, sensitized by the postmodernist equation of knowledge and power, were increasingly aware that it was no longer politically or ethically acceptable not to share the authorship of their films with their subjects. This was paralleled by an increasing unwillingness on the part of indigenous groups and others to accept that outside film-makers could just turn up and make films about them over which they then had no control.

[1]  Quoted in Ruby, 1995: 28.

[2]  Young, 1995: 100.

Around this time, two new terms become common in the English language visual anthropology literature. Both reflected an acknowledgement that an ethnographic film does not provide an objective 'scientific' account of the world but is rather the product of the subjective vision of the film-maker that he or she has developed through their relationship with the subjects. One of these terms was *reflexivity*. This actually had two rather different meanings. On the one hand, it referred to a process whereby the film-maker made clear to the audience, within the body of the film, through devices such as voice-over or title cards, how their personal subjectivity had come into play in the making of the film, be it with respect to aspects of their personal biography, their intellectual or political interests, the technical strategies that they preferred and so on. [1] On the other hand, 'reflexivity' could also refer to the acknowledgement, again within the body of the film, that it had arisen from a relationship with the subjects. Whereas in the era of supposedly objective 'scientific' film-making, any acknowledgement of the presence of the camera was regarded as a blemish, now it came to be regarded as a sign of the probity of a film when a subject addressed the camera, held open a door so the camera could pass or offered the film-maker a drink.

The other term that came into fashion around this time was *participatory* film-making. This referred to a form of film-making in which the subjects of the film collaborated directly with the film-maker in the making of a film. At the simplest level, this could consist merely of facilitating the shooting of a film and was more or less synonymous with the second meaning of reflexivity given above. But some film-makers took this much further, engaging in discussions with the subjects as to what the topic of the film should be beforehand and how it should then be developed during the course of the production itself. In some cases, film-makers even sought the advice of their subjects in the cutting of the film by arranging for them to join them in the edit suite.

In France, ethnographic film-making had evolved in a somewhat different fashion, centred around the key figure of Jean Rouch. From early on in his ca-

千禾学人讲演录（第一辑）

---

① See Ruby, 2000: 151 – 180.

reer, in contrast to his English-speaking contemporaries, Rouch had not been a-fraid to assert his authorship over the films that he made. Working in West Afri-ca, Rouch had started making documentation films in the late 1940s but by 1951, he was already producing genuine documentaries, i. e. films built around a narrative structure that did not simply reproduce the structure of the event that they represented. Inspired by the example of Flaherty, a central feature of Rouch's film-making practice was the screening of his films back to the subjects and, in the light of the feedback that he received on these occasions, working with them to develop new projects. In the mid-1950s, he took this participatory methodology one step further in the making of *Jaguar*. This film was anchored in Rouch's ethnographic studies of migration in West Africa, but it was based a-round a fictional narrative for which the African protagonists improvised imaginary scenes from their lives as migrants. This was to be the first of eight so-called 'ethnofiction' films that Rouch would make over the course of his lengthy ca-reer, all based on similar principles of participation and improvisation, and most-ly involving the same small company of protagonists. [1]

In 1960, Rouch returned to Paris and, in collaboration with the sociologist, Edgar Morin, made *Chronicle of a Summer*, a film which presents a portrait of the city through the personal experiences of a small but diverse group of mostly young people. This film is primarily factual, though there are certain elements of fic-tional improvisation within it too. It is also participatory in the sense that the nar-rative was developed in conjunction with the subjects. In contrast to most of Rouch's previous films in Africa, it is also highly reflexive in the sense that the process of production and the relationship of the film-makers to the subjects is di-rectly represented within the film itself, as are the intellectual objectives of the film-makers. But despite all these participatory and reflexive elements, the final film is still presented unambiguously as the result of the combined authorship of Rouch and Morin.

As the 1960s developed, Rouch's filmwork began to bifurcate in a rather cu-

---

[1]  For a detailed discussion of the film career of Jean Rouch, see Henley, 2009, also Henley, 2010.

rious manner. On the one hand, he continued to make ethnofictions, clearly highly authored, though increasingly imaginary and detached from ethnographic reality. On the other hand, taking advantage of the new portable synchronous sound technology that he himself had played a leading role in developing, he became increasingly concerned, in his more strictly ethnographic works, to represent the events that he was filming in single unbroken takes, lasting ideally up to the maximum length permitted by a 16mm magazine, i. e. around 11 minutes. The films that Rouch made in this fashion were not entirely dissimilar to the event-sequence works that Marshall and Asch were producing around the same period. But whereas Marshall and Asch were striving for some sort of objectivity, Rouch still thought of his films as being authored, though this authorship took the form of an inspired performance in the moment of shooting by the cameraperson rather than being the result of a structuring of the material back in the edit suite. Rouch made many shorter films in this manner about spirit possession ceremonies in Niger, his specialist academic interest, but the most elaborate form of this kind of film-making in his oeuvre is the epic series of films about the ceremonial life of the Dogon of eastern Mali that he started in 1966 and continued thereafter for more than a decade.

Although he had come to them by an entirely different route, Rouch's commitment to reflexive and participatory modes of ethnographic film-making coincided in a remarkable fashion with the interest that by this time English-speaking film-makers had also begun to show in this way of making documentary films. As a result, many English-speaking ethnographic film-makers came to look to Rouch's work for inspiration from the 1970s onwards. Amongst those most influenced by his example were Davidand Judith MacDougall, who would later become important figures in the history of Western ethnographic film themselves.

The MacDougalls' work in the 1970s and 1980s exemplifies a number of the major changes taking place in ethnographic film-making over this period. In 1971, at around the same time as Asch and Chagnon were shooting *The Ax Fight*, the MacDougalls were cutting their first major film, *To Live with Herds*, a film about the Jie cattle pastoralists of East Africa and their confrontation with modernity as exemplified by the fledgling post-independence Ugandan state. This film was very different in character to the Yanomami films in many regards, but particularly in relation to the degree of reflexivity that it involved. This commitment to reflexivity is established early on in the film when one of the leading protagonists gives the film-makers a 'guided tour' of his camp and points out the dwelling places of neighbouring pastoralist groups on the horizon. Inspired by the example of Jean Rouch, the MacDougalls' aim was to go beyond a film-making strategy based on the attempt to observe the world from the outside in the manner of the event-sequence method. Rather than aspire to some illusory objective representation, they were content to allow the relationships through which a film was being made to be revealed directly in the filmic text itself.

This reflexivity was taken even further in 1974 when the MacDougalls came to shoot their *Turkana Conversations* trilogy with a group of cattle pastoralists in Kenya. ① Here the relationship between film-makers and the subjects became central to the action of the film: the 'conversations' in the title of the trilogy referred not just to the conversations between the Turkana subjects, but also to the conversations between the Turkana subjects and themselves, the film-makers. The MacDougalls presence as the agents of the films was made abundantly clear: they filmed their Land Rover, their house, their notebooks. They even encouraged a Turkana woman to film their lives in the field and what she choose to film was their material possessions also.

But when the MacDougalls moved to Australia the following year to work for what was then the Australian Institute of Aboriginal Studies (AIAS), this reflexivity took on a more participatory as well as more political aspect. ② Whereas the Turkana had been happy enough to engage in conversations with the film-makers,

---

① The MacDougalls had been obliged to move their fieldwork site on account of the political turmoil in Uganda following the military coup led by Idi Amin in January 1971. The *Turkana Conversations* trilogy is made up of *The Wedding Camels* (108 mins., released 1977), *Lorang's Way* (70 mins., released 1979) and *A Wife among Wives* (75 mins., released 1981).

② The Australian Institute for Aboriginal Studies (AIAS) became the Australian Institute for Aboriginal and Torres Straits Islander Studies (AIATSIS) in 1989. See http://www.aiatsis.gov.au/corporate/history.html.

they had no particular interest in the films themselves, nor in controlling them editorially in any sense. In contrast, the Australian Aboriginal subjects were very interested in such matters. It was not only that the control of knowledge is a matter of great concern within Aboriginal society itself and an important source of political power and prestige. The Aborigines were also very aware of the way in which any filmic representations of their world could influence their relations with broader Australian society. For both these reasons, they were much more concerned than the Turkana to exercise some degree of control over the films that the MacDougalls were making about them. [1]

Over the course of the next ten years, the MacDougalls developed an actively participatory mode of film-making with their Aboriginal subjects, involving them directly in the choosing of subjects and conceptualization of their films. But they were far from alone in developing such strategies around this time. Since the early 1970s, Sarah Elder and Leonard Kamerling had also been working on collaborative film-making projects with Inupiaq and Yup'ik Inuit communities through the Alaska Native Heritage Film Center at the University of Alaska. [2] In 1976, Tim Asch had also moved to Australia to work at the Australian National University and he too came to adopt more participatory methods in the films that he made over the ensuing years in Indonesia. Asch took a particular interest in the reactions of his subjects to screenings of films in which they had appeared and he would even film these reactions and then present them in a new film. [3]

By the 1980s, this process of ceding authorship to the subjects was being taken one step further. Taking advantage of the newly-developed lightweight video technology, which was not only very much cheaper but also very much easier to use than 16mm film, some anthropologists began to give their subjects the means

① Grimshaw and Papstergiadis 1995: 40 – 41.

② Elder, 1995.

③ See Connor, Asch & Asch, 1986.

to shoot their own films. ① As an Amazonist, here I think immediately of the Video in the Villages project initiated by Vincent Carelli, the work of Terry Turner with the Kayapó, and also the pioneering work of Monica Feitosa, also with the Kayapó. ② But such 'indigenous media' projects, as they were later to be dubbed by Faye Ginsburg, have taken place in many other parts of the world as well, under a broad variety of conditions. They have been particularly prevalent in Australia and Canada, and in recent years, also in China. ③ Some scholars have suggested that under these circumstances, the role of outside ethnographic film-makers becomes redundant, and rather than making their own films, they should be directing their efforts to training and enabling indigenous film-makers. ④

Over the last 30 years, there has been a remarkable progression of indigenous media projects from low-budget factual film-making to the production of feature films that have enjoyed great international success. ⑤ Many of these projects have been associated with progressive social and political developments, providing a vehicle through which indigenous peoples have been able to assert both their cultural identities and political rights. But however much one might enthusiastically applaud these projects for these reasons, I would argue that they can no more be a substitute for authored ethnographic film-making than the transcripts of

---

① These projects were anticipated by more than a decade by the work of Sol Worth, John Adair and Richard Chalfen who in the 1960s gave 16mm cameras, first to Navajo American Indians and then to young people from diverse social and racial backgrounds in Philadelphia. However, this work was motivated by rather different goals than the projects of the 1980s, being primarily concerned with the way in which social or cultural factors might influence the way in which individuals used film as a medium of communication rather than with empowering the subjects as authors of their own films. See Chalfen, 1992.

② Amongst many analyses of the Brazilian indigenous media experience, see Aufderheide, 1995, Turner, 2002.

③ See Ginsburg (2011) for a recent overview. Particularly in relation to China, see Zhang (nd) .

④ See, for example, Ruby, 2000: 195 – 219.

⑤ Perhaps the most celebrated feature film produced by an indigenous media group is *Atanarjuat, the Fast Runner* (2000), made by the Canadian Inuit group, Igloolik Isuma. The same group's more recent feature film, *Before Tomorrow* (2008) has also won a number of international film festival prizes. However, there have also been a number of other feature films by indigenous directors that have enjoyed international acclaim (Ginsburg, 2011: 248 ~ 250) .

a series of audio recordings of oral testimonies, or a collection of textual autobiographies could be a substitute for authored ethnographic text-making. However great their merits, indigenous media productions remain insiders' accounts by definition and as such are bound to be different from those produced by outsiders. Both modes of representation can provide a valuable perspective on the world, and in the ideal case, they can be complementary. But, as in the case of autobiography and biography in relation to the life of an individual, each mode of representing social life is both empowered and limited in its own particular way.

Faye Ginsburg has argued that as indigenous media have become increasingly geared towards addressing external audiences, one can identify some common ground between indigenous media productions and ethnographic film-making in the sense that both seek to communicate across a cultural boundary. As such, she suggests, there is the potential for a 'salutary dialogue' between these two modes of intercultural representational practice. [1] But whilst this is certainly true, it is a matter of overlap – or 'parallax', as Ginsburg terms it, i. e. looking at similar cultural issues but from slightly different perspectives – rather than direct correspondence. For not only are indigenous media producers, as insiders, likely to have a different perspective to ethnographic film-makers coming from the outside, but there is no reason why they should necessarily want to address the same range of topics, nor to do so in terms or in formats that engage with the concerns of anthropologists generally.

Not only is there the problem of the potential mismatch between insider and outsider agendas in participatory film-making, but it is often the case that there is more than one insider agenda that could potentially be explored through film. This is a issue that confronts all forms of participatory film-making, whoever is actually operating the camera. It is easy enough to assert that ethnographic film-makers should work together with the members of the community whom they are filming to produce a collaborative work, but often there will be a range of different ideas within the host community about what should be filmed and how. In any

千禾学人讲演录（第一辑）

---

① See Ginsburg (2011: 237), also her earlier and more developed formulation of these arguments in texts such as Ginsburg (1994), and Ginsburg (1995).

community, but particularly one that is undergoing rapid social and cultural change, as is often the case with the indigenous communities that are frequently the subject of ethnographic films, there are likely to be significant differences of interest and perspective between the young and the old, women and men, or between members of different political groupings. This poses an often intractable dilemma for outside film-makers since under these circumstances there is a real risk that they will produce a film about which at least some members of the community will feel aggrieved.

The MacDougalls' experience in Australia is particularly instructive in this regard. [1] Of the many participatory films that they made during their time there, a good example is *The House-Opening* (1980), directed by Judith MacDougall. This concerns a ritual event that took place following the death of a prominent man at Aurukun, an Aboriginal community on Cape York Peninsula in northern Queensland. The origins of this community lie in a Christian mission settlement established in the early twentieth century to which members of many different Aboriginal groups were brought, often against their will, and where they were encouraged to abandon their previously semi-nomadic settlement pattern. Under traditional circumstances, the Aboriginal groups of this region lived in temporary shelters and following the death of a leading member of a community, these shelters would be burnt and the group would move away in order to escape the potentially malignant spirit of the deceased. But now that the people of Aurukun live in permanent houses, a new ritual process has been developed, combining various different Aboriginal and Christian elements, in order to dispatch the spirit of the deceased in such a way that the house need no longer be destroyed and the bereaved family can move back into it after an appropriate period of mourning.

This film was made in close collaboration with the family of the deceased man and in particular with his widow, Geraldine Kawanka. Following the exam-

---

[1] But their experiences are far from being unique. See Flores (2007) for a sensitive account of the complexities of participatory film-making amo Mayan communities of central Guatemala in the aftermath of the civil war of the 1980s. This had resulted in deep fissures within the indigenous communities themselves which impacted in a variety of different ways on Flores's film-making activities.

ple of Jean Rouch in the making of *Jaguar*, Judith invited Geraldine into the edit suite and asked her to provide a voice-over commentary for the film. The result is a film that is both very moving and ethnographically very well contextualized. However, the MacDougalls later came to understand that not all members of the community were happy with the film. At that time, and still to this day, Aurukun is a deeply fragmented community with a number of mutually antagonistic political factions. Geraldine was a leading member of one of these factions and as chairman of the community council, was also personally very powerful. As a result, the making of the film was seen by her opponents as reinforcing her position. In the film itself though, these interfactional tensions are only hinted at in the form of a suggestion that Geraldine has to perform certain ceremonies in order to reassure her husband's family that she had not used witchcraft or sorcery to bring about his death. [1]

In the late 1980s, after a decade working as film-makers for the AIAS, the MacDougalls resigned from the Institute since they felt that it was no longer tenable for non-Aborigines to hold their position there. In an interview given in 1994, David commented that he felt in retrospect that the participatory mode of film-making that he and Judith had developed in Australia had been merely a transitional strategy, appropriate to a particular historical moment, but no longer valid once Aboriginal film-makers had begun producing their own material. As he explained it:

in a sense it was a kind of idealisation, perhaps, of a notion of solidarity between Aboriginal people and sympathetic Whites. My view of it now is that it was a kind of film-making that rather confused the issues. In those films one never really knows quite who's speaking for whom, and whose interests are being expressed. It is not clear what in the film is coming from us and what is coming from them. it's a slightly uncomfortable marriage of interests that masks a lot of issues. [2]

Since leaving the AIAS, the MacDougalls have moved the main location of their film-making to India whilst returning to a more authored form of film-making reminiscent in certain senses of their earlier work in Africa. Although their work remains participatory in the sense that their films clearly emerge from an intimate conversation with the subjects, authorship remains unambiguously with the film-maker.

## The hypermedia reader-spectator as author

The origins of the most recent example of the tendency to minimize the role of authorship in ethnographic audiovisual representation can be traced back to the late 1980s or early 1990s and to the arrival of 'hypermedia', that is, multimedia technology with the added functionality of interactivity. The use of this technology has now become commonplace in ethnographic research and there is no doubt that it offers a means of manipulating visual images in conjunction with related sound and text files with unprecedented ease. But forall the ambitious claims associated with it, the promise of a distinctive hypermedia genre of ethnography that will be as important as written texts, or even as prominent as films or videos, remains unfulfilled. To date, some twenty years after an interest in the potential of hyper-media first emerged in academic circles, it is difficult to think of a single hyper-media work that has taken the anthropological world by storm, or which has a-chieved the widespread distribution or influence of films such as *The Hunters*, *The Feast* or the *Turkana Conversations* trilogy in their respective hey-days, let alone achieved the impact of the textual best-sellers. Under the fashionable rubric of 'digital visual anthropology', transformative scenarios continue to be anticipated by hypermedia advocates, but they always seem to be just around the corner, when further technological developments will make them all possible.

However, I suspect that the main reason why hypermedia have not had a major impact to date is not because the technology has not yet quite reached the required level of sophistication. Rather I would suggest that it is because at the heart of these visions of the future of hypermedia ethnography, there lies the opti-mistic assumption that it will be created by some cadre of super-authors who will use this technology to do more than merely aggregate all their field-notes, video images and sound recordings into one large stockpile. Instead it is envisaged that in order to enable future readers to navigate between the various bodies of their ethnographic material, these super-authors will somehow establish a series of linkages so that their materials can be used not just for pursuing answers to questions that they themselves might think significant, but also for pursuing answers to as yet unknown questions that future readers might wish to pose. As Gary Seaman and Homer Williams, two early proponents of hypermedia ethnography put it, 'instead of having to maintain a single train of thought, the ethnographer will have to establish a structure that allows multiple points of access while still maintaining a consistent point of view'. [1]

But this seems to me to be essentially a contradiction in terms, reminiscent of the fantastical short story by the Argentinian writer Jorge Luis Borges, in which an ancient Chinese author aims to write a novel in which all the possible outcomes of the events in the story would be simultaneously pursued. [2] Even Seaman and Williams admit that the goal of organising linkages between bodies of ethnographic material so that they can be accessed for an infinitude of future purposes is one that is 'easily stated' but 'is a frightfully time-consuming proposition to carry out'. [3]

Given the difficulty, if not impossibility, of this task and also judging by the examples of hypermedia ethnography that have appeared to date, it would seem that the best that one can hope for from this technology is the assembly of aggregations of diverse ethnographic materials between which a limited number of linkages have been made possible by the authors. These hypermedia collections can be very useful as repositories of both ideas and data, but from a conceptual point

千禾学人讲演录（第一辑）

---

[1]  Seaman and Williams, 1992: 310.

[2]  The story in question, *The Garden of Forking Paths*, although first published in 1941, before the advent of computers, has been hailed in new media studies as some sort of precursor of hypertext. Significantly, modern authors who have attempted to emulate Ts'ui Pên, Borges' fictional Chinese author, have, like him, failed to complete what would appear to be an impossible task. See http://iat.ubalt.edu/moulthrop/hypertexts/forkingpaths.html.

[3]  Seaman and Williams, 1992: 308.

of view, the principles on which they are based are hardly revolutionary. Essentially, they are no different to the principles on which textual encyclopaedias have been organised in the West since at least the eighteenth century. The main difference is simply that moving images and sound recordings can also be added to the modern hypermedia encyclopaedia. In itself, this is a great asset, but it is difficult to see how this alone could have the transformative impact on ethnographic representation that some hypermedia proponents are hoping for.

In any case, whatever the future may hold for hypermedia ethnography, it seems to me unlikely that film-making as a mode of ethnographic representation will be rendered obsolete by this technology, as the most sophisticated advocates of hypermedia do indeed recognize. [1] In essence, this is because the two technologies deliver different things. Ethnographic film, at least in its most sophisticated documentary form, offers the opportunity to communicate an experiential form of understanding of the world of its subjects, whereas hypermedia is concerned primarily with the delivery of large bodies of data or, at best, with the making possible of conceptual provocations brought about by the juxtapositioning of those bodies of data.

In aiming to deliver experiential understandings, an essential strategy of the accomplished ethnographic film-maker is to engage the reader-spectator in the unfolding of a particular narrative, whilst at the same time deploying as skillfully as he or she knows how, all the cinematic rhetorical devices at their command to convince the audience of the reality of the world portrayed and of the sentiments of the people who inhabit it. The complexity of the inscription of a film, both aurally and visually, is such that the author can never entirely control the interpretations of the reader-spectator-nor would this be desirable. But the author's aim is to enclose the reader-spectators in a world within which they make those interpretations. The traditional circumstances of viewing, often in a darkened room surrounded by fellow audience members and without any possibility of stopping or advancing the film, further encourage this sense of enclosure.

---

[1]  See, for example, Pink, 2011: 220.

However, it is precisely from this enclosure within the world created by the author that the proponents of hypermedia ethnography seek to free the reader-spectator. Instead, they envisage a future in which the reader-spectator, acting as an audience of one and liberated from the constraints of the linear sequential narrative mode imposed by the author, will be free to range widely across a broad spectrum of audiovisual texts, constructing their own filmic worlds through their own narrative pathways. This sounds rather grand and is often associated in the hypermedia literature with a rhetoric of empowerment and democratization. But the reality is rather less impressive. What little systematic evidence that is currently available regarding the way in which people actually use hypermedia suggests that they flit from link to link without sustained engagement with any one particular page. The general message is that whilst hypermedia can offer a very effective means of gathering information, they do not encourage any depth of reflection about that information. ①

In short, the consequence of the supposed freedom of reader-spectators to engage at will with the broad variety of worlds on offer in the hypermedia warehouse is that their encounter with the human subjects who inhabit those worlds is typically transitory and superficial, entirely lacking the more experiential engagement that ethnographic film in the hands of the most skilful authors can provoke. At the risk, perhaps, of overstating the contrast, one could say that surfing through hypermedia links can be compared to the viewing of a complex authored ethnographic film in the same way that the perusal of a telephone directory can be compared to the reading of a complex literary novel. Thus whilst there may well be a very important role for hypermedia technology in contemporary 'digital visual anthropology', it is surely a very different role to the one that can be filled by authored ethnographic film-making.

## The contemporary ethnographic film-maker as author

Although they may have attempted to do so over many years, ethnographic

---

① See http：//www. ucl. ac. uk/infostudies/research/ciber/GG2. pdf.

film-makers have found it impossible to circumvent the implications of authorship: whether they like it or not, ethnographic film-makers, just like ethnographic writers, are authors, though they 'write' with images and sounds rather than words. But if authorship is the inevitable corollary of making an ethnographic film, what kind of authorship is most appropriate to ethnographic film-makers working at the beginming of the 21st century? This is an important question that deserves extended treatment elsewhere. By way of conclusion, here I can offer only a few brief comments.

In formulating any kind of answer to this question, one should begin by asserting the right of ethnographic film-makers to explore the full range of available modes of cinematic authorship. Rather than seeking to restrict ethnographic film-makers, we should be asking which authorial strategies can enable them to achieve their goals most effectively. At the same time though, if a given film is to be considered ethnographic, it is reasonable to expect it to conform, at least to some degree, to the characteristics of contemporary ethnographic practice, including the modes of authorship associated with this practice. Yet having said that, one should also recognize that ethnography is no longer confined to anthropology but also now straddles many other academic disciplines. It is even practiced outside academic life by market research agencies and similar organizations.

But what is common to all these ways of doing ethnography is the principle of prolonged immersion in the life of the subjects, and the development of communicative competence, both linguistically and in other senses, that allows the researcher to become a participant and as well as an observer of the subjects' world. Such participant-observation over a significant period typically requires the development of mutual respect and understanding between researcher and subjects, and one would expect this to be reflected in the adoption of some participatory mode of authorship in the realization of any film made within the framework of that relationship.

Even though the film-maker should take ultimate responsibility for the authorship of this film, one would also expect him or her to remain respectful of the subjects' view of the world, seeking to understand it rather than to criticize or belittle it. This is essentially an ethical posture but it also has certain aesthetic consequences. For if film-makers subject their rushes to major aesthetic transformations, be it in the form of elaborate special effects, dominant extraneous music, or the radical rupturing of normal temporal progressions through montage, there is a risk that the subjects of the film will become mere hostages to the cinematic ambitions of the film-maker. All these devices may have their place in certain situations, but should be used only in moderation so that they do not submerge the subjects and their world. The centre of gravity of an ethnographic film, I suggest, should always be the voices of the subjects and the everyday sounds, movements and colours of their world.

In short, contemporary ethnographic film-makers should adopt what David MacDougall has called 'a stance of humility before the world'. [1] Although they should not hesitate to take authorial responsibility for their work, they should aim to develop their ideas in collaboration with their subjects. Similarly, whilst not denying their authorship and not being afraid to use the language and techniques of cinema to present their work, they should be self-denying in an aesthetic sense, not with the aim of achieving the chimerical scientific objectivity to which their predecessors aspired, but rather out of respect for the subjects whose world they have taken the liberty to represent.

## References

Asch, Timothy (1979). Making a Film Record of the Yanomamo Indians of Southern Venezuela. *Perspectives on Film* 2 (August): 4 – 9, 44 – 9. University Park: the Pennsylvania State University.

Asch, Timothy, John Marshall and Peter Spier (1973). Ethnographic Film: Structure and Function. *Annual Review of Anthropology* vol. 2, pp. 179 – 185.

Aufderheide, Patricia (1995). The Video in the Villages Project: Video-making with and by Brazilian Indians. *Visual Anthropology Review* 11 (2): 83 – 93.

Biella, Peter (2004). *The Ax Fight* on CD – ROM. In E. D. Lewis, ed., Timothy

---

① MacDougall, 1998: 156.

Asch and Ethnographic Film, pp. 239 – 262. London and New York: Routledge Harwood Anthropology .

Biella, Peter, Napoleon A. Chagnon and Gary Seaman, eds. , ( 1997 ) . Yanomamö Interactive: The Ax Fight. CD – ROM. Case Studies in Cultural Anthropology Multimedia Series. Harcourt Brace College Publishers.

Chalfen, Richard ( 1992 ) . Picturing Culture Through Indigenous Imagery: a Telling Story. In Peter Crawford & David Turton, eds. , Film as Ethnography, pp. 222 – 241. Manchester University Press.

Connor, Linda, Patsy Asch and Timothy Asch ( 1986 ) . Jero Tapakan: Balinese Healer. An Ethnographic Film Monograph. Cambridge University Press.

Elder, Sarah ( 1995 ) . Collaborative Filmmaking: An Open Space for Making Meaning, a Moral Ground for Ethnographic Film. Visual Anthropology Review 11 ( 2 ) 94 – 101.

Flores, Carlos ( 2007 ) . Sharing Anthropology: Collaborative Video Experiences among Maya film-makers in Post-war Guatemala. In Sarah Pink, ed. , Visual Interventions: Applied Visual Anthropology, pp. 209 – 224. New York and Oxford: Berghahn.

Ginsburg, Faye ( 1994 ) . Culture/Media. A ( mild ) Polemic. Anthropology Today 10 ( 2 ): 5 – 15.

Ginsburg, Faye ( 1995 ) . Mediating Culture: Indigenous Media, Ethnographic Film, and the Production of Identity. In Leslie Devereaux and Roger Hillman, eds. , Fields of Vision: Essays in Film Studies, Visual Anthropology, and Photography, pp. 256 – 291. Berkeley, Los Angeles and London: University of California Press.

Ginsburg, Faye ( 2002 ) . Screen Memories: Resignifiying the Traditional in Indigenous Media. In Faye D. Ginsburg, Lila Abu Lughod and Brian Larkin, eds. , Media Worlds: Anthropology on New Terrain, pp. 39 – 57. Berkeley and Los Angeles: University of California Press.

Ginsburg, Faye ( 2011 ) . Native Intelligence: a Short History of Debates on Indigenous Media and Ethnographic Film. In Marcus Banks and Jay Ruby, eds. , Made to be Seen: Perspectives on the History of Visual Anthropology, pp. 190 – 208. Chicago and London: The University of Chicago Press.

Griffiths, Alison ( 2002 ) . Wondrous Difference: Cinema, Anthropology and Turn-of-the-century Culture. New York: Columbia University Press.

Grimshaw, Anna & Nikos Papastergiadis ( 1995 ) . Conversations with Anthropological Film – makers: David MacDougall. Prickly Pear Press, no. 9.

Henley, Paul ( 2009 ) . The Adventure of the Real: Jean Rouch and the Craft of Ethnogra-

*phic Cinema*. University of Chicago Press.

Henley, Paul (2010). Postcards at the Service of the Imaginary: Jean Rouch, Shared Anthropology and the Ciné – trance. In Robert Parkin and Anne de Sales, eds. , *Out of the Study and into the Field: Ethnographic Theory and Practice in French Anthropology*, pp. 75 – 102. Oxford: Berghahn Press.

Henley, Paul (in press). The Prehistory of Ethnographic Documentary. In Brian Winston, ed. , *The Documentary Cinema Book*. Palgrave Macmillan Jacknis, Ira (1988) Margaret Mead and Gregory Bateson in Bali: Their Use of Photography and Film. *Cultural Anthropology* 3 (2): 160 – 177.

MacDougall, David (1997). The Visual in Anthropology. In Marcus Banks and Howard Morphy, eds. , *Rethinking Visual Anthropology*, pp. 276 – 295. New Haven & London: Yale University Press.

MacDougall, David (1998). Whose Story Is It? In David MacDougall, *Transcultural Cinema*, pp. 150 – 164. Princeton University Press.

Marshall, John (1993). Filming and learning. In Jay Ruby (ed. ), *The Cinema of John Marshall*, pp. 1 – 133. Harwood Academic.

Mead, Margaret (1995). Visual Anthropology in a Discipline of Words. In P. Hockings (ed) *Principles of Visual Anthropology*, 2nd edition, pp. 3 – 10. Berlin & New York: Mouton de Gruyter.

Rony, Fatimah Tobing (1996). *The Third Eye: Race, Cinema and Ethnographic Spectacle*. Duke University Press.

Rouch, Jean (1995). The Camera and Man. In Paul Hockings, ed. , *Principles of Visual Anthropology*, 2nd edition, pp. 79 – 98. Berlin & New York: Mouton de Gruyter.

Ruby, Jay (1995). Out of Synch: the Cinema of Tim Asch. *Visual Anthropology Review* 11 (1): 19 – 35.

Ruby, Jay (2000). *Picturing Culture: Explorations of Film and Anthropology*. Chicago & London: University of Chicago Press.

Seaman, Gary & Homer Williams (1992). Hypermedia in Ethnography. In Peter Crawford & David Turton, eds. , *Film as Ethnography*, pp. 300 – 311. Manchester University Press.

Tierney, Patrick (2000). Darkness in El Dorado: *How Scientists and Journalists Devastated the Amazon*. New York and London: W. W. Norton.

Turner, Terence (2002). Representation, Politics, and Cultural Imagination in Indigenous Video: General Points and Kayapo Examples. In Faye D. Ginsburg, Lila Abu Lughod

千禾学人讲演录（第一辑）

and Brian Larkin, eds. , *Media Worlds: Anthropology on New Terrain*, pp. 75 – 89. Berkeley and Los Angeles: University of California Press.

Winston, Brian ( 1988 ) . Before Flaherty, Before Grierson: the Documentary Film in 1914. *Sight and Sound* 57: 277 – 279.

Winston, Brian ( 1995 ) . *Claiming the Real: the Documentary Film Revisited.* London: British Film Institute.

Young, Colin ( 1995 ) . Observational Cinema. In P. Hockings ( ed ) *Principles of Visual Anthropology*, 2nd edition, pp. 99 – 113. Berlin & New York: Mouton de Gruyter.

Zhang, Zhongyun, ed. , ( nd ) . The Eye of the Villager: Yunnan and Vietnam Community-based Visual Education and Communication. *Yunnan Academy of Social Sciences.*

Authorship in Western Ethnographic Film-making:A Selective History

# 论析中华菁英的智谋文化<sup>*</sup>

## 乔　健

**嘉宾简介：乔健**　台湾大学人类学系学士、硕士，美国康乃尔大学人类学系哲学博士。先后任教于美国印第安大学（1966～1976）、香港中文大学（1976～1995）及台湾东华大学（1995～2005）。现任世新大学讲座教授。被聘为东华大学荣誉教授、中央民族大学荣誉教授、香港中文大学人类学讲座教授、山西大学荣誉教授、山西大学华北文化研究中心荣誉主任。先后创建了香港中文大学人类学系、东华大学族群关系与文化研究所，并分别担任首任系主任、所长。研究领域：文化人类学、社会结构与政治行为、宗教与祭仪、文化咨询。主要著作有《印第安人的诵歌：中国人类学家对拿瓦侯、祖尼、玛雅等北美原住民族的研究》，《飘泊中的永恒——人类学田野调查笔记》，《文化、族群与社会的反思——社会学人类学论丛》等。

---

* 本文系乔健教授 2011 年 6 月 22 日在中山大学千禾学术论坛上发表的讲演。

我今天讲的题目是"论析中华菁英的智谋文化"。在开讲之前，先要说明两点。第一点，这是从人类学的观点来讨论一个相当复杂的问题。我开始做这个研究是在1976年，40多年以前了，但即使到了现在恐怕还没有一个人类学家做过这样复杂的研究，所以我希望能至少提供一个系统的人类学研究的观点与理论架构。第二点，去年11月是费孝通先生诞辰100周年，同年12月5日费老在英国攻读博士的伦敦政经学院（LSE）与贵院共同举办了纪念费老的国际研讨会。周大鸣院长作为主持人之一也出席了会议，并作了演讲，同时也邀请我去作一主题演讲。由于过去我和费先生紧密合作了20多年（1980～2003），对这次邀请我自是义不容辞，讲题是《文化自觉、历史功能论与智谋研究》（乔，2012），与今天我讲的会有不少重复的地方，这是我要向各位说明的第二点。不过在LSE的演讲重点在解说费老的两种理论：一种是他晚年提出的"文化自觉"，另一种是他一生奉行的"功能论"，只是他在运用功能论时，一直强调历史因素的重要性，这与主流的英国功能论迥异，所以我称之为"历史功能论"（乔，2007）。智谋研究只是作为解说这两种理论时的案例，不是演讲的重点。在这次演讲中，智谋研究是重点，只在相关处才谈到一些费老的理论，但是两篇演讲，重复仍然不少，还要请大家多多包涵。

我对智谋的研究，从1976年开始，我那时在香港中文大学教书，还向美国哈佛燕京社申请了一个基金专做这个研究。从那个时候开始我断断续续写了十几篇关于智谋的文章，大部分都列在这个演讲稿后面，有一大半是用英文写的（Chiao，1977、1981、1986、1988、1989、1995、2008），有部分是中文写的（乔，1981、1982、1995、2012），各位可以参考一下。读了费老"文化自觉"一系列论文后才觉着这些原来乃是我的文化自觉。所谓"智谋"包括了"计谋"（stratagem）与"策略"（strategy）。我之前的研究都用计策一词。因见近年来企业界竞相援引《易经》、《孙子兵法》、《三十六计》等经典于其行销及管理的策略或战略中，于是决定参照胜雅律（2006）巨著改用"智谋"一词，兼顾了"计谋"的运用与"策略"的设计，并且排除了任何与"阴谋诡计"有关的联想。

我在研究智谋的时候，碰到的第一个问题便是研究方法。费先生说他学人类学便是要在里面找到一个有效的理论与方法来了解中国的问题。我自己开始做这个研究的时候，我注意到只有一位人类学家做了这个研究，叫 Bailey，他有一本书叫 *Stratagems and Spoils: A Social Anthropology of Politics*。他原来在英国教书，这本书便是讲英国学校里面的事。这本书让他成了名，后来他就移民到美国，陆续出版了十几本书，差不多都有关智谋的研究。不过他用的方法对研究中国的智谋太简单了一点，对我的帮助不大。找了很长时间以后，终于在 Turner 书里面找到一些启发，他也是一位英国人类学家，曼彻斯特（Manchester）大学的博士，主要偏重仪式的研究，现在早已是象征人类学大师。Turner 是在 1963 年来到康乃尔大学（Cornell University）的。不过他来到康大的时候我正在忙着准备我的博士学位终考，所以我没能去选他的课，只去旁听他的课，也看他的书，只是当时我还没有想到要做智谋研究。等到要做智谋研究的时候，重新回头看他的书，却发现他的书对我启发很大。在 Turner 众多论著中，启发我最大的是康大为他出版的 *Dramas, Fields, and Metaphors* (1974)。这书题标的三个概念正是我建构智谋研究理论架构的三大基石。

首先 Dramas 一词，即书中一开始便论述的社会剧（Social Dramas）的简称。所谓社会剧是把人类的社会活动视若戏剧，社会就是舞台。这与中国人"人生如戏"的概念正相吻合。表达这概念的诗文小说，俯拾皆是。譬如《红楼梦》第一回甄士隐对疯道人"好了歌"所唱的批注：

> 乱烘烘，
> 你方唱罢我登场。
> 反认他乡是故乡。
> 甚荒唐，
> 到头来，
> 都是为他人作嫁衣裳。

凡展演智谋必涉及他人，因而必形成社会剧。展演的人都是智谋者（strategists）。智谋的社会剧可大可小。宏观而言，可依毛泽东著名的《沁园春·雪》词中所列的历史人物：

> 江山如此多娇，引无数英雄竞折腰。
> 惜秦皇汉武，略输文采；
> 唐宗宋祖，稍逊风骚。

一代天骄，成吉思汗，只识弯弓射大雕。

俱往矣，数风流人物，还看今朝。

词中所列的那些历史上的统治者以及"今朝风流人物"，都是上引歌中"你方唱罢我登场"的角色。虽朝代不同，政情有异，但他们所展演的智谋则有高度的延续与重复，同时，他们也成为后人模仿与参考的对象。微观而言，社会剧可降低到个人层次。就个人生命中重要事项如入学、就业、婚姻以及其亲人的生、老、病、死等，都可记录与分析，可惜我迄今仍未有工夫做这方面的调查研究。不过，不论是宏观或微观，都必须考虑其过去、现在及未来三种时间相的关系，也就是说要充分应用费老所谓"三维一刻"或"活历史"的历史观（乔，2007：7）。特别是从宏观面看社会剧中的智谋展演，研究者必须对中国历史与文化有深度理解，才能对其主角所展演的智谋有充分掌握与正确诠释。费孝通先生的文化自觉与历史功能论在这里无疑都会发挥高度的解析功能。我因而称这智谋展演为"智谋文化"，是中华文化中特别的一部分，与中华文化一样源远流长。

对于上述社会剧中的舞台，现代社会科学有不少专门术语来指涉它。较常见的如 frame（Goffman，1974：11）、field（Turner，1968：6）和 arena（Turner，1974：17；Orum，1979：38）。Turner 的书中则并用 field 与 arena。我在自己的智谋研究中，选用三者中最为通用的 arena，并译之为"赛场"。赛场是智谋展演的唯一场所。它有界限，有中心或中心舞台，但这些都不是以地域的概念，而是以社会概念如角色、关系等来界定。同时它还有一座储有一切关联智谋的价值、意义与资讯的库藏（repertory）。所有处身于赛场中的智谋者都可以透过一定途径接触，进入与取用这丰富库藏。

中国的智谋者，主要是政治上的菁英分子，都很清楚地意识到"赛场"的存在。对于"赛场"，他们有数种比喻式的说法。譬如人们常说"争名于朝，争利于市"。这里的"朝"便是"赛场"，并非具体地指朝廷而是比喻式地泛指那争夺名利、地位、权力的空间。更通行的一种比喻是把"赛场"叫做"江湖"，譬如说"人在江湖，身不由己"。

"朝"与"江湖"都是指全国性的赛场，专指一地方的比喻也有，譬如杜甫便有诗说："闻到长安似弈棋，百年世事不胜悲"。不过长安既是唐王朝的首都，也可以说是代表全国性的赛场。这些表达全国赛场的比喻——"朝""江湖""棋局"……其意义都很模糊和抽象。不过中国的菁英对它的存在包括其中心、范围及内涵都有明确的认识。赛场确实是社会的核心,是菁英展现其思维与行动的场所,因而便是任何认真从事文化自觉的人们首要深入探究的地方。

同样的,赛场中的库藏(repertory)储存着丰富的资讯提供智谋者设计他们所需要的智谋。不过它不是图书馆,也没有书籍,资讯只储存在赛场上智谋者的共识中,而资讯系借由隐喻式(metaphorical)的转化才能成为可施用的智谋。于是隐喻(metaphor)便是我受 Turner 启发,建立其智谋研究的理论架构的第三个基本概念。有关资讯以何种形式储存于人的共识中,又如何经隐喻式转换为智谋,我在论述其理论架构的论文(Chiao,2008:121~128)中已有详细论述,这里不再重复。

上述建筑在"社会剧"、"赛场"、"隐喻"三块基石上的理论架构,对于调查、研究、分析智谋问题确是一个有效的方案。不过这个理论架构连同我据之所撰的论文,以及其他种种有关智谋的论著,都只能教人去如何认识、了解智谋的本质与功能,却都无法教人如何使用,如何成为智谋高手。要成为智谋高手唯一的办法是长期置身赛场与场上人积极互动、竞争、操演,于实地行动中养成高手。这正如一个人要成为好球手,绝不可能只靠阅读球赛教本,必须不断在球场上操演、竞赛,方能成为好球手。只是有关运用智谋的规则、相关的人格修养及道德则可以由老师事先作周详说明,恳切教道,庶几可以避免损人害己,造成不能挽救的失误。历史上张良与圯上老人的故事正可说明此点。《史记》卷五十五《留侯世家第二十五》记录了这个故事,兹节录如下:

> 良尝闲从容步游下邳圯上,有一老父,衣褐,至良所,直堕其履圯下,顾谓良曰:"孺子,下取履!"良愕然,欲殴之,为其老,强忍,下取履。父曰:"履我!"良业为取履,因长跪履之。父以足受,笑而去。良殊大惊,随目之。父去里所,复还,曰:"孺子可教矣。后五日平明,与我会此。"良因怪之,跪曰:"诺。"五日平明,良往。父已先在,怒曰:"与老人期,后,何也?去。"曰:"后五日早会。"五日鸡鸣,良往。父又先在,复怒曰:"后,何也?去。"曰:"后五日复早来。"五日,良夜未半往。有顷,父亦来,喜曰:"当如是。"出一编书,曰:"读此则为王者师矣。"……遂去,无他言,不复见。

旦日视其书，乃《太公兵法》也。

宋代苏轼撰《留侯论》对此故事有独到的看法与诠释。兹也节录于下：

> 夫子房受书于圯上之老人也，其事甚怪；然亦安知其非秦之世，有隐君子者，出而试之。观其所以微见其意者，皆圣贤相与警戒之义；而世不察，以为鬼物，亦已过矣。且其意不在书。

> ……子房以盖世之材，不为伊尹、太公之谋，而特出于荆轲、聂政之计，以侥幸于不死，此固圯上之老人所为深惜者也。是故倨傲鲜腆而深折之。彼其能有所忍也，然后可以就大事，故曰"孺子可教"也。

> ……夫老人者，以为子房才有余，而忧其度量之不足，故深折其少年刚锐之气，使之忍小忿而就大谋。何则？非有平生之素，卒然相遇于草野之间，而命以仆妾之役，油然而不怪者，此固秦皇之所不能惊，而项籍之所不能怒也。

> 观夫高祖之所以胜，而项籍之所以败者，在能忍与不能忍之间而已矣。项籍唯不能忍，是以百战百胜而轻用其锋；高祖忍之，养其全锋而待其弊，此子房教之也。当淮阴破齐而欲自王，高祖发怒，见于词色。由此观之，犹有刚强不忍之气，非子房其谁全之？……

苏轼的解释是圯上老人见张良的主要目的不在赠书，也不是要教他智谋与兵法，而是教他人格的修养及道德，也就是运用智谋的最基本原则，其重点在"忍"。所以他要在赠书之前想尽办法给张良羞辱与挫折，务使其领悟到"忍"的绝对重要性。结果终能使他辅佐刘邦击败项羽，取得天下。再看当前台湾政坛，陈水扁曾被公认为顶级智谋高手。在当选"立委"、台北市长之后，竟能以弱势击败强势的连战、宋楚瑜两人，获选"总统"。四年之后，再施智谋得逞，获选连任。却在连任完结之时即遭法院以贪污重罪起诉，身陷囹圄。身败、名裂、家破而社会受损。假设陈氏有幸及早遇到了而且接受了圯上老人式的教导，结局应能完全不同。可见智谋运用背后之人格与道德才是最后成功的最重要因素。

## 结语

记得我早在 1980 年在台北"中研院"主办的国际汉学会议上宣读了一篇有关智谋文化的英文论文（Chiao, 1981）。会后，有同事指责我说："你怎么好意思把这样邪恶的东西讲给外国学者听？"持此一看法的学者现在恐怕仍有。可喜的是，瑞士汉学家胜雅律（2006）穷毕生之力，勤研中国的三十六计，终使中国的智谋文化（他称之为智谋学）不单在两岸，连在欧美都成了显学，特别是在工商管理方面。大陆的国防大学更设有"军事智谋研究中心"，"智谋学"成为必修课。胜雅律认为中国有世界上历史最悠久、内涵最丰富的智谋文化，而且他坚信中国自始即认为智谋是中性的。正如汉刘向在《说苑》所说："夫权谋有正有邪；君子之权谋正，小人之权谋邪。"

胜氏在研读中国智谋，在中国学成回到瑞士任职后，经验到与我自美国回到香港中国社会类似的震撼经验：

> 自 1977 年到 1985 年在为撰写《智谋》一书做准备工作时，我在苏黎世大学人文学院及其东亚研究所不但看到了许多蠢事，同时也见识到了许多令人惊愕的诡计。在这种充满"计"与"谋"的氛围中，我对"智谋"的认识又更上了一层楼。真正步入社会后的这种亲身感受和体验，使我意识到，使用计谋并不是中国所特有的现象，而是全人类的一个共同特点。
>
> 一旦有了自己周围小范围内的智谋实践的体会之后，我开始尝试着透过西方社会的许多假象，去发现其幕后所隐藏的各种阳谋和阴谋。当然，我对西方社会更深入一层的了解，是在有了中国智谋学，尤其是三十六计的理论基础之后才可能实现的。没有中国智谋学的明灯照耀，我永远无法透视西方社会中的这种禁区。（Ibid.: 2）

于是他积极倡导"通过中国了解人类"。（Ibid.）

## 引用书目

杜甫：《秋兴八首》，《杜诗引得》第二册（九家集注杜诗），洪业等编纂，台北：Chinese Materials and Research Aids Service Centre, Inc. Reprint, 1996。

胜雅律（Harro von Senger）：《智谋》（*Strategeme*），袁志英、刘晓东等译，上海：上海人民出版社，2006。

乔健：《中国文化中的计策问题初探》（*A Preliminary Investigation on the Strategies in Chinese Culture*），见《中国的民族、社会与文化》，李亦园、乔健主编，台北：食货出版社，1981，第 1 ~ 13 页。

乔健：《关系刍议》（*Kuanhsi: A Preliminary Discussion on the Chinese Concept of Personal Network*），见《社会及行为科学研究的中国化》，杨国枢、文崇一主编，台北："中央研究院"民族学研究所，1982，第 345 ~ 360 页。

乔健：《人在江湖：略说赛场概念在研究中国人计策行为中的功能》（*Usefulness of the Arena Concept and Behavior*），见《中国人的观念与行为》（*Chinese Concept and Behavior*），乔健、潘乃谷主编，李沛良、金耀基、马戎编辑，天津：天津人民出版社，1995。

乔健：《试说费孝通的历史功能论》，《中央民族大学学报》2007 年第 1 期，第 5 ~ 11 页。

乔健：《文化自觉、历史功能论与智谋研究》，见《理解中国，与中国人沟通——纪念费孝通先生诞辰 100 周年》，王斯福、常向群等主编，台北：华艺，2012，印行中。

Bailey, F. G., *Stratagems and Spoils: A Social Anthropology of Politics*. Oxford: Basil Blackwell, 1970.

Chiao, Chien. "Use of History as a Political Strategy by the 'Gang of Four'". In *The Gang of Four: First Essays after the Fall*. Steve S. K. Chin, ed. Hong Kong: Center of Asian Studies, The University of Hong Kong, 1977.

Chiao Chien. "Chinese Strategic Behaviors: A Preliminary List". *Proceedings of the International Conference on Sinology (Folklore and Culture Section) held in Taipei*, 15 – 17 Aug 1980. pp. 429 – 440. Taipei: Academia Sinica, 1981.

Chiao Chien. "Games Are Forever: A Preliminary Discussion on Continuity and Change in Manipulative Behavior of the Chinese". In *Asian Peoples and Their Cultures: Continuity and Change*. Sang – Bok Han, ed. Seoul: Seoul National University Press, 1986. pp. 241 – 258.

Chiao Chien. "Chinese Strategic Behavior: Some General Principles". In *The Content of Culture: Constants and Variants. Studies in Honor of John M. Roberts*. Ralph Bolton, ed. New Haven: HRAF Press, 1988. pp. 525 – 537.

Chiao Chien. "Study of Chinese Strategic Behavior: Some Methodological Considerations". *Proceedings of First Interdisciplinary Symposium on Chinese Psychology and Behavior*, held 28 – 30 December 1989 in Taipei. pp. 623 – 634.

Chiao Chien. Strategic Behavior of Chinese Political Elite. *Department of Anthropology, The Chinese University of Hong Kong. Working paper* No. 2, 1995.

Chiao Chien. "Strategic Behavior of Chinese Elites: An Anthropological Analysis". In*Regel und Abweichung: Strategie und Strategeme*. Bernd Schauenberg and Harro von Senger , eds. Berlin: Lit Verlag, 2008.

Goffman, Erving. *Frame Analysis*. New York: Harper Colophon Books, 1974.

Orum, Anthony M. Social Constraints in the Political Arena: A Theoretical Inquiry in Theory Form and Manner. *Political Behavior*. Vol. 1 No. 1. 1979. pp. 31 – 52.

Turner, Victor. Mukanda: The Politics of a Non – political Ritual. In *Local-level Politics*. Marc J. Swartz ed. , pp. 135 – 150. Chicago: Aldine Publishing Company, 1968.

Turner, Victor. *Dramas, Fields, and Metaphors*. Ithaca, N. Y. : Cornell University Press, 1974.

千禾学人讲演录（第一辑）

# 社会工作的使命、机遇和作用：国际与历史的考察[*]

陈社英

**嘉宾简介：陈社英** 美国纽约佩斯大学终身教授，学术副校务长，《国际社会政策与行政》及《国际老年研究》等丛书主编、《加拿大社会学刊》客座编辑。主要研究领域为社会工作与社会政策，在发展战略研究中独创总体公共政策与经济国家及其变迁学说，对公共政策与社会经济发展、组织管理、高等教育等有深刻见解，著述丰富。1990 年代与深圳市政府合作首创中国高级人才境外培养工程，21 世纪初作为美中教育基金会特聘顾问赴上海创建社区学院体制。

---

* 本文系根据陈社英教授于 2011 年 11 月 12 日在中山大学千禾学术论坛上的演讲整理而成。

**主持人蔡禾教授：**同学们早上好！今天很高兴我们请来陈社英教授，陈社英教授是中山大学复办社会工作最早的一位老师，陈老师1986年留校以后，当时就和何先生系主任推动这个专业，最早是和香港大学一起开办了国内社工课程，师资培训班来了很多老师，那个时候中大就在社会学课程里面，陈老师以及后来包括蔡舒几位老师，开始了社工教育，所以这段历史是很久的。陈老师后来到香港学习，之后到美国学习，在美国毕业以后一直从事社工教育，这些年又从事学校领导工作。洛杉矶加州大学公共政策与社会研究学院拿的哲学博士和MSW，我那一年到美国访问时他在纽约城市大学里面工作，之后在关岛大学任院长，后来又到印第安纳大学任副校长，目前是纽约佩斯大学副校务长。这些年对国内的人才培养和社会政策、社会工作方面也在积极地做推动，他自己在社会政策、社会工作、组织管理有很多的著述和论文。所以今天非常荣幸能请到陈教授在校庆之日，尤其是我们社工今年也是十年，社会学建系80年，恢复30年，很特殊的日子请来他，大家热烈欢迎。

**陈社英：**非常高兴能够回到母校，也很抱歉因为蔡院长邀请我来已经邀请了很多年，每次就像路过家门而不入，以前到上海是美中教育基金会派回来帮助中国创建社区学院，也是马不停蹄。这次非常高兴在校庆系庆的日子跟大家一起见面，而且用中文演讲，是多年少有的了。

刚才蔡院长把《历史的瞬间，永恒的记忆》打开给我看，抱篮球的就是我（图片）。你们在这里的时光真的是非常宝贵，20年以后、30年以后再回来，再想想你在这里的时光，感觉会跟我一样。

刚才蔡院长已经给大家说了，大致上提了一下，他要我回来讲讲社会工作，而且在这之前我们还有一点交流，他自己感觉在国内一提社会工作就是北大开创，我在印第安纳大学时国内去了一个博士生，向美国人介绍中国社会工作的历史发展也是北大开创社会工作，我说且慢且慢。所以我想跟大家分享一下这一段历史，实际上我当时在国内开始搞社会工作的时候，各地包括北京都是来中大社会学系听课。所以我在推动社会工作的时候，国内还没有其他人做，我倒不是说我个人怎么样，只是还历史本来面目，中国大陆社会工作的重建是从中山大学开始的，比北大更早。

中国的社会工作从现在来看，已经在逐步走向成熟，这是非常令人欣慰的。我自己的感受，过去的30年里有重大的发展。我当年开始搞社会工作的时候，社会工作这个词通常的理解就是在本职工作之外去做一点社会的事情，根本不是我们现在所说的专业社会工作。所以，当时我们在推动社会工作的时候，要让大家理解什么是社会工作，包括什么是社区等等相关的概念都非常不容易。中山大学建系是以社区研究为主要方向，但什么叫社区一般人也没有听说过，因为社会学、人类学、心理学、政治学等学科在50年代初的时候都被取消了。

中国改革开放从1978年开始，但1977年已恢复了高考，接着在教育史上恢复了许多过去被取消的学科，社会学是其中之一，包括社会心理学，还有政治学，等等。社会学首先在三所全国重点大学复办，南开、北大、中大，另外还有上海大学。北大是费孝通先生牵头。南开有过去在奥本尼纽约州立大学的林楠教授相助（当时有最早一批本科生在没读完的最后一年去南开进修社会学）。中山大学则是由原岭南大学社会学系主任杨庆堃教授领衔支持，中国一改革开放他就带了一批教授过来，希望在中山大学（原岭南大学的校址）重新恢复社会学。杨庆堃教授专长是社区研究，他还从匹茨堡等大学引来一帮教授。当时中大81级招了6个硕士生，84级招了21个研究生，建了一个研究生班。这个班是比较系统、比较正规的，因为班大，有21个人，所以请来境外一批教授比较系统地授课。这批研究生毕业的时候，谭老师和我两个人留校（当时也想把蔡老师留下，但他非要回武汉，后来又把他抓回来了。笑）。当时为我们开社会心理学课的是有名的美国波士顿大学陈郁立教授，社区研究是杨庆堃先生亲自上的，社会统计学是香港中文大学李沛良教授主讲。当时我们学的那些东西还是相当扎实、相当系统的，而且是英文或中英文双语讲授。所以作为中国社会学重建早期学子中间的一分子，这是一段很珍贵的记忆。

但是中大社会学还有一个特点，就是社会工作。我们上的课程中，请来了当时中国老一辈社会工作家之一吴桢教授，从南京请来的，他当时给我们讲的是个案工作。我毕业留校以后，接受的一个任务就是在中国，首先是在中大，开展社会工作教育与研究，这就是当时的情况。

从全国来看，当时民政部发生了很大的变化，有一批新领导在民政部担任领导工作，其中崔乃夫任部长，听说他原来在大学当过教务长。他提出一种观点，即民政部门不能像以前那样，要提倡新的思考，要学习理论，学新的方法，怎么样来开创中国社会的新局面。至于更深的社会背景，就要牵涉到我后来写的第一本英文专著《经济国家的社会政策和中国文化下的社区照顾》，等一下我会讲一下为什么写这本书，我觉得非常重要。中国的改革开放把中国的体制给彻底改变了，从"企业办社会"转变到企业就是办企业。但社会由谁来办？变成了一个很大的难题，是不是政府来办社会？政府也没有足够的准备，后来搞社区服务，让社区来办社会，但是社区也没有足够的准备，没有社会工作者，没有专业人才，等等。因此我那本书里的研究，包括通过当时系里面的研究基地去做调查。总之整个社会大背景，经济改革以前企业什么都包，住房给你包，福利待遇也包，医疗也包了，小孩子读书也包了，甚至结婚都包了，你想结婚要单位领导签字，单位领导不批就不能拿到结婚证，企业当时把结婚都管住。后来因为经济改革，把这些包袱都甩掉了，甩给谁就变成一个极大的问题。民政部领导非常有远见，他们就提出来我们要学理论，学什么理论？出访一些国家，通过各种渠道学习，发现社会工作是一个好东西要学，同时大家觉得社区是一块宝地要去开发。一方面鼓动民政系统与高等学校结合起来搞社会工作研究，另一方面鼓动社区、街道、居委会及民政部门研究社区的作用。在这样一种情况下就形成了在中国创建社会工作的大气候。

中国社会工作那么多年没有人专业地去做，虽然请了吴桢这样的老一辈给我们上课，实际上在各个岗位上做的没有专业人员，也没有师资。中山大学地处广州，我们系比较有条件，也有外援，因为有一个美国岭南基金会资助，还有过去岭南大学的系主任引导支持。社工方面找外援则发现香港是一个好地方，香港的社会工作在亚洲是领先的，做得不错。而且香港的老师过来给我们讲有一个好处，语言没有问题，可以用双语来讲。同时香港虽然当时是英属殖民地，已经把西方的社会工作那一套做法在某种程度上本地化了，就是与中国文化的传统融合在一起。所以当时有幸跟香港大学开展了一个三年的合作计划，在中国引进社会工作教育与研究（后来港大方面颜可亲与梁祖彬两教授就此写了一本书，由我译成中文）。当时中方先是由系里老一辈领导穿针引线，后来由我具体负责主持操作。港大最开始是由原社工系主任李希雯女士牵头，这个项目设立后她就退休了，当时从加拿大温哥华请来了UBC大学的颜可亲教授来香港大学做社会工作及行政学系主任，跟我们系签了一个合作协议，共同开展这一项目。

中方具体做事是由我负责，香港大学是梁祖彬教授，还有陈丽云、周永新及后来齐铱教授等。当时的做法是请香港大学的老师来中山大学，我们以84级社会学本科生作为第一批学生，对他们进行系统社工教育训练。香港的老师过来做短期的密集式教学，个案群体工作是 Mary Ho 老师，社区工作是陈丽云老师，社会福利是梁祖彬老师，等等。故我们的84级本科生除了学社会学之外，他们是80年代在中国大陆真正第一批受到系统社会工作训练的大学生。虽然没有正规的 field instruction，但我还是带领他们尽量作了一些调查实习。他们毕业以后港方还与我们合作做了一个调查，看看这些学生最后去了什么地方就业，是不是真正去做了社会工作。当然当时的社会环境不像现在，现在大家开始认识到社会工作的重要。但这是中国社会工作教育史上很重要的一笔，当时国内其他院校还没有人系统地做这些开发工作。

中国重建社会工作教育史上的第二笔，就是当时发现要在中国推动社会工作，最头痛的问题是没有老师。因为中大已经跟港大有了以上社工教育与研究合作经验，而我也在中大首开了社会工作导论、社会政策等自设课程，后来民政部决定举办全国首届社会工作师资培训班，放到哪里去办？当然非中山大学莫属。中大接受了这样的任务，我是这个项目的主持人，负责设计课程，跟港大方面商量，课程怎么开，由谁来讲授，等等，然后民政部发通知到全国最早一批搞社会工作的学校，包括北京民政学校、长沙民政学院、山东大学等等，民政部管理干部学院的老师，还有广州市民政局的人都来听过我的课。我为这个社工师资班开讲第一门课，上课也是跟现在差不多，非常热烈，因为很多人从来没有这样一个机会上社会工作的课程，上完课学员还到我家里来聚。那个班圆满地办完了，从这一笔来说，中大为中国社会工作重建撒下第一批种子，包括师资的种子，这个功不可没（只是不知为什么写中国社会工作史的人——有些还来听过课——对此只字未提）。

后来教育部拨经费正式创办社会工作专业，中大却没有拿到。当时何先生气得大骂，说北大师资没有一个，事没做一点，凭什么给了他们？老规矩近水楼台先得月，没办法。我离开后，蔡舒老师等继续在中大做，但是没有钱，很困难。后来多亏蔡禾院长从武大调回中大，尤其是近年来重新招募师资，包括香港及海外培养的人才，把中大社工基础搞得非常坚固，使我感到莫大欣慰。希望还历史一个本来面目，是中大最早开始中国社会工作的重建。后来中国大陆在国外第一个拿到社会工作硕士博士的人，也是中山大学出来的。北大及其他很多兄弟院校对中国社会工作的发展作出了卓越贡献，令我非常敬佩，不过要说历史谁先谁后，这个次序是不能够颠倒的。在中国社会工作腾飞的现阶段，中山大学社会学社会工作系应该再现一个领导作用，这是我要讲的第一个问题。

第二个问题，是国际的观点。这么多年看社会工作教育也好，实践也好，为什么会有社会工作，历史上是怎么发展起来的，去看西方国家工业化的过程等，那是老生常谈。但中国的情况不一样，从新中国成立以来工业化过程中，30年没有专业社会工作不照样过来了，而且那个时候没有吸毒的。也不是说完全没有，只是控制到很低的程度，很多社会问题都是看不见的。社会工作有还是没有，做法不一样，所以我们说社会工作需求，历史，等等，经过了这么长发展，这一套历史怎么写，与西方国家是不同的。

这里必须讲到当代中国社会是怎么变化的，这牵涉到我的一个理论。我第一本英文书写出来时用了一个词GPP，代表总体公共政策（General Public Policy）。开始我搞社会调查，很一般的政策研究并不是我的范围，我硕士论文做的是老人社区服务，最后又把它拓展成一本书。我为什么谈到总体公共政策呢？因为当时要讲具体的问题，比如说收入保障也好，住房或医疗也好，儿童教育也好，老人服务也好，尤其是老人服务，好多的问题，如"三无"老人谁来管？民政局有一些功能，农村生产队也有功能，但是人民公社解体了，谁来管？城市很多人是独生子，老人尽管有子女，但是儿女在几千里之外工作，这些人谁来照顾？社会福利跟不上，企业也不管了。我到了香港以后，听到的多了，在内地大家报喜不报忧，外面就无所谓了，都来批评或是骂。我感觉到骂是有道理的，但是能帮助中国解决问题吗？我去了美国学社会政策课程的时候，感觉到福利国家战后怎么发展，一些名人出的一些理论，好像和中国有一点风马牛不相及。直到现在，看很多著述都是用那些理论来解释，包括苏联、东欧国家等等，用西方国家生长起来的理论解释这些国家的问题，本身就很成问题。用福利国家的观点去骂，骂的结果会怎么样，并无助于中国的发展。教育为什么不增加？医疗服务为什么倒退？等等，确实都该骂，但是骂可以解决问题吗？是不是有一个历史深层次的原因，这个深层次原因是什么？我要把它找出来。

首先，中国这个国家不是一个福利国家，一开始建立的是一个经济国家。在马克思主义理论指导下的公有制，意味着私人不拥有生产资料，所以生产经营都是政府的责任，政府代表公众来管理经济，这是从功能上看。在结构上，到一个政府大楼去看，不是现在，30年以前，40年以前，那时候煤炭部、纺织部、石油部、机械部，而且是一机部、二机部、三机部等等，都是经济管理部门，还有计委、经委等等。另一方面，却找不到一个很重要的社会福利部门，可能在一个角落有那么一个不起眼的部门叫做民政部，其中小小的一块叫做社会福利，因民政部很大部分是搞基层政权建设以及军队优抚工作等等。所以从结构上面也好，功能分析也好，指导思想也好，中国一开始就不是一个福利国家，而是一个经济国家。

既然是经济国家就要在经济上有突出的成就，但是又没有，搞"文化大革命"的时候是国民经济到了崩溃的边缘，为什么一个经济国家把经济搞成这个样子？因为中国这个社会主义经济国家在最初30年被高度政治化了。先是诞生于国内战争的血与火之中，诞生以后马上被西方国家包围激烈对抗，对内有所谓阶级敌人，接着又是朝鲜战争、越南战争。高度政治化是有这些客观原因的。在主观方面、指导思想方面我就不多说了，个人因素也好，领导人因素也好，对形势的估计也好，政治斗争意识不断地增强，从最早社会主义改造，到后来的"三反"，"五反"，"打右派"，"四清"，最后发展到"文化大革命"。像蔡院长跟我这样年纪的人都知道，那个时候在工厂上班，只要有最高指示下来，赶快把生产工具放下，都去游行庆祝最新指示的发表，生产是可以随时受到冲击，把经济国家的经济建设使命完全抛在一边，成了一个政治的附庸。这就是为什么经济国家落到那么一个悲惨的地步，差点被开除球籍。

1978年改革开放，什么是邓小平一代领导的最大的功绩，我跟一般舆论观点不一样。一般学者分析就是改革、开放，我说那不是。真正最伟大的功绩是去政治化。1978年最伟大的贡献就是经济国家的去政治化，用当年的语言来说就是把党和国家工作的重点转移到经济建设上面来，用我的理论来说就是总体公共政策或GPP的转变，这个才是最根本最关键的。要不然去看看历史，改革开放不是1978年才有的，60年代刘少奇、邓小平在农村搞改革，结果搞成"走资本主义道路的当权派"，因为在那种高度政治化的情况下改革开放是不可能的。所以去政治化才把改革开放变成了可能，前因后果是不可以颠倒的，用句英语俗语来说，就是不能把车放在马的前面。因此，理解中国当代史的关键在于经济国家的政治化和去政治化，而1978年最伟大的功绩就是去政治化，即党和政府工作重点的转移，或叫拨乱反正。

1978年实现工作重点转移之后，中国这个时候是彻头彻尾的经济国家，各地都以GDP作为主要的领导考核指标，引进外资多少，创利多少，等等。甚至整个社会都出现高度的经济化，各种各样的人都纷纷下海经商，这是社会经济发展过程的一段必然。也很自然会想到中国这时作为经济国家会有一番好好的表现。但实际上，中国作为一个完整意义上的经济国家基本上没有机会存在几天，因为经济改革又开始把经济国家去经济化，即国家刚刚去政治化之后马上又开始去经济化。搞经济改革把自主权下放到企业，政府就不用再管那么多，结果很多经济管理部门就没有必要存在了，结构上关停并转，功能方面也大大地减弱。从过去企业唯命是从上缴利润，到后来变为税收，变成间接的调节性管理而不是直接的指令性管理。从这个意义上来说，社会主义经济国家包括中国作为一个经济体系，实际上并没有得到彻底的检验，说社会主义制度好还是资本主义好，仍然缺乏充分的依据。因为经济国家没有好好存在过几天，先是高度政治化，刚刚去政治化后，又马上被去经济化，以致其不再是一个典型的经济国家，而开始向类似福利国家的方向发展。

我上面讲的这些听起来可能像天方夜谭，与社会工作没有关系。但这里面有很深的意义。为什么现在突然人人都在讲社会工作，国外回来的人可能感到奇怪。几届中央全会、人大会都开始说要搞社会工作，上升到这样的层面，更要思考这个问题，为什么30年前不搞，十几年前说也没人听。必须从这个角度来思考，要不然说中国社会工作现在遇到了历史上前所未有的机遇，那会是胡说，没有一点理论根据。凭什么说是前所未有的历史机遇？必须要有理论的解释，通过历史考察和国际比较而得出可信的结论。又，做政策分析不是有一个好的政策概念就可以拿出去执行的，什么事情都是要等机会的，只有机会之窗打开的时候才容易拿出去。这个窗户现在正在打开。在新中国成立头30年讲社会工作没有人听你的，专业社会工作已经被取消；在改革开放最初 20 年里讲社会工作，讲是可以讲，但是没有好多钱，没有好多人，政府并不真正重视。但现在就不同了，GPP 已经真正开始转向，今后不会再是纯 GDP 取向了，要向社会经济真正平衡发展的方向转变，现在钱也有了，社会工作职位也有了，是一个千载难逢的机会。另外一个因素就是全球化，加上科技、互联网的作用，使得社会工作的发展不再是像我当年搞社会工作时那种情形（好在我们还是和香港合作，请外面的人过来）。但现在的教育资源就很多了，包括中大引进优良的师资，有许多海外的学子回来。所以对我们来讲就是抓住这个机会，抓住这个机会要发挥前所未有的重大作用。我们在研究社会政策的时候，不要只见树木不见森林，如果那样就可能帮倒忙。当年国家听你的把所有的钱都用去搞社会福利，还有中国经济的今天吗？改革开放以后以经济建设为中心的那一条路线走了二十多年，是一段历史的必然，没有那一段就不会有今天。今天既然有了这么好的成就，又有这么大社会的呼声，GPP 要转到不要再提以经济建设为中心，而是以经济建设为基础的社会经济平衡发展。在研究社会政策的时候，要有系统的观点，看不同的层次，不光是各个分支，还有总体公共政策。很重要的一点是跟其他的专业合作。

下面我提一点大的问题。在国外有这么一个看法，即过去了的 20 世纪是美国人的世纪，21 世纪是中国人的世纪。信不信由你。但是中国人现在已经让整个世界感到震惊，首先是经济发展超过了日本，很快就要超过美国，成为世界第一经济大国，不是中国的世纪是谁的世纪？但我的看法又稍微有点不同。举一个例子，前不久发生的事情，2 岁的女孩被车轧来轧去，路过的 18 个人视而不见，这是一个什么样的社会？这叫中国世纪，是给世界树立这么一个榜样吗？你不能是一个发达的经济、腐化的社会，这样去震惊全球，不光中国媒体报道，《纽约时报》全球都在报道，中国社会是这样一个状况。所以我说即使在为经济成就自豪的时候，还得给中国世纪打上一个大大的问号。

接下来，我要说中国文化 5000 年，美国文化才 200 多年，中国文化当然有很多糟粕，但有很多精华，外国人多学了一点以后就感到很震撼，很深邃，这个是没人质疑的。还有一点，就是所谓"主义"，胡适先生应该很对社会工作的味，他主张少谈点主义多研究些问题。但就社会工作长远发展来说我不是这样看。我到美国去读社会工作时，对"主义"有一种很复杂的感觉。我当时准备写一篇文章，因为我在中国最早搞社会工作，当时知道哪些地方可以做，哪些地方做得有问题。当时感觉到很大的问题不是方法，不是技巧，不是访谈，等等，这些是共通的东西，最大的问题就是价值观。我80年代末90年代初刚刚出去，觉得社会工作怎么能够在中国生根，中国是一个社会主义国家，社会工作是诞生于资本主义的土壤，中国是一个强调集体主义的国家，社会工作是强调个人主义，在很多地方社会工作特别强调、特别器重教会的作用，中国的教会则有些还要悄悄做。当然后来情况就大大变化了。当时我有很大的担忧就是价值观，从哲学和社会实践的角度去探讨，各种"主义"，包括社会主义、共产主义、资本主义，但是社会工作本身的价值观，一些基本的假设，一些基本的信条以及怎样体现在具体实践中，都很值得探讨。包括我刚才提到的2岁的女孩被车轧了几次没有人去管，这个和我们"主义"的消失或混淆不无关系。

中国现在不是要屹立于世界之林，已经远远超出那个阶段，现在是要领导世界。但不能够以一个病态的社会去领导世界。是谁的责任？社会工作的使命是什么，从社会工作的书中什么都可以读到，但有很多东西是抄来的。经典的东西还是要抄的，你要我去写教科书我也不敢随便写，还要从前辈那里抄过来。但是不够，100年前西方国家的价值观和中国21世纪的价值观会有区别的，其中哪一些是中国的特色，这是一个很值得研究的问题。还有就是它的背景，中国社会工作运作的社会环境和西方不一样，西方是所谓的福利国家，搞了这么多年，从"二战"后就拼命地提倡，中国则刚刚从经济国家向这方面转变。福利国家是对战争国家的否定，是好事，但将其简单化到处乱套，我对这个很不以为然。2002年我在《国际社会福利》杂志上发表了一篇文章，对福利国家的模式评论了一番，指出它的局限性。福利国家不要到处套用，中国从来就不是一个福利国家，今后也要汲取福利国家和经济国家的教训而探索一条最适合中国国情的路子。另外，有一个模式叫"国家社会主义"，研究中国的没有人不知道这个。我那篇文章则把社会主义运动历史都讲出来，马克思主义者实际上是强烈批判国家社会主义的。我这些著述发表以后，现在发现越来越少人滥用这些概念了，甚至有一个新加坡教授给我发了一封邮件，说在看你的文章以前一直以国家社会主义模式来研究中国，现在要特别小心了。

美国不是一个先进的福利国家，而是一个"不情愿"的福利国家，但毕竟还是一个福利国家。在西方因为是福利国家，公共政策基本上就是讲社会政策，没有太大区别。但是中国因为是经济国家，其公共政策重在经济政策，当然在政治化的年代是以与政治有关的政策挂帅。社会政策则是最近这些年才开始被关注，我当年在国内开始社会政策教学研究时还没有几个人在搞。西方的福利国家是二战后的一股热潮，是一个理想的模式，当时是一个巨大的进步，至少比德国纳粹国家要好，比日本的军国主义要好，是以福利作为一个全民的理想，是一个历史的飞跃。但是这个模式的路子越走越窄，从 1970 年代经济下滑，开始对福利国家有越来越多的批评。克林顿为了当总统，身为民主党人竞选居然把共和党的口号拿过来，要搞福利改革，就是要砍福利。当时最突出的问题就是年轻女孩子不结婚就把孩子生了，只要生了孩子国家就要养，纳税人有很大意见，要改革福利制度不让她们无限期地拿福利。但美国的政策制定不像以前中国，说变就变效果怎么样也不知道，他们一定要拿资料研究的。比如说，以前的规定是你如果拿福利就不能上班挣钱太多，太多就取消你的福利，这在理论上还是合理的，上班有工资为什么国家还要养你？所以规定每月有薪工作不能够超过 100 个小时。但一些拿福利的人做 99 个小时之后就不工作了，而美国福利改革的基本主张就是要鼓励这些人去工作。把 100 个小时限制取消，可以多拿福利又可以多挣钱，何乐而不为，这些人自然会多去工作。但事实上会不会是这样，要看实证资料的。在加州进行这样一个改革，政府拨出几百万美金，由伯克利加大负责收集资料，然后送到洛杉矶加州大学，当时我在资料分析团队，结果我在那里做了一年，分析来分析去，没有发现什么明显差别。五年之后可能会有一点效果，但是即使是这样大规模的实验，由于政策变化不大，取消 100 个小时限制或者给人家津贴从 5 元涨到 7 元，那么一点点的区别是很难显现出效果的。社会与人太复杂了，单纯改变这一个因素，把其他的因素全部孤立掉，也难以得出一个满意的研究结果，虽然钱是拨了，研究是做了。

　　通过我的经历告诉大家，西方福利国家面临非常大的问题，最近这几十年都在讨论福利改革，克林顿当年选举的口号就是"把我们所知的福利给终结掉"。中国的社会以往是在经济国家体制之下，而经济国家现在正在逐步地退出历史舞台，在这种情况下如何重新界定国家、社会和社会工作的使命是很需要研究的。

至于社会工作是否只是照人家的路子去走，人家有什么我们就有什么，这里又要讲一个小插曲。蔡院长有次问有没有东西想在中大学报上发表？我寄了一篇由他转给主编，主编很客气写了信表示感谢，但那责任编辑把这篇文章转给了某一位权威匿名审查。等到这位权威从美国访问回来看了之后，评论说这个理论在国外并没被主流社会看好，故拒绝发表。后来我寄给国内另一杂志，马上就发表了，很多媒体都转载。其实我有很多约稿没有时间写，但他那种思路令我感到惊讶。到国外转转看看有好处，但中国研究要等到国外主流社会认可，莫名其妙。像路线这种东西外人就很难理解，西方根本就没有的事。中国的政治、中国的政策有一个很强的特点，它是路线决定一切，基本路线是党和国家的生命线。过去几十年以阶级斗争为纲搞错了，导致"文化大革命"，而为什么后来有了发展的契机，也是因为把工作重点转移到经济建设上来，路线搞对了。中国人把路线看得特别严重，国外没这回事。看看奥巴马也好，克林顿也好，为了竞选上台，你说健康保险有问题，他就去搞健康改革，你说中东怎么样他就去打那个战争，发生经济危机了，他就来应付经济，没有什么固定的基本路线，国外的人根本就不懂路线。在政策制定上没有这个概念，顶多就是所谓 agenda setting（日程设置），非常随波逐流，顺应选民，为了自己当选什么都可以做。中国就不一样，中国是路线决定一切，是根深蒂固的，这是中国的特色，要让中国的特色让美国人理解接受，还来欣赏追捧，是不可能的。

至于总体公共政策的理论，则比路线更适合于研究。路线是严肃或残酷的政治问题，历来不是供学者去研究批评或尝试改善的。谁能去改变党的基本路线？但是总体公共政策或 GPP 的研究不一样，能给 agenda setting 一个既定方向，又可以根据不同历史时期的需要及时建议调整优先目标手段，既融合了路线的基本精神，又有科学性、灵活性。国内还是有一批脚踏实地又敢于创新的学者，包括《改革与战略》的巫总编、公共管理学科的陈潭教授、中南大学的李斌教授，等等，他们这些人就懂，觉得很有启发，还让他们的团队翻译我的文章，认为这个东西有价值才这样去做。

我的期望，中国要领导世界，但不是单凭经济就可以的，凭着那被压死无人管的 2 岁孩子这种病态社会去领导世界是不行的，必须要改变社会，中国的社会工作者要在这个方面发挥很大的作用。同时在研究方面要能超越学科的局限，并根据中国的情况来决定公共及社会政策的内容、模式等等，不要等到外国人接受你才接受，非得外国人说了好才好。现在找我来要文章的人越来越多，包括香港研究资助局需要海外评审也找到我，还是通过哥伦比亚大学等的一些教授推荐。后来美国一个很有名的大学给我写了一封很客气的信，说陈教授我们希望你为我们做一个评估，因为我们认为你最有资格，我们教授的评论是，陈博士是对国际社会工作有巨大贡献在世界享有盛名的专家。这是我根本不认识的学者们的评价，至少是为华人争了一口气，我写的东西并没有照人家说的来写，但学术界还是认同的。

怎样完成社会工作的使命？作为一个学科怎样发挥社会工作的作用？关于社会工作的方法、实务等我在这里就不赘述了。虽然我觉得社会学非常广泛，但是社会工作更是一个你想做什么就可以做什么的领域。如果想去帮总统搞那些大政策也可以，奥巴马本人的背景虽然是学法律的，但他毕业后做了些社区组织的事情，像社会工作者。如果想像心理医生一样具体给人做些治疗也可以。社会工作者可以和个人打交道，跟家人打交道，跟政府机构打交道，可以做社区工作，可以帮助制定全国的社会政策，所以这个领域真的是非常广泛，在这个领域不会说我有才能发挥不了，是不可能的，有点像天高任鸟飞，海阔凭鱼跃。而且很有意思的是，我当系主任的时候有一些学生社会学、心理学毕业以后又回来说："陈教授我还想再读一个社会工作专业。"我说你干吗不读一个硕士，不是有了一个学士学位吗？回答说找不到工作，故想来再读一个社会工作专业。所以社会工作我是很喜欢的。像我自己，当系主任的时候除社会工作、社会学外，还管心理学、人类学、老年研究、妇女研究、残疾人研究、公共政策研究，等等。人家看很奇怪，像你这样的背景，说你怎么能够担任心理学系主任呢？在美国心理学强大得不得了，心理学总是最大的系之一，不知道是什么原因，可能高中的时候辅导员都是心理学的毕业生，他们对学生心理学灌输得很多，心理学招生是最多的。但我当院长时，甚至还主掌管理学院、教育学院、卫生护理学院，等等。

社会工作毕业生也可以做研究者。有些人认为社会工作者不做研究，但是社会工作学者做研究可以是非常厉害的，在美国社会工作博士属于研究型博士（最高学位），而医学、法学以及临床心理学博士都不是。有些人说社会工作者讲什么理论，实际上我读博士的时候觉得社会工作理论真厉害，可以把你折服。有一门课程，讲研究的方法论，还讲研究方法的认识论，读得很苦，因为我们那个时候是学的马克思主义，而现象主义、存在主义之类都被斥为唯心的或资本主义学说，要把它作为一个科学方法认识论来学，真的很难。如果抱着没理论的思想出国去读博士是读不下来的。我在 UCLA 读书的时候是很特殊的，因为我的研究方法和计算机应用方面比较好，很多研究生、博士生搞不懂的就来找我，甚至包括一些教授，因为教授也不是每个人都经过很好的研究方法训练。我记得有一个很聪明的女研究生，硕士论文搞不下去，真的哭，教授也没有办法，结果让她找我，在我指点下她完成了，好高兴，要扶贫送我衣服等等。我没有读过大学，读中专时去我大哥的研究生班听课，记住了他两句话，一个是语言，一个是数学，两个翅膀练硬了之后就可以到处飞。到读博士时发现真管用。要修 15 门课程还要写三篇东西：一篇理论，写完了以后要交给委员会审查，审查之后通过才可以进入第二篇文章，第二篇是研究文章，通过另外一个委员会审查，审查完以后，再写论文开题报告，还要答辩通过委员会批准，通过之后才可以进入论文研究，每个过程都可能是相当漫长的路。有一个很聪明多才多艺的同学，他写的那篇理论文章交上去打回来改，交上去打回来改，改了许多遍，最后买了一个洋娃娃带到办公室，把腿一拔，手一拔，一看和他的导师长得一模一样。实在没有办法，靠此出点气。研究文章也整了一年多。我实际上很惭愧，不是一个好学生，真正用于学习不到 50% 的时间，当然我打了一些比较高档的工。到最后一年我同时打了四份工，一个全职的研究员工作，37000 美金一年，第二份工作是全职数据库管理，也有 25 美元一小时，又到加州州立大学教书，然后再赶回 UCLA 去管计算机房。在第三年最后一个学期，想干脆把学位搞完算了，学期一开始就写了理论文章，花了一个多星期，一交上去就通过了，一个字没有改；然后把研究文章写好，一交上去也通过了，一个字没改。我的论文开题报告答辩时，审查委员会都是一些名教授，答辩完了让我出来，关上门之后议论，出来握手恭喜恭喜，你论文写完就不用答辩了，我们签字就行了。然后暑期把博士论文完成，基本上一个学期把别人两三年的过程走完了。当然博士论文搞完了以后也不能交，要找到稳定工作才能保持身份。我在纽约城市大学任职后，我的导师去看我，说当时一位权威教授评曰：我在 UCLA 从来没有见到过这么优秀的博士生。他们的评语是：我们根本就不像在听一个博士生答辩，而是在跟一个同行探讨问题。我后来论文写完，基本上一字没改。后来发表成一本书，也基本上没做改动。出版社总编给我亲笔写了一封信，说我跟很多作者打过交道，大部分是英语土生土长，而你写的比他们大多数都写得好。我这才对自己英文写作能力有了底。当然，我知道我跟那些地道的作家还是有差距的，我的词汇量还是很基本的东西，只不过路还是能让人走出来的罢了。后来华盛顿的美国天主教大学请我去教博士研究课程，当时 UCLA 的院长听说我要走了，赶快以优厚条件把我留了下来，因为我做研究的名声对当时 UCLA 承担加州福利改革研究重大项目有帮助。

　　社会工作实践，在国外社会工作者做些什么，可以看看美国劳动部的统计及就业发展趋势分析。现在一些大学在招社会工作教授时，提的要求有点奇怪，比如说华盛顿大学招社会工作教授必须要有 public health 的博士。匹茨堡大学今年招社会工作教授也要搞公共卫生的。记得二十年前我要去美国读博士的时候，香港朋友陈丽云老师曾告诫我美国对 health 很看重，我到美国后发现美国社会的 medicalization 确实很厉害，因此我的博士学习特意到 public health 学院去选了一些重要课程，对我后来写关于亚裔老年人抑郁症、压力及社会支持网络的博士论文很有帮助。在国外社会工作实践很大一个领域就是医疗卫生包括心理健康，另一大领域是儿童家庭福利以及学校社会工作。这个和中国有点不一样。有人说美国是儿童的天堂，中年人的战场，老年人的坟墓。在中国儿童被父母打也没人管，在美国不行的，我的儿子玩游戏玩到半夜 12 点，他不去睡我说要打，他把电话拿起来说你打我就报警。这个不是开玩笑的，警察一来马上把老子手铐起来再说。儿童有完善法律保护，所以需要有一大批社会工作者来做这个工作，孩子上学，学校发现哭或者伤痕马上报告，社会工作者要到家里面去查，是否虐待，住的地方是不是安全，如果遭虐待不安全孩子就可能被带走，最后放到寄养家庭，给政府增加一大摊的工作，所以需要大量的社会工作者。中国不一样，还很少有这种负担，中国反而老龄工作需求量比较大，虽然国外老龄研究也是很发达，老龄工作却没有中国这样普及。另外中国的特点政府还是管很多，社会工作者出去做工会、妇联、青年团，这些都和国外的私立或非政府组织不一样。我讲的意思就是中国有中国的特点，包括就业市场都有它的特点，在国外健康医疗很重要，儿童福利很重要，在中国就不一定是这样的，所以在训练学生、考虑就业方向的时候，不要都照着国外的书去读。

我再讲一点关于社会工作的学位。我去 UCLA（洛杉矶加大）的时候，DSW 已经被改成 Ph. D. 了，我问导师为什么，他说很多人不知道 DSW 是什么东西。曾经有一段时间社会工作搞专业化，受医学、法学专业地位的鼓舞，许多社会工作学院纷纷把其博士学位改称 DSW，就像 M. D. 和 J. D. 一样。但 80 年代末 90 年代初又大多改回为 Ph. D. 顺便提一下，美国确定一个学校是不是博士点、硕士点，不像中国一样由教育部评审，没有那一套。但有一个很有影响的基金会叫 Carnegie Foundation，它给全美高校分类，一个大学如果一年毕业 20 个以上的博士，就是博士/研究大学。但必须是研究博士才算数，医学博士不算，法学博士也不算（很少有人称律师为 Dr. 的）。当年我看到有一位在哈佛拿了医学博士还再去 UCLA 读一个 Ph. D. 还感到有点奇怪。所以跟中国的情况不一样。又找社会工作的教职，没有社会工作硕士学位不行，光有一个社会工作博士是很难找工作的，一般要有一个 MSW，或者至少一个 BSW。有了社会工作硕士、博士学位则可以是在卫生、心理、教育、法律等领域无妨。顺便提一下，在美国好大学读博士是非常辛苦的。美国的教育制度和中国不一样，中国是 4 - 3 - 3，切得很整齐，现在改了一些。美国不同，美国本科说是四年，平均毕业是六年，所以他讲毕业率还不是计算四年，是讲六年的毕业率。硕士在国外读比较划算，一般就是两年制，有些人读得久一些，而聪明勤奋专心一点可一年多读完。我一个侄女在国内读国际会计，到那边去读计算机，我们学校计算机一般要读三年，尤其是外专业转过去还要补本科课程，她十个月读完回来拿了硕士。在中国过去硕士三年制太亏了一点。但在国外博士通常要读五年，很多人读了七八年，我一个同学读了 12 年。资格考试没过被淘汰的、熬不下去退学的比比皆是。我当时有一个低一年级的女同学，把床搬到办公室，微波炉搬到办公室，冰箱搬到办公室，整整熬了两年，第三年人不见了，退学了，受不了。

在发展社会工作专业过程中，有一些问题需要引起重视，我最近出版了一本书，叫 *Diversity Management*。Diversity 不太好翻译，暂且称之为多样性吧。这在美国是一个非常重要的议题，在加拿大也是一样的，其他很多西方国家也越来越重视。美国种族问题尤其严重；我昨天跟一些教授谈，实际上中国也有很大问题，叫民族问题。我们通常讲种族是生物学的观点，但实际上生物学根本就不承认种族的，我专门有一章书请了夏威夷一个副校长写的，认为人类和动物不一样，人类不管是哪一个群体，它的基因也好，生物学研究也好，99.9%是相同的，而动物的群体差异可以很大。所以基本上生物学家的共识是，人类种族是一个伪科学观点，要说它存在也只不过是一个社会学观点，那就跟民族差不多画等号了。当然我看得更客观一点。就讲一点，皮肤黑和白，这一点就是一个生物区别。多样性这个问题不要小看，当然种族或民族只是一个方面，性别的问题，年龄的问题，反正就是差异，我跟我的学生是这样讲的，我们学来学去都是学关于多样性，如果没有这个多样性，我跟你一样，你跟他一样，什么人都不要研究，就看我自己就可以了，就可以了解全世界。就是因为你跟我不一样，他跟我有不一样所以才要研究。我研究国内老龄人对一些问题特别关切，招工广告年龄不能超过35岁，必须是女的或男的，身高1.7米以上，还要长得好。这种广告在美国一打出去就会被告的，如果是一个大雇主的话，可能会被罚几百万。当然中国国情不一样，这么多年轻人失业等要考虑，还有历史的原因，如干部制度改革之初年轻化的需要等。但从公平原则上来讲，对于年龄、性别这么明目张胆地歧视在西方是不可想象的，如蔡院长到了多少岁必须退下来，这在美国是不可能的。

关于社会正义，社会工作者都以此为己任，非常必要。但有一点要注意，在美国有一个保守组织叫全国学者协会，它瞄准几个对象来攻击，其中一个教育专业，一个社会工作专业，它说这两个专业是伪科学，因其专业评估要求有一项就是社会公平，而它认为社会公平实际上是一种教条，是人为的，为了某些人的利益，不是不偏不倚的科学观点。所以，不要以为教科书上写社会正义人人都认可，不是这样的。甚至有一个社会工作学生毕业之后去告学校，说读书的几年中被洗脑，影响其言论信仰自由等等。后来教育专业也好，社会工作专业也好，都花很大的精力考虑社会正义要怎么表述和实践。总之这些不要以为听起来好听，就可以想当然去做。

总的来说，社会工作的使命、机遇和作用，从国际的和历史的角度来讲，是非常重要的，而中国社会工作专业工作者应该起一个领导的作用。

社会工作的使命、机遇和作用：国际与历史的考察如果说改革开放头 30 年是经济学家当道，在国际舞台上是看福利国家（的福利改革），现在就应该是看你们的了。国内有一批经济学家在致力于开创一门新的研究叫做人的发展经济学。我则刚与英国一位学者合写了一篇文章，从全球化的角度将市场经济与社会发展的关系加以剖析，最后指出，鉴于市场经济带来的不平等、贫穷等种种弊端，必须要有以人的根本价值为指导的经济学原则来指导的，这篇文章正在核心期刊《改革与战略》上发表。

你们现在很幸运，我开始做的时候几乎是单枪匹马，现在是全社会，而且写进了中央全会的文件要增加社会工作名额，甚至街道要搞社会工作站，每年拨出好多钱，等着你们去申请，你们再去埋怨说没有机会，不要怪蔡院长，不要怪老师，要怪自己。前所未有的机会，要去担负这样的使命。要担当一个领导角色的话就有好多的要求，我暑期到上海交大就专门讲了领导力的发展，等我下次来这里再跟你们分享，谢谢！

**主持人**：留点时间给大家提问。

**（提问）**：陈教授你好，我是汉语言 08 级的学生，你刚才说记住了一句话，数学和语言是两个翅膀，你是怎么样练如此厉害的一对翅膀，让你腾飞？

**陈社英**：关于语言好多人想开一个后门，托福能不能不考，GRE 能不能不考。你不那么挑剔的话我可以给你找一个学校，但是你要到佩斯则是非要考的，也可以让你去先读英语，但一年之内必须过关，一年不过关还要把你送回去，这个语言真的要努力。我自己则是急用先学，尤其是读博士时打工做研究写报告，靠此挣钱马虎不得，人家改后我牢牢记住，绝不再照老样，因此英语能力有突破。我数学基础较好，包括我的第二本书也就是我的博士论文，就是用我在当年学工程力学的时候，材料力学怎么样把多方面的应力分化，组合成三个向度，然后设法简化成一个向度，由此用于社会科学研究。比如说抑郁症，我来测量你什么时候是抑郁症，只有一个向度，达到某个分界数就是抑郁症。问题是我测量你的时候，资料并不是单向度，学过统计学的人都知道，做因素分析的话可能有很多向度。我就是应用材料力学强度理论，把几个向度综合成一个向度来做判断。我是靠这个数理训练的优势。

但是你没有这个优势，是很常见的。不要怕，因一般美国人数学很差，中国人一般的水平到那里都是佼佼者，搞研究方法、统计都牛得不得了，所以如果是一般水平在那里就不错了。如果一般水平都没有，我刚才讲的研究不光是方法论，还有认识论，给你开拓了一片无限的天空。研究方法从过去的哲学式思考，到后来引进实证，靠观察、资料收集、数据处理。再后来到了后现代主义，认为那种所谓的科学方法实际上并不一定科学。很多问题数学是没有办法解决的，定量分析是不能解决的，太简单化了。所以定性分析，现象学的应用，等等，有好多其他方法，所以那些数理基础不好的同学可以利用你的哲学基础，或者语言能力，作一些定性的分析，照样可以做出很好的东西。量体裁衣，但是有几门课那就没办法了，比如说你要上统计学，统计学非得要过，不过的话就会发生很大的问题，总的来说要有信心，怎么样不好都要比一般美国学生要好。

（提问）：我不知道美国的社工机构是什么样的状况，但是在国内的社工机构是划分在高校，由高校的老师牵头负责，另外一个国内的高校现实状况，有的高校可能有五六个老师分别牵头，有的是一个人建立自己的社工站。您是怎么样看待这个情况的？

陈社英：这个很符合中国现在的国情，就像当年没有社工师资到外面去请，现在中国社工师资有了，钱有了，但是外面的社工人员不多，毕业生还不够多，有些毕业生尤其是像中山大学这样的毕业生不一定愿意去做很地道的社会工作，觉得要出来叱咤风云的，所以说这是一个现实，社会工作人才还是短缺。所以我对这种模式还是认可的，有一些好处，一方面给学生、老师很好的实践机会。我后来做高校管理不光管社工，还当了管理学院院长、教育学院院长，管得更宽一些，管理学院他们那些老师到企业给人家做咨询拿高薪，理所当然，但是学社工的，学其他的你去做就要偷偷摸摸。其实完全是一个道理，你搞经商不去给企业做咨询，不去实践怎么教学生，教社工不去做一些实践怎么教学生，还是相辅相成的，我对这个不反感。至于说国外的社工太多了，毕业生太多了，所以不需要社会工作教授去做，社会工作教授本身就面临很大的问题，你当一个社会工作教授，就这么几年时间，这么几年时间要教学，要出成果，要做服务，要做辅导，五年一下子就过去了，马上就要评终身制，要是终身制拿不到一年时间就走人了，故他们很忙，没有时间去做这些事情。不是说没有人做，也有些人做一些实践，那也比较好，但是不像我们现在中国成为一个潮流，现阶段是比较正常的，到今后社会工作者太多了，作为教授来讲他来跟你争饭碗的时候就没有那么多市场了。

（提问）：陈教授你好，我们今天的主题是社会工作的使命、机遇和作用，使命我了解了，对于作用我有一些疑问，中国是一个经济国家，不是一个福利国家，您最后又提出社会工作可以去引领中国的发展，社会工作者作用怎么样发挥，请陈教授跟我们再解释清楚一点。

陈社英：这个问题非常好。我来澄清一下，我的观点中国是一个经济国家，但现在这个经济国家已经逐步逐步地被淘汰，现在进入到一个新的历史时期，经济国家会一去不复返，而你正好处在这样一个关头。现在说中国要建立一个福利国家也好，或者其他东西也好，反正中国经济国家会逐步逐步地被淘汰。在这样一个历史时期下，机会之窗是为你打开的，表现在什么方面？以前是经济学者说了算，总理、省长、市长，指标是看GDP，现在不是了，因为经济国家的模式，我们现在所谈的事实上已经过时了，只不过意识落后于存在，一些人思想还是那种经济国家的思想，但是那会逐步逐步地消除。现在就不同了，现在你当市长，希望不要唯GDP，而是要考核对社会问题的处理，医保的安排，等等，包括社会服务的发展。所以现在社会工作者的作用，蔡老师他们是深有体会的，他们现在的声音比以往任何时候都更加引人注意，因为开中央全会也好，人大也好，都是讲加强社会服务等等。总的来说，社会工作者的你们毕业在这样的一个时代，真正应该是领导这个潮流，领导潮流不光是本专业范围之内，而且要积极参与到经济学家的经济论坛，参与城市发展规划论坛，在各个领域都要把社会发展的观点贯彻进去。

（提问）：首先觉得陈老师今天讲得非常有意思，特别佩服您的文章可以一个字不改通过，我们就想会不会到时候博士论文就这么几个字没改，其他都改过了。您之前解释福利国家因为在过去30年里中国这样的社会基础和经济基础谈福利国家有点不现实，现在基于这样大的社会发展背景，内地很多学者会去提福利社会这样的观点，提倡发展社会政策，当然也包括社会工作，您觉得在这样的时候，用福利社会或者再借用西方福利国家的概念是不是适合，跟过去相比还是也有一些瑕疵？

陈社英：很好的问题，如果说跟经济国家模式来比较的话，我现在不反对应用所谓"福利国家"。这个福利国家有一种狭义上的用法，即一个国家分成好多个侧面，经济方面就是经济国家，军事方面就是军事国家，福利方面就是福利国家，所以福利国家还是有用的，只是看哪些方面。但是福利国家作为一种意识形态，一种战后的意识形态，作为一种领导性社会政策主流，是一个思潮，就是说主要功能，主要目的是搞社会福利。在这种情况下，因为中国的经济国家在退出历史舞台，谁来填补这个空白，很有可能就是跟过去来讲，相比更像是一个福利国家。但是什么样的福利国家就很难说，福利国家本身在西方现在焦头烂额，本身在变化，克林顿要把一个福利国家消除掉，铲除掉，你现在要建立一个福利国家是什么样的。

对你的问题回答就是"是"和"不是"，和经济国家相比更像一个福利国家，但是现在西方也遇到了问题，没有一个现成的模式让你参考，即使参考也不是很成功的，所以就是要建立一个福利国家是中国式的，这也就是我为什么提倡要领导世界，中国还真可能，因为中国政府要做什么事情真的可以做成，美国就做不了，奥巴马要做什么事情，从克林顿开始要搞健康改革，搞了那么多年不了了之，现在奥巴马也搞健康改革，也没有搞成，中国政府不一样，全会一决定，人大一决定，钱就来了，岗位支撑就来了，真能搞成，中国社会工作真正在今后 30、50 年之内真能够领导世界社会工作的潮流，这是我的期望。所以这一点希望你们一方面要发展更像福利国家的模式，另一方面世界上没有一个成功的模式让你参照，要闯出自己的路。

（提问）：你刚开始说到中国是一个集体主义的国家，我之前看到林语堂说中国是一个个人主义的国家，您怎么看这个问题，之前有小悦悦的事件，您刚刚有提到，有 18 个人视而不见，这是不是也是一种个人主义的表现，事不关己，高高挂起。

陈社英：这是价值观的问题，困惑了我几十年，一直在思考。第一点中国是个人主义国家还是集体主义国家，林语堂先生可以从他的角度去看中国的传统文化，个性研究，等等，但是从我们这一代生长起来，按我们所受的教育，中国是一个集体主义国家，我们是集体主义精神要发扬光大，这是绝对毫无疑问的，唱了几十年，那个是改革开放以前。现在中国社会变了很多，我有的时候感觉一些中国人在某些方面比我还美国化，比我的儿子在美国生的还要美国化，在某些方面做得更淋漓尽致，有很多个人主义的表现，等等，所以现在集体主义越来越少人在提。所以我说的集体主义也是在一个历史范畴，个人主义确实是大行其道。但是个人主义怎么理解？个人主义不是走过看到轧伤的2岁小孩不管，我去过香港、美国，个人主义和自私完全是两码事，我们以前觉得个人主义就是自私，结果我到国外才发现，个人主义实际上是一个非常好的东西，不是自私，在个人主义基础上很多利他主义是可以出现的，个人主义是反对对人性的抹杀，反对对个人价值的否定，社会的基础是个人，如果个人不去承认个人的价值，这个社会就不存在价值。所以一切事情责任首先是个人的责任，而不是说大家的责任，没有一个人承担责任，这样的话在集体主义之下也可以发生很多自私的行为。而在个人利益之下也可以有很多利他主义行为的出现。中国不允许，至少是从官方意识形态上不允许自私，但是个人主义如果不是自私，而只不过强调个人的价值，强调个人的责任，强调个人的作用，等等，完全可以利用它。谢谢。

**主持人**：我们谢谢陈教授，千禾基金会搞了很多场，今天听得非常有激情，不仅仅是一个学者，更多是一个校友今天回来表达自己的观点，什么叫校友，将来大家走回来，这是真正的校友可以看到。陈老师今天讲了很多历史，倒不是和哪个学校争一个名，其实就是讲到对学校的这种感情，也讲中大的历史，今天来的很多都是社工，我们社工历史不长，但是中山大学在社会教育上历史是非常长的，有一个很长的过程。这一次我们编了一本书《传承与发展：纪念中山大学社会学系建系80周年、复办30周年》，其中有一段也请陈老师写了，每个社工人应该值得去记住，应该是自豪的，中大的社工从一开始就走了和香港专业社工合作的路子，中大这些年来一直坚持社工的专业性，社工我们其实早就批了几年没有招生，当时有一个原则不是像有的学校各个方面转一些老师过来，你讲这么多，老师你告诉我你做的案子是什么，老实说没做过。尽管我们不像有些学校办得那么早，但是我们办得是扎实的，社工的专业化上面，可以毫不含糊讲中大社工老师拥有社工 Ph. D. 是全国最高的，都是从境外来的，最近还要请一两个，但是没有 MSW，最近我们马上和纽约州立大学签合同，互换学生，人家就提出来，你必须要有 MSW，我们现在除了张老师有 MSW，其他还都没有，这个就看到 MSW 的重要性。

陈老师这次来非常热情，是非常激情的校友，对母校的关怀。哪怕可能自己在这个单位工作历史曾有过不愉快，但是母校就是自己的基础，尤其是当你过了20年、30年，我过两天要回武大，我们毕业30年，都是快到退休年龄，到那时候越觉得珍贵。大家来到这里作为中大的社会学一员，社会工作一员，或者任何一个专业一员，对这个学校的感情会永远存在。

我有一个非常强的感受，现在社工中国都在大发展，我们系就有三个机构，听说广州大学有五个机构，这个是历史的必然，当这个国家还没有专业社工的时候，老师是最少接受这套理念方法和理论的人，他们出来办政府也最信任，广州40多家社工机构，一半是大学老师办的，为什么？这是一个历史的必然。而且我觉得更重要的在于，由于中国的社工过程确实是从非社工的人进到社工领域，今天社工里面教师占95%，我是国家社工工作委员会的，虽然我没有做社工，我知道那一年评MSW授予权的时候，坦率说严格按标准真的很难，既然国家给了机会，我们自己让它变得没有发展，先让它办起来再逐步专业化，所以我觉得这是一个过程。将来我相信教师会退出这个历史舞台，当社会上大量专职社工出来之后，教师要做学术研究，要有论文，办再多的机构没有学术研究（不行），学有专攻，我相信将来不会一个老师办五六个社工机构，但是今天是非常有意义的，第一个你推动了国家社工发展。第二个没有社工的经验教不好社工，有了这么一个平台你去办，可以真正去了解社工的职务是什么。第三个什么是中国的社工，当你经历了中国社工机构发展，经历了中国社工事务展开的时候，再来做学术研究，我相信这是更深的一层。

我们常常讲，中大提倡教学、科研、服务社会要三位一体，不是做很具体的工作，在这个点上要形成你的论文，你做研究，这个研究不是一个社工的项目策划，开头做一个调查问卷，人们观念是否有变，做社工是要有理念的，要有理论的，要有文化的思考，没有这样一个东西，没有一套方法是做不了的，在研究里面是很难做上去的，当然在应用里面可以做上去。中山大学作为一个研究性大学，要求每个同学最基础的是应具备社工的实务能力。但是光有这个，所有的社工系专业都可以做，但作为中山大学一个研究性大学你要比别人多什么，一个反思的能力，一定要有理论的思考。我有时候接触一些社工同学，当然大家很辛苦，要800小时的实务，疲于奔命，很热衷于做一些项目，但是在做的时候一定要有思考，为什么要这样做。公正是一个价值判断，当我们用这个方法去做的时候，你的理念是什么，你有没有一个理论的东西在背后，当你要去做一个研究的时候方法在哪里。很多做社工的同学不爱总结，我这个不算批评，是一个客观现象，作为一个大学来讲统计是基础的，但是统计不做方法，执行研究的方法有没有，如果你连这个方法都没有，你能做什么样的研究。

今天借陈老师的话讲一下，确实对我很有启发，第一个是感觉到一位校友，我们那个班他有点传奇，没有读本科直接考了研究生，他可以背字典，要讲字典哪个词都知道，他在我们班英语是最刻苦的。第二个虽然他可能展开得不多，包括总体政策、经济国家这一套理论是他这些年研究的，在这个框架下怎么看我们的社工，社工怎么样跟中国国情结合，中国的传统包括政治的传统，文化的传统，其实都在里面的。最近有一位同学到外面去，跟我想象的社工不一样，想离开这个领域，我们有时候学校是很理想的，中国的社工就是中国的，在中国的领域做，要想改变这样的状况，首先要了解这些是什么，进入到这个现实才能改变这个现实，你不了解根本进入不了，老在课堂里想改变永远不会改变，这个是给我们非常好的启发。

大家有兴趣可以和他开展一些交流，建立一些联系是非常有好处的，最后我们再次以热烈的掌声感谢陈老师。

# 后　记

　　2009 年 11 月 11 日，由广东省千禾社区公益基金会捐资建立的中山大学社会学与人类学学院千禾学人基金正式启动，"千禾学术论坛"作为千禾学人基金的主要学术活动也由此拉开序幕。"千禾学术论坛"定位为高端学术论坛，旨在邀请在人类学、社会学、考古学、社会工作领域享有学术盛誉的国内外学者莅临中山大学发表学术演讲。截至目前，"千禾学术论坛"已经举办学术演讲 23 场，听众 5800 人次，受到广大师生和社会大众的欢迎。为了使更多的人能够分享这一活动的成果，我们根据演讲录音对 23 场学术演讲作了文字整理，并以《千禾学人讲演录》为题结集出版。

　　《千禾学人讲演录》的出版，首先要感谢广东省千禾社区公益基金会以及基金会理事刘小钢女士。正是基金会和刘女士的大力支持，才为我们分享众多学术名家的研究成果、共同探讨社会问题搭建了一个长期、稳定的学术平台。

　　其次，要感谢 23 位"千禾学术论坛"的讲演者！正是他们深邃的学术视野、广博的人文知识、执著的社会关怀、生动的语言表达，才使"千禾学术论坛"享有盛誉。

　　再次，要感谢千禾学人基金管理委员会的各位委员和工作人员！他们是刘小钢女士、蔡禾教授、周大鸣教授、麻国庆教授、王宁教授、朱健刚教授、王进副教授、羡晓曼秘书。正是他们为该项活动做了精心的策划和安排，才使得"千禾学术论坛"成为一个真正的高端学术论坛。

　　在历时两年的"千禾学术论坛"举办过程中，很多志愿者默默付出，正是有了他们的辛勤付出，才有了今天我们所看到的这本书的文字版以及影像资料。在本书出版之际，向所有为这个活动付出的志愿者致谢！他们是温盈春、胡俊锋、薛腾、张景怡、黎嘉成、秦志敏、罗玉洁、韦荣艳、石义双、钟谏、吴清禄、夏慧君、莫梓斐等同学。

最后，我们要感谢社会科学文献出版社社会政治分社王绯社长和李兰生责任编辑。由录音整理而成的文字稿难免出现文字和文法的错误，这使李编辑花费了更多的精力和时间，付出了更多的耐心和汗水。

本书是一本讲演的合集，很多文章是根据讲演的现场记录整理而成，所以它在散发着思想光彩的同时，又不会显得晦涩难懂。当然也正因为如此，也使得本书有些文章比较口语化。

本书仅是第一辑"千禾学术论坛"的成果展现，随着论坛的延续，我们还会将更多的精彩讲演呈现给读者。

中山大学社会学与人类学学院

2012.11

千禾学人讲演录（第一辑）

**图书在版编目（CIP）数据**

千禾学人讲演录.1／中山大学社会学与人类学学院，广东省千禾
社区公益基金会编.—北京：社会科学文献出版社，2013.3
　ISBN 978 - 7 - 5097 - 4143 - 6

Ⅰ.①千…　Ⅱ.①中…　②广…　Ⅲ.①社会科学－文集
Ⅳ.①C53

中国版本图书馆 CIP 数据核字（2012）第 309497 号

千禾学人讲演录（第一辑）

编　　　者／中山大学社会学与人类学学院
　　　　　　广东省千禾社区公益基金会

出 版 人／谢寿光
出 版 者／社会科学文献出版社
地　　　址／北京市西城区北三环中路甲 29 号院 3 号楼华龙大厦
邮政编码／100029

责任部门／社会政法分社　（010）59367156　　　　责任编辑／李兰生
电子信箱／shekebu@ ssap. cn　　　　　　　　　　责任校对／岳宗华
项目统筹／王　绯　　　　　　　　　　　　　　　责任印制／岳　阳
经　　　销／社会科学文献出版社市场营销中心　（010）59367081　59367089
读者服务／读者服务中心　（010）59367028

印　　　装／北京鹏润伟业印刷有限公司
开　　　本／787mm×1092mm　1/16　　　　　　印　　张／29.5
版　　　次／2013 年 3 月第 1 版　　　　　　　　字　　数／480 千字
印　　　次／2013 年 3 月第 1 次印刷
书　　　号／ISBN 978 - 7 - 5097 - 4143 - 6
定　　　价／98.00 元